深基坑工程事故分析与防治

王自力 编著

中国建筑工业出版社

图书在版编目（CIP）数据

深基坑工程事故分析与防治/王自力编著. —北京：
中国建筑工业出版社，2016.8（2021.1 重印）
ISBN 978-7-112-19440-7

Ⅰ．①深…　Ⅱ．①王…　Ⅲ．①深基坑-工程事故-
事故分析②深基坑-工程事故-事故预防　Ⅳ.①TU46

中国版本图书馆 CIP 数据核字（2016）第 103217 号

本书是《建筑深基坑工程施工安全技术规范》JGJ 311—2013 的主编人之一亲
自编著而成，作者在土木工程施工领域具有几十年的工作经验，处理过许多相关
的土木工程施工安全生产事故。
　　全书围绕深基坑工程事故产生的原因、事故处理对策、事故带来的经验教训
等内容编写而成。内容丰富，案例翔实，叙述详略得当，非常适合广大土木工程
施工的安全管理人员、技术人员、施工人员阅读使用。

责任编辑：张伯熙
责任设计：李志立
责任校对：李欣慰　刘梦然

深基坑工程事故分析与防治
王自力　编著

＊

中国建筑工业出版社出版、发行（北京西郊百万庄）
各地新华书店、建筑书店经销
霸州市顺浩图文科技发展有限公司制版
北京建筑工业印刷厂印刷

＊

开本：787×1092 毫米　1/16　印张：17¼　字数：429 千字
2016 年 10 月第一版　　2021 年 1 月第二次印刷
定价：**40.00** 元
ISBN 978-7-112-19440-7
（28694）

作者简介

王自力，字益候，1943 年生于浙江绍兴，高级工程师。

1960～1962 年在上海电力建设专科学校土建班读书，任土建班班长、校学生会主席、校团支部副书记。

1962 年，从上海回故乡上虞支援农业第一线生产。

1979 年在上虞县建筑工程公司工作，任技术员、技术队长、技术科副科长、技术副经理。

1988 年在上虞县城建局工作，后被派驻上海，任城建局（后改为上虞市建筑业管理局）沪办主任兼党支部书记。

1993～2014 年，在上海星宇建筑工程有限公司（后改为上海星宇建设集团有限公司）先后任总工程师、总经理、副董事长、副总经理、兼党支部书记，其中 2001～2005 年任浙江舜杰建筑集团股份有限公司（施工总承包特级资质）副总经理兼总工程师。

2011～2013 年，组织编写行业标准《建筑深基坑工程施工安全技术规范》JGJ 311—2013，该标准于 2013 年 10 月批准实施。2013～2014 年组织编写《建筑深基坑工程施工安全技术规范》JGJ 311—2013 的配套用书《建筑深基坑工程施工安全技术规范理解与应用》并于 2015 年由中国建筑工业出版社出版发行。

前　　言

近三十多年来，随着我国城市建设的发展，高层、超高层建筑不断地涌现，地铁及车站、高铁车站、隧道、市政广场、大型桥梁基础等各类大型工程日益增多，地下空间开发利用的规模越来越大，极大地推动了建筑基坑工程理论与施工技术水平的快速提高与发展。

基坑工程的主要作用是为各种建（构）筑物的地下结构施工创造条件，包含岩土工程勘探、基坑支护结构设计与施工、地下水控制、基坑土方开挖、工程监测和周边环境保护等主要内容，施工中有土方开挖和支护系统两大施工工艺体系。

随着高层建筑的面积和规模越来越大、建筑高度越来越高，基坑的开挖面积也越来越大、开挖深度越来越深，在基坑支护结构、地下水控制、工程监测、信息化施工、环境保护等许多方面出现了新技术、新工艺、新设备、新材料等建筑业"四新技术"的前所未有的发展新趋势。然而，基坑工程施工中也面临新的挑战，如在城市中心城区施工，建筑施工的场地越来越狭小，建筑物之间的距离越来越紧凑，给基坑工程施工带来了很多不利影响，甚至严重的安全隐患，施工人员如果经验不足或疏于管理或处置不当，都会造成严重的后果，导致基坑坍塌，甚至危及周边建（构）筑物、道路、地下管线的安全。近些年，因基坑坍塌等事故造成的重大财产损失和人员伤亡无法估量，已经引起了工程界的高度重视。为此，从 20 世纪 90 年代起，建设部先后陆续批准颁布了多部有关基坑工程设计与施工的国家标准或行业标准，以规范基坑工程设计与施工，解决了许多技术难题，提高了基坑工程的施工质量水平，有效防范了基坑工程安全隐患和事故。

2013 年 10 月 9 日，住房和城乡建设部批准颁布了《建筑深基坑工程施工安全技术规范》JGJ 311—2013，对规范深基坑工程施工安全技术起到了很大的促进作用，使深基坑工程施工安全技术有规可循。为了便于广大建筑施工人员能更好地学习、理解和应用《建筑深基坑工程施工安全技术规范》JGJ 311—2013，本规范编制组的部分人员共同编著了《建筑深基坑工程施工安全技术规范理解与应用》一书，该书已经于 2015 年 6 月由中国建筑工业出版社出版发行。该书已经成为深基坑工程施工企业和建设各方的工具图书，用于指导和规范施工企业和建设各方的施工行为，减少乃至杜绝深基坑工程的安全隐患和伤亡事故，保障深基坑工程施工安全和周边环境安全及基坑使用安全。

为了更好地帮助广大建筑施工人员特别是深基坑工程施工企业及施工人员结合施工实际来学习和应用规范，中国建筑工业出版社联系作者，要求编写一本有关深基坑工程施工安全事故分析与防治方面的图书。经过一年多的努力，《深基坑工程事故分析与防治》书稿基本完成，期间请有关设计、施工方面的教授专家帮助审阅，根据专家们的意见又作了修改完善，终于可以交付出版社校印。

本书共分 6 章，分别是：第 1 章 基坑工程综述，第 2 章 深基坑工程等级与分类，第 3 章 深基坑工程主要施工过程，第 4 章 深基坑工程事故案例分析，第 5 章 深基坑工程事故原因分析与防治，第6章 深基坑工程的应急预案与应急响应。本书力求以简洁的文字和实际的案例，对深基坑工程的发展历程、工程特点、安全等级、主要施工过程、存在问题等作比较全面地阐述与分析；对深基坑工程事故案例按事故分类进行原因分析，并提出了防治措施；对深基坑工程施工中可能出现的险情可采取的应急救援预案及救援技术措施进行了系统的阐述和说明；本书还把深基坑工程施工专项方案、施工安全专项方案和应急预案作为附录列在后面，供大家学习应用参考。

本书在编写与审校过程中得到了同济大学胡群芳教授、上海市基础工程有限公司总工程师李耀良（教授级高工）、浙江省建筑设计研究院副总工程师刘兴旺（教授级高工）、黄杰卿工程师、上海星宇建设集团有限公司总工程师郑炎铭（高工）、副总工马宏良（高工）等教授专家的支持和帮助，包括提供有关资料，在此表示衷心的感谢！

因作者水平有限，本书可能存在缺点和错误，真诚地希望读者指正，提出宝贵的意见和建议，以便在今后的修订工作中使本书更趋完善，具体意见可寄中国建筑工业出版社张伯熙编辑转作者。

目　　录

第1章 基坑工程综述

1.1 基坑工程的发展历程与现状

在中国全面建设小康社会和社会主义现代化强国的进程中，中国的城市化、城镇化建设进程的逐步加快，各地城市和城镇建设快速发展，高层建（构）筑物越来越多、越来越高、越来越大，地下空间也越来越受到重视；各类建（构）筑物，特别是高层建筑的地下部分所占空间越来越大，埋置深度越来越深。随之而来的基坑开挖面积已达几万平方米，埋深20m左右的已属常见，最深已超过30m。特别是各大城市由于市内交通拥堵，纷纷兴建轨道交通（地下铁道），地铁车站普遍埋深在20～30m左右，最深的已超过了50m。

1.1.1 基坑工程发展的三个阶段

我国深基坑工程发展主要经历了以下三个阶段。

第一阶段：20世纪70、80年代，伴随着大城市高层、超高层建筑的兴建（图1.1.1-1为某市高层建筑林立），深基坑工程质量安全问题逐渐凸现。但那时大多数是多层建筑，即使有少数高层建筑，也是属于18层以下的小高层，其地下室也只是一层地下室或是半地下室，2～3层地下室的工程比较少见。基坑主要的围护结构是水泥搅拌桩的重力式结构，对于比较深的基坑则采用排桩结构；如果有地下水，则采用水泥土搅拌桩截水帷幕。

在国内，当时地下连续墙用得很少，SMW工法正在进行开发研究。由于缺乏经验，深基坑的事故比较多，引起了社会和工程界的关注。从那时起，国内施工人员开始研究深基坑工程的监测技术与数值计算，当时虽然有一些深基坑工程的施工技术指南之类的书籍，但还没有开始制定基坑工程方面的规范标准。

在20世纪80年代后期，土钉墙支护在浅基坑中推广使用（如图1.1.1-2所示），SMW工法（如图1.1.1-3、图1.1.1-4所示）开始推广使用，地下连续墙被大量采用。

图1.1.1-1 某市高层建筑林立

1

图 1.1.1-2 某土钉墙施工现场

图 1.1.1-3 某 SMW 工法施工现场

图 1.1.1-4 某 SMW 工法墙的施工现场

　　逆作法施工、支护结构与主体结构相结合的"两墙合一"的设计方法开始得到重视和运用。商业化的深基坑工程设计软件开发成功，并逐渐推广使用。在施工中，深基坑内支撑出现了大直径圆环的形式和两道支撑合用围檩的方案，最大限度地克服了支撑对施工的干扰。

　　第二阶段：在 20 世纪 90 年代期间，我国通过总结施工经验，开始制定基坑工程的标准规范。这一时期出现了包括武汉、上海、深圳等地方规程标准和两本行业标准，如：上海市地方标准《基坑工程技术规范》DBJ 08-61—1997、行业标准《建筑桩基技术规范》JGJ 94—94、《建筑基坑支护技术规程》JGJ 120—99 等行业和地方标准相继出台。一些地方政府建立了深基坑工程方案的审查制度，如上海市规定埋深超过 7m 以上的深基坑工程设计与施工方案必须报送上海市建委科技委评审批准。国内外工程界开始出现超深、超大的深基坑工程，基坑面积达到 2 万～3 万 m²，深度达到 20m 左右。

　　但是，由于理论研究滞后、设计缺陷、施工失误、监测缺失等方面的原因，深基坑工程施工与周边环境的相互影响的形势更趋严峻，出现了新一波的深基坑工程事故。

　　20 世纪 90 年代后期，中国的建设领域中采用支护结构与主体结构相结合，并采用逆作法施工的深基坑工程已达 100 多项，并且出现了第二波的基坑工程规范的修订与编制。图 1.1.1-5 为地下结构的逆作法施工。

图 1.1.1-5 地下结构的逆作法施工

第三阶段：进入 21 世纪以后，伴随着超高层建筑和地下铁道的发展，地下工程向更深空间发展，国内外出现了更深、更大的深基坑工程，基坑面积达到了 4 万～5 万 m²，深度超过 30m，最深达 50m，SMW 工法、逆作法施工、地下连续墙、支护结构与主体结构相结合的"两墙合一"的设计方法等多项新技术在更多的工程中推广应用。

复合土钉墙、双排桩结构、型钢水泥土搅拌墙（SMW 工法）、鱼腹梁式钢支撑、混凝土咬合桩、超深多轴水泥土搅拌桩、水泥土搅拌连续墙（TRD 工法）、超大型环形支撑体系、十字钢支撑双向复加预应力技术、混凝土支撑的绳（链）锯切割法、锚杆回收技术等新技术、新工艺、新设备、新材料等建筑业"四新技术"在深基坑工程领域逐步得到了开发和推广应用。

同时，配合各项基坑工程新技术的各种施工新设备、新工艺也应运而生。地下连续墙成槽机械和施工工艺有抓斗式成槽机（适用于软土地基）见图 1.1.1-6，回转式多头钻成槽机（适用于较硬土层），双轮铣削式成槽机（适用于坚硬土层和岩石，也适用于软土地基及砂性土）见图 1.1.1-7；灌注桩施工新技术有旋挖钻孔灌注桩、螺旋压灌灌注桩、钻

图 1.1.1-6 地下连续墙抓斗式成槽机

图 1.1.1-7 铣削钻成槽机

孔咬合灌注桩；型钢水泥土搅拌墙机械有多轴柱列式水泥土搅拌墙的三轴（四轴-六轴）灌注桩机械、水泥土搅拌连续墙（TRD工法）机械与工艺等；逆作法施工、在软土地基利用"时空效应"的开挖技术等深基坑挖土技术。

有关地基基础方面的规范标准开始制定或修订，除了新制定的规范《建筑基桩检测技术规范》（JGJ 106—2003，现修订为2014版）、《建筑施工土石方工程安全技术规范》JGJ 180—2009）、《湿陷性黄土地区建筑基坑工程安全技术规范》JGJ 167—2009、20世纪90年代制（修）订的《建筑地基基础设计规范》（GB 50007—2002，现修订为2011版）、《建筑边坡工程技术规范》（GB 50330—2002，现修订为2013版）、《建筑桩基技术规范》（JGJ 94—94，现修订为2008年版）、《建筑基坑支护技术规程》（JGJ120—99，现修订为2012年版）、《基坑工程技术规范》DBJ 08-61—2010等相继进行了修订。2013年10月和2015年3月住房和城乡建设部先后批准颁布了《建筑深基坑工程施工安全技术规范》JGJ 311—2013和《建筑地基基础工程施工规范》GB 51004—2015。

1.1.2 基坑工程领域的进步和提高

通过30多年的工程实践和建筑业界人士的共同努力，深基坑工程领域取得了很大的进步和提高，主要表现为下面五个方面：

1. 设计思想不断更新

20世纪70年代以前，由于我国经济基础比较薄弱，国家经济整体发展水平较低，当时的建筑设计方针是"适用、经济、安全，可能条件下注意美观"；20世纪80年代以后，国家工作重心转入"以经济建设为中心"的社会主义现代化建设，建筑设计方针是"全面贯彻适用、安全，经济、美观"；随着国民经济的逐步发展和提高，现在的建筑设计方针是"配合周围环境，在安全、适用、美观和经济之间寻求合理的平衡"。随着社会经济状况的逐步好转，人们更多地从美观、舒适上考虑生活和生产的环境质量，出现了各种高层、超高层建筑、大型商业建筑、体育文化设施、办公楼、写字楼、教学楼等；为了缓解地面道路交通的压力，相应地各种地下空间得到利用，地下车库、地下停车场、地下商场、地铁隧道、地铁车站等地下设施应运而生。由于超大超深基坑的出现，其埋置深度也越来越深，甚至超过50m，其基坑面积也越来越大，甚至达到几万平方米，这些都需要设计思想与理念的不断更新与进步。其基坑工程设计理念也从原先的"以满足地下工程施工为主，或以经验为主，或以理论为主"，改变为现在"满足环境保护已成为设计与施工的基本出发点，理论和经验相结合"，最大限度地满足人们对环境保护和生活质量的要求。

2. 设计方法不断进步

20世纪80年代以前，施工图纸设计用的工具是图板、丁字尺、比例尺加两块三角板，用鸭嘴笔描图，用小的蘸水钢笔写字，用计算尺进行乘、除、乘方、开方的运算，用算盘进行加、减法的运算。设计师先在绘图纸上进行设计，然后描图员按照设计师的设计草图描绘到描图纸上，再用描图纸晒成蓝图，就成了设计蓝图。到20世纪80年代以后，改用绘图笔代替鸭嘴笔和蘸水钢笔进行描图与写字，用计算器进行各种计算运算，但仍旧需要描图、晒图；到20世纪90年代以后，图板、丁字尺、比例尺、三角尺、计算尺、绘图笔、算盘、计算器等都不用了，用电脑和软件进行设计制图与运算，再把设计图打印出来即可，提高了工作效率，减轻了设计人员的劳动强度，也提高了设计计算的正确率，加快了设计进度。

在设计计算方法上从最早的极限平衡法、弹性支点法，逐步发展提高到考虑平面与空间、土体与结构共同作用、土的弹塑性的有限元法，使基坑设计计算更趋合理、正确。

3. 施工技术不断发展与提高

随着设计思想的更新与进步，基坑面积的逐步扩大，埋置深度也越来越深，深基坑工程施工技术领域的新技术、新工艺、新设备、新材料的建筑业"四新技术"不断涌现，其围护支撑体系和土方开挖的各项施工技术和各种机械设备也不断发展与提高，相应地其降排水技术和设备也不断发展与提高，其信息化施工、监测技术和设施也不断地完善和提高。如前面所述的复合土钉墙、双排桩结构、型钢水泥土搅拌墙（SMW工法）、鱼腹梁式钢支撑、混凝土咬合桩、超深多轴水泥土搅拌桩、水泥土搅拌连续墙（TRD工法）等新技术、新工艺不断涌现，特别是上海中心大厦的直径121m的超大型深基坑工程的无横梁支撑的6道圆环形圈梁（或称围檩）的地下连续环梁和圆环形地下连续墙，系超静定结构体系，作为基坑的支护结构体系，在上海这样的软弱土地基上应用是深基坑工程施工技术的重大突破和提高。

4. 建设管理制度不断完善

20世纪70年代以前，建筑施工管理制度很少，到20世纪80年代以后，要求编制施工组织设计，后来又要求编制施工专项方案，各省、市、县先后设立建设工程质量监督站和安全监督站，加强了对建设工程的质量与安全的监督与检查；以后又逐步实施并完善了建设工程监理制度和招投标制度，促进了建设工程质量和安全管理，提高了工程质量和安全文明施工水平。到20世纪90年代后期，随着高层建筑和地下铁道的逐步增多，上海、深圳等大城市要求对基坑工程的设计施工方案组织专家评审，各级政府的有关工程建设的各种管理制度逐步完善。

2009年6月，中华人民共和国住房和城乡建设部颁发了建质（2009）87号文《危险性较大的分部分项工程安全管理办法》，明确了基坑、降水、土方开挖、模板工程及支撑体系、吊装、脚手架、爆破等危险性较大的分部分项工程的安全管理，强调了编制安全专项方案及专家评审的有关规定，使基坑工程管理制度不断完善、不断加强，有效遏制了基坑工程安全事故的蔓延与扩大。

5. 标准化工作的开展

20世纪70、80年代，我国基本上没有与基坑工程有关的规范标准。到20世纪90年代，我国才开始制定发布了《建筑地基处理技术规范》JGJ 79-91、《建筑桩基技术规范》JGJ 94-94、《建筑基坑支护技术规程》JGJ 120-99等规范标准。同时，上海、浙江、广东等地也制订、发布了基坑方面的地方标准。

2000年以后，标准化工作全面展开，我国有关基坑工程的规范标准陆续制定发布。目前，与基坑工程有关的规范标准已达10多部，其中，国家行业标准《建筑深基坑工程施工安全技术规范》JGJ 311—2013已于2014年4月1日起实施；《建筑地基基础工程施工规范》GB 51004—2015已于2015年3月批准发布，将于2015年11月1日起实施。同时，国家标准化委员会规定，随着科技发展周期的缩短与加快，规范标准必须每5年修订一次，《建筑基坑支护技术规程》等多部规范标准都进行了修订，使标准的修订更新工作纳入正常轨道，很多规范标准都将得到了修订与完善，以进一步适应科技进步和施工技术提高的需要。

1.1.3　基坑工程的现状

随着城市化建设的不断发展，建筑密度不断增加，使建筑物距离越来越紧密，给施工造成很大的不便和困难。

1. 深基坑离周边建筑物的距离越来越近

由于城市的开发改造与利用，特别是在中心城区，基坑四周往往紧贴着各种重要的建（构）筑物，如轨道交通设施、地铁、地下管线、隧道、历史保护建筑、老式居民住宅、大型商业建筑、办公大楼等，给基坑工程施工增加了一定的难度。

在上海陆家嘴金融贸易区，上海金茂大厦、上海环球金融中心大厦和上海中心大厦这三幢超高层摩天大楼建筑紧靠在一起，如图1.1.3-1～图1.1.3-3所示，如设计或施工不当，均会对周边建（构）筑物、地下管线及地下设施造成不利影响。

图1.1.3-1　上海中心大厦等3幢超高层建筑鸟瞰图　　　　图1.1.3-2　上海中心大厦施工照片

上海中心大厦已于2013年7月混凝土结构封顶，2014年7月钢结构封顶，总建筑面积57.4万多 m^2，总高度632m，地上124层，地上建筑面积约41万多 m^2，地下5层，基坑埋置深度31.4m，地下面积16.4万多 m^2。它是我国目前地上最高、地下最深，世界第二的超高层摩天大楼。

2. 深基坑工程越来越深

随着地下空间的开发与利用，基坑的埋置深度越来越深，对设计理论与施工技术都提出了更严格的要求。例如：

宁波嘉和中心二期项目深基坑，平均开挖深度为18.3m，最大挖深为25.9m，整体为三层地下室布局，局部有夹层。图1.1.3-4为宁波嘉和中心深基坑。

无锡恒隆广场基坑埋深近27m。

图 1.1.3-3　高层、超高层建筑林立的上海陆家嘴金融贸易区鸟瞰图

上海中心大厦的主楼的深基坑达 31.4m
深，局部挖深 34.4m，均已达到了承压水层。
其附楼（裙房）埋深 25.4m，采用主体结构与
围护结构两墙合一和逆作法的施工方法。

3. 基坑的规模与尺寸越来越大

由于高层建筑，特别是超高层建筑越来越
高，其建筑面积越来越大，其地下室空间也越
来越大，越来越深。例如：

上海招商银行信用卡中心工程地下建筑面
积达 8.1 万 m²；无锡恒隆广场地下建筑面积
3.5 万 m²；天津西站二期项目，基坑面积为
3.9 万 m²，基坑周长达 855m。

上海金茂大厦，1999 年 3 月竣工。主体
建筑地上 88 层、地下 3 层，塔楼高 420.5m，
占地面积 23611m²，总建筑面积 29 万 m²。4m
厚的钢筋混凝土筏式基础及 429 根空心钢柱桩

图 1.1.3-4　宁波嘉和中心工程深基坑

打入砂黏土层 65m 深处，地下室开挖面积近 2 万 m²，基坑周长 570m，开挖深度
19.65m，基坑开挖土方量达到了 32 万 m³。在基坑围护结构方面，设计了空间桁架式全
现浇钢筋混凝土内支撑技术，既保证了工程质量和安全，又缩短了施工工期，提高了经济
效益。

2008 年 8 月建成的上海环球金融中心大厦，建筑面积 38.1 万 m²，地上 101 层，高
492m，地下 3 层，基坑埋置深度 21.89m，地下室面积 7.85 万 m²。

上海中心大厦主楼深基坑开挖深度为 31.4m，最深局部埋深 34.4m，采用明挖法土方
开挖方法。围护体系采用直径 121m 的钢筋混凝土环形地下连续墙围护结构，墙厚
1200mm，支撑体系为 6 道环形钢筋混凝土圈梁。土方工程，主要采用先挖中部土方，后

挖环边土方的盆式开挖土方的顺序，总土方量为 38 万 m³。图 1.1.3-5、图 1.1.3-6 为上海中心大厦主楼深基坑浇捣混凝土底板施工现场。

其基坑降水方案是：

（1）疏干井，①基坑内设置 25m 深的真空管井井点疏干降水井 42 口，25m 深的观察井 4 口；②疏干降水井每 250m² 设 1 口。

（2）减压降水井，主楼基坑内设置 55m 深减压降水井 12 口，45m 深观察井 3 口；坑外设置 65m 深减压降水井 28 口；裙房两墙合一的地下连续墙内侧设置 45m 深观察井 4 口，裙房两墙合一的地下连续墙外侧设置 45m 深观察井 3 口。

图 1.1.3-5　上海中心大厦主楼浇筑混凝土底板施工现场

图 1.1.3-6　上海中心大厦主楼基坑施工现场

上海中心大厦主楼基坑呈直径 121m 的圆形地下连续墙布置，基坑面积 11500m²。整个基坑由主楼、裙房及中间过渡区组成。整个基坑大底板面标高均为 −25.4m，主楼底板厚度为 6m，裙房及中间过渡区底板厚度为 1.6m，底板混凝土全部采用强度等级为 C50R90 的商品混凝土，抗渗等级为 P12，主楼基坑底板的混凝土总方量 6 万多 m³。

这类超大、超深基坑，特别是在软土地基的上海、宁波等地区，在支护结构的设计、施工中，其支撑体系的布置、围护墙的位移及坑底隆起的控制均有相当的难度。如图 1.1.3-7 所示 3 道钢筋混凝土水平支撑的支护体系的大型深基坑工程施工现场，其场内施工道路是用施工栈桥来解决的。

图 1.1.3-8 系圆环形钢筋混凝土水平支撑的大型深基坑施工现场，其基坑中间的大圆环形支撑及施工栈桥方便基坑挖土土方和材料的进出。

4. 施工场地越来越狭小

城市中心城区的大规模改造与开发，其中不少以土地出让形式吸引外资、内资开发，为充分利用土地资源，建设投资方经常要求建筑物地下室做足红线。大型住宅小区或商业区，建筑物之间的空间均设置地下车库或地下商场，施工场地可用的空间非常狭小，施工用地越来越小，施工现场的办公与作业场所和建筑材料堆场几乎没有，极大地增加了施工难度，这就

图 1.1.3-7 某大型深基坑工程施工现场

必须通过有效的资源整合才能顺利实现。图 1.1.3-9 宁波某项目基坑施工现场，其地下室距离外墙用地红线仅 3.5m，小区内号房之间空地都设计了地下车库，现场无法安排施工所需的木工、钢筋工的工棚、材料堆场、临时办公场所等，给施工作业带来了很大的不便和麻烦。

图 1.1.3-8 某基坑圆环形内支撑的施工现场

图 1.1.3-9 施工场地越来越紧凑

图 1.1.3-10 是某高层大型深基坑的施工现场，其周边道路的对面都是成群的建筑，必须做好周边建筑、道路及地下管线的监测与保护，确保周边环境安全。

总之，基坑工程技术，包括设计、施工、设备及安装等工程技术，随着地下空间的面

图 1.1.3-10　某大型基坑在紧凑的场地中的现状

积和埋深的增加而日趋提高，也随着上述四种现状的日益严重而技术难度加大；相应的，基坑工程施工安全技术的重要性也日趋显现，特别是深基坑工程的施工安全技术越显重要。

1.2　深基坑工程主要特点

1.2.1　安全储备较小，风险较大

基坑支护体系是临时性结构，具有较大的风险性。基坑支护体系在设计计算时，有些荷载，如地震荷载不予考虑，相对于永久性结构，在强度、变形、防渗、耐久性等方面的要求较低一些，安全系数较低，其安全储备要求可以小一些；再加上某些建设方对基坑工程认识上的偏差，为降低造价，对设计提出一些不合理要求，实际的安全储备可能会更低一些。因此，基坑工程具有较大的风险性，必须要有合理的应对措施。

1.2.2　制约因素较多

基坑工程与自然条件和周边环境关系密切，受限于目前科技水平，地下空间存在较多的未知因素和不确定性，设计施工中必须充分考虑工程所在地的工程地质条件、水文地质条件、周围环境与基坑开挖的关系及其相互影响。

1. 区域性差别很大

施工场地的工程地质条件和水文地质条件对基坑开挖有很大影响。中国幅员辽阔，各地的工程地质条件和水文地质条件差别很大，软黏土地基、砂性土地基、黄土地基、冻溶土地基等地基中的基坑工程性状差别也很大。同是软黏土地基，天津、上海、宁波、杭州、福州、昆明等各地软黏土地基性状也有较大差异。地下水，特别是承压水对基坑工程性状影响很大，而各地承压水特性差异很大，承压水对基坑工程性状影响的差异也很大。

2. 周边环境影响大

基坑支护体系受周边环境，包括邻近的市政道路、地下管线、周边建（构）筑物的影

响很大，周边环境的容许变形量、重要程度都对基坑工程的设计与施工产生较大影响，甚至成为基坑工程成功与否的关键。因此，在满足基坑安全及周边环境保护的前提下，要合理地满足施工的易操作性和工期要求。

反之，基坑开挖、支护体系施工与拆除和地下水位下降都可能会引起基坑周围地基土体中地下水位的变化和应力场的改变，对邻近基坑的市政道路、建筑物、地下构筑物和管线等产生不利影响，严重的可能造成破坏。因此，深基坑工程必须充分考虑环境效应，设计与施工一定要予以高度重视。

3. 时空效应强

基坑工程的空间大小和形状对支护体系受力具有较大影响，基坑土方开挖顺序也对支护体系受力具有较大影响；另外，土具有蠕变性，土体随着时间会产生蠕变，土体的变形增大，其抗压强度与抗剪强度会降低。因此，基坑工程具有"时空效应"，在基坑开挖时，要重视和利用基坑工程的"时空效应"。

1.2.3 设计计算理论不够完善

基坑工程作为地下工程，所处的地质条件复杂，影响因素较多，人们对岩土力学性质的了解还不够深入，许多设计理论与设计方法还不够完善。岩土力学理论还不够完善，在实际设计计算中的很多参数往往采用经验取值，还是一门发展中的学科。作用在基坑围护结构上的土压力不仅与水土压力的稳定、变形和渗流有关，还与时间有关，即土的"时空效应"有关，而且基坑工程设计计算理论涉及岩土工程和结构工程两门学科，设计时须全面考虑各种因素。

1.2.4 基坑工程系统性强

基坑工程包括：基坑支护结构设计、支护结构施工、降水与排水、土方开挖、监测、维护等，是一项系统工程。特别是深基坑工程的施工，对设计人员与施工人员的综合性知识和施工经验的要求比较高，不仅需要具有岩土工程方面的知识，也需要结构工程方面的知识，而且需要有丰富的施工现场实践经验，还要熟悉工程所在地的施工条件和施工经验以及工程地质与水文地质条件。同时，基坑工程中设计与施工是密不可分的，施工实际的工况必须与设计计算的工况一致，不能有丝毫疏忽大意，才能确保基坑工程的顺利开展。

1.3 深基坑工程的存在问题

深基坑工程施工存在的安全质量问题类型很多，成因也较为复杂。在水土压力作用下，支护结构可能发生破坏，支护结构不同，破坏形式也有差异；渗水可能引起流土、流砂、突涌，造成地基与基坑的破坏；围护结构变形过大及地下水流失，引起周围建（构）筑物、市政道路及地下管线的破坏也属基坑工程事故。多年以来，深基坑工程安全事故时有发生，甚至造成重大伤亡事故，给国家或有关单位造成重大财产损失和人员伤亡。

1.3.1　深基坑工程设计问题

在深基坑工程事故中，由于设计失误造成的工程事故占了将近一半，既有方案选择错误，也有设计计算失误，包括参数取值不当，计算模型选取不当等失误。而设计人员资质不全，无证或超证设计，盲目设计及经验不足等原因而导致的事故也有一定的比例。具体包括：

1. 无证设计、盲目设计、越级设计、虚假设计导致设计质量低劣，造成险情、事故

某些工程由私人设计或不具备相应资质的施工单位设计完成，缺乏理论依据与实践经验，故难以实现经济合理和安全可靠，还因质量低劣而时常导致施工时险象环生，甚至酿成重大事故。某些设计人员在地形、地质、水文等资料不齐全，对周边环境又不熟悉的情况下，主观地凭经验进行设计，或胡乱套用和盲目照搬别人的资料，既缺乏科学依据，又脱离实际情况，草率出图应付施工。某些设计单位并不具备相应的技术资质资格，越级承接设计往往因技术力量薄弱、水平不高和经验不足等而使设计成果达不到质量要求，容易造成事故。某些设计单位为了在工程竞投中获胜，在设计的取值、计算依据和模式等方面弄虚作假，不惜一切地压低造价，结果是既不安全也不经济，虽然满足了甲方价低者得的心理，但埋下了事故的隐患。

2. 深基坑设计方案选择失误

支护方案的选择取决于深基坑开挖深度、地基土的物理力学性质、水文地质条件、周围环境、相邻（构）筑物的重要性、相邻地下管道的限制程度、设计控制变形要求、工程造价、施工设备能力以及支护结构的受力特征等诸多因素。

3. 深基坑支护的设计荷载取值不当

深基坑支护中作用于支护结构上的荷载包括水压力、土压力、影响区范围内建（构）筑物荷载、施工荷载、场地违章堆载以及施工车辆动、静荷载等可变荷载。其中，土压力的计算是支护结构设计计算的前提，但是土压力计算在深基坑开挖中不是一成不变的，而是随着各种因素变化而变化。如水土压力合算与分算问题，土压力随支护结构位移模式不同时，墙体位移对土压力影响不同。支护结构的土压力还受到外界因素的影响，如雨季以及地下水管、道路的渗流导致基坑周围土体含水量的增加，黏聚力和内摩擦角的降低，又如土方开挖会使围护结构的主、被动压力产生变化，这些都是导致支护结构承受的主动土压力增大，支护结构严重变形甚至破坏。此外，深基坑工程设计中，漏算了地面荷载，导致支护结构实际承受的土压力增大，支护结构严重变形甚至破坏。在特殊工程地质条件下，基坑设计未考虑特殊性土体对支护结构的影响。如在寒冷地区，没有考虑冻涨力的影响。

4. 支护结构设计中强度指标取值不准确

在深基坑支护结构设计中，合理地选择地基土强度指标（c，φ 值）是深基坑开挖成败的又一关键因素，如果土体强度指标的取值不能代表实际情况，则深基坑支护设计计算再精确也是徒劳。所以在深基坑设计时，应根据实际情况选择相应合理的土体强度指标。但是，在设计工作中，一些设计人员不管在什么条件下，选用相同的土体强度指标，使得计算结果与实际情况有较大出入，造成基坑工程事故发生。

5. 支撑结构设计失误

包括：内支撑结构体系布置不当，支撑结构体系设计计算错误造成事故，支撑体系的设计要同支护结构同时考虑，不能忽视由于支护结构变形和位移对体系杆件强度、整体稳定性的影响。

6. 锚固结构设计失误

包括：锚杆竖向间距过大、长度不足、倾角过大、设计位置过低、设计承载力不足导致支护结构抗力不足，引起支护结构大变形或整体滑移。锚固体未设在良好土层中，锚固体长度不足，水泥浆配合比不合适，使锚杆抗拔力低于设计拉力值，深基坑开挖后锚固体被拔出，基坑倒塌。挡土桩（墙）与锚杆设计不匹配。挡土桩（墙）与锚杆支护结构是一个整体，如果设计不匹配，有可能造成桩的安全度减小，甚至桩的破坏，从而导致深基坑工程事故。

7. 地下水处理方法设计不当

深基坑工程事故大多数是和地下水相关的，70％以上的深基坑工程事故与地下水处理不当有关。

1.3.2　深基坑工程施工问题

深基坑工程施工中，由于各种主、客观原因，引起基坑支护体系破坏、土体渗透破坏、基坑周边环境破坏等各种破坏，造成基坑工程事故，有的甚至是重大事故。

1. 基坑支护体系破坏

由于基坑周边堆载或施工超载大于设计要求限值，或者基坑开挖后，土体沿围护墙体下形成的圆弧滑面或软弱夹层发生整体滑动失稳的破坏，造成围护结构整体失稳，或者支护结构剪断，造成围护结构位移变形过大，造成基坑支护体系破坏、垮塌。

（1）基坑围护体系折断事故

主要是由于施工抢进度，超量挖土，支撑架设跟不上，是围护体系缺少大量设计上必需的支撑，或者由于施工单位不按图施工，抱侥幸心理，少加支撑，致使围护体系应力过大而折断或支撑轴力过大而破坏或产生较大变形。表现为：

① 立柱桩垂直度偏差大，拆撑后长细比过大，导致立柱桩和支撑失稳。

② 土方开挖：支撑剪断、基坑垮塌。

③ 土方车超载，栈桥破损。

④ 挖土机、运输车辆开过支撑上：导致支撑剪断、基坑垮塌。

（2）基坑围护体整体失稳事故

深基坑开挖后，土体沿围护墙体下形成的圆弧滑面或软弱夹层发生整体滑动失稳的破坏。表现为：围护施工：槽壁塌方。图1.3.2-1为某基坑边坡及施工道路因渗水，连同塔吊一起整体垮塌。图1.3.2-2为某基坑围护墙垮塌现场。

图1.3.2-1　某基坑的边坡的坍塌现场

图 1.3.2-2　为某基坑围护墙垮塌现场

（3）基坑围护墙体踢脚破坏

由于深基坑围护墙体插入基坑底部深度较小，同时由于底部土体强度较低，从而发生围护墙底部向基坑内发生较大的"踢脚"变形，同时引起坑内土体隆起。表现为：土方开挖放坡较陡，导致滑坡；围护墙底部"踢脚"变形，坑底隆起。

（4）坑内滑坡导致基坑内撑失稳

在火车站、地铁车站等长条形深基坑内分段放坡挖土时，由于放坡较陡、降雨或其他原因引起滑坡可能冲毁基坑内先期施工的支撑及立柱，导致基坑破坏。图 1.3.2-3 为某工地在基坑开挖和垫层施工中造成北侧围护墙体倾覆，并引起周边部分道路坍塌，通行中断。经调查认定，这是一起责任事故，事故的直接原因是钢支撑未按设计图纸施工。

图 1.3.2-3　某基坑围护体倾覆引起周边部分道路坍塌

2. 土体渗透破坏

由于基坑开挖过程中，围护结构渗水、涌沙、基坑底部突涌、管涌、流砂，或者土体滑动、坑底隆起等土体渗透破坏，甚至造成基坑破坏、垮塌。

（1）基坑壁流土破坏

在饱和含水地层，特别是有砂层、粉砂层或者其他的夹层等透水性较好的地层，由于围护墙的截水效果不好或截水结构失效，致使大量的水夹带砂粒涌入基坑，严重的水土流失会造成地面塌陷。

图 1.3.2-4 为某医院换热站基础工程发生土方坍塌事故，导致 4 人被埋，全部遇难。工地南侧地基上部有一下水管道不停往外漏水，导致地基松软，边坡土方坍塌，这是造成此次恶性事故的主要原因。

图 1.3.2-4　某基坑因槽壁渗水坍塌

（2）基坑底突涌破坏

由于对承压水的降水不当，在隔水层中开挖基坑时，当坑底以下承压含水层的水头压力冲破基坑底部土层，将导致坑底突涌破坏。表现为：

① 基坑底部：突涌管涌。

② 土方开挖：槽段接缝渗水、涌砂等。

（3）基坑底管涌破坏

在砂层或粉砂底层中开挖基坑时，在不打井点或井点失效后，会产生冒水翻砂（即管涌），严重时会导致基坑失稳。图 1.3.2-5 为某工程基坑因施工道路大面积坍塌，造成基坑围护墙和支撑垮塌。事故没有造成人员伤亡，但现场损毁严重，对周周的一些建筑也造成了一定影响。

图 1.3.2-5　某基坑坍塌现场

由于地下水降水施工造成地下管线破裂，水管破裂喷水。图 1.3.2-6 为地下水管破裂，自来水喷发。

基坑挖土施工造成支护结构位移，引发周边道路不均匀沉降，道路开裂，图 1.3.2-7 为基坑支护位移导致路面开裂。

图 1.3.2-6　地下水管破裂

图 1.3.2-7　支护位移导致路面开裂

3. 基坑周边环境破坏

在深基坑工程施工过程中，由于降排水、土方开挖会对周围土体有不同程度的扰动，引起周围地表不均匀下沉，从而影响周围建（构）筑物及地下管线的正常使用，造成地面道路开裂、地下管线断裂、邻近建筑物沉降、倾斜等，甚至危及基坑本体安全，严重的会造成工程事故。图 1.3.2-8 为某地铁车站基坑，支护结构施工时，因钢支撑垮塌，造成围护墙整体坍塌，引起周边的道路垮塌，正在道路行驶的车辆陷入坑中，正在作业的塔吊倒塌，周围的民房倒塌，正在作业的 10 多名施工人员伤亡，损失惨重。

图 1.3.2-8　某基坑坍塌造成周边道路塌陷、民房倒塌

引起周围地表沉降的因素大体有：

（1）基坑围护墙体变位。

（2）基坑坑底回弹、隆起。

（3）井点降水引起的坑外地层固结。

（4）抽水造成砂土损失、管涌流砂等。

因此，如何预测和减小施工引起的地面沉降，已经成为深基坑工程技术亟需要解决的难点问题。

1.3.3　深基坑工程管理问题

1. 由于没有认真学习贯彻《深基坑工程施工安全技术规范》等有关标准，还由于设计人员与施工人员对基坑工程施工安全技术的重要性认识不足，使一些不必要的设计或施工失误，造成渗水、流土、流砂，或者堆载超载，或者支护结构的破坏，甚至基坑坍塌，造成重大伤亡事故和财产损失。

2. 建设各方对深基坑工程施工安全技术不够重视，特别是投资方为了节省投资，片面降低基坑造价；部分设计人员为承揽设计业务，迎合投资方的不合理要求，减小安全系数，选择不合理的支护结构设计方案，增加基坑施工的不安全性和危险性；少数施工单位和施工人员偷工减料或疏于管理，忽视巡查，未能及时发现并处理事故苗头、隐患，造成重大事故，给国家或有关单位造成重大财产损失和人员伤亡。

1.3.4　深基坑工程其他问题

由于机械设备故障、施工失误或天气等因素造成基坑安全事故。

如塔吊倾覆；钢筋笼起吊散架；高处坠落；支撑底模坠落伤人；栈桥或基坑坡顶临边防护跌落；监测点破坏，无法信息化施工；台风、暴雨等恶劣天气；应急措施不到位；浇筑混凝土时，炸泵等造成的设备损坏、人员伤亡事故。详见本书第5章第4节的其他原因事故案例分析与防治。

第2章 深基坑工程等级与分类

2.1 基坑工程技术规范标准简介

基坑工程技术标准体系经过 30 多年的努力，标准规范日臻完善，目前已有标准规范十多部，以下围绕有关基坑工程的规范标准主要内容作简单的介绍。

2.1.1 勘察设计方面规范

(1)《建筑地基基础设计规范》GB 50007—2011 是所有建筑地基基础工程的都必须遵守的国家标准，适用于工业与民用建筑（包括构筑物）的地基基础设计，无论设计还是施工都必须遵守本规范。

(2)《岩土工程勘察规范》GB 50021—2001 是所有建筑工程的地基基础都要遵守的国家标准，无论地质勘探还是桩基础，还是基坑的围护桩都应遵守。

(3)《混凝土结构设计规范》GB 50010—2010 是所有建筑工程中混凝土结构设计应遵守的国家标准，地基基础工程中有大量的混凝土工程，如围护桩、冠梁、水平支撑、基础梁板柱等都是混凝土浇筑的。

2.1.2 施工技术方面规范

(1)《建筑地基基础工程施工规范》GB 51004—2015 是规范建筑地基基础、基坑工程与边坡工程施工的国家标准。

(2)《建筑基坑支护技术规程》JGJ 120—2012 是建筑基坑支护设计、施工的行业标准，适用于一般地质条件下的临时性建筑基坑支护的勘察、设计、施工、检测、基坑开挖与监测，且本规范侧重于基坑支护的勘察与设计。

(3)《建筑边坡工程技术规范》GB 50330—2013 是建筑边坡工程勘察、设计、施工及质量控制有关技术的国家标准，适用于岩质边坡高度为 30m 以下（含 30m）、土质边坡高度为 15m 以下（含 15m）的建筑边坡工程以及岩石基坑边坡工程。

(4)《建筑桩基技术规范》JGJ 94—2008 是有关建筑桩基设计、施工技术的行业标准。

(5)《建筑地基处理技术规范》JGJ 79—2012 是国内地基处理方面的行业标准，适用于建筑地基处理的方法与技术的应用。

2.1.3 施工验收方面规范

(1)《建筑地基基础工程施工质量验收规范》GB 50202—2002 是有关建筑地基基础工程施工质量验收方面的国家标准。

（2）《混凝土结构工程施工质量验收规范》GB 50204—2015 是有关混凝土结构工程施工质量验收方面的国家标准。

2.1.4　施工安全方面规范

（1）《建筑施工安全技术统一规范》GB 50870—2013 是制订建筑施工各专业安全技术标准应遵循的统一准则的国家标准，建筑施工各项专业安全技术标准应制订相应的具体规定，本标准适用于建筑施工安全技术方案、措施的制订以及实施管理。

（2）《建筑深基坑工程施工安全技术规范》JGJ 311—2013 是建筑深基坑工程的施工、使用与维护中保障基坑工程安全的行业标准，本标准适用于开挖深度大于或等于 5m 的建筑深基坑工程的施工、安全使用与维护管理。

（3）《湿陷性黄土地区建筑基坑工程安全技术规程》JGJ 167—2009 是有关湿陷性黄土地区建筑基坑工程的安全技术的行业标准，适用于湿陷性黄土地区建筑基坑工程的设计、施工的安全技术。

（4）《岩土工程勘察安全规范》GB 50585—2010 是有关岩土勘察安全方面的国家标准。

（5）《建筑施工土石方工程安全技术规范》JGJ 180—2009 是有关建筑土石方工程设计与施工方面的安全技术的行业标准

（6）《爆破安全规程》GB 6722—2014 是有关工程爆破安全的国家标准。

（7）《施工现场临时用电安全技术规范》JGJ 46—2005 是有关建筑施工现场临时性用电方面安全技术的行业标准。

2.1.5　施工检测方面规范

1）《建筑桩基检测技术规范》JGJ 106 是有关建筑桩基检测技术的行业标准，适用于建筑工程基桩的承载力和桩身完整性的检测与评价。

2）《建筑基坑工程检测技术规范》GB 50497 是有关建筑基坑工程检测技术的国家标准。

2.2　深基坑工程等级划分

2.2.1　支护结构安全等级及重要性系数

1. 支护结构安全等级

《建筑基坑支护技术规程》JGJ 120—2012 相关条款规定了基坑支护结构的安全等级。

基坑支护设计时，应综合考虑基坑周边环境和地质条件的复杂程度、基坑深度等因素，按表3.1.3采用支护结构的安全等级。对同一基坑的不同部位，可采用不同的安全等级。

支护结构的安全等级是依据国家标准《工程结构可靠性设计统一标准》GB 50153—2008 对结构安全等级确定的原则，以破坏后果严重程度，将支护结构划分为三个安全等级。对基坑支护而言，破坏后果具体表现为支护结构破坏、土体过大变形对基坑周边环境

支护结构的安全等级   表 3.1.3

安全等级	破 坏 后 果
一级	支护结构失效、土体过大变形对基坑周边环境或主体结构施工安全的影响很严重
二级	支护结构失效、土体过大变形对基坑周边环境或主体结构施工安全的影响严重
三级	支护结构失效、土体过大变形对基坑周边环境或主体结构施工安全的影响不严重

或主体结构施工安全的影响。支护结构的安全等级，主要反映在设计时支护结构及其构件的重要性系数和各种稳定性安全系数的取值上。规程对支护结构安全等级采用原则性划分方法而未采用定量划分方法，是考虑到基坑深度、周边建筑物距离及埋深、结构及基础形式、土的性状等因素对破坏后果的影响程度难以用统一标准界定，不能保证普遍适用，定量化的方法对具体工程可能会出现不合理的情况。

支护结构设计时，在按表 3.1.3 的原则选用支护结构安全等级时，应掌握的原则是：基坑周边存在受影响的重要既有住宅、公共建筑、道路或地下管线等时，或因场地的地质条件复杂、缺少同类地质条件下相近基坑深度的经验时，支护结构破坏、基坑失稳或过大变形对人的生命、经济、社会或环境影响很大，安全等级应定为一级。当支护结构破坏、基坑过大变形不会危及人的生命、经济损失轻微、对社会或环境的影响不大时，安全等级应定为三级。对大多数基坑，安全等级应该定为二级。

对内支撑结构，当基坑一侧支撑失稳破坏会殃及基坑另一侧支护结构因受力改变而使支护结构形成连续倒塌时，相互影响的基坑各边支护结构应取相同的安全等级。

2. 支护结构荷载综合分项系数和重要性系数

《建筑基坑支护技术规程》JGJ 120—2012 第 3.1.6、3.1.7 条分别规定了支护结构的荷载综合分项系数和重要性系数。

（1）荷载综合分项系数

支护结构构件按承载能力极限状态设计时，作用基本组合的综合分项系数不应小于 1.25。主要考虑：①支护结构是临时性结构。一般情况下，支护结构使用时间不会超过一年，正常施工条件下最长的工程也小于两年，在安全储备上与主体建筑结构应有所区别；②荷载综合分项系数只影响支护结构构件的承载力设计，如增加挡土构件的截面配筋、锚杆的钢绞线数量等，并未提高有关岩土的稳定性安全系数，如圆弧滑动稳定性、隆起稳定性、锚杆抗拔力、倾覆稳定性等，而大部分基坑工程事故主要还是岩土类型的破坏形式。荷载综合分项系数中包括了临时性结构对荷载基本组合下的调整。

（2）支护结构的重要性系数

遵循《工程结构可靠性设计统一标准》GB 50153—2008 的规定，对安全等级为一级、二级、三级的支护结构，其支护结构重要性系数可分别取 1.1、1.0 及 0.9。当需要提高安全标准时，支护结构重要性系数可以根据具体工程的实际情况取大于上述数值。

2.2.2 基坑工程安全等级

中国幅员辽阔，建筑工程基坑涉及的工程地质和水文地质条件差别较大，在深基坑工程的现场勘察、施工、安全监测、周边环境保护时，应根据深基坑工程的安全等级和环境保护等级，相似工程的施工安全技术、地方经验等，选择合适的基坑支护结构、地下水控制、土石方开挖的施工工艺与安全技术，使用与维护等的安全技术措施，确保深基坑工程和周边环境的安全。

深基坑工程是复杂、变化的系统工程，需要依赖信息化施工和工程经验，因此，深基坑工程的现场勘察、施工组织设计、现场施工（支护结构、地下水控制、土石方开挖的施工）、安全监测、周边保护环境应当充分重视以往的经验，做到施工方案合理，技术措施周密，检测和监测手段齐全，切实保障深基坑工程安全。

《建筑深基坑工程施工安全技术规范》JGJ 311—2013 相关条款规定了建筑深基坑工程施工安全等级。建筑深基坑工程安全等级的划分涉及基坑变形控制指标要求、基坑监测方案评审要求、基坑工程安全风险分析与评估要求等，本规范充分考虑了现行国家标准《建筑地基基础设计规范》GB 50007、《建筑地基基础工程施工质量验收规范》GB 50202，现行行业标准《建筑基坑支护技术规程》JGJ 120—2012 等规范中有关"地基基础设计等级"、"支护结构安全等级"、"基坑变形控制等级"等划分原则和定义，考虑基坑施工安全的特点、重要性、安全技术要求等，将基坑安全等级划分为一级、二级两个等级。

建筑深基坑工程施工应根据深基坑工程地质条件、水文地质条件、周边环境保护要求、支护结构类型及使用年限、施工季节等因素，注重地区经验、因地制宜、精心组织，确保安全。

建筑深基坑工程施工安全等级划分应根据现行国家标准《建筑地基基础设计规范》GB 50007 规定的地基基础设计等级，结合基坑本体安全、工程桩基与地基施工安全、基坑侧壁土层与荷载条件、环境安全等因素按表 3.0.1 确定。

<table>
<tr><td colspan="2" style="text-align:center">建筑深基坑工程施工安全等级</td><td style="text-align:right">表 3.0.1</td></tr>
</table>

施工安全等级	划　分　条　件
一级	1　复杂地质条件及软土地区的二层及二层以上地下室的基坑工程 2　开挖深度大于 15m 的基坑工程 3　基坑支护结构与主体结构相结合的基坑工程 4　设计使用年限超过 2 年的基坑工程 5　侧壁为填土或软土，场地因开挖施工可能引起工程桩基发生倾斜、地基隆起变形等改变桩基、地铁隧道运营性能的工程 6　基坑侧壁受水浸透可能性大或基坑工程降水深度大于 6m 或降水对周边环境有较大影响的工程 7　地基施工对基坑侧壁土体状态及地基产生挤土效应较严重的工程 8　在基坑影响范围内存在较大交通荷载，或大于 35kPa 短期作用荷载的基坑工程 9　基坑周边环境条件复杂、对支护结构变形控制要求严格的工程 10　采用型钢水泥土墙支护方式、需要拔除型钢对基坑安全可能产生较大影响的基坑工程 11　采用逆作法上下同步施工的基坑工程 12　需要进行爆破施工的基坑工程
二级	除一级以外的其他基坑工程

2.2.3 基坑工程环境保护等级

1. 环境保护等级

基坑工程的环境保护等级分为一级、二级、三级。环境保护等级一级是指邻近有重要的历史保护建筑、超高层建筑、地铁、隧道、复杂地下管线、重要构筑物、老式民宅等周边环境复杂的基坑工程；环境保护等级三级是指周边环境空旷、无建（构）筑物、地下管线等的基坑工程；其他的基坑工程均属于环境保护等级二级。

2. 环境调查

基坑工程在进行围护结构设计前，应根据环境保护等级进行环境调查工作，对环境保护等级为一级、二级的基坑宜提供相应的专项调查报告，调查报告应能满足环境影响分析和评价的需要。

3. 环境调查范围

一般应调查基坑周边2倍开挖深度范围内建（构）筑物及设施的状况，对在2~4倍开挖深度范围内有需要保护的建（构）筑物及设施时，亦应进行调查。

4. 环境调查内容

（1）对既有建（构）筑物应查明其平面位置、层数、结构形式、基础形式与埋深、使用年限、用途、历史沿革及现状、荷载与裂缝情况、有关竣工资料（如平面图、立面图、剖面图等）及保护要求等；对近代优秀建筑，必要时尚需进行结构检测与鉴定，以进一步确定其抵抗变形的能力。

（2）对隧道、共同沟、防汛墙等构筑物应查明其平面位置、埋深、材料类型、断面尺寸及保护要求等。

（3）对于各种地下管线应查明其平面位置、直径、埋深、材料类型、接头形式、压力、建造年代及保护要求等，当无相关资料时可按《城市地下管线探测技术规范》CJJ 61—2003进行必要的地下管线探测工作。还应包括既有供水、污水、雨水等各种地下管线的使用情况及渗漏状况。

（4）周边道路的类型、位置、宽度、道路行驶情况、最大车辆荷载等。

（5）基坑开挖与支护结构使用期内施工材料、施工设备等临时荷载的要求。

（6）雨期时的场地周围地表水汇流和排泄条件。

2.3 支护结构体系的作用和要求与分类

2.3.1 基坑支护结构体系作用

1. 基坑支护结构体系的功能

《建筑基坑支护技术规程》JGJ 120—2012的强制性条文3.1.2条规定了基坑支护结构体系的功能要求。

3.1.2 基坑支护应满足以下功能要求：

1 保证基坑周边建（构）筑物、地下管线、道路的安全和正常使用；

2　保证主体地下结构的施工空间。

条文说明：3.1.2　基坑支护工程是为主体结构地下部分的施工而采取的临时性措施。因基坑开挖涉及基坑周边环境安全，支护结构除满足主体结构施工要求外，还需满足基坑周边环境要求。支护结构的设计与施工应把保护基坑周边环境安全放在重要位置。强制性条文 3.1.2 条规定了基坑支护应具有的两种功能。首先，基坑支护应具有防止基坑的开挖危害周边环境的功能，这是支护结构的首要的功能。其次，应具有保证工程自身主体结构施工安全的功能，应为主体地下结构施工提供正常施工的作业空间及环境，提供施工材料、设备堆放和运输的场地、道路条件，隔断基坑内外地下水、地表水以保证地下结构和防水工程的正常施工。这条规定的目的，是明确基坑支护工程不能为了考虑本工程项目的要求和利益，而损害环境和相邻建（构）筑物所有权人的利益。

2. 基坑支护结构体系的作用

（1）给基坑土方开挖和地下结构工程施工提供合适的作业空间；

（2）控制土方开挖和地下结构工程施工对周边环境可能造成的不良影响。

基坑支护结构体系的这两种作用，同上述的两种功能基本上是一致的，只是表述的方式不同而已，故不再展开讨论。

2.3.2　基坑工程支护体系要求

为了满足上述两个作用，对基坑工程支护体系的要求是：

1. 足够的施工空间

在土方开挖和地下结构工程施工过程中，为土方开挖和地下结构工程施工提供足够的空间，而且基坑四周边坡保持稳定，支护体系的变形也不会影响土方开挖和地下结构工程施工。这就要求，基坑内侧槽壁与地下主体结构外墙外侧的距离必须能确保施工人员的作业空间，即不小于 800mm。

2. 干燥的施工空间

土方开挖和地下结构工程施工范围内的地下水位降低至土方开挖和地下结构工程施工面以下一定位置，即地下水位应低于基坑底面 1～0.8m，确保基坑底部干燥的作业面。

3. 安全的施工空间

控制基坑支护体系和周边环境的变形，确保基坑土方开挖和地下结构工程施工及周边环境的安全。

（1）因地制宜地控制支护体系的变形，控制基坑外土体的地下水位，控制由支护体系的变形、基坑挖土卸载回弹、坑内外地下水位变化、抽排水可能引起的土体流失等原因造成的基坑周围土体的附加沉降和附加水平位移。

（2）当基地紧邻市政道路、地下管线、周边建（构）物时，应严格控制基坑支护体系可能产生的变形，严格控制基坑外土体中地下水位可能产生的变化范围。

（3）对基坑支护体系允许产生的变形量和基坑外土体中地下水位允许的变化范围应根据基坑周围环境保护要求确定。

《建筑基坑支护技术规程》JGJ 120—2012 没有规定基坑支护结构的变形控制值，而应根据各地区经验确定。国内一些地方基坑支护技术标准根据当地经验提出了支护结构水平位移的量化要求，北京、深圳、湖北等地的地方标准是这样规定的。

北京市地方标准《建筑基坑支护技术规程》DB 11/489—2007 中规定，"当无明确要求时，最大水平变形限值：一级基坑为 $0.002h$，二级基坑为 $0.004h$，三级基坑为 $0.006h$。"h 为基坑深度（mm）。

深圳市地方标准《深圳地区建筑深基坑支护技术规范》SJG 05-96 中规定，当无特殊要求时的支护结构最大水平位移允许值见表 2.3.2-1。

支护结构最大水平位移允许值　　　　　　　　表 2.3.2-1

安全等级	支护结构最大水平位移允许值	
	排桩、地下连续墙、坡率法、土钉墙	钢板桩、深层搅拌
一级	$0.0025h$	—
二级	$0.0050h$	$0.0100h$
三级	$0.0100h$	$0.0200h$

注：表中 h 为基坑深度（mm）。

新修订的深圳市地方标准《深圳地区建筑深基坑支护技术规范》SJG 05—2011 对支护结构水平位移控制值又作了一定调整，如表 2.3.2-2 所示：

支护结构顶部最大水平位移允许值（mm）　　　　表 2.3.2-2

安全等级	排桩、地下连续墙加内支撑支护	排桩、地下连续墙加锚杆支护，双排桩，复合土钉墙	坡率法、土钉墙或复合土钉墙，水泥土挡墙，悬臂式排桩，钢板桩等
一级	$0.002h$ 与 30mm 的最小值	$0.003h$ 与 40mm 的最小值	
二级	$0.004h$ 与 50mm 的最小值	$0.006h$ 与 60mm 的最小值	$0.01h$ 与 80mm 的最小值
三级		$0.01h$ 与 80mm 的最小值	$0.02h$ 与 100mm 的最小值

注：表中 h 为基坑深度（mm）。

湖北省地方标准《基坑工程技术规程》DB 42/159—2004 中规定，"基坑监测项目的监控报警值，如设计有要求时，以设计要求为依据，如设计无具体要求时，可按如下变形量控制：

重要性等级为一级的基坑，边坡土体、支护结构水平位移（最大值）监控报警值为 30mm；重要性等级为二级的基坑，边坡土体、支护结构水平位移（最大值）监控报警值为 60mm。"

2.3.3　基坑工程支护形式分类

基坑工程支护形式分为两大类，即无支护的基坑工程和有支护的基坑工程。

1. 无支护的基坑工程

（1）大开挖，是以放坡开挖的形式，是在施工场地处于空旷环境、周边无建（构）筑物和地下管线条件下的普遍常用的开挖方法，这在过去是多层建筑或小高层建筑为主的基坑所经常采用的形式。

（2）开挖放坡护面，以放坡开挖为主，在坡面辅以钢筋网混凝土护坡，或钢丝网水泥砂浆护坡，以保护基坑土坡免受雨水等地表水侵蚀而塌方。增加钢筋网混凝土护坡的放坡大开挖，可以适当增加开挖深度，特别是在无地下水地区，也可以做地下室一层的基坑。

（3）以放坡开挖为主，辅以坡脚采用短木桩、隔板等简易支护，也可以在土坡面加辅钢筋网混凝土护坡，或钢丝网水泥砂浆护坡。这也可以适当增加开挖深度。

2. 有支护的基坑工程

（1）加固边坡形成的支护

对基坑边坡土体的土质进行改良或加固，形成自立式支护结构。如：水泥土重力坝支护结构、加筋水泥土墙支护结构、土钉墙支护结构、复合土钉墙支护结构、冻结法支护结构等。

（2）挡墙支护结构分为悬臂式挡墙支护结构、内撑式挡墙支护结构、锚拉式挡墙支护结构、内撑与锚拉相结合挡墙支护结构。

挡墙支护结构常用的有：排桩墙、双排桩、地下连续墙、板桩墙、加筋水泥土墙、型钢水泥土墙等。

排桩墙中常用的桩型有：钻孔灌注桩、沉管灌注桩等，也有采用大直径薄壁筒桩、预制桩等。

3. 其他形式支护结构常用形式有： 门架支护结构、重力式门架支护结构、拱式组合型支护结构、沉井支护结构等。

4. 各种支护形式的适用范围

每一种支护形式都有一定的适用范围，而且均随着工程地质条件和水文地质条件，以及周边环境条件的差异，其合理的支护高度也可能产生较大的差异。比如：当土质较好，地下水位在10多米深的基坑可能采用土钉墙支护或其他简易支护形式；而对软黏土地基，采用土钉墙支护的极限高度就只能在5m以内了，且其变形也较大。

各类支护结构的适用条件，如表2.3.3所示

各类支护结构的适用条件　　　　　　　　　　　　表2.3.3

结构类型		安全等级	适用条件	
			基坑深度、环境条件、土类和地下水条件	
支挡式结构	锚拉式结构	一级、二级、三级	适用于较深的基坑	1. 排桩适用于可采用降水或截水帷幕的基坑 2. 地下连续墙宜同时用作主体地下结构外墙，可同时用于截水 3. 锚杆不宜用在软土层和高水位的碎石、砂土层中 4. 当邻近基坑有建筑物地下室、地下构筑物等，锚杆的有效锚固长度不足时，不应采用锚杆 5. 当锚杆施工会造成基坑周边建（构）筑物的损害或违反城市地下空间规划等规定时，不应采用锚杆
	支撑式结构		适用于较深的基坑	
	悬臂式结构		适用于较浅的基坑	
	双排桩		当锚拉式、支撑式和悬臂式结构不适用时，可考虑采用双排桩	
	支护结构与主体结构结合的逆作法		适用于基坑周边环境条件很复杂的深基坑	
土钉墙	单一土钉墙	二级、三级	适用于地下水位以上或经降水的非软土基坑，且基坑深度不宜大于12m	当基坑潜在滑动面内有建筑物、重要地下管线时，不宜采用土钉墙
	预应力锚杆复合土钉墙		适用于地下水位以上或经降水的非软土基坑，且基坑深度不宜大于15m	
	水泥土桩复合土钉墙		用于非软土基坑时，基坑深度不宜大于12m；用于淤泥质土基坑时，基坑深度不宜大于6m；不宜用在高水位的碎石土、砂土、粉土层中	
	微型桩复合土钉墙		适用于地下水位以上或经降水的基坑，用于非软土基坑时，基坑深度不宜大于12m；用于淤泥质土基坑时，基坑深度不宜大于6m	
重力式水泥土墙		二级、三级	适用于淤泥质土、淤泥基坑，且基坑深度不宜大于7m	
放坡		三级	1. 施工场地应满足放坡条件 2. 可与上述支护结构形式结合	

注：1. 当基坑不同部位的周边环境条件、土层状况、基坑深度不同时，可在不同部位分别采用不同的支护形式；

　　2. 支护结构可采用上、下部以不同结构类型组合的形式。

　　3. 表2-2-5为《建筑基坑支护技术规程》JGJ 120—2012中的表3.3.2各支护结构的适用条件，其安全等级为支护结构的安全等级，而非深基坑工程施工的安全等级。

参 考 文 献

1. 住房和城乡建设部文件.《关于印发〈危险性较大的分部分项工程安全管理办法〉的通知》建质【2009】87号.2009.

2. 建筑地基基础设计规范 GB 50007—2011.［S］.北京：中国建筑工业出版社，2011.

3. 刘国彬，王卫东.基坑工程手册（第二版）［M］.北京：中国建筑工业出版社，2009.

4. 龚晓南.地基处理手册（第三版）［M］.北京：中国建筑工业出版社，2008.

5. 建筑深基坑工程施工安全技术规范 JGJ 311—2013.［S］.北京：中国建筑工业出版社，2013.

6. 型钢水泥土搅拌墙技术规程 JGJ/T 199—2010.［S］.北京：中国建筑工业出版社，2010.

7. 建筑基坑支护技术规程 JGJ 120—2012［S］.北京：中国建筑工业出版社，2012.

8. 复合土钉墙基坑支护技术规范 GB 50739—2011［S］.北京：中国建筑工业出版社，2011.

9. 中国土木工程学会土力学及岩土工程分会.深基坑支护技术指南［M］.北京：中国建筑工业出版社，2012.

10. 王自力，周同和.建筑深基坑工程施工安全技术规范理解与应用［M］.北京：中国建筑工业出版社，2015.

11. 建筑地基基础工程施工规范 GB 51004—2015［S］.北京：中国建筑工业出版社，2015.

12. 工程结构可靠性设计统一标准 GB 50153—2008［S］.北京：中国建筑工业出版社，2008.

13. 边亦海.基于风险分析的软土地区深基坑支护方案选择［D］.同济大学博士学位论文，2006.9.

第3章 深基坑工程主要施工过程

3.1 深基坑工程施工全过程管理

3.1.1 施工前技术准备

基坑工程施工前,在拿到基坑工程设计施工图以后,应完成以下技术准备工作:

做好施工图纸会审;

基坑工程施工组织设计;

基坑工程施工安全专项方案;

其他文件,包括环境保护技术方案,技术、质量、文明施工保证措施等。

1. 施工图设计交底与施工图会审

基坑工程设计单位应向建设、施工、监理、监测单位的技术与管理人员进行施工图交底,并组织施工图会审,与会各方技术与管理人员,特别是施工单位的技术人员在熟悉施工图的基础上,提出施工图中存在问题,由设计人员予以解释或修改措施,最终形成施工图会审纪要,并各方签字后作为设计文件指导施工。

2. 施工组织设计

深基坑工程开工前,应按《建筑深基坑工程施工安全技术规范》JGJ 311—2013 的 5.2.1 条规定:基坑工程施工安全专项方案应与基坑工程施工组织设计同步编制。

基坑工程施工组织设计应包括下列内容:

(1)工程概况与目标,设计与施工要求,施工实施的关键点及技术难点和总体解决思路;

(2)施工计划安排,包括施工工艺流程,在时间和空间上交叉施工的流水作业,总工期及分部分项施工进度计划与要求;

(3)各分项工程所需劳动力、施工机械和材料供应量,汇总后编制各阶段组织实施安排,以及相应的配套用水、用电施工作业面安排等;

(4)分阶段的施工现场临时办公、工棚、堆场、施工道路平面布置、大型垂直运输机械、临时给排水、强弱电平面布置图;

(5)各分部(分项)工程实施的技术要求以及专项施工方案,专项施工方案主要包括测量定位、支护结构、截水帷幕、支撑、坑内加固、基坑降水、土石方开挖、支撑拆除、大型垂直运输机械使用、基坑监测、季节性施工专项措施等。

3. 安全专项方案

基坑工程施工安全专项方案应包括下列内容:

（1）工程概况，包含基坑所处位置、基坑规模、基坑安全等级及现场勘查及环境调查结果、支护结构形式及相应附图；

（2）工程地质与水文地质条件，包含对基坑工程施工安全的不利因素分析；

（3）危险源分析，包含基坑工程本体安全、周边环境安全、施工设备及人员生命财产安全的危险源分析；

（4）各施工阶段与危险源控制相对应的安全技术措施，包含围护结构施工、支撑系统施工及拆除、土方开挖、降水与排水等施工阶段的危险源控制措施；各阶段施工用电、消防、防台防汛等安全技术措施；

（5）信息施工法实施细则，包含对施工监测成果信息的发布、分析，决策与指挥系统；

（6）安全控制技术措施、处理预案；

（7）安全管理措施，包含安全管理组织及人员教育培训等措施；

（8）对突发事件的应急响应机制，包含信息报告、先期处理、应急启动和应急终止。

4. 其他文件

除上述施工组织设计及安全专项方案，还应提供环境保护技术方案和基坑工程监测方案，以及技术、质量、文明施工保证措施等，在这里不一一阐述。

附：深基坑工程专项施工方案，见本书附录一。

3.1.2 施工全过程控制

深基坑工程的施工质量与安全的全过程控制是深基坑工程施工成功的关键，其全过程控制应包括下列要点：

1. 确保施工条件与组织设计条件的一致性

（1）保证基坑土方开挖全过程与设计工况保持一致。严禁超越工况或合并工况施工；

（2）周边环境保护与设计条件一致性。坑顶堆载条件、周边保护地下管线、建（构）物的边界条件及保护要求均应与设计条件一致；

（3）土方开挖的地层条件、水文地质条件与勘察报告反映情况一致。个别区域由于孔距过大未能反映情况，包括河浜、填土、障碍物等，应及时调整设计或施工参数。

2. 施工全过程的质量检验

施工全过程应按开挖前、施工期和开挖后三个阶段进行质量检验。

（1）施工期质量检验包括机械性能、材料质量、掺合比试验等材料的验证，以及定位、长度、标高、垂直度、水泥掺量、喷浆速度、浇灌混凝土速度、充盈系数、外加剂掺量、水灰比、施工起止时间、支护体均匀性、搭接桩施工间歇时间等；

（2）基坑开挖前的质量检测包括支护结构强度的验证和数量的复核、截水效果检查、降排水效果检验、出水量验证等；

（3）基坑开挖期的质量检验主要通过外观检验开挖面支护墙体的质量以及支护结构和坑底渗漏水等情况。

3.1.3 工程监测与信息化施工

基坑施工及开挖过程中，严格按照监测方案实施监测，及时了解由于基坑施工产生的位移和沉降的变化情况，判断影响程度，调整相关施工参数，如施工顺序、施工速度、监测频率等，发现变形超过报警值等异常情况，应立即启动应急预案，防止事故发生。

基坑工程监测，是为了确保基坑施工过程中支护结构和邻近建（构）筑物、地面道路和地下管线的安全，通过对基坑本身内部有关结构的位移、内力以及基坑外环境保护对象的变形参数的监测，验证基坑支护结构设计和基坑开挖施工组织设计的正确性；并对基坑支护体系的稳定性、可靠性和安全性进行预测预报，及时掌握在施工中支护结构的应力和变形以及环境的变化情况，并根据现场实际情况，科学、合理地调整施工步骤和方案，从而实现信息化施工管理。

基坑工程监测的内容、要求等详见国家标准《建筑基坑工程监测技术规范》GB 50497—2009。

3.2　基坑围护结构施工

深基坑工程施工负责人和技术负责人应掌握深基坑支护结构施工以下要点：

1）熟悉基坑工程施工图；
2）选择合理的施工方案；
3）严格控制支护结构变形；
4）支撑体系的安全拆除；
5）施工的连贯性和整体性；
6）施工质量检验与控制。

3.2.1　熟悉基坑施工图

施工前应进行施工图交底与施工图会审，施工图会审前施工各方应熟悉基坑施工图纸，特别是支护结构图纸、周边环境及各种计算工况，掌握基坑开挖及支护体系设置的方式、形式及周围环境保护的要求，了解工程地质和水文地质状况，特别是降排水效果及地下水位情况等。

3.2.2　选择合理的施工方案

施工参数与地层条件的匹配，结合土层特点选取合适的施工机械和施工方法，配置合适的动力设备，调整相关施工参数，必要时配以合理辅助措施，使施工质量满足设计要求。如在硬黏土区域施工搅拌桩应采用大功率电机，在浅层砂性土区域施工灌注桩、地下连续墙可辅助低掺量搅拌桩地基加固等。

3.2.3　严格控制围护结构变形

应密切注意基坑工程施工，特别是支护结构变形对周边环境的影响，许多支护结构施工对周边环境的影响很大，如搅拌桩或高压旋喷桩的挤土效应，地下连续墙成槽的水平位移等，有些变形甚至超过基坑开挖造成的影响，因此，施工时应针对各种施工工艺特点，严格控制施工参数，防止出现"未挖先报警"现象。

3.2.4　支撑体系的安全拆除

对支撑体系的拆除，应加强安全管理。

1）支撑拆除时应设置安全可靠的防护措施和作业空间。

2）换撑应满足设计工况要求，支撑应在梁板柱结构及换撑结构达到设计强度后才能对等、均衡地拆除。

3）支撑拆除施工过程中，应加强对支撑轴力和支护结构位移的监测，变化较大时，应加密监测，必要时应停止施工加强支撑。

4）栈桥拆除施工过程中，栈桥上严禁堆载，并应限制施工机械超载，合理制定拆除顺序，确保栈桥剩余部分结构的稳定性。

5）钢支撑拆除时，应避免瞬间预加应力释放过大而导致支护结构局部变形、开裂，并应采用分步卸载钢支撑预加应力的方法对其进行拆除。

3.2.5　施工的连贯性和整体性

工程实践经验表明，施工参数合理，现场条件合适，施工准备充分，一气呵成的支护体系施工往往施工质量良好，缺陷和问题较少，而事先准备不充分，计划安排不合理，现场条件限制较多，往往造成施工冷缝、强度质量不稳定、少浇漏振现象频发，成为基坑开挖阶段的隐患。

3.2.6　施工质量检验与控制

施工全过程的质量检验与控制是确保支护体系质量最为关键的环节。

支护体系施工阶段应及时检验施工质量，有利于及时发现问题并进行补救，调整后期施工参数，加强监控措施，防止整个支护体系质量问题。

3.3　地下水与地表水控制

3.3.1　地下水控制类型、方法

在地下水位比较高的地区，为了给施工作业有一个干燥的施工空间，必须采取坑内排水或降低地下水位的措施。如在坑内降低地下水位则造成了坑内外的水位差，地下水在水头压力的作用下从坑外流向坑内，假如降水措施选择不当，不仅不能保持坑内的干燥，而且还会产生管涌、流砂等渗透变形，危及基坑的安全。因此合理的选择合适的降水、排水施工方案尤为重要。

1）基坑工程的地下水的危害，包括涌水、流土、管涌、突涌、流砂、地层固结沉降、土层滑移及岩溶地面塌陷等多种类型。其中流土、管涌、突涌属于渗流破坏。见表 3.3.1 地下水综合分类表。

地下水综合分类表　　　　　　　　　　　　表 3.3.1

类型		含水层性质	水力特点	分布区与补给区的关系	动态特征	含水层状态	含水层分布及水量特点	附注
上层滞水	孔隙水	人工填土、淤泥透镜体中水、多年冻土融冻层水	无压	一致	随季节变化	层状或透镜状	空间分布的连续性差,有时水量较大	基坑工程对此类水多采用竖向帷幕和坑内集水明排
潜水	孔隙水	第四系粉土、砂、卵砾石、黄土、第三系半胶结砂砾岩,冻土层中水,岩浆岩全、强风化带中水	自由水面处无压	一致或临近地表水体补给	随季节变化	层状	含水层分布及含水特性受所属的地貌单元、地层时代、地层组合控制,宏观规律性强	基坑工程对此类水宜采用竖向帷幕,井底能落入隔水底板采用封闭式降水,否则采用开放式降水。降水可采用大口集水井、轻型井点或管井
	裂隙水	各类岩体的卸荷、风化裂隙带中水,或构造裂隙、破碎带中水	表面无压局部低压	一致或相临近富水区补给	随季节变化	层状、带状	分布及含水性受岩性和构造影响明显,总体上水量不大	基坑工程对此类水多采用集水明排
	岩溶水	可岩溶体的溶蚀裂隙和溶洞中水		一致或临近地表水体补给	随季节变化	层状、脉状	受岩溶发育规律控制,包气带岩溶季节性含水,其水量不大。饱水带一般水量不大,有时较大	基坑工程对此类浅部岩溶水可采用集水明排或管井降水
承压水	孔隙水	第四系层间粉土、砂、卵砾石、黄土、第三系半胶结砂砾岩层间含水层中水,多年冻土层下部含水层中水	承压	不一致	随季节变化	层状	冲积平原、河流阶地、河间地块、古河道等均具有二元结构特征,承压水头较高,水量丰富;三角洲和滨海平原具有互层特征,多层层间水呈低压性,水量小于前者	基坑工程对二元结构冲积层承压水宜采用管井降水或竖向及封闭帷幕加封闭式降水。临近江、河、湖、海并具有较高承压水头时,封底帷幕很少奏效,宜采用悬挂式帷幕加深井降水,或落底帷幕加封闭式降水
	裂隙水	基岩构造盆地、向斜、单斜、断层带中水			随季节变化不明显	层状、带状	分布受岩性地质构造控制,一般水量不大	基坑工程很少涉及此类水,如有涉及可集水明排
	岩溶水	临近江、河、湖、海岩溶带中水或构造盆地、向斜、单斜构造中可溶岩层中岩溶水			有季节性变化或随季节变化不明显	层状、脉状	临近地表水体的可岩溶体岩溶发育带呈层状分布,河间地块或高山区河流有时成地下河。总体上含水丰富、水量大	一般基坑工程较少涉及此类水,超深基坑涉及浅部岩溶承压水时,水量不大者可用管井降水或集水明排;水量很大且强排无效时,宜做帷幕堵塞岩溶通道后降水疏干

2）地下水控制应根据基坑工程所处地域的工程地质条件、水文地质条件和基坑状况，确定地下水控制方法，地下水控制方法主要是集水明排、帷幕隔渗和强制降低地下水位三类。

3.3.2　地下水控制方案选择

基坑开挖时，流入坑内的地下水和地表水如不及时排除，会使施工条件恶化、造成土壁塌方，亦会降低地基的承载力。

深基坑工程的地下水控制方法主要分为集水明排、截水帷幕和井点降水三大类。当降水引起地面沉降过大等情况时，可采用回灌的方法。

深基坑工程的地下水控制，首先应从基坑周边环境限制条件出发，然后研究工程地质条件、水文地质条件和基坑状况，充分利用基坑支护结构为地下水控制创造有利条件，在此基础上进行经济、技术对比，选择合理、有效、可靠的地下水控制方案。

3.3.3　集水明排

集水明排有基坑内排水和基坑外排水两种情况。集水明排适用于收集和排除地表雨水、生活废水和填土、黏性土、粉土、砂土等土体内水量有限的上层滞水、潜水，且土层不会发生渗透破坏的情况。图 3.3.3-1 为明沟与集水井排水示意图。

在基坑的一侧或四周设置排水明沟，在四角或每隔 20～30m 设集水井，排水沟始终比开挖面低 0.4～0.5m，集水井比排水沟低 0.5～1m，在集水井内设水泵将水抽排出基坑。集水明排适用于土质好、地下水量不大的基坑排水。

1. 集水明排的适用范围

（1）地下水类型一般为上层滞水，含水土层渗透能力较弱；

（2）一般为浅基坑，降水深度不大，基坑地下水位超出基础底板标高不大于 2.0m；

（3）排水场区附近没有地表水体直接补给；

（4）含水层土质密实，坑壁稳定（细粒土边坡不易被冲刷而塌方），不会产生流砂、管涌等不良影响的地基土，否则应采取支护和防潜蚀措施。

2. 集水明排措施

集水明排一般可以采用以下方法：

（1）基坑内宜设置排水沟、集水井和盲沟等，以疏导基坑内明水。集水井中的水应采用抽水设备抽至地面。盲沟中宜回填级配砾石作为滤水层；

（2）多级放坡开挖时，可在分级平台上设置排水沟；

（3）基坑外侧设置由集水井和排水沟组成的地表排水系统，避免坑外地表明水流入基坑内。排水沟宜布置在基坑边净距 0.5m 以外，有截水帷幕时，基坑边从截水帷幕外边缘起计算；无截水帷幕时，基坑边从坡顶边缘起计算。

3. 排水量确定

排水沟、集水井尺寸应根据排水量确定，抽水设备应根据排水量大小及基坑深度确定，可设置多级抽水系统。集水井尽可能设置在基坑阴角附近。

当基坑相连、土层渗水量和排水面积大，为减少大量设置排水沟的复杂性，可在基坑内的深基础或合适部位设置一条纵、长、深的主沟，其余部位设置边沟或支沟与主沟连

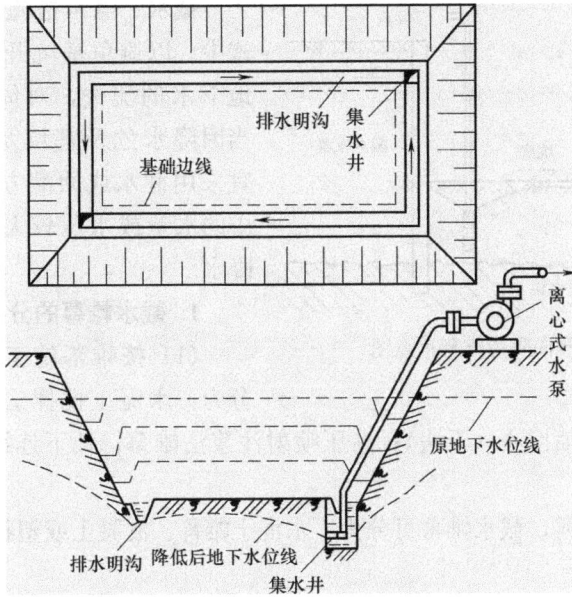

图 3.3.3-1　明沟与集水井排水示意图

通，通过基础部位用碎石或砂子作盲沟。适用于深度大的大面积地下室、箱形基础的基坑施工排水。图 3.3.3-2 为深层明沟排水示意图。

一般来说，深基坑工程较少采用集水明排的方法。

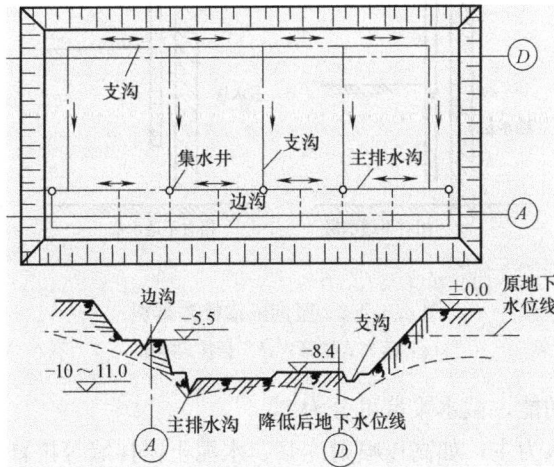

图 3.3.3-2　深层明沟排水示意图

3.3.4　截水帷幕

在基坑开挖之前，为防止地下水渗入坑内，沿基坑周边或在基坑坑底构筑的连续、封闭的截水隔渗体，称为截水帷幕，如图 3.3.4-1 所示。主要作用是在基坑开挖过程中，阻隔地下水或延长其渗径，防止基坑发生渗透破坏，使基坑开挖可顺利进行，同时避免基坑周边发生过大的沉降变形。

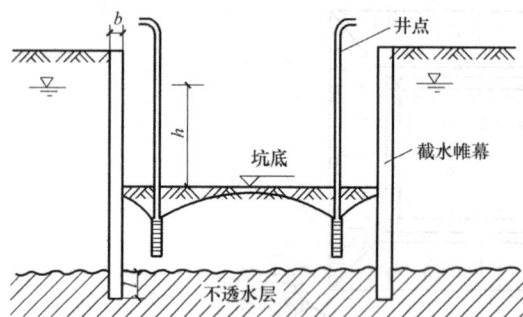

图 3.3.4-1　竖向隔渗帷幕示意图

截水、隔水措施应用于各种支护形式中，以避免基坑开挖和降水造成周边地下水的流失，对周围环境造成影响。当因降水危及基坑及周边环境安全时，宜采用截水或回灌方法。截水后，基坑中的水量或水压较大时，宜采用基坑内降水。

1. 截水帷幕的分类

（1）按帷幕施工工艺，截水帷幕可分为：水泥土搅拌法帷幕，包括深层搅拌法（湿法）和粉体喷搅法（干法）；高压喷射注浆法帷幕；地下连续墙帷幕；SMW 工法帷幕。

（2）按帷幕体材料，截水帷幕可分为：水泥土帷幕、混凝土或塑料混凝土帷幕、钢筋混凝土帷幕。

（3）按帷幕所处的位置，截水帷幕可分为：竖向截水帷幕，包括悬挂式和落底式帷幕两种（图 3.3.4-2），水平隔渗铺盖帷幕（帷幕一般指竖向的，水平隔渗铺盖一般在水利工程中采用）。

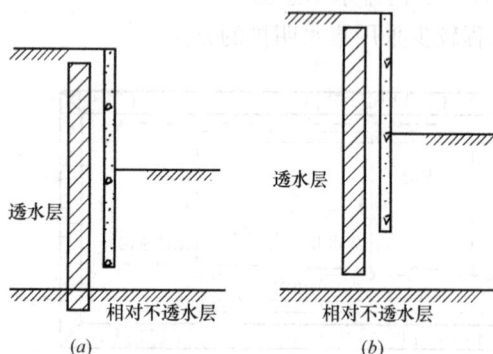

图 3.3.4-2　竖向隔渗帷幕类别

（a）落底式帷幕；（b）悬挂式帷幕

（4）按帷幕发挥功能，截水帷幕可分为

截水帷幕，以截水为主，如高压喷射注浆、水泥土搅拌墙等帷幕；

支挡式截水帷幕，这类帷幕既能发挥防水截水隔渗功能，又有足够的强度与刚度承受土压力，维持基坑的稳定。如地下连续墙、SMW 工法挡墙、水泥土重力式挡墙等，当有可靠的工程经验时，也可采用地层冻结法截水帷幕。

一般情况下，截水帷幕方案的工程造价是降水的（2.5～5）倍，并存在渗漏风险。也可采用截水帷幕和降水相结合的方法。选择截水隔渗方案前，须掌握场址的地下水类型、水文地质特征，并结合基坑周边环境条件等进行综合评估。

2. 截水帷幕的适用条件

（1）地下水资源保护的要求。在我国北方、西北等地区，地下水资源匮乏，为保护地下水资源，不允许采用敞开式降水方案。为使基坑开挖顺利，有关部门要求采用截水隔渗方法。

（2）环境保护的要求。在大多数中心城区，基坑周边存在对沉降变形敏感的建（构）筑物、市政设施或地下管网等设施。为避免渗透破坏和因降水引发过大的附加沉降，影响其正常使用或安全性，须采用截水帷幕方法。

3.3.5　井点降水

常用井点降水方法一般包括轻型井点（含多级轻型井点）降水、喷射井点降水、电渗井点降水、管井降水（管材可采用钢管、混凝土管、PVC 硬管等）、真空管井降水等方法。可根据工程场地的工程地质与水文地质条件及基坑工程特点，选择针对性较强的井点降水方法，以求获得较好的降水效果。

1. 轻型井点降水施工

轻型井点系统降低地下水位的过程如图 3.3.5-1 所示，即沿基坑周围以一定的间距埋入井点管（下端为滤管），在地面上用水平铺设的集水总管将各井点管连接起来，在一定位置设置真空泵和离心泵。当开动真空泵和离心泵时，地下水在真空吸力的作用下，经滤管进入管井，然后经集水总管排出，从而降低水位。图 3.3.5-2 为某基坑多级轻型井点降水施工现场。

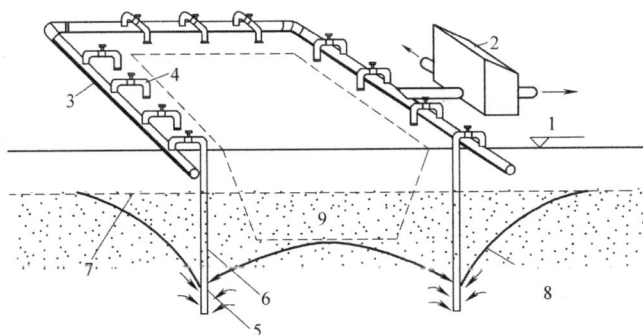

图 3.3.5-1　轻型井点降水地下水位全貌图
1—地面；2—水泵房；3—总管；4—弯连管；5—井点管
6—滤管；7—初始地下水位；8—水位降落曲线；9—基坑

2. 喷射井点降水施工，井点管埋设与使用

（1）喷射井点管埋设方法与轻型井点相同，为保证埋设质量，宜用套管法冲孔加水及压缩空气排泥，当套管内含泥量经测定小于 5％时下井管及灌砂，然后再拔套管。对于深度大于 10m 的喷射井点管，宜用吊车下管。下井管时，水泵应先开始运转，以便每下好一根井点管，立即与总管接通（暂不与回水总管连接），然后及时进行单根井点试抽排泥，井管内排出的泥浆从水沟排出，测定井管内真空度，待井管出水变清后，地面测定真空度不宜小于 93.3kPa。

（2）全部井点管沉没完毕后，将井点管与回水总管连接并进行全面试抽，然后使工作水循环，进行正式工作。各套进水总管均应用阀门隔开，各套回水管应分开。

（3）为防止喷射器损坏，安装前应对喷射井管逐根冲洗，开泵压力不宜大于 0.3kPa，以后逐步加大开泵压力。如发现井点管周围有翻砂、冒水现象，应立即关闭井管后进行检修。

图 3.3.5-2　某基坑外级轻型井点降水施工现场

（4）工作水应保持清洁，试抽 2d 后，应更换清水，此后视水质污浊程度定期更换清水，以减轻对喷嘴及水泵叶轮的磨损。

3. 管井降水施工

管井降水现场施工工艺流程

降水管井施工的整个工艺流程包括成孔工艺和成井工艺，具体流程如下：

准备工作→钻机进场→定位安装→开孔→下护口管→钻进→终孔后冲孔换浆→下井管→稀释泥浆→填砂→止水封孔→洗井→下泵试抽→合理安排排水管路及电缆线路→试抽水→正式抽水→水位与流量记录。

4. 真空管井降水施工

真空降水管井施工方法与降水管井施工方法相同，真空降水管井施工尚应满足以下要求：

（1）宜采用真空泵抽气集水，深井泵或潜水泵排水。

（2）井管应严密封闭，并与真空泵吸气管相连。

（3）单井出水口与排水总管的连接管路中应设置单向阀。

（4）对于分段设置滤管的真空降水管井，应对开挖后暴露的井管、滤管、填砾层等采取有效封闭措施。

（5）井管内真空度不宜小于 0.065MPa，宜在井管与真空泵吸气管的连接位置处安装高灵敏度的真空压力表监测。

5. 电渗井点降水施工

电渗井点埋设程序一般是先埋设轻型井点或喷射井点管，预留出布置电渗井点阳极的位置，待轻型井点降水不能满足降水要求时，再埋设电渗阳极，以改善降水性能。电渗井点（阳极）埋设与轻型井点、喷射井点埋设方法相同。阳极埋设可用 75mm 旋叶式电钻钻孔埋设，钻进时加水和高压空气循环排泥，阳极就位后，利用下一钻孔排出泥浆倒灌填孔，使阳极与土接触良好，减少电阻，以利电渗。如深度不大，亦可用锤击法打入。钢筋埋设必须垂直，严禁与相邻阴极相碰，以免造成短路，损坏设备。

目前较少采用喷射井点降水和电渗井点降水，根据基坑大小和深度，以及地下水状况，地下水控制大多采用轻型井点降水、管井降水、真空管井降水等方法。

3.3.6　截水帷幕和井点降水联合使用

以下两种情况可考虑组合使用截水帷幕和井点降水方法：

（1）开挖深度范围内既存在上层滞水或潜水，也涉及承压水，基坑同时存在侧壁发生渗漏和坑底发生突涌的可能性。通常的做法：设置侧向帷幕（深层搅拌、或双管高喷、或钢筋混凝土地下连续墙），进入坑底以下一定深度，形成悬挂式或者嵌入承压水隔水层顶板的垂直截水帷幕，同时布设井点，进行减压降水或疏干降水。

（2）在基坑周边环境严峻及对地面沉降很敏感情况下，可采用落底式竖向帷幕。将地下连续墙嵌入承压水含水层以下的隔水层底板中，并辅以坑内深井降水或疏干降水。这种情况下，竖向帷幕须彻底隔断坑外地下水，确保截水效果。

3.3.7　回灌

回灌方式有两种：一种采用回灌沟回灌，另一种采用回灌井回灌。

回灌基本原理：在基坑降水的同时，向回灌井或沟中注入一定水量，形成一道阻渗水幕，使基坑降水的影响范围不超过回灌点的范围，阻止地下水向降水区流失，保持已有建筑物所在地原有的地下水位，使土压力仍处于原有平衡状态，从而有效地防止降水的影响，使建筑物的沉降达到最小程度。

如果建筑物离基坑稍远，且为较均匀的透水层，中间无隔水层，则采用最简单的回灌沟方法进行。图 3.3.7-1 为井点降水与回灌沟回灌示意图。

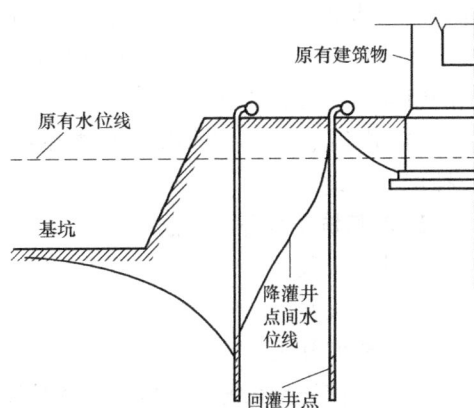

如果建筑物离基坑近，且为弱透水层或透水层中间夹有弱透水层和隔水层时，则须用回灌井点进行回灌。图 3.3.7-2 为井点降水与井点回灌示意图。

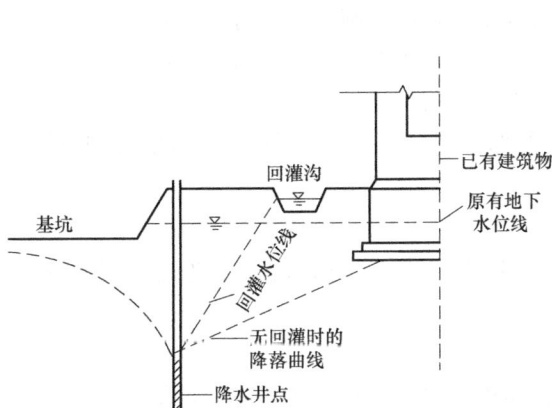

图 3.3.7-1　井点降水与回灌沟回灌示意图　　　图 3.3.7-2　井点降水与井点回灌示意图

3.4　土石方开挖

3.4.1　深基坑土方开挖分类

1. 深基坑土方开挖分类

深基坑土方开挖分为明挖法、暗挖法和明挖法与暗挖法相结合三类。

1）明挖法

明挖法分为放坡开挖和有围护的开挖

（1）放坡开挖

① 大开挖，是以放坡开挖的形式，在施工场地处于空旷环境、周边无建（构）筑物和地下管线条件下的普遍常用的开挖方法；

② 开挖放坡护面，以放坡开挖为主，在坡面辅以钢筋网混凝土护坡；

③ 以放坡开挖为主，辅以坡脚采用短木桩、隔板等简易支护。

（2）有围护的基坑开挖

有围护的基坑开挖分为有围护有内支撑开挖和有围护无内支撑开挖。

① 有围护有内支撑开挖

有围护有内支撑基坑开挖一般采用明挖法、暗挖法、明挖法与暗挖法相结合三种方法。基坑内部有临时支撑或水平结构梁代替临时支撑的基坑开挖一般采用明挖法。

② 有围护无内支撑开挖

有围护无内支撑基坑开挖一般采用明挖法。

2）暗挖法

暗挖法是在基坑工程逆作法施工时特殊的土方开挖方式。基坑内部水平结构梁板代替临时支撑的基坑开挖一般采用暗挖法。

盖挖法基坑开挖属于暗挖法中的一种开挖形式。盖挖法是先盖后挖，以临时路面或结构顶板维持地面畅通再进行下部结构施工的施工方法。由地面向下开挖至一定深度后将顶部封闭，其余的下部工程在封闭的顶盖下进行施工。盖挖法施工主要有以下几种类型：盖挖顺作法、盖挖逆作法、盖挖半逆作法、盖挖顺作法与盖挖逆作法的组合、盖挖法与暗挖法的组合等。目前城市中施工采用最多的是盖挖逆作法。

3）明挖法与暗挖法相结合是指在基坑内部部分区域采用明挖和部分区域采用暗挖的一种挖土形式。

2. 深基坑工程开挖方法

深基坑工程开挖方法有：放坡开挖、盆式开挖、岛式开挖、盆式与岛式相结合的开挖、分层分块开挖。

（1）放坡开挖

放坡开挖是指在施工场地处于空旷环境、周边无建（构）筑物和地下管线条件下的普遍常用的开挖方法。

（2）盆式开挖

盆式开挖在坑内周边留土，先挖除基坑中部的土方，从而形成类似盆状的土体，在基坑中部支撑形成后再挖除基坑周边土方的开挖方法。

（3）岛式开挖

岛式开挖是指在先开挖坑内周边的土方，挖土过程中在基坑中部形成类似岛状的土体，然后再开挖基坑中部土方的开挖方法。

（4）盆式与岛式相结合的开挖

盆式与岛式相结合的土方开挖方法是基坑竖向各分层土方采用盆式与岛式进行交替开挖的一种组合方法。盆式与岛式相结合的基坑开挖方法有先岛后盆、先盆后岛和岛盆交替三种形式，在工程中采用何种组合方式，应根据实际情况确定。盆式与岛式相结合的基坑开挖可应用于明挖法施工工程，在特殊情况下也可应用于暗挖法施工工程。

（5）分层分块开挖

分层分块开挖是基坑土方工程中应用最为广泛的方法之一，在复杂环境条件下的超大深基坑工程中普遍采用。分层分块开挖可用于土方开挖体量较大的大面积无支撑以及明挖法或暗挖法施工的基坑，各层土方的分块大小和开挖顺序及开挖方式应综合考虑基坑平面尺寸、开挖深度、工程地质和水文地质条件、周边环境保护要求、支护结构等级与形式、施工方法、气候条件等因素确定。

3.4.2　编制基坑开挖专项施工方案

1. 专项施工方案内容

基坑开挖前，应根据基坑支护设计、降排水方案和施工场地条件等，编制基坑开挖专项施工方案，其主要内容应包括：

工程概况、地质勘探资料、施工平面及场内交通组织、挖土机械选择、挖土工况、挖土方法、排水措施、季节性施工措施、支护变形控制和环境保护措施、监测方案、应急预案等。

2. 基坑开挖专项施工方案编制与审批

基坑开挖专项施工方案，原则上由工程项目部的技术人员负责编写，项目部技术负责人审阅修改后，报送公司各职能部门审查，再送公司技术负责人（总工程师）审核批准。

3. 基坑工程变更应调整施工专项方案

基坑工程发生变更，其各项施工专项方案（包括基坑开挖专项施工方案）应作相应的变更或调整，并经原编制与审批部门审核批准。

3.4.3　基坑土方开挖基本原则

基坑开挖前应根据工程地质与水文地质资料、结构和支护设计文件、环境保护要求、施工场地条件、基坑平面形状、基坑开挖深度等，按照"分层、分块、对称、均衡、限时"和"先撑后挖、限时支撑、严禁超挖"的原则编制基坑开挖施工方案，确定土方开挖的方法和顺序，挖土机械的选择、通道布置、挖土顺序、土方驳运、材料堆放等，基坑开挖应避免对支护结构、工程桩、支撑立柱、降水管井、坑内监测设施和周边环境等产生不利影响。

基坑开挖前，基坑支护结构的强度和龄期应达到设计要求，且降水及坑内土体加固应达到设计要求。

无内支撑基坑的坡顶不宜堆载，有内支撑基坑的坡顶按设计要求控制堆载。

当挖土机械、土方运输车辆等直接入坑进行施工作业时，应采取必要的措施保证坡道的稳定，其入坑坡道宜按照不大于1∶8的要求设置，坡道的宽度应保证车辆安全行驶。

施工栈桥应根据基坑形状、支撑形式、周边场地及环境、施工方法等情况进行设置。施工过程中应按照设计要求对施工栈桥的荷载，特别是挖掘机、土方车辆的的数量与荷载进行严格控制。

采用混凝土支撑体系或水平结构作为支撑体系时，应待混凝土达到设计强度后，才能开始下层土方的开挖。采用钢支撑的，应在施加预应力并符合设计要求后方可进行下层土方的开挖。

3.4.4　基坑土方开挖的注意事项

1. 一般注意事项

（1）大型基坑开挖及降低地下水位时，应经常注意观察附近既有建（构）筑物、道路、管线等有无下沉、变形、裂缝等。如发现有这些现象时，应与设计和建设、监理单位联系、研究采取防护措施；

（2）基坑开挖顺序、方法必须与设计工况一致，并遵循"开槽支撑、先撑后挖、分层开挖、严禁超挖"的原则；

（3）支撑应挖一层支撑好一层，并严密顶紧，支撑牢固。严禁一次将土挖好再支撑，挡土板或板桩与坑壁间的填土要分层回填夯实，使之严密接触；

（4）埋深的拉锚需用挖沟方式埋设，沟槽尽可能小，严禁将土方全部挖开，埋设拉锚后再回填，这样会使原状土体遭受破坏。拉锚安装后要预拉紧，预紧力不小于设计计算值的5%～10%，每根拉锚松紧程度一致；

（5）施工中应经常检查支撑和观测邻近建（构）筑物变形的情况，如发现支撑有松动、变形、位移等情况，应及时加固或更换。加固办法可打紧受力较小部分的木楔或墙加立柱及横撑等；

（6）多层支撑的拆除应自下而上逐层拆除，必要时可设置换撑后，拆除一层，修建地下结构后，经在沟槽内回填夯实后，再拆上层。拆除支撑时，应注意防止邻近建（构）筑物产生下沉或倾斜等的破坏，必要时采取加固措施。

2. 深基坑工程需特别注意事项

（1）防止地表水渗入基坑周边土体和冲刷坡（墙）体

基坑底应视具体情况设置排水系统，坑底不得积水和冲刷边坡，在影响边坡稳定的范围内不得积水。基坑周围地面应向远离基坑方向形成排水坡势，并沿基坑外围设置排水沟及截水沟，基坑周围排水应畅通，严禁地表水渗入基坑周边土体和冲刷坡（墙）体。对台阶形坑壁，应在过渡平台上设置排水沟和集水井，排水沟不应渗漏。

当坡面有渗水时，应根据实际情况设置外倾的泄水孔，对坡（墙）体内的积水应采取导排措施，确保其不渗入、不冲刷坑壁。

（2）防止深基坑挖土后土体回弹变形过大

深基坑土体开挖后，地基卸载，土体中压力减少，将使基坑底面产生一定的回弹变形（隆起）。回弹变形量的大小与土的种类、是否浸水、基坑深度、基坑面积、暴露时间及挖土顺序等因素有关。如基坑积水，黏性土因吸水使土体的体积增加，使抗剪强度降低，回弹变形增大，所以对于软土地基更应注意土体的回弹变形。回弹变形过大将加大建（构）筑物的后期沉降。用有限元法曾预测过挖深32.2m的某热轧厂铁皮坑的回弹变形，最大值约354mm，实测值也与之接近。

由于影响回弹变形的因素比较复杂，回弹变形计算尚难准确。如基坑不积水，暴露时间不太长，可认为土在侧限的条件下产生回弹变形，可把挖去的土作为负荷载按分层总和法计算回弹变形。

施工中减少基坑回弹变形的有效措施，是设法减少土体中有效应力的变化，减少暴露时间，并防止地基土浸水。因此，在基坑开挖过程中和开挖后，均应保证井点降水正常进行，并在挖至设计标高后，尽快浇筑垫层和底板。必要时，可对基础结构下部土层进行加固。

（3）防止边坡失稳

深基坑开挖，要根据地质条件（特别是打桩以后）、基础埋深、基坑暴露时间、挖土及运土机械、堆土等情况，拟定合理的挖土施工方案。

目前挖土机械多用斗容量 1 m^3 的反铲挖机，其实际有效挖土半径约 $5\sim6m$，挖土深度为 $4\sim6m$，习惯上往往一次挖到深度，这样挖土形成的坡度约 1：1。由于快速卸荷、挖土与运输机械的振动，如果再在开挖基坑的边缘 $2\sim3m$ 范围内堆土，则易造成边坡失稳。

挖土速度过快改变了原来土体的平衡状态，呈流塑状态的软土对水平位移非常敏感，极易造成滑坡。

边坡堆载（堆土、停留机械等）给边坡增加附加荷载，如事先未经详细计算，易形成边坡失稳。上海某工程在边坡边缘堆放 3m 高的土，已挖至-4m 标高的基坑，一夜间又隆起上升到－3.8m，后经组织堆土外运，才避免大滑坡事故。

（4）防止位移与倾斜

成桩完成后基坑开挖，应制定合理的挖土施工顺序和技术措施，防止桩的位移与倾斜。

对先成桩后挖土的工程，由于成桩的挤土和动力作用，使原处于静平衡状态的地基土遭到破坏。对砂土甚至会形成砂土液化，原来的地基强度遭到破坏。对黏性土由于形成很大的挤土应力，孔隙水压力升高，形成超静孔隙水压力，土的抗剪强度明显降低。如果成桩后紧接着开挖基坑，由于开挖时的应力释放，再加上挖土高差形成一侧减荷的侧向推力，土体易产生水平位移，使先打设的桩产生水平位移。软土地区施工，这种事故屡有发生，值得重视。为此，在群桩基础的桩完成后，宜停留一定时间，并用降水设施预抽地下水，待土中由于成桩积聚的挤土应力有所释放，孔隙水压力有所降低，被扰动的土体重新固结后，再开挖基坑土方。而且土方的开挖宜均匀、分层，尽量减少开挖时的土压力差，以保证桩位和边坡的稳定。

（5）配合深基坑支护结构施工

深基坑的支护结构随着挖土加深侧压力加大、变形增大，周围地面沉降亦加大。及时加设支撑（或锚杆），尤其是施加预应力的支撑，对减少变形和沉降有很大的作用。为此，在制订基坑挖土施工方案时，一定要配合支撑（或锚杆）加设的需要，分层进行挖土，避免只考虑挖土方便而不及时加设支撑，造成施工失误甚至事故。

近年来，深基坑支护结构中混凝土支撑应用渐多，如采用混凝土支撑，则挖土要与支撑混凝土浇筑配合，支撑浇筑后要养护至一定强度才能继续向下开挖。挖土时，挖土机械应避免直接压在支撑上，否则要采取有效措施。

如基坑挖土方案采用盆式挖土时，则先挖去基坑中心部位的土，周边留有足够厚度的土，以平衡支护结构外面产生的侧压力，待中间部位挖土结束、浇筑好底板、并加设斜撑后，再挖除坑内周边的土方。采用盆式挖土时，底板要采取分块浇筑，地下主体结构浇筑后有时尚需换撑以拆除斜撑，换撑时支撑要支承在地下主体结构外墙上，支承部位要慎重选择并经过验算。

挖土方式影响支护结构的荷载，要尽可能使支护结构均匀受力，减少变形。为此，要坚持采用分层、分块、均衡、对称的方式进行挖土。

3.4.5 基坑土方开挖要求

深基坑土方开挖应符合下列要求：

1. 机械挖土宜挖至坑底以上 200～300mm，再用人工修平坑底。机械挖土过程中应通过控制分层厚度、坑底及桩侧留土等措施，防止桩基产生水平位移。基坑开挖至设计标高，并经验槽合格后，应及时浇筑垫层。工程桩顶部处理可在垫层浇筑完毕后进行。

2. 若挖土区域存在较厚的杂填土、暗浜、暗塘、古河道等不良土质，应采取针对性的处理措施。

3. 电梯井、集水井等局部深坑的开挖，应根据设计要求、地基加固、土质条件等因素确定开挖顺序和方法。在基坑边的局部深坑应在大面积垫层浇筑完毕后进行开挖。

4. 雨季基坑开挖宜逐段逐片地进行，并应采取针对性措施保证边坡稳定。

5. 施工过程中，挖土机械应避让工程桩、立柱桩等，若机械无法避开工程桩，应采取桩顶铺设路基箱等保护措施。

6. 基坑开挖应根据设计工况、基坑安全等级和环境保护等级，采用分层开挖或台阶式的开挖形式，分层厚度不宜大于 3m。分层的坡度应根据地基加固、降水和地质情况确定，一般不宜大于 1：1.5。

7. 基坑开挖应实行信息管理和动态监测，确保信息化施工。

3.5 基坑支护结构施工

3.5.1 重力坝支护结构

1. 水泥土重力坝支护结构

水泥土重力坝支护，也称重力式水泥土墙。是以结构自身重力来维持支护结构在侧向水、土压力作用下的稳定。水泥土墙以水泥为固化剂，通过强制拌和机械（如深层搅拌机或高压旋喷机等），如图 3.5.1-1 所示，将固化剂和地基土强制搅拌，并在施工时将加固桩体相互搭接，连续成桩，形成具有一定强度、刚度、稳定性和整体结构性的水泥土桩墙或水泥土格栅状墙。典型的重力式水泥土墙支护结构剖面图如图 3.5.1-2 所示。

图 3.5.1-1　重力式水泥土墙

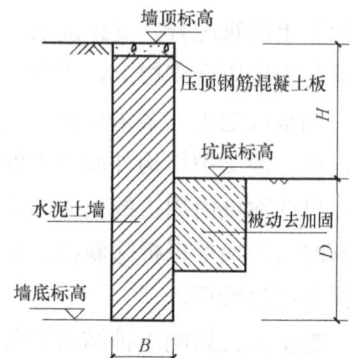

图 3.5.1-2　典型支护结构剖面图

2. 加筋水泥土墙支护结构

加筋水泥土墙是在连续套接形成的水泥土墙体内插入钢筋笼或型钢形成的复合挡土、截水结构，目前插入钢筋笼的水泥土墙，因施工不方便而很少选用，比较常用的是加插型钢的型钢水泥土墙（即 SMW 工法），后面作较详细的介绍。

3.5.2 土钉墙支护结构

当放坡不能满足坡体的稳定时，可向土体内打入土钉，以提高坡体的稳定性。土钉墙支护施工是利用土体一定程度的自稳能力进行分级土方开挖，并随开挖分步向坑壁土体植入土钉，然后在开挖面挂钢筋网、喷射混凝土形成护面，其施工过程如图 3.5.2-1 所示。

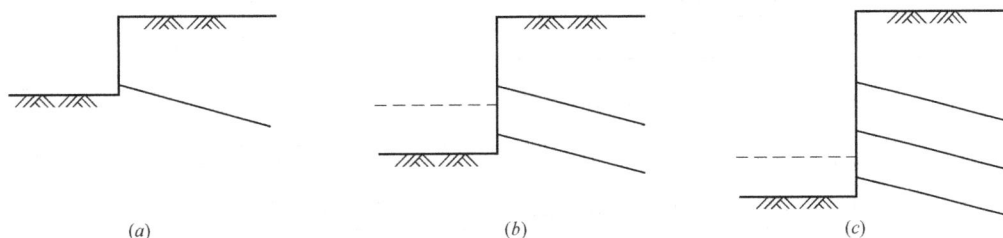

图 3.5.2-1 土钉施工过程

对于有自稳能力的土层，首先进行垂直或按一定坡角开挖到拟设的第一排土钉稍下的深度如图 3.5.2-1（a）所示，然后打设第一排土钉并注浆，施工护面，待土钉浆体有一定强度后，进行第二级开挖并进行第二排土钉及相应护面的施工，如图 3.5.2-1（b）所示。依次向下进行施工，形成土钉墙支护。

1. 土钉墙支护主要特点

（1）土钉墙充分利用了土体自身的强度和自稳能力，形成主动的制约体系。

（2）土钉与护面是在开挖土坡以后施工的，土的侧壁须在竖直或者接近于竖直无支挡条件下，自稳一定时间而不倒塌。因而对基坑的土质及地下水条件有较高的要求。

（3）土钉墙可在无构件打入坑底的情况下直接开挖到坑底，施工作业面开阔。

（4）施工进度快，所需的材料较省，机械设备较少，造价较低。

（5）支护结构轻，柔性大，适应性、抗震性好。

（6）由于土钉的数目多，一旦遇到石块、基桩、地下结构物及其他障碍物，可以通过局部改变土钉的位置、角度和长度来避开。

（7）在基坑工程中，土钉墙已广泛应用多年，积累了较丰富的工程经验，成为相当成熟的一种工法。

（8）土钉墙需要在土体发生一定量的变形后，才能充分发挥其抗力，因而产生的位移和周围地面的沉降可能性较大，不适合于对变形要求严格的场地条件。

2. 土钉墙的适用条件

土钉墙适用于土质较好、场地开阔、周边对变形要求不严格的场地条件。在坑底位于地下水以下时，需要人工降低地下水。当墙外有地下结构、密布的基桩、密集的地下管线等场地情况时，会限制其使用；同时它也受建筑红线的限制。土钉墙适用的土层条件见表 3.5.2-1。

土钉墙适用土层条件 表 3.5.2-1

适用情况	土 层	说 明
适 用	可塑、硬塑或坚硬的黏性土；有足够黏聚力的粉土	可通过标准贯入试验、静力触探和轻型动力触探确定土的状态
	密实到很密的粗粒土，包括砂土、砾石土，级配良好，含有一定的细粒土及合适的天然含水量，黏聚力 $c > 5kPa$	注意保持一定的天然含水量，以保持其毛细力（吸力）
	无明显软弱面的风化岩	岩石中须解决成孔技术
	密实的素填土	有时可预先加密
不 适 用	完全干燥、无胶结和黏聚力的粗粒土，如砂和砾	施工时难以保持自稳
	含大量卵石、漂石的地层	钻孔困难，延误工期，提高造价
	软弱-很软的细粒土，如淤泥和淤泥质土等	难以自稳，成孔困难及对土钉难以提供足够的锚固力
	有机土（有机黏土、粉土和泥炭土）	对土钉的锚固力低，有很强的各向异性
	有不利软弱结构面的风化岩、喀斯特地层	钻孔不易稳定，注浆损失
需试验确定	含承压水的砂土层	必要时可采用钢管压浆土钉
	残积土	应注意排水
	湿陷性黄土	防水
	很松的砂土（$N<4$）	可加密处理

当坑底位于地下水位以下或土层不能达到开挖要求的自稳能力时，以及场地地质条件复杂，或周边环境对基坑变形控制较为严格时，土钉墙支护往往不适用和不能满足要求。

3. 土钉类型

土钉是横向植入原位土体中的细长杆件，是土钉墙支护结构中主要受力构件。土钉的选择主要涉及场地地质条件、地面和地下水情况及工程造价等多种因素。常用的土钉有以下 3 种类型：

（1）钻孔注浆型：先用钻机等机械设备在土体中钻孔，成孔后植入杆体（一般采用 HRBB335 热轧带肋钢筋制作），然后沿土钉全长注水泥浆。钻孔注浆土钉适用土层较广、抗拔力高、质量较可靠、造价较低是最常用的一种土钉类型。

（2）直接打入型：在土体中直接打入钢管、型钢、钢筋、毛竹、原木等，不再注浆。直接打入土钉的优点是不需要预先钻孔，对原位土的扰动相对较少，施工速度快，但在坚硬黏性土中很难打入，而且易腐蚀，不适用于使用年限大于 2 年的永久支护工程，国内应用较少。

（3）打入注浆型：在钢管中部及尾部设置注浆孔形成钢花管，直接打入土中后压灌水泥浆形成土钉。钢花管注浆土钉具有直接打入土钉的优点且抗拔力较高，特别适用于成孔困难的淤泥和淤泥质土等软弱土层，及各种填土及砂土，应用较为广泛，缺点是造价比钻孔注浆土钉略高，抗腐蚀性较差，不适用于永久性工程。

4. 土钉墙的坡度

为充分利用土地，在建筑基坑中土钉墙支护的护壁一般采用直立方式，如图 3.5.2-2 (a) 所示。直立式土钉墙可节省空间，一般适用于土质条件较好、周边无重要建筑物、对支护变形要求不很严格的情况。对于硬塑的黏性土基坑，直立式土钉墙支护开挖深度宜在 10m 范围内。

当周边场地有空地允许墙面有一定坡度时，可采用斜坡式土钉墙，其稳定性、安全性及施工方便性较好，如图 3.5.2-2（b）所示，此时基坑开挖深度可适当放宽，当深度大于 12m 时可考虑分级斜坡墙面。

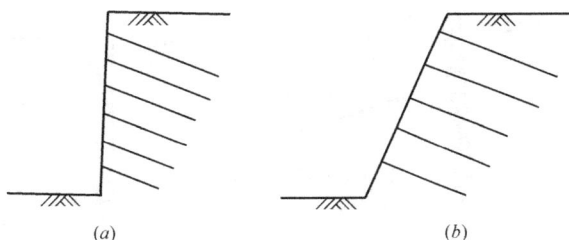

图 3.5.2-2　土钉墙支护形式

（a）直立式；（b）斜坡式

5. 土钉墙支护方案的选型

广东省地方标准《土钉支护技术规程》DBJ/T 15—70 中对土钉墙支护方案的选型建议如表 3.5.2-2 所示，可供参考。

土钉墙支护方案选型表　　　　　　　表 3.5.2-2

地 质 条 件	开挖深度（m）	周 边 环 境	方案选型
在支护深度范围内无淤泥、流砂层，填土层厚度小于 2m，土层主要由硬塑黏土或硬塑残积土、全风化岩、强风化岩或中微风化岩组成	＜9	周边环境空旷，支护深度 3 倍范围内无道路、天然地基建筑物、地下管线等	普通型
同上	＜9	支护深度 1 倍范围内有道路，或天然地基建筑物，或地下管线等	复合型
同上	＞9	支护深度 3 倍范围内有道路，或天然地基建筑物，或地下管线等	复合型
在支护深度范围内存在淤泥层或流砂层；填土层厚度大于 2m	＜9	不管周边环境如何	复合型

6. 复合土钉墙支护结构

由于土钉墙的应用有很大的局限性，为拓宽土钉墙的使用范围，把土钉墙与其他支护形式相结合，以满足不同的地质条件和工程要求，这就形成了复合土钉墙。对于基坑较深，或地质条件自稳能力差的如软土、砂土层等，或变形控制要求较高时，如周边有道路、管线和其他建筑物等，采用普通土钉墙支护在稳定和变形控制方面难以满足，则可以采用复合土钉墙支护。

复合土钉墙是指由土钉、原状土、混凝土面层以及超前支护组成的围护体。在土方开挖前，于基坑周边处预先设置垂直支护结构，称其为超前支护，适用于自稳能力较差的软弱土层。超前支护有搅拌桩、微型钢管桩等，如图 3.5.2-3（a）、（b）、（c）、（d）、（e）、（f）所示。当土质较软时，超前支护对于减少边坡变形、保证土方开挖和设置土钉时的稳定性都有很大的作用。

为使土钉墙能用于地下水位以下，可采用截水帷幕。搅拌桩、旋喷桩既可作超前支护，也可成为截水帷幕，如图 3.5.2-3（a）、（b）、（e）、（f）所示。作为截水帷幕时，采用两排桩比较可靠。搅拌桩间要求搭接一定尺寸。若开挖深度内有淤泥层，为提高搅拌桩

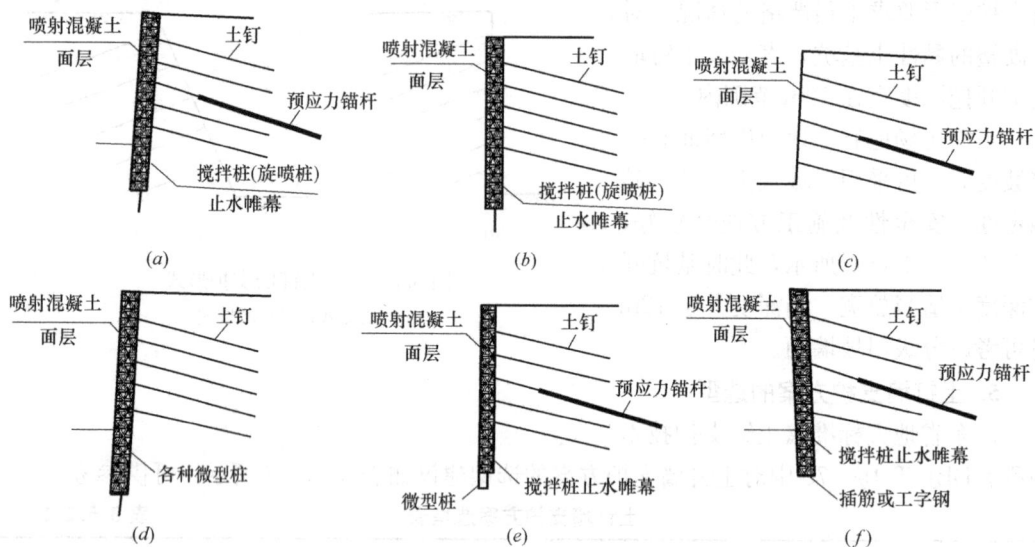

图 3.5.2-3　复合土钉墙支护的主要形式

的弯剪强度，可在水泥土内加设型钢桩或钢管桩，如图 3.5.2-3（f）所示。

　　水平加强措施主要是采用预应力锚杆（索），如图 3.5.2-3（a）、（c）、（e）、（f）所示。通过预应力锚杆的预应力来控制支护的水平位移和减少周围地面及建筑物的变形与位移，可使土钉墙能用于对变形有较高要求的场地。一般采用预应力锚杆时，宜同时有垂直超前支护，这样预应力锚杆的锚头可作用于刚性较好的垂直超前支护结构上。

　　除了图 3.5.2-3 所示的各种复合土钉墙以外，还有一些土钉墙与其他支护结构联合应用的经验。在图 3.5.2-4（a）中，对土质较好的场地，在疏排桩间用土钉墙加固，可减少排桩用量，节省造价。图 3.5.2-4（b）中锚杆＋排桩和地下连续墙以上部分用土钉墙支护，以减少桩长，节省造价。

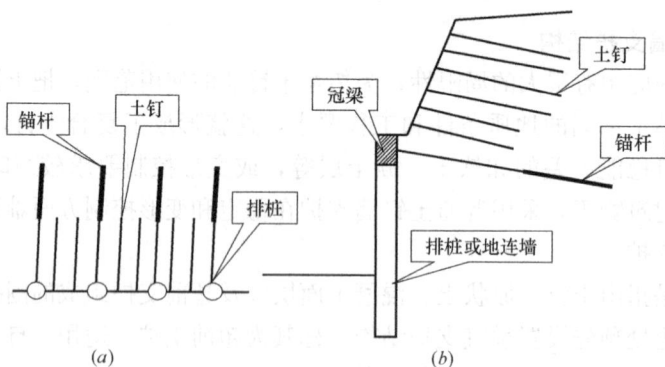

图 3.5.2-4　土钉墙与排桩结合的支护

（a）排桩间土钉；（b）锚杆排桩或地连墙上部土钉

　　在复合土钉墙的抗滑阻力中，土体的抗剪强度发挥的作用最大；土钉的锚固力次之；预应力锚杆的作用再次；而微型桩与水泥土桩所起的抗滑作用最小。土钉墙是一种柔性的主动支护结构，土体产生一定的变形，才能发挥土钉的抗滑力，而预应力锚杆发挥作用所需的位移要小。

3.5.3　预应力锚杆（索）

预应力锚杆（索）是指由钢绞线、钢筋或钢管等筋材作为杆体和注浆固结体、锚具、套管所组成的一端与支护结构构件连接，另一端锚固在稳定岩土体内的受拉杆件。杆件采用钢绞线时，也称为锚索。在基坑支护工程中通常与排桩、地下连续墙、土钉墙等支护结构联合使用，如图 3.5.3-1 所示。它是众多预应力锚固形式中的一种，在实际工程中得到广泛应用，具有较好的经济技术指标。预应力锚杆（索）在支护结构中不仅能够提供反力保持结构的稳定，而且可根据变形控制的要求，通过施加预应力限制支护结构的变形。

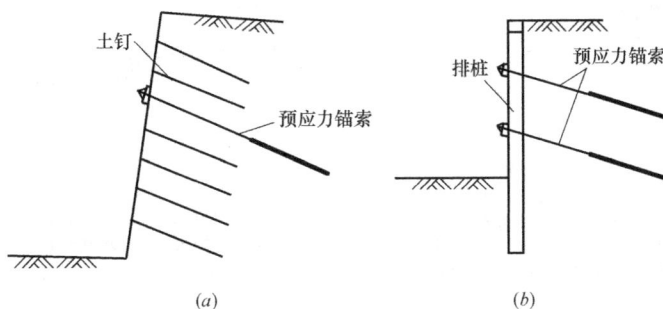

图 3.5.3-1　预应力锚杆（索）在基坑中的应用形式
（a）土钉墙锚索组合支护；（b）桩锚支护

1. 预应力锚杆（索）的地层适用条件

在预应力锚杆选取锚固土层时，应选用自身稳定的岩土层，应避免下列情况

（1）避免将锚固体设置在边坡或支护结构后侧极限平衡状态的破裂面之内以及滑坡地段和有可能顺层滑动地段的潜在滑动体以内。

（2）未经处理的有机质土、液限 $\omega_L > 50\%$ 的土层及相对密实度 $D_r < 0.3$ 的砂土层不宜做锚固土层。

（3）设置在岩层的锚固段应尽量避开基岩的破碎带。

（4）有节理构造面存在时，应分析锚固受力之后对基岩稳定性的影响，当有不利影响时，应予以避开。

（5）要注意锚固段的蠕变特性，尽量将锚固段避开软土层，设置在蠕变特性小的基岩层、密实的砂砾土层和硬黏土层。

（6）锚固段应尽量避开地下水位较高，成孔施工会流砂的粉砂、粉土等土层。

（7）锚固段应尽量避开地下水流速较大，注浆体不能固结的填石或卵石地层。

2. 预应力锚固的环境适用条件

锚杆（索）要求基坑周边具备一定的无障碍地下空间条件，当需要通过其他建筑物地基、桩基础、重要管线和地铁等地下建（构）筑物时，应分析施工和锚固受力对其影响以确定适用性。当锚杆（索）侵入周边地下环境为地方法律法规所不允许时，或锚杆（索）会影响周边场地后续工程时，应当采用可回收式或可拆除式锚杆（索）。

3. 预应力锚杆（索）的类型

基坑工程常用的预应力锚杆（索）的类型及其适用范围有：

（1）一次性注浆锚杆（索），用于岩层或荷载较小的锚固。

（2）二次压力注浆锚杆（索），适用于设计荷载较大的土层锚固，通过二次注浆可提高锚固效率。

（3）扩大头锚杆（索），是一种压力型锚杆（索），以无粘结钢绞线作为拉杆，锚固段通过机械或高压喷射注浆扩孔，可提高锚固效率，适用于锚固空间受限制的场地。

（4）可回收式锚杆（索），是一种压力型锚杆（索），以无粘结钢绞线作为拉杆，使用后通过某种装置回收钢绞线，避免影响周边场地的地下空间后续开发。

常用的锚杆（索）结构形式见图 3.5.3-2。

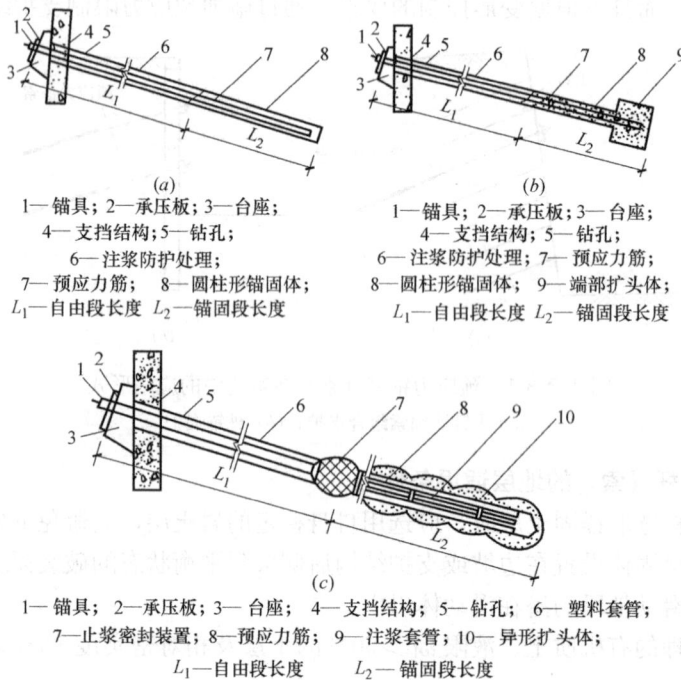

1—锚具；2—承压板；3—台座；
4—支挡结构；5—钻孔；
6—注浆防护处理；
7—预应力筋； 8—圆柱形锚固体；
L_1—自由段长度 L_2—锚固段长度

1—锚具；2—承压板；3—台座；
4—支挡结构；5—钻孔；
6—注浆防护处理；7—预应力筋；
8—圆柱形锚固体；9—端部扩头体；
L_1—自由段长度 L_2—锚固段长度

1—锚具； 2—承压板； 3—台座； 4—支挡结构；5—钻孔； 6—塑料套管；
7—止浆密封装置；8—预应力筋；9—注浆套管；10—异形扩头体；
L_1—自由段长度　　L_2—锚固段长度

图 3.5.3-2　锚杆（索）结构形式简图
（a）圆柱形锚杆体锚杆；（b）端部扩大头型锚杆；（c）分段扩大头型锚杆

4. 预应力锚杆（索）应用的基本规定

（1）预应力锚杆（索）材料方面，应采用高强度的低松弛性能的钢绞线作为拉杆。

（2）施工工艺方面，在易塌孔的松散或稍密的砂土、碎石土、粉土层，高液性指数的饱和黏性土层，高水压力的各类土层中钻孔施工时，应采用套管跟进钻孔工艺；在完整的岩层、低液性指数的黏性土、不易塌孔的高密实的砂土或粉土层中可采用非套管跟进成孔工艺；锚固段设置在土层的预应力锚杆（索）宜采用二次压力注浆工艺，设置岩层的锚杆（索）可采用一次常压注浆工艺。

（3）适用范围方面，锚杆（索）锚固段不宜设置在淤泥、淤泥质土、泥炭、泥炭质土及松散填土层内；在复杂地质条件下，应通过现场试验确定其适用性。

5. 预应力锚杆（索）在基坑中的布置形式

基坑工程的预应力锚固一般与其他基坑支护结构形式联合使用，如图 2.2.3-1 所示，主要是桩（墙）锚结构及土钉墙联合使用两类。

3.5.4　排桩墙支护结构

挡墙式支护结构，分为悬臂式挡墙式支护结构、内撑式挡墙式支护结构、锚拉式挡墙式支护结构、内撑与锚拉相结合挡墙式支护结构。

挡墙式支护结构常用的有：排桩墙、地下连续墙、板桩墙、型钢水泥土墙等。

排桩支护体系由排桩、排桩加锚杆或支撑组成的支护结构体系的统称，其结构类型可分为：悬臂式排桩、锚拉式排桩、支撑式排桩和双排桩等，如图 3.5.4 所示。排桩支护体系受力明确，计算方法和工程实践比较成熟，是目前国内基坑工程中应用最多的支护结构形式之一。

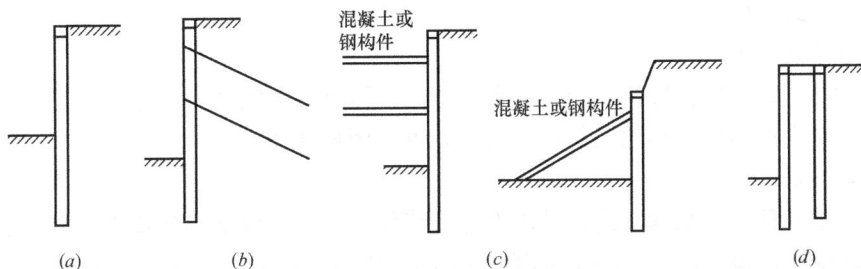

图 3.5.4　排桩支护体系的结构类型
(a) 悬臂式排桩；(b) 锚拉式排桩；(c) 支撑式排桩；(d) 双排桩

1. 排桩的选型

排桩支护体系选型时，应综合考虑下列因素：

(1) 基坑的深度。

(2) 土的性状及地下水条件。

(3) 基坑周边环境对基坑变形的承受能力及支护结构一旦失效可能产生的变形。

(4) 主体地下结构及其基础形式、基坑平面尺寸及形式。

(5) 支护结构施工工艺的可行性。

(6) 施工场地条件及施工工艺。

(7) 经济指标、环保要求和施工工期。

2. 排桩支护体系的类型和适用范围

(1) 锚拉式排桩

锚拉式排桩通过对锚杆施加一定的预应力，可使其产生的水平变形较小；锚杆的位置和层数灵活，通过调整锚杆的位置和层数可使支护桩内力分布较均匀；并且在基坑内形成无障碍空间，便于土方开挖运输和后期主体地下结构的施工。

当基坑较深或基坑周边环境对支护结构位移的要求严格时，或基坑平面尺寸宽大，不适宜采用支撑式排桩时，可采用锚拉式排桩。虽然锚拉式排桩可以给后期土方开挖与主体地下结构施工提供很大的便利，但下列情况不应采用锚拉式结构排桩：

① 缺少能对锚杆提供足够锚固力且不蠕变的土层。

② 受基坑周边建筑物的基础、地下管线、地下构筑物等的妨碍，使锚杆在稳定土体内锚固长度不足。

③ 碎石土、砂土、粉土等土层中地下水位或承压水头较高，锚杆成孔不能避免流砂或注浆液不能形成完整的固结体。

④ 锚杆的施工会对基坑周边建筑物的地基基础造成损害。

另外，锚杆长期留在地下，给相邻地域的地下空间使用和开发造成障碍，不符合保护环境和可持续发展的要求，因此，可采用可回收锚杆。

（2）支撑式排桩

仅从技术角度讲支撑式排桩比锚拉式结构排桩适用范围要宽得多，支撑式排桩易于控制其水平变形，当基坑较深或基坑周边环境对支护结构位移的要求严格时，可采用支撑式排桩。但内支撑的设置给后期施工造成很大障碍。所以，当能用其他支护结构形式时，一般不首选支撑式排桩。

（3）悬臂式排桩

悬臂式排桩桩顶位移较大，内力分布不理想，但可省去锚杆和支撑，当基坑较浅且基坑周边环境对支护结构位移的限制不严格时，可采用悬臂式排桩。

（4）双排桩

双排桩是一种刚架结构形式，其内力分布特征明显优于单排的悬臂式结构，水平变形也比悬臂式结构小得多，适用的基坑深度比悬臂式结构大一些，但占用的场地较宽。当不适合采用其他支护结构形式且在场地条件及基坑深度均满足要求的情况下，可采用双排桩。

当基坑周边有受保护的建筑物、地下管线、地下构筑物等时，锚杆、支护桩的施工应针对受保护对象的特点采取相应措施，不得对其造成损害。

3. 排桩支护的桩型

排桩支护体系中常用的桩型有：混凝土灌注桩、型钢桩、钢管桩、钢板桩等，也有大直径薄壁筒桩、预制桩和预应力管桩等桩型。

混凝土灌注桩排桩围护墙是指由现浇钢筋混凝土灌注桩排列形成的排桩围护墙体。钻孔灌注桩、沉管灌注桩是采用不同的成孔机械与设备，通过钻孔或沉管形成的桩孔，插入钢筋笼后浇筑混凝土形成的两种混凝土灌注桩。目前支护桩和工程桩中，混凝土钻孔灌注桩应用得比较多。

大直径薄壁筒桩一般用于大型桥梁的桥墩及其承台施工时的围护体，直径在 6～10m 以上，壁厚 20～30cm 左右，当用于做围护桩时，其直径在 1～1.5m，壁厚 10～15cm 左右。

4. 排桩支护的施工要求

排桩支护施工应符合现行行业标准《建筑桩基技术规范》JGJ 94—2008 对相应桩型的有关规定。还应根据其位置、类型、材料特性、使用状况等相应采取以下控制地基变形的防护措施。

（1）宜采取间隔成桩的施工顺序；对混凝土灌注桩，应在混凝土终凝后，再进行相邻桩的成孔施工。

（2）对松散或稍密的砂土、稍密的粉土、软土等易坍塌或流动的软弱土层，对钻孔灌注桩宜采取改善泥浆性能等措施，对人工挖孔桩宜采取减小每节挖孔和护壁的长度、加固孔壁等措施。

（3）支护桩成孔过程出现流砂、涌泥、塌孔、缩径等异常情况时，应暂停成孔并及时采取有针对性的措施进行处理，防止继续塌孔。

（4）当成孔过程中遇到不明障碍物时，应查明其性质，且在不会危害既有建筑物、地下管线、地下构筑物等情况下，方可采取措施排除后继续施工。

排桩支护的施工时，因具体工程的条件不同，应结合实际情况采取相应的有效的保护措施。

5. 钢筋笼的制作

混凝土支护桩的截面配筋一般由受弯或受剪承载力控制，为保证内力较大截面的纵向受拉钢筋的强度要求，其纵向受力钢筋的接头不宜设置在内力较大处。同一连接区段内，纵向受力钢筋的连接方式和连接接头面积百分率应符合现行国家标准《混凝土结构设计规范》GB 50010—2010 对梁类构件的规定。

混凝土灌注桩采用沿纵向分段配置不同钢筋数量时，钢筋笼制作和安放时应采取控制非通长钢筋竖向定位的措施。

混凝土灌注桩采用沿桩截面周边非均匀配置纵向受力钢筋时，应按设计的钢筋配置方向进行安放，其偏转角度不得大到 $10°$。

混凝土灌注桩设有预埋件时，应根据预埋件的用途和受力特点的要求，控制其安装位置及方向。

6. 排桩施工偏差的要求

除特殊要求外，排桩的施工偏差应符合以下规定：

（1）桩位的允许偏差应＜50mm。

（2）桩垂直度的允许偏差应＜0.5%。

（3）预埋件位置的允许偏差应＜20mm。

（4）桩的其他施工允许偏差应符合现行行业标准《建筑桩基技术规范》JGJ 94—2008的规定。

7. 冠梁的施工要求

冠梁施工时，应将桩顶部浮浆、低强度混凝土及破碎部分清除。冠梁混凝土浇筑采用土模时，土面应修理平整。

冠梁通过传递剪力调整桩与桩之间应力的分配，当锚杆或支撑设置在冠梁上时，通过冠梁将排桩上的土压力传递到锚杆与支撑上。由于冠梁与桩的连接处是混凝土两次浇注的结合面，如该结合面薄弱或钢筋锚固不够时，会剪切破坏，不能传递剪力。因此，应保证冠梁与桩结合面的施工质量。

3.5.5　地下连续墙

地下连续墙是指用专用机械在地面以下成槽，并分槽段浇筑而成的连续的钢筋混凝土地下墙体，或是在成槽后放入预制钢筋混凝土板而形成的连续的地下墙体。地下连续墙是能承受上部结构荷载的集挡土、承重和防渗于一身的"三合一"的墙体，被广泛应用于各类大型基础和基坑工程中，特别是超深基坑，地下连续墙不仅能作为挡土结构，承担水土压力，也可防水截渗，起到截水帷幕的作用，且可以作为地下主体结构的外墙，充分发挥其竖向承载能力。

1. 地下连续墙类型

根据地下连续墙的施工方法，可分为现浇地下连续墙和预制地下连续墙两类。

（1）现浇地下连续墙

现浇地下连续墙是指采用专用机械设备现场制槽、现场制作钢筋笼并浇筑混凝土的现浇混凝土或钢筋混凝土地下连续墙。对现浇地下连续墙，根据其平面形状和功能，可分为五类，其分类与选型如下：

① 素混凝土地下连续墙

主要作为深基坑的截水帷幕用于截水、防渗，由于没有钢筋笼或型钢，不能作为结构构件来受力。素混凝土地下连续墙主要在水利水电工程中应用。

② 型钢混凝土地下连续墙

当采用常规地下连续墙成槽工艺，灌注混凝土后插入型钢，如图 3.5.5-1 所示。其特点是，型钢之间的混凝土可以传递型钢之间的竖向剪力和垂直于墙体平面的水平向剪力，但墙体自身不能承担水平向弯矩。

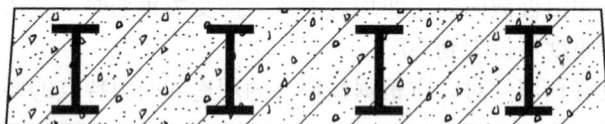

图 3.5.5-1　柱列式型钢混凝土地下连续墙（SPTC）

③ 整片式钢筋笼混凝土壁板式地下连续墙

在一个单元槽段内配置整片的钢筋笼，形成壁板式地下连续墙，如图 3.5.5-2 所示，由于在槽段宽度范围内墙体横向钢筋是连续的，故在槽段单元内，既可承担水平向和横向弯矩，也可传递平面内的竖向剪力和垂直于墙体的水平向剪力，墙体受力与变形的整体性明显好于前两种地下连续墙。

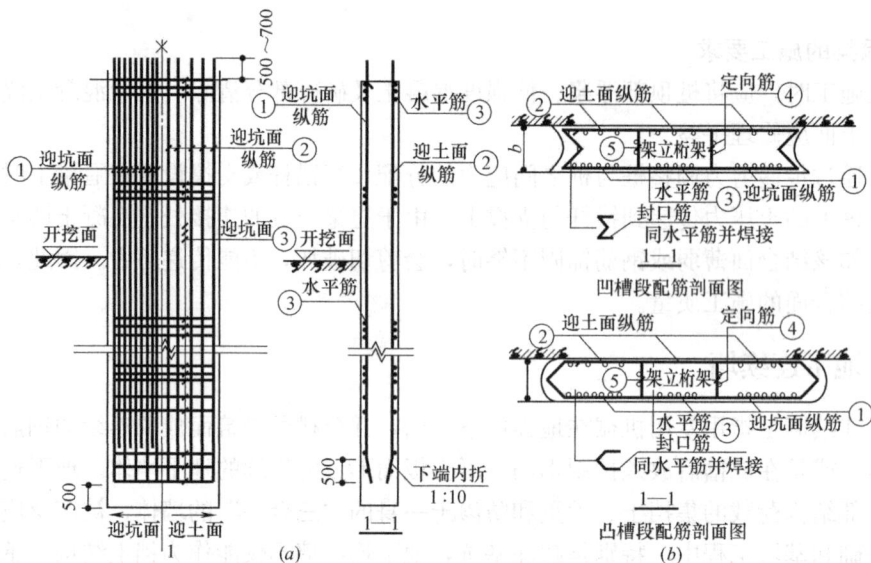

图 3.5.5-2　地下连续墙槽段配筋示例图

（a）槽段配筋立面及纵剖面示例；（b）槽段配筋水平剖面示例

④ 预制箱形型钢混凝土地下连续墙

采用预制箱形型钢代替整片式钢筋笼的混凝土地下连续墙，如图 3.5.5-3 所示，箱形型钢由 GH-R 和 GH-H 两种单元连接而成，其中 GH-R 翼缘两端均设有 C 形接头，而 GH-H 两端则是 T 形接头。实际施工时，如图 3.5.5-3（b）所示，先在成好的槽中放入左右两个 GH-R 单元，然后再在两个 GH-R 单元中间放入 GH-H 单元。如此依次完成一个单元槽段的箱形型钢的设置后，采用导管浇筑混凝土形成一个完整槽段，如图 3.5.5-3（d）所示。这种箱形型钢混凝土地下连续墙具有更高的抗弯强度和抗剪强度，形成高强、薄壁的地下连续墙，可用于场地狭窄的基坑。

⑤ 异形地下连续墙

当地下连续墙在一个槽段宽度范围内出现转折时，可形成"L"形、"Λ"形等折板型地下连续墙，其形状如图 3.5.5-4（a）、（b）所示。也可将两个槽段正交形成"T"、"Ⅱ"形地下连续墙，如图 3.5.5-4（c）、（d）所示。也可因多个槽段连续转折形成更加复杂的平面布置。当设备基础或条件适合时，常采用圆形地下连续墙，利用圆形结构可充分利用土的拱效应，将周围均匀作用的水土荷载转化为墙体平面内压应力，充分发挥混凝土抗压强度高的优势。如上海中心大厦的主楼深基坑围护结构就是采用圆形地下连续墙，本书第 1 章作了专门介绍。

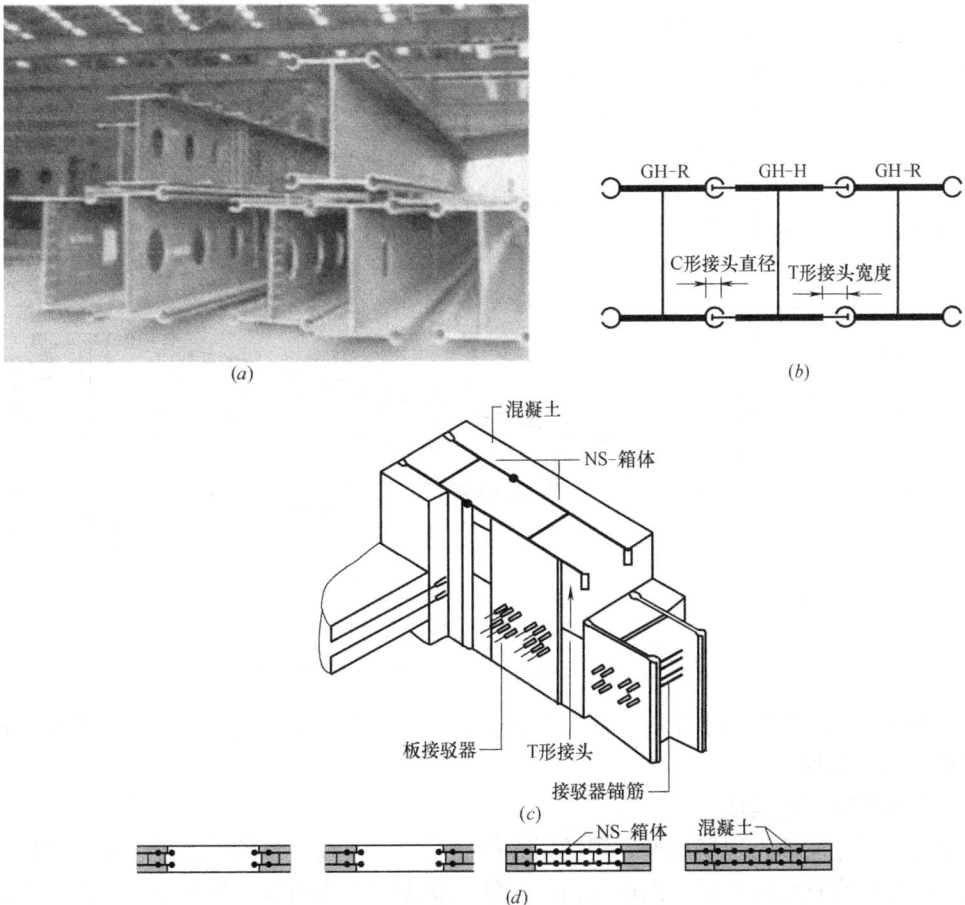

(a)

(b)

(c)

(d)

图 3.5.5-3　NS_BOX 地下连续墙

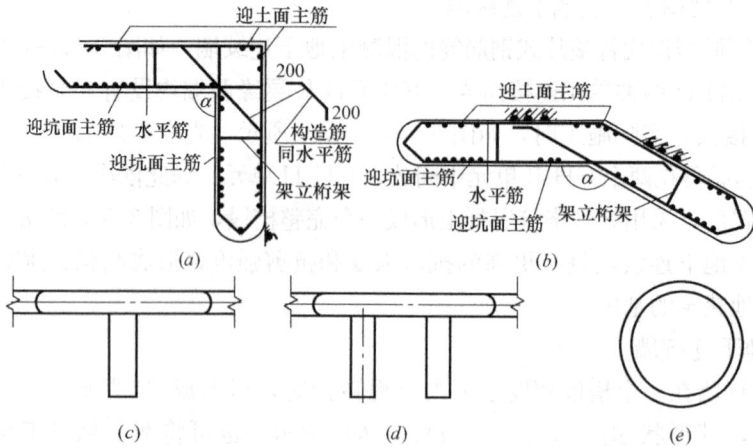

图 3.5.5-4　异形地下连续墙

(a)"L"地下连续墙；(b)"∧"地下连续墙；(c)"T"地下连续墙

(d)"Ⅱ"地下连续墙；(e)圆形地下连续墙

⑥ 格构形地下连续墙

通过多个单元槽段在平面上进行组合，形成封闭的格构形地下连续墙，如图 3.5.5-5 (a) 所示。当因条件限制无法设置平面支撑而导致地下连续墙需要悬臂支挡开挖深度很大的基坑和岸坡时，可采用多格构形的地下连续墙，其总体厚度可达 10m 甚至 20m 以上。如天津中央大道海河隧道在圹沽区于家堡附近海河与中央大道的交汇处，河岸边段采用明挖法施工，最大开挖深度约 24m，在沿海河岸边部分采用了如图 3.5.5-5 (b) 所示的格构形地下连续墙支护结构，由于采用格构形地下连续墙刚度大，无须采用地下连续墙支撑。

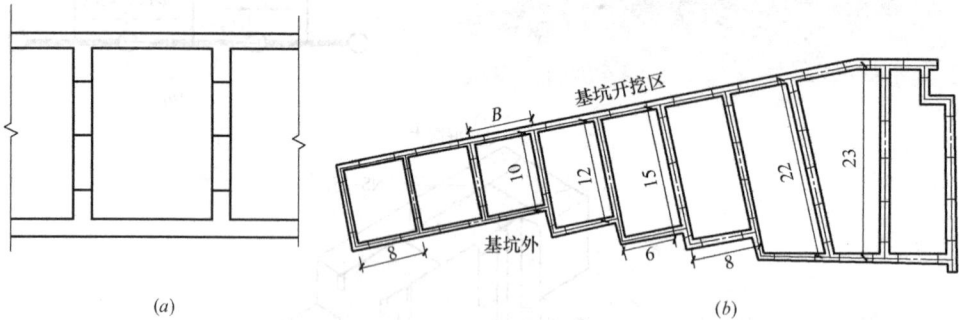

图 3.5.5-5　格构形地下连续墙

(a)格构形地下连续墙示例；(b)格构形地下连续墙工程实例

格构形地下连续多用于船坞、河岸岸坡、大型工业基坑及其他特殊条件下无法设置水平支撑的基坑工程。

(2) 预制地下连续墙

现浇地下连续墙为现场制槽、现场制作钢筋笼并浇筑混凝土的地下连续墙。当地下连续墙深度和槽段宽度较大时，钢筋笼的现场加工制作需要占用较大的场地，这在中心城区场地狭窄会造成一定的困难。采用预制地下连续墙在现场成槽后插入预制的墙板，预制墙板之间采用现浇混凝土形成接头，防止接头渗漏，如图 3.5.5-6 所示。这种预制地下连续墙施工采用成槽机成槽、泥浆护壁，然后起吊预制墙板插入槽的施工方法。通常预制墙段厚度较成槽机抓斗厚度小 20mm，墙段入槽时两侧可各留 10mm 空隙便于插槽施工。

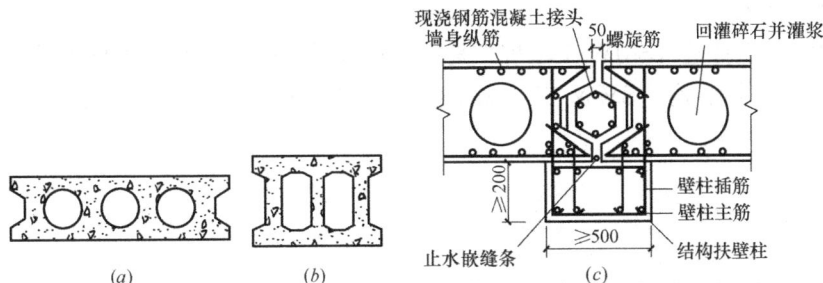

图 3.5.5-6　预制墙板、接头现浇地下连续墙

(a) 预制墙板 1；(b) 预制墙板 2；(c) 预制墙板接头

2. 地下连续墙适用范围

地下连续墙具有显著的优点，结合经济性的考虑，地下连续墙主要适用于以下条件的基坑工程：

（1）地下连续墙可充分利用建筑红线范围内的空间，且其刚度有利于控制基坑变形，所以常用于场地空间狭小，且周边环境变形要求严格的基坑工程。

（2）除了具备很强的抗弯刚度可用于抵抗水土压力外，地下连续墙具有竖向承载能力及防渗功能，可以用于作为地下室外墙，成为地下主体结构的一部分，亦可用于逆作法施工，实现地上和地下同步施工，缩短工期。

（3）由于地下连续墙只有在一定的深度范围内才具有较好的经济性和特有的优势，所以一般适用于开挖深度大于 10m 以上的深基坑工程，其他围护结构无法满足要求时可采用地下连续墙。

（4）基坑开挖深度很大，且需截断深层的含水层，采用其他截水帷幕难以满足要求时，可采用地下连续墙。

目前地下连续墙最大施工深度可达 150m，最大施工厚度可达 2.5m。

3.5.6　型钢水泥土墙

型钢水泥土墙是在连续套接形成的水泥土墙体内插入型钢形成的复合挡土、截水结构。型钢水泥土墙按施工方式可以分为如图 3.5.6-1 所示几类。目前关于型钢水泥土墙已

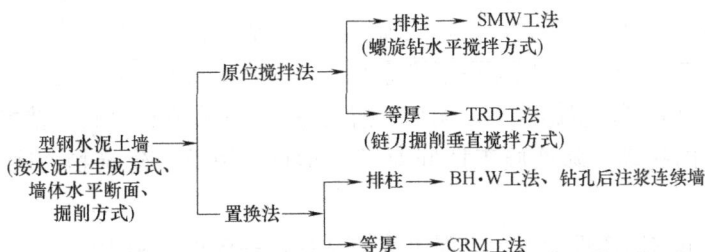

图 3.5.6-1　型钢水泥土墙分类

有国家相关标准规程《型钢水泥土搅拌墙技术规程》JGJ/T 199—2010、上海市工程建设地方规程《型钢水泥土搅拌墙技术规程（试行）》DGJJ 08-116—2005 和浙江省工程建设地方规程等行业和地方规程。国内也有在水泥土中插入预制钢筋混凝土 T（工）形桩，代替内插型钢的技术。

型钢水泥土搅拌桩（SMW 工法桩）是指在连续搭接的三轴水泥土桩内插入型钢形成的复合挡土、隔水结构。SMW 工法桩是目前国内应用最多的型钢水泥土墙，如图 3.5.6-2所示。

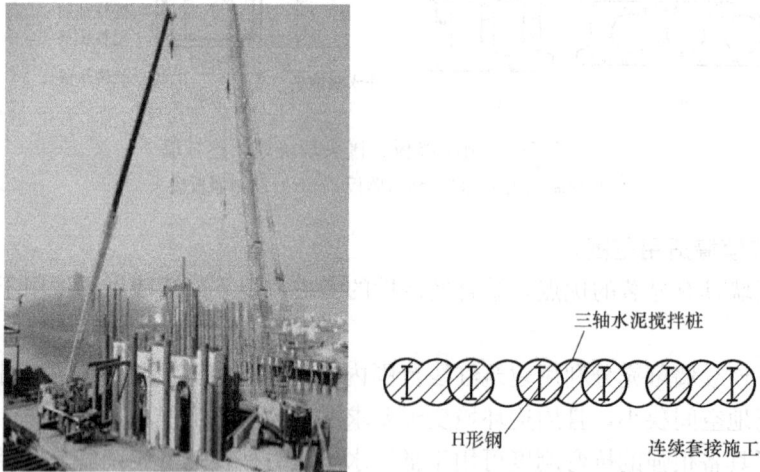

图 3.5.6-2　SMW 工法

（a）三轴搅拌桩桩架；（b）型钢水泥土墙剖面（三轴水泥土搅拌桩）

型钢水泥土搅拌桩是用三轴型长螺旋钻孔机钻孔掘削土体，边钻进边从钻头端部注入水泥浆液，达到预定深度后，边提钻边从钻头端部再次注入水泥浆液，与土体原位搅拌，形成一堵水泥土墙，然后再依次套接施工其余墙段；其间根据需要插入 H 形钢，形成具有一定强度和刚度、连续完整的地下墙体。

1. SMW 工法桩的特点

（1）适用土层范围广。在淤泥质土、黏性土、粉性和砂土中均可施工，如果采用预成孔施工工艺，适用土质更为广泛。

（2）型钢水泥土墙所需施工空间仅为三轴水泥土搅拌桩的厚度和施工机械必要的操作空间，与其他围护结构相比具有空间优势。

（3）内插 H 形钢在地下室施工完成后可以拔除，不仅可避免形成地下永久障碍物，而且拔除的型钢可以回收利用，可以降低围护成本，节约资金和社会成本。但是，当基坑周边环境保护要求较高时，可以考虑不拔除型钢，以消除该工况对环境的影响。

（4）该工法对周围环境影响小，无须开槽或钻孔，不存在槽（孔）壁坍塌现象，可以减少对邻近土体的扰动，降低施工期间对邻近地面、道路、建筑物、地下设施的不利影响。

（5）该工法截水防渗性能好，水泥土渗透系数，一般可达到 $10^{-8} \sim 10^{-7}$ cm/s。由于采用套接—孔法施工，且钻削与搅拌反复进行，使浆液与土体充分混合形成较为均匀的水泥土，与传统的围护形式相比具有更好的截水性。

（6）施工深度大，振动小、噪声低。

（7）工序简单、成本低、工期短。

2. TRD 工法桩的特点

TRD 工法是在 SMW 工法基础上，针对三轴水泥土搅拌桩桩架过高、稳定性较差、成墙垂直度偏低和成墙深度较浅等缺点，研发的新工法，适用于开挖面积较大、开挖深度较深、对截水帷幕的截水效果和垂直度有较高要求的基坑工程。具有下列特点：

（1）TRD 工法施工机架高度 10～12m，重心低、稳定性好。TRD 工法可施工墙体厚度为 450～850mm，深度最大可达 60m。

（2）施工垂直度高，墙面平整度好。通过刀具立柱内安装的多段倾斜机，对施工墙体平面内和平面外实时监测以控制垂直度，实现高精度施工。

（3）墙体连续等厚度，横向连续，截水性能好。水泥土的渗透系数在砂土中可达到 10^{-8}～10^{-7} cm/s，砂质黏土中达到 10^{-9} cm/s。成墙作业连续无接头，型钢间距可根据设计需要调整，不受桩位限制。

（4）TRD 工法的主机架可变角度施工，其与地面的夹角最小可为 30°，从而可施工倾斜的水泥土墙体，满足特殊设计要求。

（5）TRD 工法在墙体全深度范围内对土体进行竖向混合、搅拌，墙体上下固化性质均一，墙体质量均匀。

（6）TRD 工法转角施工困难，对于小曲率半径或 90°转角位置，须将箱式刀具拔出、拆卸、改变方向后，再重新组装并插入地层，拆卸和组装时间长，转角施工过程较复杂。

现在国内在型钢水泥土墙推广应用过程中，内插芯材除了目前最为常用的型钢以外，也出现了内插钢管、槽钢以及预制钢筋混凝土 T（工）形桩。预制钢筋混凝土 T（工）形桩具有刚度大，无须回收利用的优点；但相对于型钢，其截面尺寸大、重量重、施工时须采用专门压桩设备。为规范施工，加强质量控制和管理，如施工中使用 H 形钢以外的其他内插芯材时，必须有可靠的质量控制措施，确保水泥土墙的整体性、挡土和截水效果。

3. 选型要点

基坑围护方案选用型钢水泥土墙的选型要点：

（1）型钢水泥土墙的选型主要是由基坑周边环境条件所确定的容许变形值控制，即型钢水泥土墙的选型及参数设计首先需满足周边环境的保护要求。

（2）型钢水泥土墙的选择和基坑开挖深度有关。根据近年软土地区的工程经验，不同直径搅拌桩或墙厚对应一定的基坑开挖深度限值。一般 650mm 的型钢水泥土墙开挖深度不大于 8.0m，850mm 时开挖深度不大于 11.0m，1000mm 时开挖深度不大于 13.0m。当不同的截面尺寸的型钢水泥土墙开挖深度超过上述值时，工程风险将增大，需要采取一定的技术措施，确保安全。

（3）型钢水泥土墙所需施工空间小，当场地狭小或距用地红线、建筑物等较近时具有一定优势。

（4）与地下连续墙、钻孔灌注桩相比，型钢水泥土墙刚度较低，常会产生较大变形，在周边环境的保护要求较高的工程中，如紧邻地铁隧道、历史保护建筑、重要地下管线时，应慎重选用，谨慎施工。

（5）当搅拌桩桩身范围内大部分为砂（粉）性土等透水性较强的土层且周边环境保护要求较高时，一旦搅拌桩桩身产生裂缝并造成渗漏，后果较严重。此时围护结构的整体刚度应适当加强，必要时应选用刚度更大的围护方案。

（6）内插型钢回收利用时，围护结构的容许变形值不仅取决于基坑周边环境条件，还受到型钢拔出时的变形阻力所限制。由于型钢起拔时产生伸长变形，导致其截面尺寸减小，韧性降低，脆性增加。因此，回收后的型钢再次利用时，须对其进行截面尺寸和强度复核，确保型钢重复利用的安全性。

（7）受到机架高度限制，在不加接钻杆的条件下，三轴水泥土搅拌桩最大施工深度约为30m，当设计深度超过此深度时，可采用加接钻杆工艺，或选用TRD工法。

4. 适用范围

从广义上讲，型钢水泥土墙以水泥土墙为基础，凡是能够施工三轴水泥土搅拌桩或水泥土连续墙的场地都可以选用该工法。从黏性土到砂性土，从软弱的淤泥和淤泥质土到较硬、较密实的硬土，甚至在含有砂卵石的地层中经过适当的处理都能够进行施工，适用土质范围较广。表3.5.6为土层性质对型钢水泥土墙施工难易的影响。

土层性质对型钢水泥土墙施工难易的影响　　　　　　　　　　　表3.5.6

粒径(mm)		0.001	0.005	0.074	0.42	2.0	5.0	20	75	300
土类区分	淤泥质土	黏土	粉土	细砂	粗砂	砂砾	中砂	粗砂	大卵石	大阶石
				砂		砾				
施工性质	较易施工，搅拌均匀				较 难 施 工				难施工	

5. 特殊条件下的处理要求

在无工程经验和特殊地层地区，必须通过现场试验确定型钢水泥土墙的适用性。

对杂填土地层，施工前需清除地下障碍物；对粗砂、砂砾等粗粒砂性土地层，应注意有无明显的流动地下水，以防止固化剂尚未硬化时流失而影响工程质量。

淤泥、泥炭土、有机质土、地下水具有腐蚀性的地层，以及含有影响搅拌桩固化剂硬化成分的土层，会对搅拌桩的质量造成不利的影响。因此，上述土层以及湿陷性土、冻土、膨胀土、盐渍土等特殊性土，应结合地区经验通过现场试验确定型钢水泥土墙的可行性和适用性，方可进行设计施工。

6. 变形控制与环境保护要点

型钢水泥土墙由H形钢和水泥土组成，内插型钢提供围护结构整体抗弯、抗剪的强度与刚度，保证围护结构稳定和减少其变形；水泥土搅拌桩则为防渗帷幕。

（1）变形控制主要措施

施工前应深入了解施工场地的地层情况，针对不同地层采取不同的施工工艺和成桩参数。

水泥土搅拌桩施工时，必须控制施工速度和日成桩数量，必要时采用跳打方式，如隔五打一，以减少周边环境的附加变形。施工过程中应合理调整水灰比，控制下沉和提升速度，减少由于提升、搅拌时孔内产生负孔压而造成对周边环境的不利影响。

周边环境保护要求较高时，选择截面面积较大、密插方式布置的型钢；反之，选择截面面积较小、跳打方式布置的型钢。型钢插入方式和间距需要考虑型钢间的水泥土抗剪要求，综合确定。

型钢在地下室施工完成后拔除回收，可以降低围护成本。但当周边环境保护要求较高时，可以考虑不拔除型钢，以消除该工况对环境的影响。

当采用内支撑时，基坑后期拆撑工况中，围护墙变形可能会较大，为减少对周边环境的影响，可选择内支撑后拆或增加斜向换撑的措施。

（2）环境保护要点

在对周边环境保护要求较高的工程中，型钢水泥土墙应慎重选用。在砂（粉）性土等透水性较强的土层中，为防止搅拌桩桩身产生裂缝、造成渗漏而失效，型钢水泥土墙的刚度应予以加强并选择较强的内支撑体系，必要时，应选用刚度更大的围护方案。

7. 构造要求

以下是以三轴水泥土搅拌桩为例的型钢水泥土墙（SMW 工法）的构造节点加强措施及示意图：

（1）型钢与冠梁的连接节点

型钢水泥土墙的顶部，应设置封闭的钢筋混凝土冠梁。冠梁对提高围护结构的整体性，使围护桩和支撑形成共同受力的稳定结构体系具有重要作用。由于型钢水泥土墙由两种刚度相差较大的材料组成，冠梁的重要性更加突出。

为便于型钢拔除，型钢需锚入冠梁，并高于冠梁顶部不小于 500mm，见图 2.5.6-2。一般型钢顶端不宜高于自然地面。冠梁和型钢之间需设置隔离材料。隔离材料一般采用不易压缩的硬质材料，以防止围护结构受力后产生较大的压缩变形，不利于对基坑总变形量的控制。

型钢和隔离材料对冠梁刚度具有一定的削弱作用，相应的冠梁截面、尺寸和构造应有以下加强措施：

① 冠梁的截面高度不宜小于 600mm。当型钢拔起回收时，冠梁的高度还需考虑冠梁作为型钢起拔千斤顶支点时的承载力需要，其取值不宜小。

② 冠梁的截面宽度与三轴水泥土搅拌桩直径相匹配。当三轴水泥土搅拌桩直径为 650mm、850mm。1000mm 时，相应的冠梁的截面宽度不应小于 1000mm、1200mm、1300mm。

③ 冠梁的主筋应避开型钢设置，其箍筋宜采用四肢箍筋，直径不应小于 φ8，间距不应大于 200mm。在支撑节点位置，箍筋宜适当加密。由于内插型钢而未能设置的箍筋应在相邻区域内补足面积。

型钢与冠梁的连接构造设计如图 3.5.6-3 所示。

（2）在型钢水泥土墙的支护体系中支撑与腰梁的连接、腰梁与型钢的连接以及钢腰梁的拼接，对于支护体系的整体性非常重要，围护设计和施工应对上述连接节点的构造充分重视，并严格按照要求施工。型钢水泥土

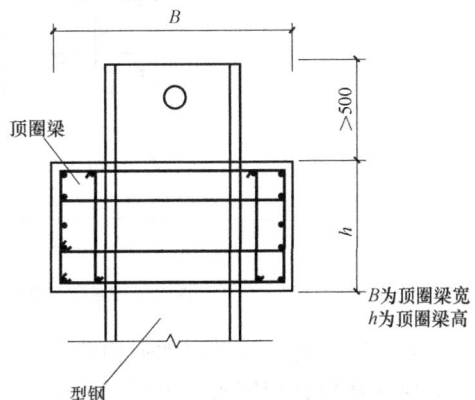

图 3.5.6-3　型钢与冠梁的连接构造图

墙的支护体系中，腰梁可以采用钢筋混凝土腰梁，也可以采用钢腰梁，腰梁与型钢的连接构造如图 3.5.6-4 和图 3.5.6-5 所示。钢腰梁和钢支撑杆件的拼接一般应满足等强度的要求，但在实际工程中受到拼接现场施工条件的限制，很难达到要求，应在构造上对拼接方式予以加强如附加缀板、设置加劲肋板等。同时应尽量减少钢腰梁的接头数量，拼接位置也尽量放在腰梁受力较小的部位。型钢与腰梁之间的空隙应采用高强度等级的细石混凝土填实。

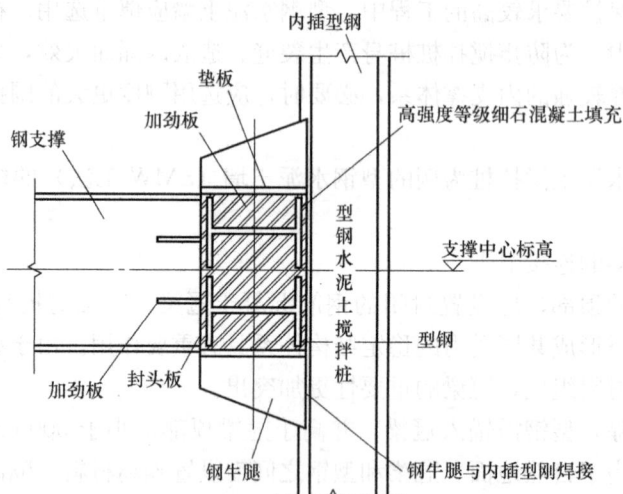

图 3.5.6-4　型钢与腰梁及支撑连接示意图

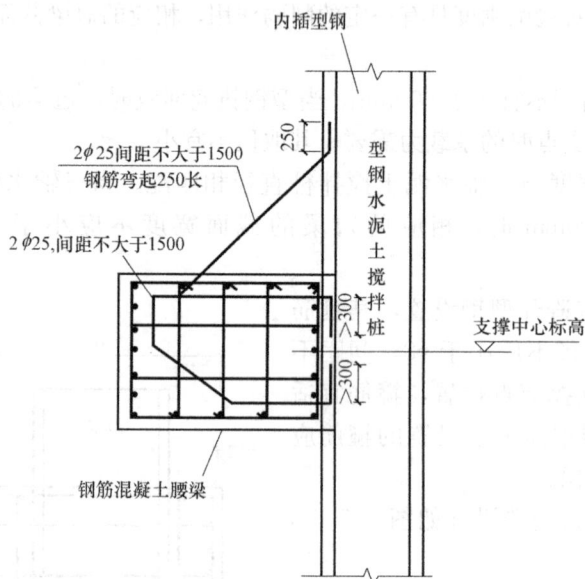

图 3.5.6-5　型钢与混凝土腰梁连接示意图

（3）型钢水泥土墙转角加强构造

为保证转角处型钢水泥土墙的成桩质量和截水效果，转角处宜采用"十"字接头的形式，即有接头处两边各多打半幅桩。为保证型钢水泥土墙转角处的刚度，宜在转角处增设一根斜插型钢，如图 3.5.6-6 所示。

（4）型钢水泥土墙截水封闭措施

当型钢水泥土墙遇地下连续墙或灌注桩等围护结构需断开时，或者在型钢水泥土墙的施工过程中出现冷缝时，冷缝位置可采用旋喷桩予以封闭，以保证围护结构整体的截水效果，如图 3.5.6-7 所示。

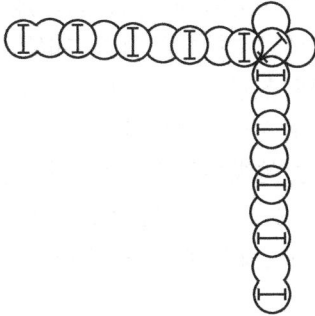

图 3.5.6-6　转角处加强示意图

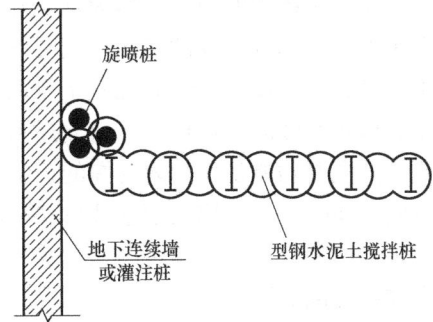

图 3.5.6-7　型钢水泥土墙封闭示意图

当基坑工程采用 TRD 工法时，亦应采取上述相同的加强措施。

采用其他芯材的水泥土墙，特别是预制混凝土 T（工）形桩，由于材质、形状等均与 H 形钢不一致，有其特殊的构造特点，具体如下：

① 预制混凝土 T（工）形桩桩头与冠梁的连接要求

桩头与冠梁有两种连接方式。一为局部凿桩连接，凿出后的桩翼板主筋和保留的桩肋一起锚入冠梁中；二为不凿桩连接，参照 SMW 工法，桩头穿过现浇的冠梁。普通钢筋混凝土预制桩，均可采用这两种方法；全预应力混凝土预制桩宜采用第二种连接方法。

② T（工）形预制桩与腰梁的连接要求

腰梁与围护桩有两种连接方式。第一种在预制桩表面设有预埋件，腰梁的锚筋开挖后与预埋件焊接。第二种在浇筑的冠梁上设预埋件，采用焊接吊筋办法固定腰梁。对于深基坑宜采用第一种连接法。

③ 接桩构造要求

由于围护桩承受水平力，预制混凝土 T（工）形桩接头部位的抗水平承载力是关键条件之一。其桩头连接较其他类型的桩复杂。一般在桩端翼缘位置设预埋钢板，接桩时上下桩应严格对准，钢板间互相焊接，同时纵向主筋与其墩头铆接，预制桩模具与上下端板通过拉张螺栓连接。

3.5.7　内支撑系统

采用内支撑系统的深基坑工程，一般由围护体、内支撑以及竖向支承三部分组成，其中内支撑和竖向支承两部分合称为内支撑系统。

钢筋混凝土支撑和钢支撑是指在基坑内部由钢筋混凝土或钢构件组成的用以支撑基坑侧壁的结构，是内支撑系统中的内支撑部分。

1. 内支撑系统优点

内支撑系统具有以下优点：

（1）无须占用基坑外侧地下空间。

（2）可提高整个围护体系的整体强度和刚度。

（3）支撑刚度大可有效控制基坑变形。

所以，内支撑系统在深基坑工程中已得到广泛应用，特别是在软土地区环境保护要求较高的深基坑工程中，更是成为优先采用的设计方案。

内支撑系统中的内支撑作为基坑开挖阶段围护体坑内外两侧压力差的平衡体系，经过多年来大量深基坑工程的实践，内支撑的形式丰富多样，常用的内支撑按材料分有钢筋混凝土支撑、钢支撑以及钢筋混凝土与钢组合支撑等形式，按竖向布置可分为单层或多层平面布置形式和竖向斜撑形式。内支撑系统中的竖向支承一般由钢立柱和立柱桩一体化施工构成，其主要功能是作为内支撑的竖向承重结构，并保证内支撑的纵向稳定、加强内支撑体系的空间刚度。常用的钢立柱形式一般有角钢格构柱、H形钢柱以及钢管混凝土柱等，立柱桩常作为灌注桩使用。图 3.5.7-1 和图 3.5.7-2 分别为典型内支撑系统平面图和典型内支撑系统剖面图。

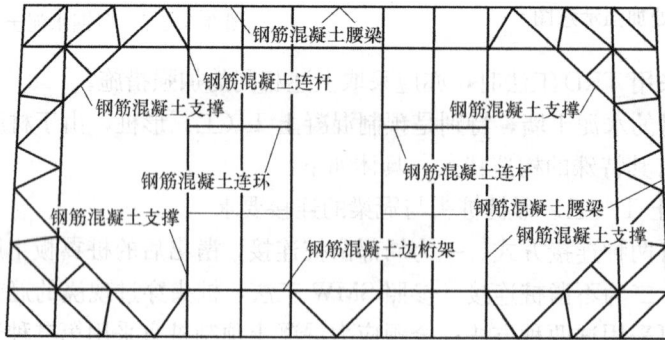

图 3.5.7-1　典型内支撑系统平面图

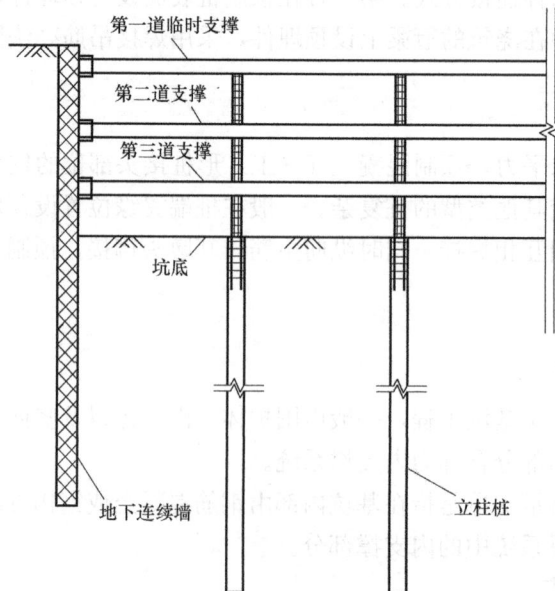

图 3.5.7-2　典型内支撑系统剖面图

2. 内支撑选型和适用范围

内支撑结构选型包括支撑材料和体系的选择以及支撑结构布置的内容。内支撑结构选型从结构体系上可分为平面支撑体系和竖向斜撑体系；从支撑材料上可分为钢支撑、钢筋混凝土支撑和钢和混凝土组合支撑的形式。各种形式的支撑体系根据其材料特点具有不同的优缺点和适用范围。由于基坑规模、环境条件、主体结构以及施工方法等的不同，应以确保基坑安全可靠的前提下做到经济合理、技术先进、保护环境、施工方便为原则，根据实际工程具体情况综合考虑确定。表3.5.7-1为各类支撑体系的特点及适用范围。

各类支撑体系的特点及适用范围　　　　　　　　表 3.5.7-1

支撑体系	形式	示 意 图	特点及适用范围
钢支撑体系	十字正交支撑形式		1. 节点简单、节点形式少，可采用定型节点成品； 2. 可反复利用，经济性较好； 3. 支撑安装和拆除时间短； 4. 传力体系清晰、受力直接； 5. 挖土空间小、出土速度慢； 6. 选用于形状规则、基坑面积较小、开挖深度一般的方形基坑
	对撑结合角撑形式		1. 节点简单、节点形式少，可采用定型节点成品； 2. 可反复利用，经济性较好； 3. 支撑安装和拆除时间短； 4. 传力体系清晰、受力直接； 5. 挖土空间小、出土速度慢； 6. 适用于形状规则、基坑面积较小、开挖深度一般的狭长形基坑
钢筋混凝土支撑体系	正交支撑形式		1. 支撑系统传力直接，受力明确； 2. 支撑刚度大变形小的特点，在所有平面布置形式的支撑体系中最具控制变形的能力； 3. 挖土空间小，出土速度慢； 4. 适用于敏感环境下面积较小或适中的基坑
	对撑结合角撑支撑形式		1. 具有受力明确的特点； 2. 各块支撑受力相对独立，可实现支撑和挖土流水化施工，缩短基坑工期； 3. 无支撑面积大，出土空间大，可加快土方的出土速度； 4. 适用于环境保护要求高、形状呈较规则方形基坑
	对撑角撑结合边桁架形式		1. 各块支撑受力相对独立，可实现支撑和挖土流水化施工，缩短基坑工期； 2. 无支撑面积大，出土空间大，可加快土方的出土速度； 3. 适用于各种复杂形状的深基坑，软土地区中应用最多的支撑平面布置形式

支撑体系	形式	示 意 图	特 点 及 适 用 范 围
钢筋混凝土支撑体系	圆环支撑形式	钢筋混凝土腰梁 钢筋混凝土圆环撑 钢筋混凝土腰梁 钢筋混凝土支撑	1. 充分发挥混凝土抗压性能,受力合理,经济性较好; 2. 无支撑面积大,出土空间大,可大幅度加快土方的出土速度; 3. 受力均匀性要求高,对基坑土方施工单位的管理和技术能力要求高; 4. 下层土方的开挖必须在上层支撑全部形成并达到强度之后方可进行; 5. 适用于面积大,基坑长宽两个方向尺寸相近的各种形状的深基坑
	双半圆环支撑形式	钢筋混凝土腰梁 钢筋混凝土连杆 钢筋混凝土支撑 钢筋混凝土圆环撑 钢筋混凝土腰梁 钢筋混凝土支撑 钢筋混凝土圆环撑	1. 充分发挥混凝土抗压性能,受力合理,经济性较好; 2. 无支撑面积大,出土空间大,可大幅度加快土方的出土速度; 3. 受力均匀性要求高,对基坑土方施工单位的管理和技术能力要求高; 4. 下层土方的开挖必须在上层支撑全部形成并达到强度之后方可进行; 5. 适用于面积大,基坑长方向略大于宽方向的各种形状的深基坑
	多圆环支撑形式	钢筋混凝土腰梁 钢筋混凝土圆环撑 钢筋混凝土支撑 钢筋混凝土连杆 钢筋混凝土支撑 钢筋混凝土腰梁 钢筋混凝土支撑	1. 充分发挥混凝土抗压性能,受力合理,经济性较好; 2. 无支撑面积大,出土空间大,可大幅度加快土方的出土速度; 3. 受力均匀性要求高,对基坑土方施工单位的管理和技术能力要求高; 4. 适用于面积大,基坑长方向略大于宽方向的各种形状的深基坑; 5. 适用于面积大,基坑长向是宽向2倍或以上、形状大致呈长方形的深基坑
	圆环与半环组合支撑形式		1. 圆环与半圆环组合,适应异形基坑的特点,适用于L形基坑; 2. 其余特点同上
钢与混凝土组合支撑体系	同层平面组合支撑形式	钢筋混凝土支撑 钢支撑 钢筋混凝土支撑	1. 可以充分发挥钢支撑与混凝土支撑的优点; 2. 基坑端部采用混凝土支撑可发挥混凝土支撑刚度大,控制基坑角部变形,同时可避免出现复杂的钢支撑节点; 3. 基坑中部设置钢支撑,施工速度快,工程造价低; 4. 适用于面积、开挖深度一般、形状呈方形的深基坑

续表

支撑体系	形式	示　意　图	特点及适用范围
钢与混凝土组合支撑体系	分层组合支撑形式		1. 可以充分发挥钢支撑与混凝土支撑的优点； 2. 第一道支撑采用钢筋混凝土支撑可通过局部区域适当加强作为施工栈桥，方便施工、降低施工技术措施费； 3. 第二及以下支撑采用钢支撑，可加快施工速度和节约工程造价； 4. 上下各层支撑应采用简单正交布置或者对撑结合角撑的支撑布置形式，而且支撑中心线应上下对应； 5. 适用于面积、开挖深度一般、形状呈方形的深基坑
竖向斜撑体系	中心岛结合斜支撑形式		1. 大幅度节省支撑和立柱的工作量，经济性显著； 2. 基坑施工流程中，基坑盆式开挖至中部基底，完成中心岛基础底板；利用中心岛底板作为基座，设置斜支撑，开挖基坑盆边土方，施工周边盆边基础底板； 3. 适用于面积巨大、开挖深度浅的深基坑
	K形支撑形式		1. 特定条件下，可发挥围护体和支撑的潜能，节约工程造价； 2. 基坑施工流程上，周边盆式开挖，浇筑形成中部区域的支撑，其后施工斜撑，利用斜撑的支撑作用，挖出盆边土方，浇筑形成完整的水平支撑系统； 3. 在基坑开挖深度界于需要设置$(N-1)$道和N道支撑之间时，或者基坑某一侧环境保护要求较高或者某一侧开挖深度较其他侧面略深等情况下适用

3. 内支撑构造要求

（1）钢筋混凝土支撑构造要求

① 桩、墙式支护结构的顶部应设置封闭钢筋混凝土冠梁。冠梁的截面尺寸由计算确定，且宽度不宜小于支护桩、墙的厚度。

② 钢筋混凝土支撑混凝土的强度等级不宜低于C20。

③ 支撑构件的截面高度除满足构件的长细比之外，不应小于其竖向平面计算跨度的1/20，对钢筋混凝土支撑不应小于600mm，截面宽度宜大于截面高度。冠梁或腰梁的截面宽度不应小于其水平向计算跨度的1/10，截面宽度宜大于截面高度，且截面高度不应小于支撑的截面高度。

④ 支撑与腰梁的纵向钢筋直径不宜小于 20mm，沿截面四周纵向钢筋的最大间距不宜大于 300mm。箍筋直径不宜小于 8mm，间距不宜大于 250mm。支撑的纵向钢筋在腰梁的锚固长度不宜小于 30 倍的钢筋直径。

⑤ 钢筋混凝土冠梁或腰梁受力以承受弯矩和剪力为主，其腰筋和箍筋数量应根据实际受力计算进行加强，同时箍筋形状应适应水平向剪力要求；支撑杆件以承受压力为主，其箍筋形式应能充分发挥混凝土受力性能。图 3.5.7-3 为冠梁（腰梁）与支撑杆件配筋示意图。

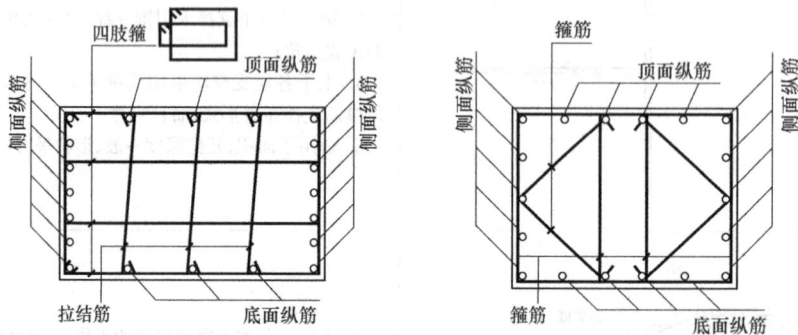

图 3.5.7-3　冠梁（腰梁）与支撑配筋构造图

⑥ 支撑结构交点处均应设置腋角，以增强支撑平面内刚度及改善交点处应力集中状态。图 3.5.7-4 为典型支撑节点腋角构造图。

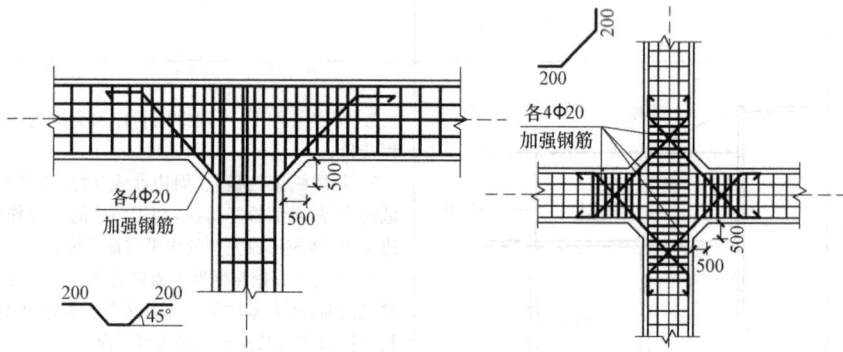

图 3.5.7-4　典型支撑节点腋角构造图

⑦ 混凝土支撑体系应在同一平面内整浇。基坑平面转角处纵横向腰梁应按刚性节点处理。

⑧ 混凝土腰梁与围护墙之间不留水平间隙。

钢筋混凝土支撑除应符合上述要求之外，尚应符合现行国家标准《混凝土结构设计规范》GB 50010 的有关规定。

（2）钢支撑的构造要求

① 钢支撑可采用钢管、型钢、工字钢或槽钢及其组合构件。钢腰梁可采用型钢或型钢组合构件。其截面宽度不应小于 300mm；常用钢管支撑和型钢支撑技术参数分别如表 3.5.7-2 和表 3.5.7-3 所示。

钢管支撑常用规格技术参数表　　　　表 3.5.7-2

尺寸 （mm）	单位重 （kg/m）	截面面积 （cm²）	回转半径 （cm）	截面 惯性矩 （cm⁴）	截面 抵抗矩 （cm³）
$D \times t$	W	A	i_2	L_2	W_2
$\phi 580 \times 12$	168	214	20.09	86393	5958
$\phi 580 \times 16$	223	283	19.95	112815	7780
$\phi 609 \times 12$	177	225	21.11	100309	6588
$\phi 609 \times 16$	234	298	20.97	131117	8612

H形钢支撑常用规格技术参数表　　　　表 3.5.7-3

尺寸 （mm）	单位 重量 （kg/m）	截面 面积 （cm²）	回转半径 （cm）		截面惯性矩 （cm⁴）		截面抵抗矩 （cm³）	
$h \times b \times t_1 \times t_2$	W	A	i_2	i_2	I_2	I_2	W_2	W_2
$400 \times 400 \times 13 \times 21$	171.7	218.69	17.43	10.12	66455	22410	3323	1120
$500 \times 300 \times 11 \times 18$	124.9	159.17	20.66	7.14	67916	8106	2783	540.4
$600 \times 300 \times 12 \times 20$	147.0	187.21	24.55	6.94	112827	9009	3838	600.6
$700 \times 300 \times 13 \times 24$	181.8	231.54	28.92	6.83	193622	10814	5532	720.9
$800 \times 300 \times 14 \times 26$	206.8	263.5	32.65	6.67	280925	11719	7023	781.3

② 在支撑、腰梁的节点或转角位置，型钢构件的翼缘和腹板均应加焊加劲板，加劲板的厚度不应小于 10mm，焊缝高度不应小于 6mm。见图 3.5.7-5 和图 3.5.7-6。

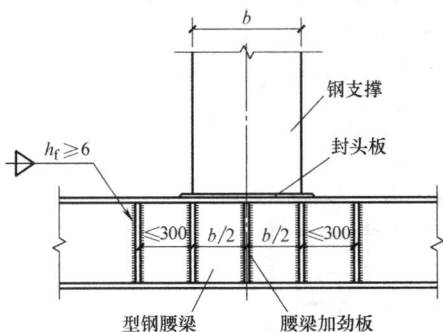

图 3.5.7-5　支撑节点处腰梁加劲板构造图

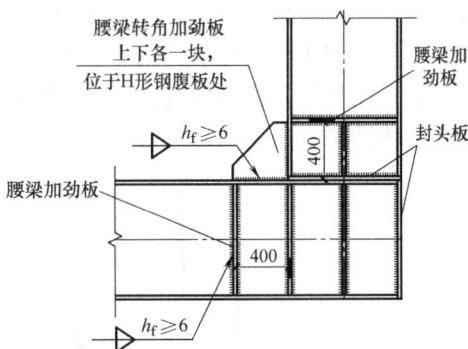

图 3.5.7-6　腰梁转角处加劲板构造图

③ 钢腰梁的现场拼接点位置应尽量设置在支撑点附近，并不应超过腰梁计算跨度的三分点。腰梁的分段预制长度不应小于支撑间距的 2 倍。

④ 钢腰梁与混凝土围护墙之间应留设宽度不小于 60mm 的水平向通长空隙。其间用强度等级不低于 C30 等细石混凝土填嵌。

⑤ 钢支撑与混凝土腰梁斜交时，在交点位置应设置经过验算的牛腿传递构造。见图 3.5.7-7 钢支撑与混凝土腰梁斜交处牛腿构造图。

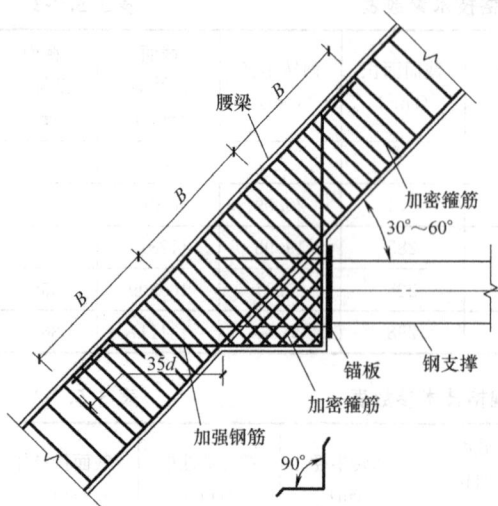

图 3.5.7-7　钢支撑与混凝土腰梁
斜交处牛腿构造图

⑥纵横向水平钢支撑和腰梁宜设置在同一标高上。

⑦支撑长度方向的拼接宜采用高强度螺栓连接，拼接点强度不应低于构件的截面强度。

⑧水平支撑的现场安装点应尽量设置在纵横向支撑的交汇点附近，相邻纵（横）向水平支撑之间的纵（横）向支撑的安装点不宜多于两个。

⑨立柱与钢支撑之间应设置可靠钢托架进行连接，钢托架应能对节点位置支撑在侧向和竖向的位移进行有效约束。

⑩钢支撑的预加应力控制值宜为设计轴力的 50%～80%。

钢支撑除应符合上述要求之外，尚应符合现行国家标准《钢结构设计规范》GB 50017 的有关规定。

（3）支撑节点构造

支撑除了合适的材料和支撑形式之外，支撑的节点也是确保支撑受力可靠的关键，其整体刚度直接取决于构件之间合理的连接构造。

①双向钢支撑连接节点。钢支撑纵横两个方向设置在同一标高上，一方面对纵横两个方向支撑形成有效的侧向约束，另一方面可使得整个支撑平面形成整体平面框架。支撑刚度大且受力性能好。当支撑采用钢管支撑时，应采用定制成品的"十"或"井"字形接头进行连接；当采用型钢支撑时，在保证一个方向支撑贯通的同时，另一个方向支撑在连接节点位置采用焊接或螺栓连接的方式使两个方向支撑形成整体连接。图 3.5.7-8 为双向钢管支撑连接节点示意图，图 3.5.7-9 为双向型钢支撑连接节点示意图。

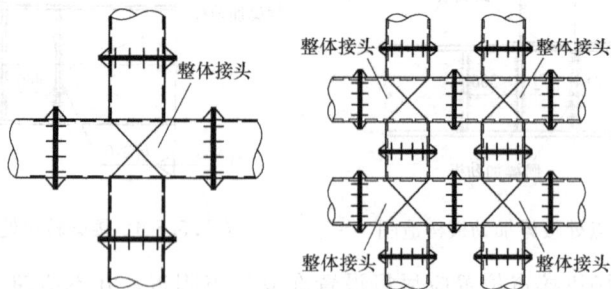

图 3.5.7-8　双向钢管支撑连接节点示意图

②支撑与腰梁斜交处腰梁与围护墙的抗剪连接节点。当支撑与腰梁斜交时，支撑受力时会在沿腰梁方向产生水平分力，为传递此水平分力需在腰梁与围护墙之间设置剪力传递装置。

钢腰梁与地下连续墙可通过预埋钢板并设置抗剪块进行连接；钻孔灌注围护桩则可设

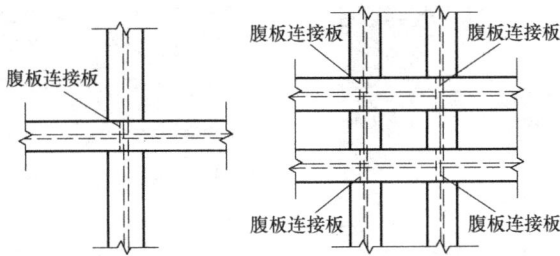

图 3.5.7-9　双向型钢支撑连接节点示意图

置嵌缝混凝土，并通过钢腰梁焊接抗剪块进行连接。具体做法如图 3.5.7-10 所示。

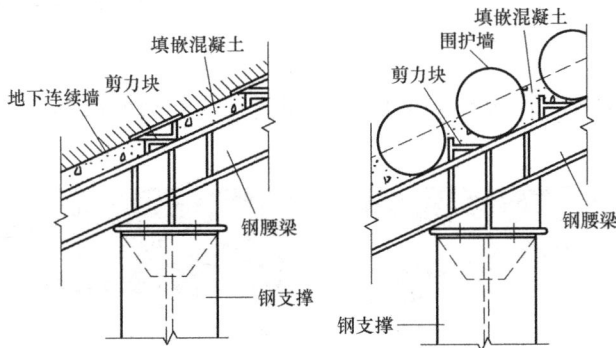

图 3.5.7-10　钢腰梁与围护墙抗剪连接节点

当混凝土腰梁与地下连续墙之间需要传递较大剪力时，可根据计算需要在地下连续墙内设置剪力槽或者预埋抗剪钢筋等措施进行处理，如图 3.5.7-11 所示。

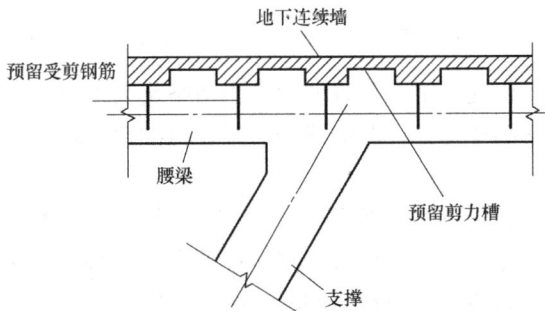

图 3.5.7-11　混凝土腰梁与地下连续墙抗剪连接节点

③ 钢支撑端部预应力活络头构造。钢支撑的端部，考虑预应力施加的需要，一般均设置为活络端，待预应力施加完毕后固定活络端，且一般配以琵琶撑。除了活络端设置在钢支撑端部外，还可以采用螺旋千斤顶等设备设置在支撑的中部。由于支撑加工及生产厂家不同，目前投入基坑工程使用的活络端有以下两种形式，一种为契型活络端，一种为箱体活络端，分别如图 3.5.7-12 和图 3.5.7-13 所示。

通常预应力复加通过在活络头子上使用液压油泵进行顶升，采用支撑轴力施加的方式进行复加，但由于施工困难，往往难以实现动态复加。目前也可设置专用预应力复加装

图 3.5.7-12　契型活络端

图 3.5.7-13　箱体活络端

置，一般有螺杆式及液压式两种动态轴力复加装置，分别如图 3.5.7-14 和图 3.5.7-15 所示。

图 3.5.7-14　螺杆式预应力复加装置

图 3.5.7-15　液压式预应力复加装置

需要特别指出的是，钢支撑端部设置的预应力活络头与支撑连接必须等强连接，而且需采取措施确保两者连接的整体性，避免成为支撑连接的薄弱环节。

4. 施工栈桥

由于城市用地紧张，新建项目的地下室外墙往往紧贴建筑用地红线。工地的施工通道、材料堆场等越来越多地依靠施工栈桥和材料堆放平台。特别是深基坑工程，基坑支撑往往不少于两道，且周边无施工场地和道路时就必须考虑设置施工栈桥和栈桥平台；有的基坑设计时未考虑设置施工栈桥，但施工单位进场后根据施工组织设计和施工安排，需设置施工栈桥。这就要如何合理地将施工栈桥与基坑的支撑布设结合起来，最大限度地节省工程造价，同时满足基坑土方开挖的需要，并确保整个基坑支护体系的受力安全可靠。

1）栈桥的布设与选型

（1）支撑形式与栈桥的选型

栈桥的分类很多，从使用材料分，有钢栈桥和钢筋混凝土栈桥；从竖向设置上分，有水平栈桥和斜向栈桥；从平面布置上分，有单点式、"一"字贯通或"十"字、"T"字或"U"形贯通等，根据基坑的平面形状、挖土的需要和基坑入口的设置而灵活布置，也可以多种形式结合使用。常见的栈桥宽度一般为 8~12m 左右。施工栈桥用材料上可以用钢栈桥，也可以采用钢筋混凝土栈桥，两种形式各有利弊，在不同的条件下均有大量工程实践。图 3.5.7-16 和图 3.5.7-17 分别为钢栈桥和钢筋混凝土栈桥的实景。

图 3.5.7-16　钢栈桥实景

图 3.5.7-17　钢筋混凝土栈桥实景

（2）栈桥的设计

栈桥是一种多跨的超静定结构，它主要承受竖向荷载（以活荷载和动力荷载为主）和一定的水平荷载。一般来说，栈桥与支撑体系是统一设置的，栈桥梁同时也是主要的支撑杆件，整个体系的受力是水平和竖向的联合受力状态，栈桥的设计一般可分为以下几项内容：

① 确定整个体系的受力模式。在钢栈桥和钢筋混凝土栈桥中与一般竖向承重的梁板、立柱结构体系类似，栈桥的受力是通过设置面板、主梁和次梁将集中或分散的荷载传至钢立柱和立柱桩上。

栈桥梁的设置是栈桥设计中极为重要的一部分，通过合理的与支撑杆件结合，不仅可以在杆件的设置、立柱的设置上相互借用，更可以提高支撑刚度，增强支撑体系的稳定性。

② 栈桥的竖向布置。栈桥的竖向设置主要是确定水平布置还是斜向延伸入坑内。斜向栈桥一般是在超大型基坑中，通过斜向栈桥的设置，可实现挖土和运土机械下坑施工，大幅度提高挖土和出土效率。斜向栈桥一般应用在大直径环形支撑体系中，斜坡的坡度应控制在 1：7～1：10，以确保行车安全。

水平栈桥即利用第一道钢筋混凝土支撑通过加强作为施工栈桥，或者当第一道支撑作为钢支撑时，可以在第一道钢支撑标高之上另外设置钢平台作为施工栈桥，此类栈桥一般是在非圆环形支撑体系的基坑工程中应用，而且随挖土和吊装机械的不断发展，目前水平栈桥在实际工程中应用十分广泛。

③ 栈桥的平面布置。栈桥的平面布置主要是满足各工种的实际需要及通行畅通。可根据施工需要和支撑体系灵活设计，可以完全与支撑体系融合；也可局部共用，加以延伸，如设置停车平台等；当支撑间距较大时，也可单边利用支撑杆件和立柱，另一边单独设置栈桥梁及立柱。由于栈桥费用较高，在实际工程中，需综合考虑支撑体系稳定和施工便捷以及造价等因素，经多种方案比较后确定。

在钢栈桥设计中，如果支撑采用钢管，栈桥标高应设置在支撑面以上，保证栈桥梁与支撑相互独立、互不影响，立柱可以共用。而混凝土支撑或型钢支撑，由于支撑杆件和栈桥梁可以共用，栈桥可与首道支撑设置在一个平面标高上。

④ 栈桥荷载的确定。栈桥荷载的确定是整个栈桥设计和确定使用的基础。栈桥荷载分为两部分，一部分是栈桥结构体系自身的重量（包括面板或路基箱、栈桥梁、有关的支撑杆件、钢格构柱等），这部分一旦设计确定就是明确的，设计时应按恒荷载考虑。

另一部分是使用荷载，包括栈桥上的堆载和车辆荷载。车辆荷载在结构构件的计算中应按《建筑结构荷载规范》GB 50009—2012 规定考虑动力系数。堆载一般为基坑施工期间钢筋、模板等施工材料，按活荷载进行处理。

⑤ 栈桥梁的设计

当栈桥梁是与支撑构件相结合时，其受力状况比较复杂。在竖向受力上主要为受弯；在水平受力上则主要为轴向受压。这两个方向的荷载都是比较大的。从目前的设计计算水平来看，在两个方向上还主要是独立进行内力计算，再综合进行构件的设计与配筋。

竖向受力时，栈桥梁应根据荷载的传递方向、次序，在两个方向上分别按连续梁或简支梁（宽度方向上为单跨时）进行分析计算。在实际工程中，往往将栈桥面板（包括路基箱）对荷载分配的有利作用在某种程度上作为安全储备，而直接考虑栈桥梁承受桥面传来的车辆动荷载和其他上部荷载。

对于承受车辆荷载的梁构件，除考虑结构构件和上部面板的自重外，必须根据车辆的使用状况考虑实际可能发生的荷载组合，按照最不利的组合进行栈桥梁的设计。

在钢栈桥中，两个方向的梁一般采用叠放、固结的形式，下面的梁主要承受上部梁传来的集中荷载。通过水平和竖向双向的受力分析、计算，确定合理混凝土栈桥梁的断面及配筋（或钢梁的选材），必要时尚需调整立柱间距。

⑥ 栈桥立柱的设计

栈桥立柱的设计首先是根据栈桥上的荷载状况结合栈桥梁的受力计算和分析、确定合理的立柱间距，并根据主体结构梁柱桩的平面布置进一步调整确定。过大的立柱间距会导致栈桥梁高度增加、配筋率过高；过小的间距立柱成本高，而且后期挖土会非常困难，根据大量工程的反复计算、比较和实际使用情况，在一般最大车辆荷载 35~45t 时，立柱间距一般可取 6~8m。

2）立柱的计算

立柱的计算包括立柱桩的计算和格构柱的计算。

（1）立柱桩的计算

栈桥立柱桩因考虑到格构柱的的插入，一般选用直径不小于 800mm 的灌注桩，除进行桩的承载力验算外，由于栈桥梁与支撑构件结合，在大型工程或周期相对较长的工程中，还应对立柱桩的变形进行验算，避免过大的拖带沉降对整个支撑体系受力的不利影响。

（2）格构柱的计算

格构柱的验算内容较多，在实际计算分析中，必须考虑到立柱并不是单纯的受压，应按偏心受压构件对其承载力、稳定、嵌固深度等多项进行演算。

（3）其他处理与设置

在实际工程中，除进行必要的设计计算外，对于立柱、栈桥梁和面板连接节点的处理、必要的联系杆件的设置等，对确保整个栈桥体系的稳定和安全是非常重要的。在某工程中钢栈桥施工中，就曾出现由于施工单位盲目施工，节点的处理不当，使本应为连续梁的栈桥梁在一端悬空，为确保栈桥使用安全，在此区域栈桥构件全部重新铺设、焊接。

5. 内支撑系统的施工与检测

1）内支撑系统施工原则

无论何种支撑、其总体施工原则都是相同的，支撑的施工、土方开挖的顺序、方法必须与设计工况一致，并遵循"先撑后挖、限时支撑、分层开挖、严禁超挖"的原则进行施工，尽量减小基坑无支撑的暴露时间和空间。同时应根据基坑工程安全等级、支撑形式、场内条件等因素，确定基坑开挖的分块及其顺序。宜先开挖周边环境要求较低的一侧土方，并及时设置支撑。环境要求较高一侧的土方开挖，宜采用抽条对称开挖、限时完成支撑或垫层的方式。

基坑开挖应按支护结构设计，降排水要求等确定开挖方案，开挖过程中应分段、分层、随挖随撑、按规定时限完成支撑的施工，做好基坑排水，减小基坑的暴露时间。基坑开挖过程中，应采取措施防止碰撞支护结构、工程桩或扰动原状土。支撑的拆除过程时，必须遵循"先换撑、后拆除"的原则进行施工。

2）钢筋混凝土支撑的施工与检测

（1）钢筋混凝土支撑的施工有多项分部工程组成，根据施工的先后顺序，一般可分为施工测量、钢筋工程、模板工程和混凝土工程。

（2）压顶圈梁（即冠梁）施工前应清除围护墙体顶部泛浆。围檩（腰梁）施工前应凿出围檩处围护墙体表面泥浆、混凝土松软层、凸出墙面的混凝土。

（3）支撑底模应具有一定的强度、刚度和稳定性，采用混凝土垫层作底模时，应有隔离措施，基坑开挖支撑下层土方时应及时清除。

（4）围檩（腰梁）与支撑宜整体浇筑，超长支撑杆件宜分段浇筑。

（5）支撑拆除应在可靠换撑形成并达到设计强度后进行；钢筋混凝土支撑拆除可采用人工拆除、机械拆除、爆破拆除、切割拆除；支撑拆除时应设置安全可靠的防护措施，并应对永久结构采取保护措施。

（6）钢筋混凝土支撑爆破拆除应符合下列要求：

① 宜根据支撑结构特点制定爆破拆除顺序。

② 爆破孔宜在钢筋混凝土支撑施工时预留。

③ 支撑杆件与围檩连接的区域应先切断。

（7）支撑施工质量检测应符合下列要求：

① 钢筋混凝土支撑截面尺寸允许偏差为+20mm，-10mm。

② 支撑标高允许偏差为 20mm。

③ 支撑轴线平面位置允许偏差为 30mm。

3）钢支撑的施工与检测

（1）钢支撑的施工根据流程安排一般可分为测量定位、起吊、安装、施加预应力以及拆撑等施工部署。

（2）钢支撑的安装前宜在地面进行预拼装。

（3）钢围檩与围护墙之间的空隙应采用混凝土或砂浆填充密实。

（4）采用无围檩的钢支撑系统时，钢支撑与围护墙的连接应可靠牢固。

（5）钢支撑预应力施加应符合下列要求：

① 支撑安装完毕后，应及时检查各节点连接状况，符合要求后方可施加预应力。

② 预应力应均匀、对称、分级施加。

③ 预应力施加过程中应检查支撑连接节点，必要时应对支撑节点进行加固。预应力施加完毕后应在额定压力稳定后予以锁定。

④ 主撑端部的八字撑应在主撑预应力施加完毕后安装。

⑤ 钢支撑使用过程应进行支撑轴力监测，必要时应复加轴力。

⑥ 按照设计的施工流程拆除基坑内的钢支撑，支撑拆除前，先解除预应力。

4）竖向支承的施工

竖向支撑的施工与检测的要求与水平支撑大致相同，需要格外考虑的是竖向支撑的垂直度与转向的偏差要满足要求。

（1）立柱的加工、运输、堆放应采取控制平直度的技术措施。

（2）立柱宜采用专用装置控制定位、垂直度与转向的偏差。

（3）施工时，应先安装立柱就位，再浇筑立柱桩混凝土。

（4）立柱周边的桩孔应均匀回填密实。

5）竖向支承的检测

（1）立柱桩成孔垂直度偏差不应大于 1/150，检测数量不宜少于桩数 50%。

（2）沉渣厚度不应大于 100mm。

（3）立柱和立柱桩定位偏差不应大于 20mm。

（4）格构柱、H 形钢柱转向不宜大于 5°。

（5）立柱垂直度偏差不应大于 1/200。

（6）每根立柱桩的抗压强度试块数量不少于 1 组。

3.5.8　冻结法支护结构

在一些富含地下水地层的地下结构施工时，无法进行一般的支护结构施工，如隧道主体结构施工时，使用冷冻技术的施工工艺，在隧道盾构设备推进前及过程中向周围土层喷射一定比例的冷却剂（如氟利昂、盐水等）循环制冷，形成一圈一定厚度、零下 10℃以下的冻结土层，既可作隧道的支护结构，又可作为隧道的截水帷幕。冻结法支护结构的设计与施工有专门著作阐述，这里不作详细说明。

3.5.9　其他形式支护结构

其他形式支护结构有：

板桩墙包括钢板桩和混凝土板桩围护墙是指由钢板桩或预制钢筋混凝土板桩连续排列形成的围护墙体。

门架式支护结构、重力式门架支护结构、拱式组合型支护结构、沉井支护结构等。因实际工程中，这些形式支护结构使用较少，这里不一一详细介绍。

总之，每一种支护形式都有一定的适用范围，而且均随着工程地质条件和水文地质条件，以及周边环境条件的差异，其合理的支护高度也可能产生较大的差异。比如：当土质较好，地下水位在 10 多米深的基坑可能采用土钉墙支护或其他简易支护形式，而对软黏土地基，采用土钉墙支护的极限高度就只有 5m 以内了，且其变形也较大。

参 考 文 献

1. 中华人民共和国住房和城乡建设部文件.《关于印发〈危险性较大的分部分项工程安全管理办法〉的通知》建质 2009【2009】87 号. 2009.

2. 刘国彬，王卫东. 基坑工程手册（第二版）[M]. 北京：中国建筑工业出版社，2009.

3. 龚晓南. 地基处理手册（第三版）[M]. 北京：中国建筑工业出版社，2008.

4. 建筑深基坑工程施工安全技术规范 JGJ 311—2013 [S]. 北京：中国建筑工业出版社，2013.

5. 国家标准. 建筑基坑工程监测技术规范 GB 50497—2009 [S]. 北京：中国建筑工业出版社，2009.

6. 中国土木工程学会土力学及岩土工程分会.《深基坑支护技术指南》[M]. 北京：中国建筑工业出版社，2012.

7. 行业标准. 建筑基坑支护技术规程 JGJ 120—2012 [S]. 北京：中国建筑工业出版社，2012.

8. 型钢水泥土搅拌墙技术规程 JGJ/T 199—2010 [S]. 北京：中国建筑工业出版社，2010.

9. 复合土钉墙基坑支护技术规范 GB 50739—2011 [S]. 北京：中国建筑工业出版社，2011.

10. 锚杆喷射混凝土支护技术规程 GB 50086—2001 [S]. 北京：中国建筑工业出版社，2001.

11. 地下连续墙施工规程 DG/TJ 08-2073—2010 [S]. 上海：上海市建筑建材业市场管理总站，2010.

12. 王自力，周同和. 建筑深基坑工程施工安全技术规范理解与应用 [M]. 北京：中国建筑工业出版社，2015.

13. 建筑地基基础工程施工规范 GB 51004—2015 [S]. 北京：中国建筑工业出版社，2015.

第4章 深基坑工程事故案例分析

4.1 深基坑工程事故案例分析

4.1.1 支护体系破坏事故案例分析

案例1：支护结构破坏事故（1）

2012年2月28日下午，位于松江某处工地发生塌陷事故，4000m² 的基坑约一半面积突然坍塌（图4.1.1-1和图4.1.1-2），并造成周边道路及工地对面一幢三层办公楼受损，所幸没有人员伤亡。

图4.1.1-1　某基坑临近厂房倾斜和支撑断裂

1）项目概况

本工程基坑规模为东西向长约62m，南北向长约113m，基坑总面积约5060m²，基坑延长米约310m。基坑主楼区开挖深度10.1m，裙楼区开挖深度9.6m，北侧裙楼区底板落

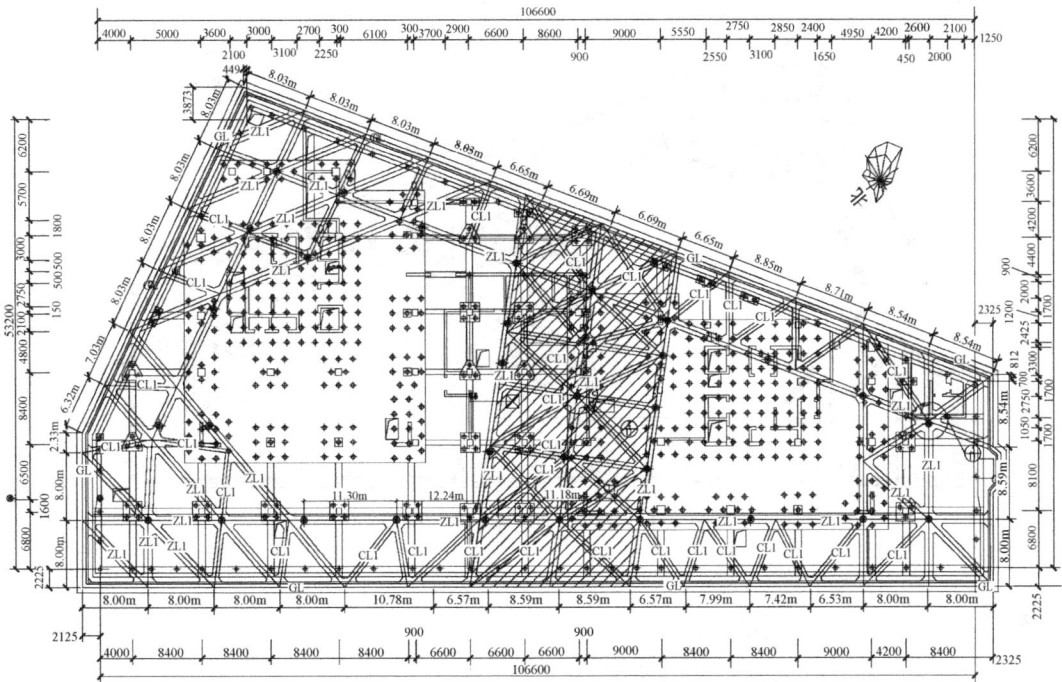

图 4.1.1-2　钢筋混凝土支撑平面图

低，开挖深度 11.65m。

原基坑支护设计方案采用 SMW 工法结合两道水平钢筋混凝土支撑体系。但实际施工，仅有的中间的一道对撑，且边桁架跨度过大。

2）质量检测

事后质检站对其进行了全面质量检测（图 4.1.1-3～图 4.1.1-6）：

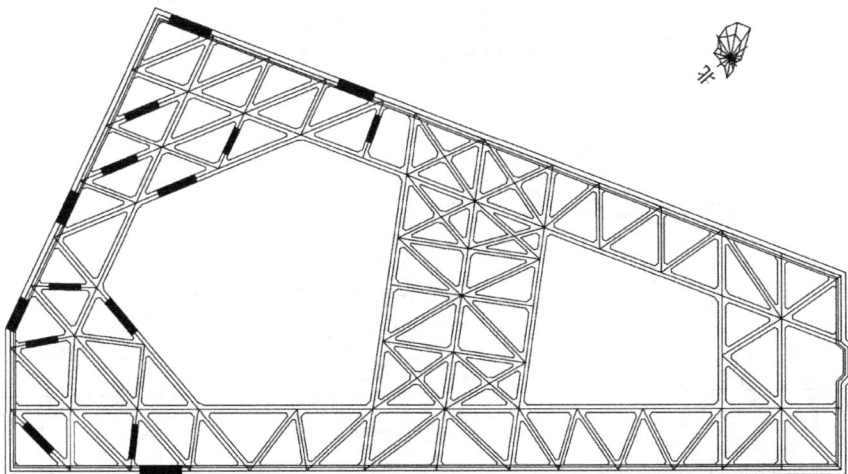

图 4.1.1-3　钻芯法检测点位布置图

材料检测：第一道支撑混凝土强度、钢筋力学性能、围护桩 H 形钢 $700 \times 300 \times 13 \times 24$。
三轴搅拌桩取芯检测：搅拌桩的强度、搅拌桩的长度。

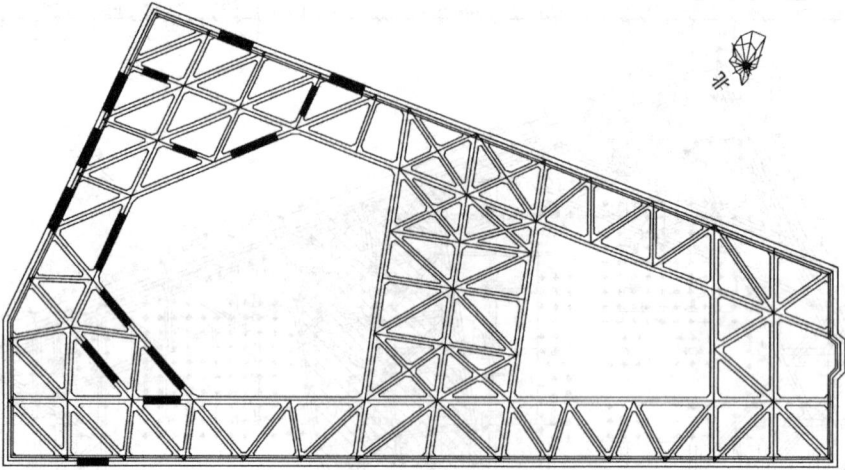

图 4.1.1-4　回弹法检测点位布置

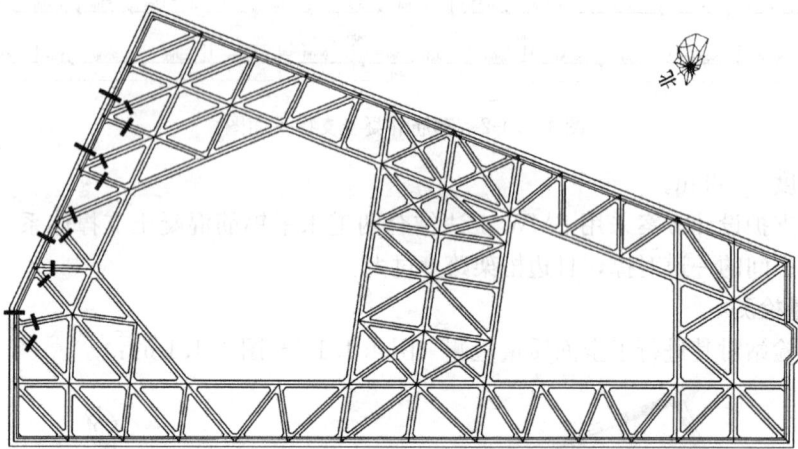

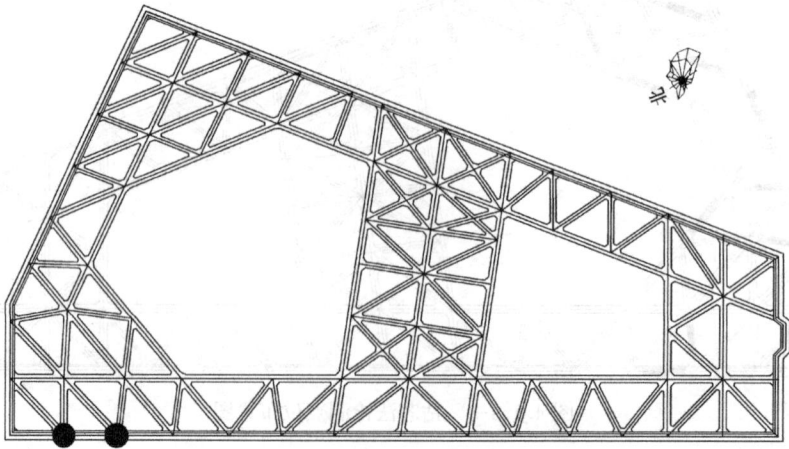

图 4.1.1-5　H形钢检测点位布置图

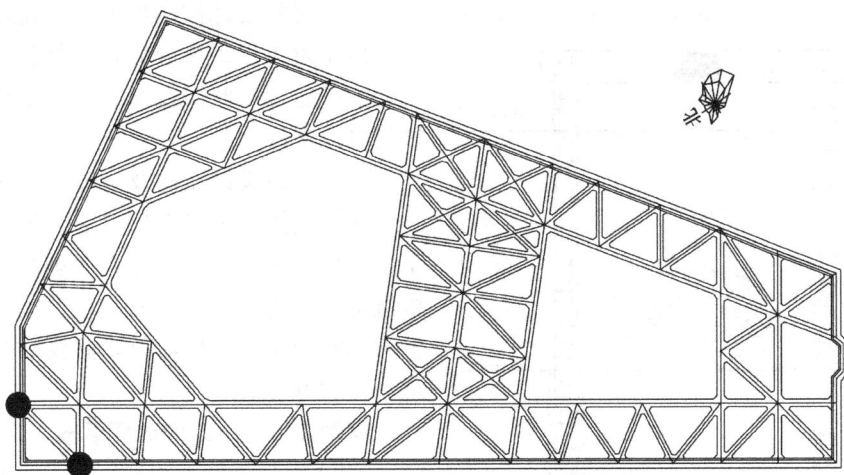

图 4.1.1-6 搅拌桩检测点位布置

尺寸检测：第一道支撑构件尺寸、节点钢筋间距、围护桩 H 形钢 $700 \times 300 \times 13 \times 24$。

3）检测结果

混凝土强度检测：钻心法：冠梁 7 号、冠梁 9 号、次撑梁 11 号不满足 35.0MPa 外，其余都满足；回弹法：全部满足。

基坑检测结果：材料、尺寸检测：

冠梁、支撑尺寸：40 个测点，其中不合格 6 点。

钢筋：材料检测合格，间距部分不合格，搭接部分不合格。

构件截面及主筋、箍筋检测点 H 形钢：长度不合格，材料性能合格。

三轴水泥土搅拌桩检测：

16m 范围内水泥土芯样强度平均值在 $0.18 \sim 0.22$MPa。

16m 以下未能取得成型的水泥土芯样。

$19 \sim 24$m 局部有水泥土特征，取芯率低。

4）总结分析

本工程 SMW 工法桩围护桩中内插的 H 形钢有效长度未达到设计要求，而围护桩的有效长度是基坑稳定性指标的主控因素，因此对基坑的稳定性极为不利。这是造成基坑坍塌事故的主要原因之一。

5）基坑修复

（1）对原设计围护桩的处理

原有 SMW 工法桩由于坍塌事故，可能发生较大倾斜，影响新增围护桩的施工。因此在坍塌较为严重的区域需加大新老围护桩间间距至 1m，其他区域可保持 0.3m 的间距，局部遇到障碍物，可采取外侧补桩的措施进行避让。

（2）对原设计支撑的处理

基坑修复工程设计时，对支撑的设计需充分考虑避让原支撑位置，水平位置的避让是为了确保立柱及立柱桩的顺利施工，竖向位置的避让是为了确保原支撑拆除时，特别是第一道支撑，能在有支撑的条件下进行，缩短基坑无支撑状态下的暴露时间，减小基坑的风险。如图 4.1.1-7 所示。

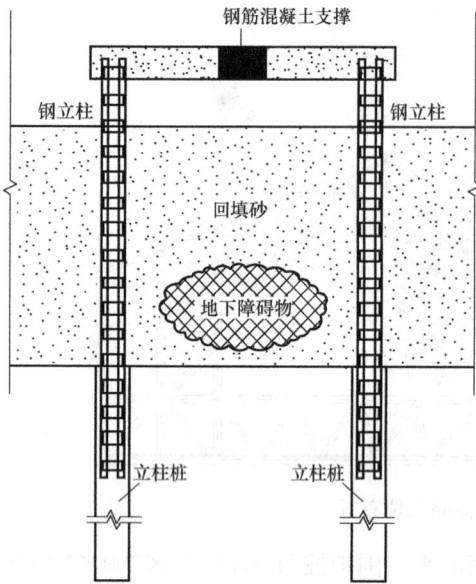

图 4.1.1-7 立柱二挑一避让障碍物

（3）对原设计被动加固体的处理

由于发生坍塌事故后，搅拌桩加固的质量无法确定，因此需在原有墩式加固孔隙处增设被动区加固。

（4）对原设计立柱及立柱桩的处理

尽管支撑的水平布置已尽量避让，但由于原设计支撑栈桥板的存在及坍塌事故时不可避免的发生偏移，因此需结合先进的物探技术不断调整立柱桩位置，必要时采取"二挑一"的方式。

案例 2：支护结构破坏事故（2）

2008 年苏州某工程基坑坍塌事故，主要是由于施工抢进度、超量挖土、支撑架设跟不上，围护体系缺少大量设计上必须的支撑或者由于施工单位不按图施工，抱侥幸心理、少加支撑，致使围护体系应力过大而折断或支撑轴力过大而破坏或产生大变形。（图 4.1.1-8）

图 4.1.1-8 苏州某工程基坑坍塌事故

案例 3：支护结构破坏事故（3）

2008 年某深基坑施工中，由于支撑未按设计要求设置，支撑间距放大或截面减小，导致支撑应力集中且过大，致使围护墙体地下连续墙折断破坏（见图 4.1.1-9）。

图 4.1.1-9 某深基坑地下连续墙折断破坏

案例 4：支护结构破坏事故（4）

2009 年 3 月 19 日，下午一点三十分左右，西宁市某市场改造工程，正在施工的工地一段高 10 多 m、宽 20m 的基坑边坡发生坍塌。被埋的 8 名工人全部遇难（图 4.1.1-10）。

图 4.1.1-10　西宁某工程基坑边坡坍塌现场

案例 5：支护结构破坏事故（5）

广州海珠城广场基坑坍塌事故

1）事故概况

珠海城广场工程由于设计更改，上部结构重新调整，地下室从原设计 4 层改为 5 层，地下室开挖深度从原设计的 15.3m 增至 19.6m。由于地下室周边地梁高为 0.7m。因此，实际基坑开挖深度为 20.3m，比原设计挖孔桩桩底深 0.3m，见图 4.1.1-11（*a*）、（*b*）。

（*a*）　　　　　　　　　　　　　　　　（*b*）

图 4.1.1-11　珠海城广场基坑垮塌现场

新的基坑设计方案确定后，2004 年 11 月重新开始从地下 4 层基坑底往地下 5 层施工，至 2005 年 7 月 21 日上午，基坑南侧东部围护桩加钢支撑部分，最大位移约为 4cm，其中从 7 月 20 日至 21 日一天增大 1.8cm，基坑南侧中部喷锚支护部分，最大位移约为 15cm。基坑在 2005 年 7 月 21 日中午 12：20 左右倒塌。基坑倒塌前一小时，施工单位测量的围护桩加钢管内支撑部分最大位移为 4cm。监测单位在倒塌前两天测出的基坑南侧喷锚支护部分最大位移 15cm。事故发生前在南边坑顶因施工而造成东段严重超载，成了基坑滑坡的直接原因。

事故使得 4 人受伤、6 人被埋（其中 3 人被消防队员救出，另 3 人不幸遇难）。地铁二号线停运近一天，7 层的海员宾馆倒塌，多间商铺失火被焚，一栋 7 层居民楼受损，三栋房内居民被迫转移。

2）事故原因

（1）本基坑原设计深度只有 16.2m，而实际开挖深度为 20.3m，超深 4.1m，造成原支护桩成为吊脚桩。虽然后来设计有所变更，但对已施工的围护桩和锚索等构件已无法调整，成为隐患。

（2）从地质勘察资料和实际开挖所知，南侧地层向坑内倾斜，并存在软弱透水夹层，随着开挖深度增大，导致深部滑动。

（3）本基坑施工时间长达 2 年 9 个月，基坑暴露时间超过一年，导致开挖地层的软化渗透水和已施工构件的锈蚀和锚索预应力的损失、强度降低、甚至失效。

3）防治措施

（1）对深基坑工程特点应有深刻的认识，基坑工程施工时效性强，环境效应明显，挖土顺序、挖土速度和支撑速度对围护体系受力和稳定性具有很大影响。

（2）施工应严格按经审查的施工组织设计进行。设计变更后，其施工组织设计及施工方案应做相应调整，并经原审批部门和负责人审查批准。

（3）应及时安装支撑（钢支撑），及时分段、分块浇筑垫层和底板，严禁超挖。深基坑围护结构设计应方便施工，深基坑工程施工应有合理工期。

（4）安全管理人员监管：作业时，施工单位专职安全生产管理人员应在现场进行监控和管理。

（5）基坑临边防护：基坑四周、操作平台等临边处应设置防护栏杆，应牢固可靠。

（6）立体交叉作业控制：土底模浇筑混凝土支撑时，支撑下的土方开挖后，施工单位应及时清除支撑下粘结的土石。上、下层立体交叉作业时，应设置隔离设施。

（7）施工进度控制：施工单位报送的进度计划应满足基坑安全性要求。

案例 6：支护结构破坏事故（6）

见图 4.1.1-12。

图 4.1.1-12　基坑护坡土体滑坡现状

2010 年 6 月 29 日，某施工单位正在修建的一个长、宽各约 100m，深 15m 的基坑，基坑的西面、小路的东侧的护坡发生滑坡。已浇筑好的灰色的护坡面因为滑坡，已有一半露出了黄色的泥土，数十根管线悬在断裂处，造成 11 万人无水可用。这主要是此处管道的渗漏造成土体含水量过大，导致土体强度降低，致使基坑护坡土体滑坡。

案例 7：支护结构破坏事故（7）

1）事故概述：

珠海市祖国广场工地发生一起特大基坑坍塌事故，并造成重大的经济损失。

事故造成 5 人在撤离现场时受轻伤，3 栋民房、37 间商铺和 1 间员工食堂倒塌陷入坑中，10 栋民房和附近道路、排污、供水、供电设施受到不同程度影响。

当天上午，工地职工宿舍出现倾斜。中午，钢支撑连续发生爆裂，第 10 号第三层钢支撑失稳。下午逆作施工地下连续墙下沉移位，钢支撑的部分工字钢发生严重扭曲，部分支撑爆裂后脱离墙体预埋件，有的工字钢端部撕裂、扭曲。施工单位即刻通知在基坑内作业人员及附近的居民立即疏散。16 时 30 分左右，钢支撑爆裂频率加快，基坑东南角逆作施工地下连续墙朝基坑内滑陷，坑边的商铺开始坍塌，随即西南角逆作地下连续墙也滑向基坑，工地职工宿舍和三栋民宅滑陷坑中。20 时左右，基坑支护整体结构失稳，应力重新分布，北侧的逆作地下连续墙和周边的建筑物也轰然倒塌。至此，整个基坑全部坍塌。（见图 4.1.1-13）

2）原因分析

此次基坑坍塌是由基坑东南角部分围护墙底部趋于失稳的塑性区的渐进性发展而导致整体滑动破坏，而该部分的破坏使基坑整体失去平衡而最终形成整个基坑的破坏。

（1）事故的直接原因：根据住房城乡建设部专家组《"珠海祖国广场"工程基坑坍塌事故技术论证意见》和调查组取证分析确定：造成这次事故的直接原因是基坑东南角部分挡墙底部趋于失稳的塑性区的渐进性发展而导

图 4.1.1-13　祖国广场工地基坑坍塌现场实景

致整体滑动破坏，而该部分的破坏使基坑整体失去平衡而最终形成整个基坑的破坏。

（2）事故的主要原因

① 设计方案对这种无嵌固深度的逆作围护墙在本场地的适应性缺乏深入的论证分析；对基坑围护墙底部地基土由塑性变形发展至失稳破坏的可能性及严重性估计不足；偏重上部围护墙和支撑的强度和稳定性，忽视了基坑底部失稳可能性的详细分析；对挖沟安装支撑与挖土如何配合，没有作出明确交代；施工说明和图纸表达不够详细，不能完全体现设计图和指导施工；尤其是对基坑东南角和西南角少打 8 根支托围护墙的桩未加以重视，仅在设计变更通知中采用将混凝土围护墙延伸至基坑底，水平位置延至预制桩边的措施，没有采取更为有效的补救措施，最后基坑失稳就是从东南角延伸至西南角开始破坏的。

② 设计计算未根据拟定的工况对基坑支护结构及底部土体的内力、变形及稳定性进行详细的计算分析，也未考虑钢筋混凝土围护墙下沉引起钢支撑偏心受压、承载力下降的不利因素。围护结构入土深度偏小（入土比仅 0.338），围护结构刚度和强度不足，基坑支护结构稳定性差；经验算，在坑内设三层水平钢支撑后，基坑再向下开挖时，基坑支护结构的倾覆稳定性安全系数下降，坑内土方开挖至第四层支撑位置时，墙体向坑内倾覆变形最大值约 215mm，基坑支护结构的倾覆稳定性安全系数降至 0.826，基坑向"踢脚"失稳状态发展。

③《施工组织设计》在施工过程中未能切实遵照执行，也未能根据本工程地质条件的复杂性提出针对性措施，现场施工监管不严。在第三层支撑基本完成向下开挖基坑时，尚

未架设第四层支撑就过早开挖接近设计标高，致使基坑"踢脚"失稳发展加速，支撑体系受力迅速增大。经验算，在该工况条件下，基坑支护结构的倾覆稳定性安全系统数降至0.484；支撑轴力和斜撑剪力超过构件承载轴力的 1.21～1.66 倍，超过焊缝剪力 1.66 倍，导致焊缝爆裂，支撑失稳破坏。

施工中还存在以下问题：a. 未对钢支撑施加预应力；b. 围护墙、截水帷幕存在不同程度的质量问题；c. 未设置有效的地面排水设施；d. 在基坑边上堆放了大量的建筑材料和机械设备，增加了基坑支护的压力。

④ 建设单位自身技术力量薄弱，不具备组织管理工程的条件，也不委托有资质的单位进行监理，没有起到对设计、施工单位的协调作用，甚至放弃对工程的监督管理。在施工现场建临时商铺，逾期既不拆除，又不续期，影响了东南角支护结构底部少打了 6 个根支承柱，南侧因民房拆迁问题未落实少打 2 根支承柱。

⑤ 施工过程中出现异常情况和险情后，设计、施工、建设单位没有认识到问题的严重性，没有采取相应的有效措施，也没有向有关主管部门汇报，错失了抢险机会。

（3）其他原因

① 管理监督不到位。原市规划局 1996 年 10 月批准建设单位在祖国广场建设用地上建临时商铺，虽然规定了使用期限为 1996 年 10 月 31 日至 1997 年 10 月 31 日，但由于委托市城监支队对临时建筑进行监督管理时，未明确具体衔接，导致该临时建筑期满后，未能及时督促建设单位予以拆除。市城监支队接受委托后，管理监督不到位，原规划局对这些临时商铺没有及时责令拆除，直接影响了基坑支护结构底部支承桩的施工。

② 祖国广场项目工期紧迫，市计委、市环保局、市消防局等部门在建设单位"支护工程和桩基工程"先行施工的报告上加具了"同意先施工"的意见，原市规划局发出了《建设工程基础许可证》，市建委根据当时情况及各部门的意见，要求发展商、设计单位、施工单位立下安全承诺责任书后，才发出了《临时开工证》，为该项目实行边报建、边施工、边完善提供了条件，没有严格按基建程序审批。

③ 没有建立有效的施工安全监督管理机制，建筑安全管理机构不健全，安全管理的深度、力度远远滞后于建设工程的发展速度。

④ 施工分包单位过多，对一些分包单位管理不力。当施工中出现操作方法不尽合理时，总包单位未向分包方提出意见，也未与设计方协商。

⑤ 事发前连降大暴雨，致使主动土压力增大、土体泡软，增大了支护结构内力和变形，降低了土体的抗剪强度，给险情发生后，应急抢险措施的实施造成困难。

案例 8：支护结构破坏事故（8）

沿海软土某两层地下室基坑坍塌事故

1）工程概况

该项目位于城市闹市区，基坑东侧为河道、南侧为空地、西侧为住宅小区、北侧为城市道路。根据工程地质勘察报告，场地浅层有约 4m 的素填土与黏土层，黏土层以下为厚度约 13.3～14.8m 的淤泥层，淤泥层以下为圆砾及粉质黏土层。

该工程地下室二层，计算至底板垫层底开挖深度为 8.7m。围护方案采用排桩加一道钢筋混凝土支撑的形式，排桩采用 900mm 钻孔桩间距 1050mm，桩顶以上采用土钉墙支护，见图 4.1.1-14 平面及剖面图。

(a) 平面图

(b) 剖面图

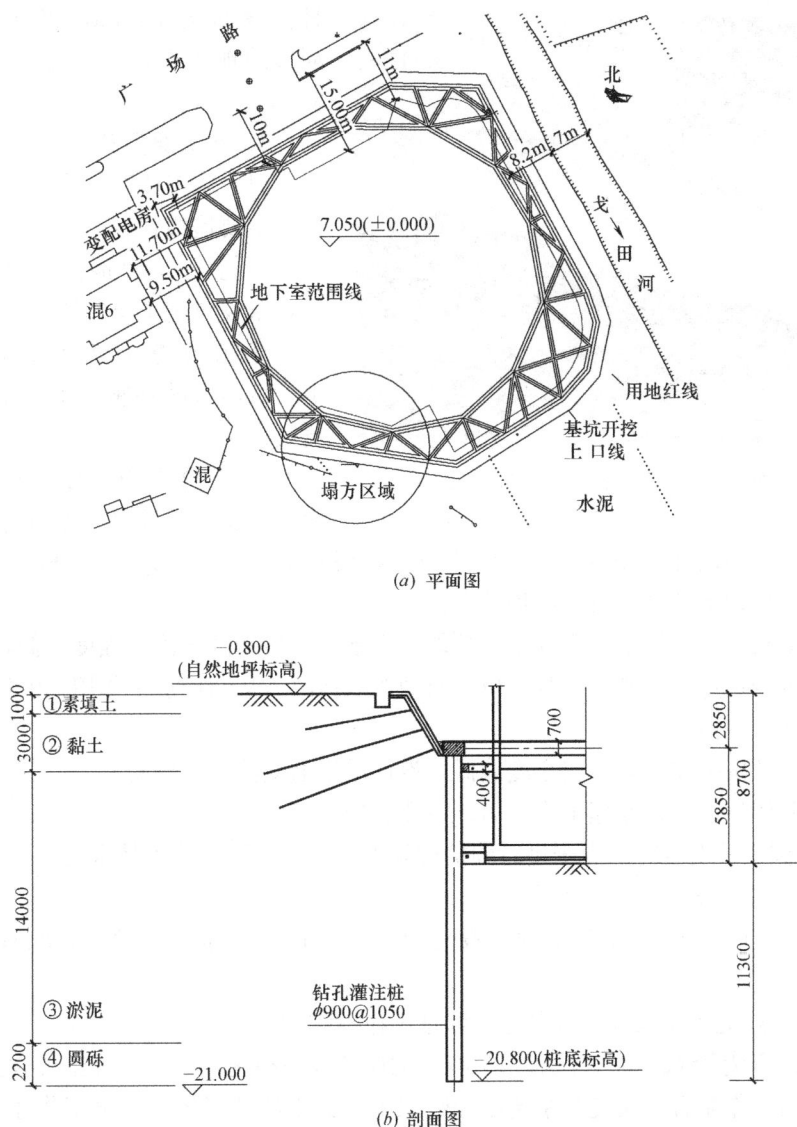

图 4.1.1-14　基坑平面及剖面图

2）事故过程

该工程 2008 年 7 月 21 日开始围护墙钻孔灌注桩的打设；10 月 19 日开始土方开挖；11 月 2 日基坑中部的塔吊基座的放坡开挖；11 月 13 日开始绑扎西半段支撑梁钢筋；11 月 22 日西半段支撑浇筑完毕，同时开始绑扎东半段支撑钢筋；12 月 3 日剩余东段支撑浇注完毕；12 月 7 日左右开始开挖西半段支撑以下的土方；12 月 16 日西半段围护桩顶上部土钉墙施工；12 月 18 日下午 15：45 基坑西南角围护体破坏，小区住宅楼前花坛坍塌。见图 4.1.1-15 事故现场实况。

在塌方发生前，已有小区住户反映小区地坪发生沉降，同时也已发现围护墙冠梁、支撑等位置有裂缝发展。根据监测数据反映，12 月 17 日西南角 CX2 测斜管的日位移量为 12mm，累计位移量为 34mm，周边地表沉降变化量达 15mm；12 月 18 日西南角 CX2 的

图 4.1.1-15　事故现场实况

日位移量为 54mm, 累计达 87mm, 周边的地表沉降的日变化量有 40～60mm。

3) 事故原因分析

(1) 施工违规操作

主要违规包括:

① 上部土钉墙支护部分一挖到底, 未及时施工土钉墙。

② 在支撑系统尚未形成的情况下, 坑内塔吊基座采用大放坡开挖至坑底。

③ 支撑主筋未按要求锚入冠梁内, 在支撑系统没有全部达到设计强度要求时, 西南角已开挖至坑底。同时土方开挖没有遵循设计要求的"分层、分块、对称"的原则, 坑内土坡高差及坡度均偏大。

以上因素致使支护体系达不到整体功能, 主动区及被动区土体的强度降低, 土方开挖过程中, 基坑变形过大, 使污水管移位, 出现渗水情况, 从而增加了作用在围护墙体上的侧压力, 致使围护体系破坏。

(2) 设计的围护体系整体安全度偏低, 设计采用的支撑体系偏弱。

(3) 工程管理混乱、监理工作不力。主要表现:

① 截止到事故发生时, 尚未进行围护桩施工和土方开挖的施工技术交底。

② 围护施工方案未经专项方案论证。

③ 地表、冠梁已经产生裂缝时, 没有及时通知设计单位, 也没有采取有效的处理措施。

④ 对施工违规操作没有有效制止, 监理工作不到位。

⑤ 基坑变形超警戒值时, 没有采取有效的应急抢险措施, 失去了补救机会。

(4) 监测工作滞后, 在支撑系统已经施工了一大半的情况下, 监测工作才刚刚开始; 测斜管埋置深度偏小, 西南角的内支撑轴力测点未按设计要求布设, 在变形超警戒值时没有加大监测频率。以上因素致使变形监测结果不能反映实际情况, 支撑工作状况缺乏判断依据。

综上所述, 事故发生的原因是多方面、综合性的, 其中施工违规操作是主要原因。

案例 9: 支护结构破坏事故 (9)

2010 年 7 月 14 日, 中铁某公司在 15 号线 07 标段顺义站基坑施工过程中, 基坑东北角由于焊接等问题致使钢围檩及钢支撑坠落, 造成基坑底部施工作业人员 2 人死亡、8 人受伤, 直接经济损失 145.94 万元。

基坑围檩及钢支撑坠落事故现场见图 4.1.1-16。

案例 10: 支护结构破坏事故 (10)

1) 工程概况

金环大厦位于某市迎宾交通广场西南侧, 龙湖乐园的对面, 2 层地下室。基坑设计深

图 4.1.1-16　基坑围檩及钢支撑坠落事故现场

度 9.0m，支护结构采用Φ800@1000 的钢筋混凝土灌注桩，桩长 15m，支护桩外侧为水泥搅拌桩截水帷幕，基坑平面示意图见图 4.1.1-17。

2）事故经过

某年 6 月初，基坑开挖已经结束，工人们开始做基础垫层。6 月 13 日，天降大雨，下午 5 时许，基坑拐角处的钢筋混凝土水平支撑突然断裂，导致基坑西侧围

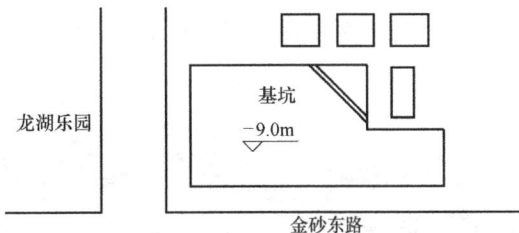

图 4.1.1-17　基坑平面示意图

护桩随即大变形，向基坑内倾斜，其中有 12 根围护桩严重弯曲或倾倒，基坑坍塌范围达 40 余米，相邻的金环花园 1 号、3 号住宅楼和市公交公司住宅楼墙体出现不同程度的裂缝，楼房向基坑方向倾斜，危及 66 户居民的生命财产安全。另外，基坑边缘的两层工棚严重破坏，相邻两条道路出现平行于基坑的裂缝。基坑支撑剪断、垮塌，围护墙折断、垮塌，混凝土开裂，钢筋裸露（图 4.1.1-18）。

图 4.1.1-18　深基坑支撑剪断围护桩折断事故现场

3）事故分析

① 建设单位一味追求降低工程造价，从而给深基坑工程埋下了事故隐患。

② 水平支撑梁的抗力不足。基坑拐角处附近的三栋居民楼和一个两层工棚对支护结构形成较大的附加地面荷载，产生较大的侧向压力，但是，水平支撑梁的长细比较大，稳定性较差。大雨之后，地下水位上升，主动土压力和水压力皆剧增，从而导致水平支撑梁突然失稳破坏，失去支撑的基坑支护桩受力状况发生改变，成为悬臂结构，从而产生较大的倾斜，甚至破坏。

③ 施工质量差。基坑开挖后，截水帷幕多处渗漏水，一方面使围护桩承受地下水的渗透力，主动压力增大，桩前的被动土压力减小，水平支撑梁所承受的压力也随之增大，

支护结构的安全储备极大减小。

④ 事故发生后的检查发现，水平支撑梁和围护桩的施工质量较差，混凝土强度较低，导致其抗力不足，这也是事故的一个重要原因。

4) 处理措施

① 险情一出现，工人迅速撤离现场，同时及时疏散了三栋住宅里的居民。

② 专家分析事故原因，并及时断电、断水，以防火灾和水浸地基土。

③ 众人帮助工人连夜用近百辆汽车运土回填基坑，使事态逐渐趋向稳定。

案例 11：支护结构破坏事故（11）

基坑围护体整体失稳事故

深基坑开挖后，土体沿围护墙体下形成的圆弧滑面或软弱夹层发生整体滑动失稳的破坏。图 4.1.1-19 为某深基坑围护整体失稳破坏现状。

图 4.1.1-19　某深基坑围护整体失稳破坏现状

4.1.2　土体渗透破坏事故案例分析

案例 1：地表水和地下水控制事故（1）

1) 工程概况

深圳市某旧城改造项目位于市区南新路。场地南侧为 4 层既有建筑，采用桩锚支护形式；西侧道路下布有市政管线，采用搅拌桩—预应力锚索—土钉复合支护结构；东、北两侧外为停车场，红线距离基坑 14～22m，采用土钉支护结构。基坑普遍开挖深度 7.2m，开挖影响范围内的土体参数如表 4.1.2 所示。基坑东、北两侧土钉支护剖面如图 4.1.2-1 所示。

各土层物理参数及钉土黏结强度　　　　　　　　　　　　　　表 4.1.2

土层	厚度　m	重度 γ(kN/m³)	摩擦角 φ(°)	黏聚力 c(kPa)
①	3.30	17.5	10	10
②	0.70	17.8	15	18
③	3.20	18.5	18	20

2) 基坑事故简介

如图 4.1.2-1 所示，铸铁供水管在基坑塌方之前未为人知。基坑开挖完成后，总承包单位进场，开始施工基桩承台。南半段 3 个正方形截面，尺寸为 3.2m×3.2m×1.65m（长×宽×高，下同）；北半段 2 个正方形截面，尺寸为 2.5m×2.5m×1.4m，1 个 L 形截面，尺寸为 3.4m×1.9m×1.1m，4.2m×1.0m×1.1m，如图 4.1.2-2 所示。

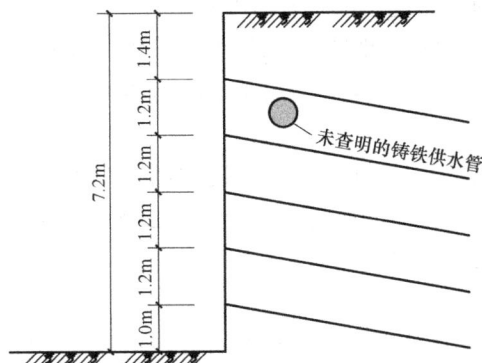

图 4.1.2-1　基坑东、北两侧土钉支护剖面

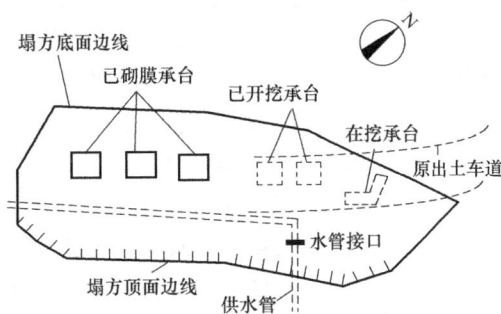

图 4.1.2-2　基坑坍塌平面图

发生坍塌事故前，南半段 3 个方型承台已开挖完毕并砌好砖胎模，北半段 2 个方型承台已开挖完成，但砖砌胎模尚未施工；L 形承台正在施工。当天晚上 8 时许，值班监理人员听到地面以下有水流声，随即开始排查，发现基坑坡顶地面出现微小裂缝，立即要求施工人员撤离。晚 10 时，水从基坑的东北部喷涌而出，钢筋混凝土面层破裂，坡顶裂缝越来越大。晚 12 时，北半段发生塌方，约 1h 后南半段坍塌。滑坡长度约为 40m，宽度6.7~8.2m。

后经调查，事故主要是由断裂的铸铁供水管漏水引起。

3) 事故原因

本基坑工程案例中，基桩承台施工相当于超挖，但这不是坍塌的主要原因，有东侧南半段为对比例证，相同设计，使用情况良好。失事的真正原因还是供水管破裂，基坑侧壁土体 c、φ 值发生变化，抗剪强度降低。水分渗入土体结构，产生的影响包括一系列的物理化学反应，不但包括水土作用还有水钉作用。两者相互促进降低了土体的抗剪强度，使得土钉黏聚力变小，在主动土压力、地面附加荷载及水压力的作用下，边坡内部的土体出现细微裂缝，且有增大贯通之势，侧壁发生微小位移。土体抗剪强度的降低使得土钉分担荷载增大，当拉力大于抗力，土钉将发生朝向坑内的位移，使得锚固作用减弱，土体的裂缝进一步增大并开始贯通，侧壁位移逐渐增大，受影响的土钉逐渐增多，土体微裂缝的逐渐贯通与锚固作用的减弱相互促进，如此恶性循环，最终导致供水管线大幅度变形，直到破裂，引发基坑坍塌。

总之，本基坑坍塌的主要原因归纳如下：

① 基桩承台作为坑中坑，相当于增加了支护深度，基坑侧壁安全系数将小于原设计。

② 基坑侧壁变形增大，导致埋设其中的供水管道接头处裂缝逐渐加大，漏水逐渐严重；基坑侧壁土体抗剪强度则相应降低，裂缝进一步变大；如此恶性循环，最终导致塌方发生。供水管最终破裂是基坑坍塌的主要原因。

4）事故分析

地面水分渗入对土钉支护体系的安全性影响很大，特别是土钉末端，连接着土钉墙与后部土体，是水分渗入时结构的薄弱环节。因此在设计土钉支护结构时，建议如下：

① 土钉末端地表加强防护措施。通常为防止地表水渗入面层背后，挂设面层时沿水平方向在坡顶延伸一定长度形成护坡，宽度一般为 0.5～2.0m。在土钉末端的薄弱地带，应做好防排水措施，设置排水沟或者进行硬化处理防止地表水向下渗透等。

② 施工工艺方面，在土钉末端附近打入竖向微型桩（螺纹钢或角钢），长度约为开挖深度的 1.5～1.8 倍，主要目的是通过砂浆在土体中的渗透，增强土体的力学指标 c、φ，使得土钉墙与后部土体间的受力薄弱环节得到加强。

③ 基坑事故并不是瞬间造成，很多征兆会在失稳之前出现，如上述案例中，在承台开挖时基坑侧壁已有渗漏痕迹，且随着开挖的进行，渗漏及地面变形有增加之势。经验丰富的施工或监理人员应能够重视并认真调查，避免事故发生。

案例 2：地表水和地下水控制事故（2）

2013 年 6 月 25 日凌晨，哈尔滨某在建工程发生基坑坍塌，由于基坑边河道透过围护墙渗漏，致使基坑内积水，坑内的基础砖模发生坍塌。事故造成两名施工作业人员不幸身亡。（图 4.1.2-3）

图 4.1.2-3　围护墙渗漏致使基坑内积水

案例 3：地表水和地下水控制事故（3）

某深基坑的截水帷幕渗漏，造成桩间流土，围护墙流空。（图 4.1.2-4）

案例 4：地表水和地下水控制事故（4）

湖南浯溪水电站二期深基坑由于降水措施不当，承压含水层的承压水较大，突破隔水层，坑底出现管涌。（图 4.1.2-5）

案例 5：地表水和地下水控制事故（5）

某深基坑工程由于降水处理不当，坑底承压水压力过大，突破隔水层，坑底发生承压水突涌。（图 4.1.2-6）

案例 6：截水帷幕失效事故

武汉某大厦基坑工程事故

1）工程概况

某大厦地处武汉商业区，东隔利济北路与民生大厦相望，东北为顺道街口，北靠人行

图 4.1.2-4　某深基坑止水帷幕渗漏、桩间流土

图 4.1.2-5　湖南某水电站深基坑坑底管涌

天桥，南为居民区，多为 50～70 年代兴建的 6～7 层的砖混结构房屋（总平面见图 4.1.2-7）。该大厦由主楼、南附楼组成，其中主楼地上 46 层，屋面高度为 157m，屋顶塔楼（钢结构）高 15m；南附楼地上 6 层，总高度 30.9m，地下 2 层，最大开挖深度 13m，工程占地面积 5858m^2。

图 4.1.2-6　某深基坑坑底内发生承压水突涌

场地内地下水分为上层滞水和下层承压水两种类型，基坑采用钻孔灌注桩支护，桩长 27m，设 2 道锚杆，水平间距 12m。如图 4.1.2-8 所示，锚杆头与护坡桩之间采用 14B 槽钢连接，并用 C20 混凝土填塞其间隙。

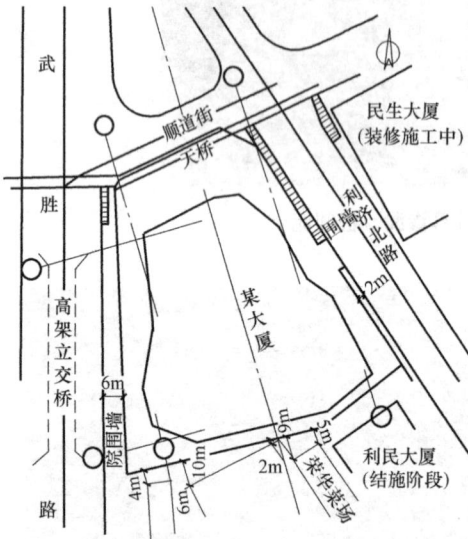

图 4.1.2-7　总平面图

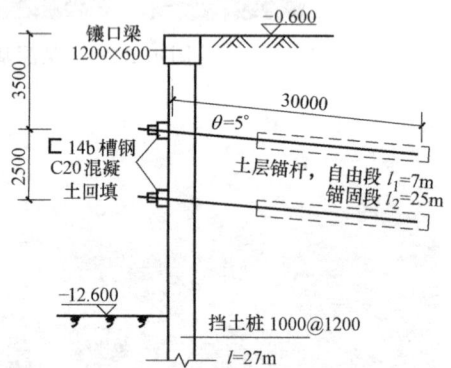

图 4.1.2-8　支护结构剖面

本工程基坑周边设垂直截水帷幕并深层水平封底。周边截水帷幕的做法是：先在每两个围护桩之间的外侧作 φ400 素混凝土截水桩，桩长 27m，截水桩与两侧的围护桩相切，然后再在截水桩与围护桩切点的外侧用压密灌浆孔注浆封其间隙，深度 18m，如图 4.1.2-9 所示。深层水平封底的做法是：在开挖土方前，用高压旋喷技术在地面下 −16.0～−19.0m 地层之间形成 3m 厚的连续截水底板。

围护桩与素混凝土截水桩施工均采用反循环钻孔灌注桩工艺，围护桩与工程桩交叉同步进行，然后做素混凝土截水桩，最后完成压密注浆。

坑底旋喷截水底板达到龄期（28d）后，在现场对喷射效果进行了必要的试验和检查，满足设计要求。锚杆施工则是随挖土而进行，开挖一层，支护一层，并且严格执行锚杆完成后3天挖下一层土体，所有锚杆施工严格按照当天成孔、当天注浆的原则进行。

2）事故经过

本工程在基坑内降水，于1994年9月6日试挖土，8日正式开挖，到15日挖完第一层土，坑底面高程约−3.9m，到28日第二层土挖完，基坑底标高约−7.0m；29日到10月4日，由于基坑南面民房局部开裂，市城建委要求暂停施工。10月5~7日，局部开挖第三层土方，8~14日，因涌水涌沙量太大，工程全部停工处理险情。武胜路干道下沉最大达20cm，70m长范围内煤气管道下挠，弓弦矢高达25cm以上。武胜路上正在修建的立交桥51号桥墩累计向坑侧位移达5cm，基坑南侧居民楼下沉最大处达8cm，部分构件开裂严重，成为危房。

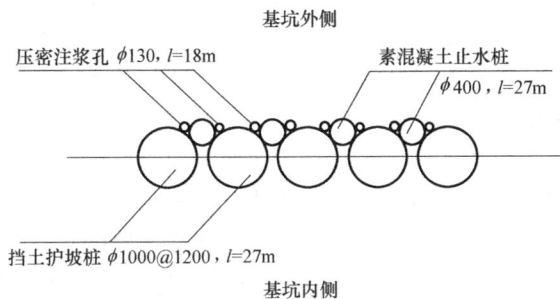

图4.1.2-9　截水结构平面示意图

3）事故分析

本工程截水帷幕设置是完全封闭，−16.0深度范围内的地下水由水平方向渗入。第一层土方开挖未见明显出水，是因为第一层挖土至−4.0m处，而地面至−7.0m左右均属于抗渗性较好的黏土，基本属于不透水层，一般不会引起明显的坑内出水。开挖第二层土方在武胜路一侧和北侧共有8处漏水，并带出部分黄泥，现场采用水导管等堵漏后，仍有两处堵水效果较差，致使地面出现沉降。检查表明这些水是从坑外截水帷幕的−8.0~−9.0m左右渗透入基坑后水平流动，然后在低凹处或工程桩处受阻冒出坑面。所以截水帷幕在−8.0~−9.0m范围没有完全封闭。开挖第三层土方后仅几天，据不完全统计，就有86处桩间冒水，其中18个点严重冒水且带有泥沙，这其中有3个冒水点深达1.0~1.5m、其面积达0.3m² 左右的孔洞（最深的达5~6m，高1.5m，可纳入）。初步统计10月7日前每天出水量小于300t，但10月8日~11月8日期间抽水量大于1000t/d，且水面无明显下降，这表明基坑内外形成了管涌通道。局部挖至−10.0m时，积砂明显增加。后来的坑边抢险（喷粉和深层注浆）也表明，钻杆依然自重下坠，喷粉注浆材料透过截水帷幕从约−13.0m处进入基坑，冒出坑面，这说明在坑内外存在较严重的连通管涌通道。

综合以上情况，本次工程事故的原因是截水帷幕失效。在截水帷幕失效的情况下，进行基坑开挖，势必使基坑周围的地下水携带泥沙大量涌入基坑，基坑周围土体下沉，导致相邻建筑物、道路、地下管道不均匀沉降。

事故教训可以从以下几个方面总结：

（1）基坑截水帷幕设计不合理或不切合实际。由于素混凝土没有侧向挤压的功能，用素混凝土桩作截水桩很难与混凝土围护桩相切弥合。更何况本工程基坑面积大，围护桩和截水桩的施工时间间隔长达 5～6 个月，即截水桩是在围护桩终凝后施工的，更不可能使围护桩与截水桩弥合。

（2）按规范对桩施工的要求，允许有 0.5％的垂直偏差。仅就允许偏差部分而言，16.0m 深即可能累计 8cm 的空隙，而如此大的空隙又是施工规范允许偏差范围之内的，这些空隙是管涌的主要通道。

（3）用 $\phi130$ 压密注浆孔注浆封闭截水桩与围护桩的间隔，实际上是不能达到完全截水的效果。因为在截水桩与围护桩之间的间隔较大（接近 80mm）时，$\phi130$ 注浆不能完全填塞其间隔，更为糟糕的是，注浆体偏离两桩产生的间隙的范围较大。

（4）施工工艺不合理，施工精确度不够。由于施工设备定向装置不完善，垂直度掌握不好，使得围护桩、截水桩和注浆体三者不能按照设计相切弥合。

（5）就整个基坑而言，截水桩与围护桩的弥合程度是不均匀的，南侧偏差较小，西侧临武胜路情况相对较差，最大处（-10.0m）出现了大于 30cm 的孔隙，且在锚杆施工时，连续 7 个围护桩间未见截水桩处于基本位置。

4）处理措施

根据出现的险情和透水原因的分析，事故处理主要采取以下措施：

（1）针对基坑南侧居民楼局部不均匀沉降及武胜路高架桥 50、51 号桥墩的沉降情况，有重点地进行压力注浆，注浆压力 1～2MPa，对居民楼打入的注浆管朝建筑物倾斜，入土深度 4～5m；其他沿煤气管道马路面有下沉情况的部位及 50、51 号桥墩周围均钻直孔，成孔后第二天注浆，浆液为水泥加水玻璃，以加速其凝固，每孔的注浆量以注满为止，有一孔耗用 5t 水泥。灌浆后效果明显，房屋沉降逐渐稳定，并有回升，特别是保证了煤气管道的安全及武胜路高架桥的按时通车，其社会效益是显著的。

（2）经多方面比较后，除在发现漏水处的地方采用海带、水导管等常规方法堵漏外，主要采用了在基坑内壁用高压旋喷注浆再设截水帷幕的方案。沿坑壁内侧围护桩之间用高压旋喷（压力 20MPa）在-8.0～-16.5m 之间形成内截水帷幕。另对沿武胜路一侧和基坑南北侧的局部，在围护桩外侧采用粉喷桩及静压注浆加固土体及截水，粉喷桩径 $\phi500mm$、深 16m，直接喷入干水泥，一般为互相咬合的 2 排桩，部分是 5 排，局部加厚至 9 排，注浆桩深度-9～-18m。

（3）适当调整基坑内的施工顺序，分块先完成周边较浅的承台及底板，每个承台单独局部开挖，片石做混凝土垫层，集中兵力快速施工，在承台底与护坡桩之间用素混凝土冲填，确保围护桩的稳定，最后施工最深最大的主承台。由于采取了上述有效措施，本工程自 10 月 14 日停工抢险，于 11 月 12 日恢复挖土，12 月 14 日整个基坑的承台底板浇筑完毕。第二年 1 月 24 日，二层地下室结构封顶。

案例 7：地下连续墙接缝渗漏事故

地铁 8 线曲阳路站围护结构渗漏事故

1）工程概况

车站位于大连西路、曲阳路交汇处，呈东西走向，为地下二层侧式站台的存车加渡线车站。车站沿大连西路布设，车站附近有玉田新村、曲阳新村、大连新村等住宅小区，有大量企事业单位和多所学校。车站全长 312.3m，标准段净宽 25.9m，渡线段净宽 13.2～

20m，东端头井净宽 17.4m，西端头井净宽 17.8m，站台中心顶板埋深地面下 2.50m，路面绝对标高 4.0m，标准段基坑开挖深度约 15.5m，端头井基坑开挖深度约 17.5m。基坑保护等级为二级。

车站围护结构，端头井采用 0.8m 厚地下连续墙，东端头井深度 28.3m，西端头井深度 28m；标准段及渡线段采用 0.6m 厚地下连续墙，深度 26.5m（建筑物保护段深度 28m）；出入口、风井选用劲性水泥搅拌桩（SMW 工法）作为围护结构。地下连续墙既作为基坑施工的围护结构，又作为永久结构侧墙的一部分。工程采用明挖顺作法施工。车站内部结构为地下二层双柱三跨现浇钢筋混凝土框架结构，渡线段结构为地下二层单柱双跨（局部单跨）现浇钢筋混凝土框架结构。根据结构受力需要，本工程侧墙采用地下连续墙加内侧浇筑钢筋混凝土内衬组成叠合结构。

2）事故经过

2004 年 3 月 11 日上午 7：30，M8 线 VB 标段曲阳车站 A 区 A5 段基坑开挖到底部后，突然发现基坑南侧（编号为 DQ48 的）地下连续墙接缝处开始漏浆，按照堵漏单位惯用的堵漏措施展开了抢险。然而，事情并没有如以前那样顺利，由漏浆变成涌砂，约 16m 的土压力都集中在缺口上，涌砂速度加快，涌砂量渐增，惯用的堵漏措施已不奏效，前后约半小时，涌砂量已达 5m³，基坑外侧地面已有明显沉降，面临大连西路最北侧一根车道上出现裂缝，路下约 2.5m 处 ϕ1000 的上水管发生渗水，情况紧急，不容耽误。

3）处理措施

首先进行抢险堵漏。组织有关抢险队伍和必备的机械设备、注浆材料立即全部赶到现场，与此同时，项目部领导带领结构施工队伍，基坑开挖支撑施工队伍，借助已准备的应急抢险材料对涌砂口进行封堵，共用钢管材料约 1t、水泥 12t、混凝土约 30m³，经过约 5h 的紧张施工，封堵基本成功，涌砂得到控制。

为减小路面、管线和周边建筑物的沉降，也为拆除封堵材料后不再出现涌砂情况，公司按要求调运了注浆设备和材料及实施墙背注浆，共用聚氨酯和掺合药水约 20 桶。施工过程中，大连西路北侧有两根机动车道被封断 4h，下午 2 时许，抢险基本完成，占用车道开始恢复通车。如图 4.1.2-10 所示。

图 4.1.2-10　现场抢险图片

由于抢救及时，措施得当，指挥统一有效，设备、材料、人员及时到位，截止下午4：30，涌砂点完全封堵并稳定，周边管线建筑物无大的沉降，交通基本恢复，没有造成人员伤亡，没有留下隐患。

案例 8：地下连续墙接缝堵漏事故

耀华路地墙堵漏事故

1）工程概况

8 号线耀华路站位于上南路与耀华路（浦东南路）交叉口，沿上南路设置。该车站为地下二层侧式车站，车站净长 398.9m，具有存车和折返功能。根据周围环境条件和设计要求，耀华路车站基坑保护等级为二级。事故发生在 8 号线耀华路车站与 7 号线上南路车站的换乘段。

该基坑开挖深度为 24.74m，采用 1.0m 厚 45m 长的地下连续墙为围护结构，先施工 8 号线底板再挖最后两层土的半逆作施工法，共用钢支撑 7 道。

开挖支撑剖面图见图 4.1.2-11，场地地质剖面图见图 4.1.2-12。

① 填土、很湿、松散

② 褐黄色～灰黄色黏质粉土，饱和，松散～稍密

③ 灰色淤泥质粉质黏土，饱和、松散

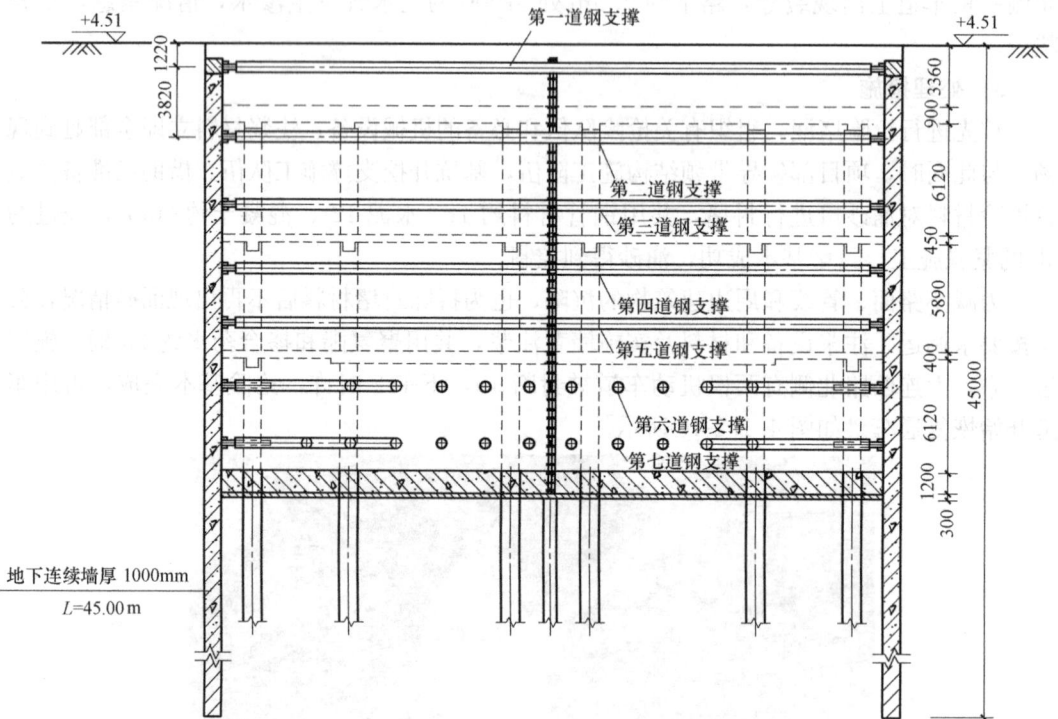

图 4.1.2-11 开挖支撑剖面图

④ 灰色淤泥质黏土，饱和、流塑

⑤1 褐灰色粉质黏土，饱和～很湿、软塑

⑥2 灰色砂质粉土，饱和～很湿、软塑

⑦ 3 灰色～褐灰色粉质黏土，很湿、可塑～软塑

⑧ 4 暗绿～灰绿粉质黏土，湿、可塑～硬塑

⑨ 1 草黄色粉细砂，饱和

⑩ 2 灰色粉细砂，饱和

⑪ 灰色粉细砂，饱和

耀华路车站换乘段施工现场见图 4.1.2-13，基坑开挖工况平面图见图 4.1.2-14。

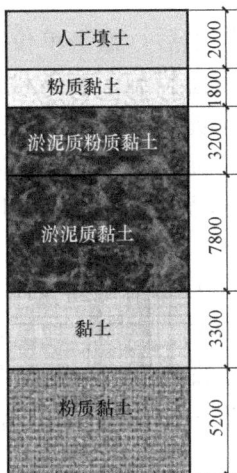

图 4.1.2-12　场地地质剖面图

图 4.1.2-13　耀华路车站换乘段施工现场

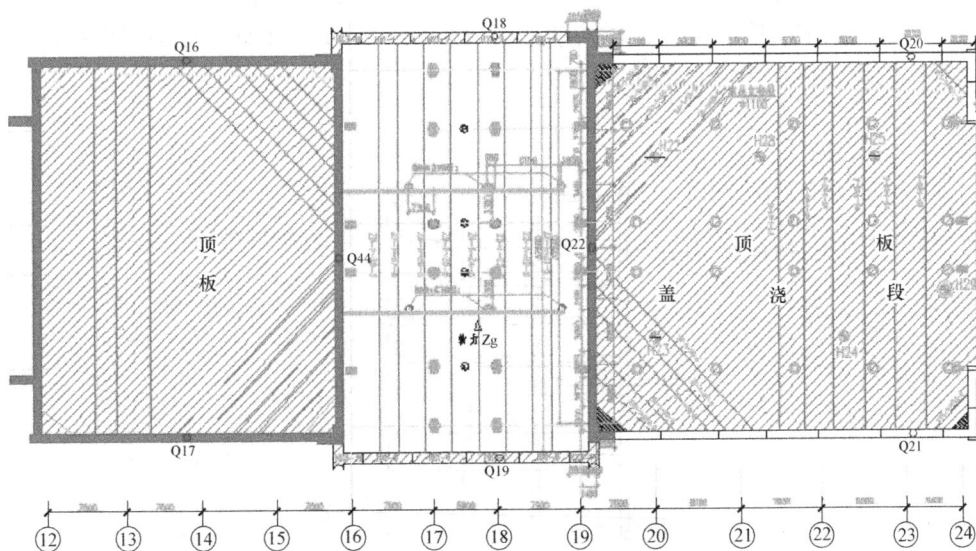

图 4.1.2-14　基坑开挖工况平面图

从车站范围地质剖面图可知，耀华路站换乘段基坑底板位于⑤1 层灰色黏土～⑤2 层灰色砂质粉土内，地下连续墙墙址位于⑦1 青灰草黄色粉细砂层～⑦2 灰色粉细砂层中。勘查资料揭示⑤2 层砂质粉土及③层淤泥质粉质黏土局部存在的黏质粉土夹层，在动水压

力的作用下极易产生流砂现象，对车站基坑开挖是不利因素。经计算，基坑开挖至 20.08m 以下时⑦层承压水可能对基坑开挖面产生突涌危险。

2）险情经过

2007 年 1 月 5 日，8 号线浇筑底板。23 日，当 8 号线底板强度达到后，起到了很大支撑作用，陆续将第六道支撑拆除，向下移动安装作为第七道支撑。然而，在 29 日换乘段基坑东侧浇好垫层、继续向西侧开挖时，基坑西南角地下连续墙突然发生漏水事故。漏水处在换乘段，换乘段：宽 21.6m、长 39.2m、埋深 45m。

图 4.1.2-15　现场调配聚氨酯溶液

事故发生后，施工单位立即采取相应的应急措施。首先将人员疏散，然后向坑内注入水泥浆进行封堵，并判断漏水点的位置，随后向漏水处注入聚氨酯（图 4.1.2-15、图 4.1.2-16）。

1 月 31 日险情得到控制，分包单位继续开挖。然而，地下连续墙再次出现了漏水现象，隧道机师不得不采取进一步封堵，继续注入聚氨酯。

3）事故原因

造成事故的原因一方面是地质问题，如在工程概况中介绍的，该底层条件容易发生突涌水事故，另一方面就是工程施工难度的问题，换乘段地下连续墙厚 1000mm，埋深达到 45m，如此深厚的围护结构施工非常困难，主要包括以下 3 个方面。

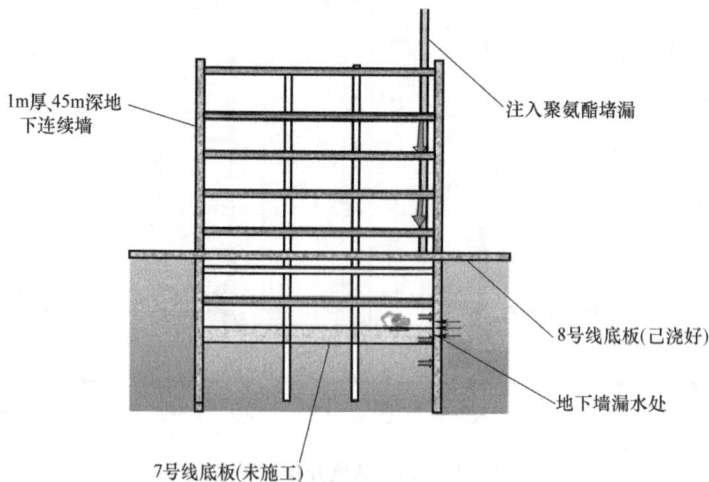

图 4.1.2-16　封堵位置示意图

（1）成槽难度大

本工程最深的地下连续墙为厚 1000mm、深 45m，其中⑤2 砂质粉土厚达 18m，对成槽设备要求高。如此深的槽壁，对开挖的抓斗重量、抓斗高度、开闭斗压力、斗体铰接能力以及设备的监测与精度控制系统的要求极高，它们将直接影响抓土能力、进尺速度、成槽垂直度等，在对⑤2砂质粉土层土体开挖时，设备超负荷运行，极易造成液压系统故障，影响工程进度。

（2）泥浆护壁稳定性控制难度大

工程所处场地地质条件极其复杂，通过勘测未发现暗浜，但场地暗浜分布图显示，在车站范围内可能有两条暗浜，一条分布在耀华路站的北端，呈东西走向；一条分布在浦东南路南侧，呈L形走向。勘测报告揭示的各土层中⑤2砂质粉土及③淤泥质粉质黏土层中局部存在的黏质粉土夹层，在动水情况下易产生槽体塌方，如何保证成槽过程中槽体的稳定性，这是本工程的一大难题。

（3）围护结构体的防渗控制难

围护结构墙体的防渗能力直接影响着永久结构的防渗能力，一般情况下，围护结构一旦发生渗漏，永久结构在该部位发生渗漏的概率非常高。由于车站工程的围护墙深度大，在相邻槽壁的接缝处、不同围护结构的接合部极易发生渗漏，并易引发工程事故。

4）结论

（1）8号线耀华路站与7号线上南路站换乘段：基坑深度大，工序多、施工难度大、组织复杂，又受承压水的影响。诸多方面的技术难点共存，其组合的工程风险极高。

（2）地下连续墙接缝夹泥，是导致基坑开挖阶段渗漏水甚至涌土、喷砂的主要的原因。在以后的工程中，应特别注意地下连续墙的施工质量，并随时做好抢险措施。

案例9：基坑工程涌砂事故

1）工程概况

某基坑工程深5～7m，如图4.1.2-17所示，采用深层水泥搅拌桩支护，桩长12m。支护结构费用80万元。

该场地地基土为粉质黏土，地下水位为−1.0m。

2）事故经过

基坑开挖到5m时未发生异常情况。但是当基坑开挖到7m时，发生管涌。由于大量砂土不断冒出，最终导致搅拌桩支护结构倒塌。

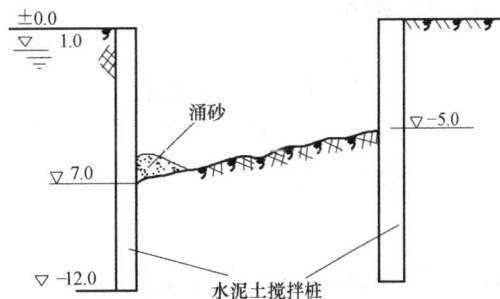

图4.1.2-17　基坑剖面图

该工程事故的加固处理费用耗资30万元，工期延迟2个月。

3）原因分析

该基坑发生管涌的主要原因是水泥搅拌桩下部嵌固深度不足。

案例10：基坑涌水塌方事故

某年7月23日，地铁复八线永大区间南正线发生涌水塌方事故。

1）事故经过

某年7月23日21：25，地铁复八线永大区间南正线3—3断面施工中土体从掌子面坍塌，接着大量涌水，携带大量泥沙涌出，施工人员迅速撤出。1h后路面逐渐塌陷，形成长14.9m、宽9.5m、深7m的大坑，塌陷的泥土将9m长的已完成上台阶的拱架和3m

已封闭成环的隧道压垮，坑内已改换成钢管的Φ600雨水管未折未漏，已废弃的Φ800混凝土雨水管折断，管内积水全部泄入隧道内，泥沙流淌长达100m，将11—11断面隧道中隔板以下全部堵死，Φ800雨水管上部未液化的土体塌落在隧道上台阶上。

2）事故处理

（1）先用草袋喷混凝土封闭掌子面，在3—3断面和11—11断面交接处用型钢截住泥沙流的蔓延，使掌子面土体稳定。

（2）已完成初衬结构的11—11断面。南半幅变形过大，在临时仰拱上加设两个方木垛支撑，后又增加一型钢支撑，北半幅只完成上台阶段加木垛支撑，封堵掌子面，暂时停工。

（3）塌方段在地面回填，洞内封堵后暂停施工。

（4）采用导洞加临时中隔板法施工，顺利通过塌方段。

3）事故原因分析

（1）原Φ800雨水管改线方案不合理，用Φ600雨水管在Φ800雨水管正上方反向排水，并与Φ800雨水管共用所有检查井，致使Φ800雨水管长年存水，而且由重力流变为压力流，导致长期漏水，使拱顶部土方处于饱和状态，且下大雨造成过大的水头压力，使Φ800雨水管漏水更为严重，携带泥沙从施工掌子面流出。

（2）拱顶为亚黏土层，超前注浆难以进行，超前小导管采用钢筋代替，未起到有效作用，上台阶9m长未封闭，使结构处于不利状态，致使上方土体塌陷蔓延至10余米。

（3）未进行有效地监控、量测工作。

4）预防措施

（1）施工前仔细调查隧道上方各种管线状况，预测对施工的不利影响。

（2）加强超前小导管注浆截水。

（3）缩短上下台阶尺寸，严格按照"管超前、严注浆、短进尺、少扰动、快封闭、勤量测"的原则进行施工。

（4）加强监控、量测。

4.1.3　周边环境破坏事故案例分析

案例1：周边环境破坏事故（1）

本工程基坑平面尺寸约130m×130m，面积约15757m²，开挖深度约20m。基坑围护采用1m厚地下连续墙，墙深38.1～41.1m，坑内沿竖向设4道钢筋混凝土水平支撑，东西两侧增加上、下斜撑，形成竖向琵琶撑。施工采用明挖顺作法。详见图4.1.3-1基坑效果图、图4.1.3-2剖面图、图4.1.3-3现场平面图、图4.1.3-4施工现场照片。

科技委评审意见：

围护设计方案——设计在确定支护结构方案时，过多地考虑如何为业主节约投资造价，方案安全度偏低。

建议：其在地墙深度、支撑布置、地基加固等方面加强。

强烈建议：取消竖向琵琶撑，增加一道竖向支撑。

施工方案——施工方案不够细致，编制较为粗糙。

评审意见的落实情况：会后设计单位并未积极响应评审意见，并未采取加强支撑平面

图 4.1.3-1　基坑效果图

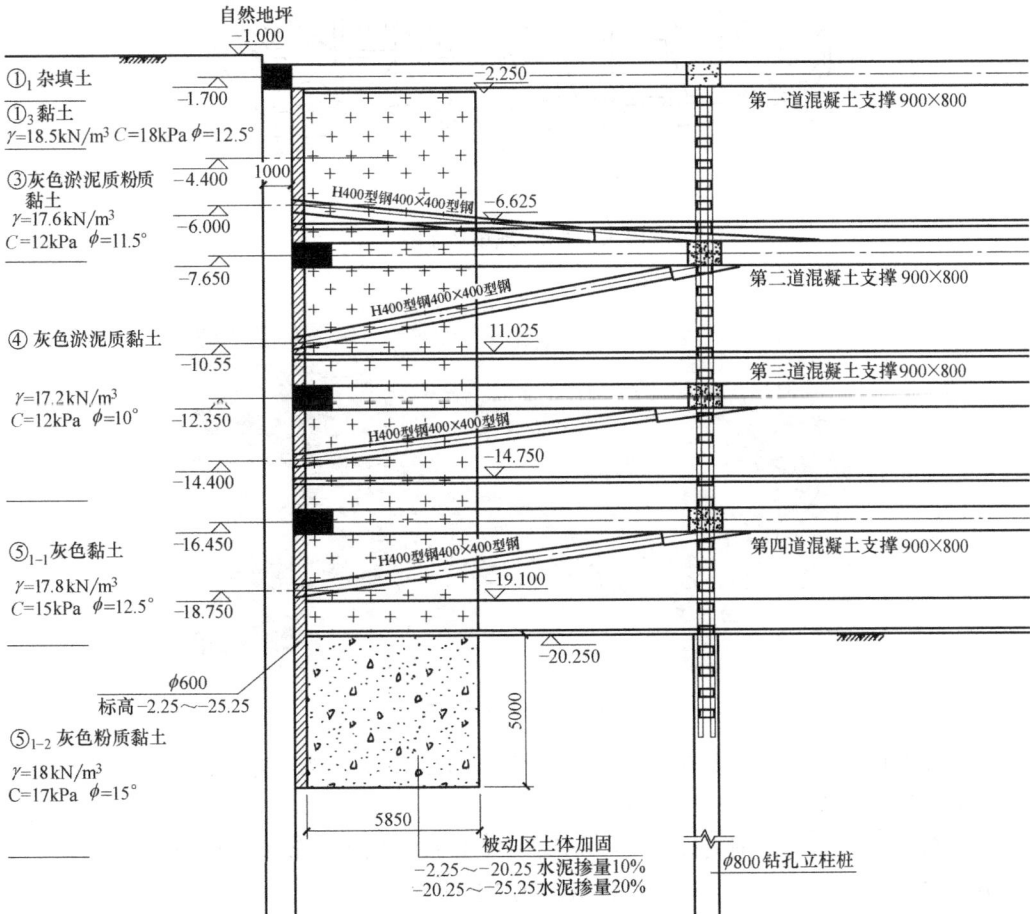

图 4.1.3-2　剖面图

整体刚度、增加坑内地基加固、竖向增设一道支撑等加强措施。

施工单位在执行既定方案的执行力度上也打了折扣。

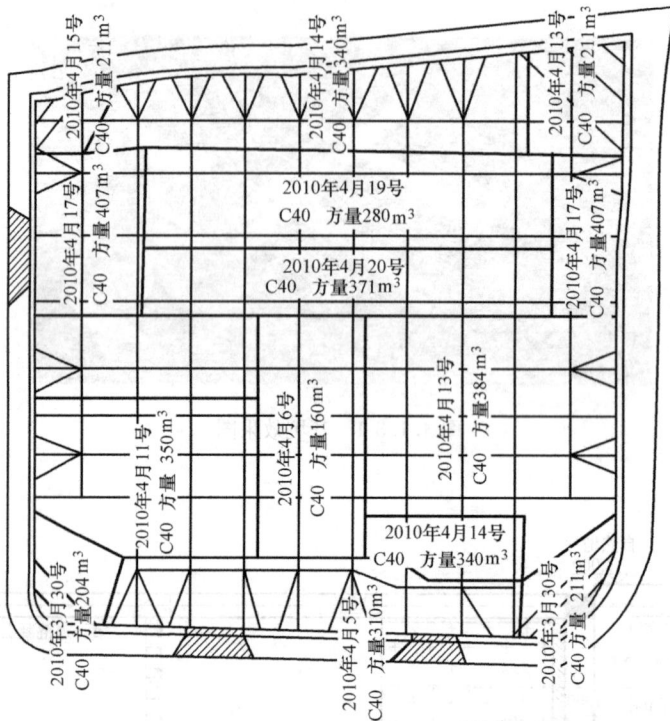

图 4.1.3-3　现场平面图

图 4.1.3-4　施工现场

　　现场施工情况：第二层土方的开挖及支撑形成方式与评审方案不一致，并未采取盆式开挖的方案施工。支撑形成时间也过长。

　　基坑东侧 5850mm 范围内设置 φ650 三轴搅拌桩进行加固，效果不理想。

　　开挖时间：　　　　　　　　　2010 年 1 月 31 日

　　第三道支撑浇筑完成时间：　　2010 年 5 月 23 日

　　地下连续墙最大变形：　　　　45mm

　　基坑施工对周边环境影响非常大，且影响范围超过预期，第三道支撑施工完成时，挖土深度 11.85m，但周边影响范围已超过 60m，基坑周边 3 倍开挖深度外出现地坪裂缝。

东侧居民住宅最大沉降 34.6mm，房屋裂缝、裂纹有明显发展，裂缝宽度最宽超过 6mm。周边水管、煤气管都发生过爆管现象。

东侧房屋裂缝见图 4.1.3-5 和图 4.1.3-6。

图 4.1.3-5　东侧房屋裂缝

图 4.1.3-6　东侧房屋裂缝

四周道路变形受损情况如图 4.1.3-7 和图 4.1.3-8。

分析

围护设计方案在满足基坑自身各项计算指标、满足规范要求的前提下，较少考虑可能对环境造成的重大影响。在专家已经明确指出问题并预见到后果的情况下，坚持己见。而专家评审仅有建议权，没有强制其修改的权利。

施工方案通过评审并不等于施工质量没有问题，而施工质量的提高无法通过专家评审的方式实现，因此在地下空间迅速开发、基坑施工与周边环境受影响这一矛盾日益突出的形势下，急需提高和加强的是质量管理环节。

案例 2：周边环境破坏事故（2）

1）基本情况

2011 年 4 月 12 日 20 时 40 分，某工地发生一起道路塌陷事故（图 4.1.3-9a、b）。据现场勘察，塌陷区域长 20m、宽 5m、深约 7m，事故未造成人员伤亡。

图 4.1.3-7　四周道路变形受损情况

坍塌区域的外侧有一个巨大的基坑，为宝山万达广场一个在建地下停车库的进出通道，造成事故的原因为基坑外侧的土方滑移。坍塌的工地围墙紧靠工地正在施工的建筑桩基，疑似工地桩基部分塌陷殃及地面围墙。

本工程基坑平面尺寸约 8.7m×135m，面积约 1100m²，开挖深度从 1.5m 到 11.5m 逐渐加深。基坑围护采用钻孔灌注桩加搅拌桩止水帷幕，内设一道钢筋混凝土支撑与一道钢支撑。

图 4.1.3-8　四周道路变形受损情况

2）主要问题

第二道钢支撑存在多处施工不当：①钢围檩之间无有效连接，②钢支撑横向间距过大，③支撑不具备平面稳定性条件。（图 4.1.3-10）

图 4.1.3-9　道路塌陷事故现场（一）

现场险情：①钢支撑完全失效；②围护结构倾覆；③钢筋混凝土支撑折断；④坑边地面严重塌陷。（图 4.1.3-11a、b、c、图 4.1.3-12、图 4.1.3-13）

图 4.1.3-9　道路塌陷事故现场（二）

图 4.1.3-10　基坑内支撑

图 4.1.3-11　失效的支撑（一）

图 4.1.3-11　失效的支撑（二）

图 4.1.3-11　失效的支撑（三）

3）事故成因：可能有以下一种或多种综合作用。

（1）管线渗漏：导致土体软化，造成土层空隙而最终形成坍塌。

（2）地下水因素：开挖抽水过程中没有进行回流设置，开挖部分地下水位下降，土体失水，原先力学平衡被打破，造成坍塌。

（3）地质因素和气象因素：没有设置合适的排降水及防水措施。

（4）支护结构因素：支护数量不足、支护承载力不足、支护失稳、下雨导致土体重力增加，引起支护承受外力的突然增大亦是可能成因。

105

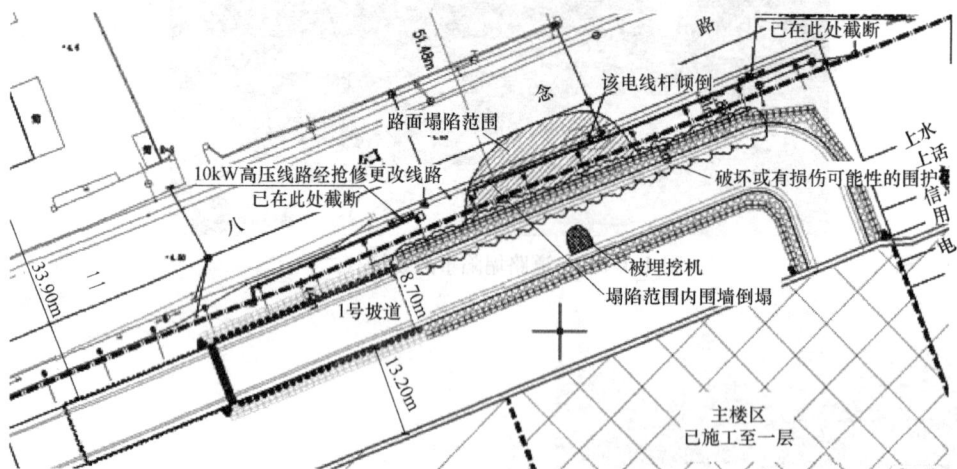

图 4.1.3-12　现场示意图

图 4.1.3-13　事故现场

（5）超挖：超挖造成隧道断面凹凸不平，在棱角突变处易产生应力集中；同时由于断面凹凸不平、棱角突出容易刺破防水板，使防水层失效，造成渗漏。

（6）外在扰动：由卫星图我们可以看到，工地紧邻地铁一号线及南北高架路，频繁来往的车辆及地铁造成的土层扰动也是事故可能因素之一。

4）事故认定

经有关部门调查认定，这是一起责任事故，事故的直接原因是钢支撑未按设计图纸施工。有关部门依据《建设工程质量管理条例》等相关法规，对事故责任单位和个人进行行政处罚。

5）解决措施

（1）浇捣路面混凝土，修复地下管线（图 4.1.3-14）。

图 4.1.3-14　路面回填浇捣和基坑内部回填

（2）基坑北侧外部 16 轴～24 轴，目前采用砂石回填。

（3）塌陷范围最严重的在北侧中段（18～22 轴），北侧 16～25 轴范围的围护桩将在本次修复开挖时全部废除（图 4.1.3-15）。

（4）第二道支撑受损严重，全部重新施工。第一道支撑 16～25 轴全部凿除重新施工，其他部分根据质量检测情况确定是否利用。

（5）北侧原围护桩破坏段采用钢筋混凝土桩与素混凝土桩相互间隔的钻孔咬合桩。

图 4.1.3-15　北侧 16～25 轴

（6）混凝土钻孔咬合桩两端与原截水帷幕间采用高压旋喷桩封堵。

（7）南侧在利用原围护桩的基础上，通过增加后排普通钻孔灌注桩，予以加强（图 4.1.3-16）。

案例 3：周边环境破坏事故（3）

1）工程概况

基坑南北长约 250m，东西宽约 120m，基坑面积约 2.1 万 m²，开挖深度 9.65～11.1m。周边环境条件较复杂（图 4.1.3-17）。

原基坑工程设计方案为整体开挖，基坑围护墙采用 $\phi1200$mm 钻孔灌注桩挡墙，$\phi850$ 三轴水泥土搅拌桩截水，坑内沿竖向设置一道钢筋混凝土支撑。经专家评审后认为存在安全隐患，坑内需设置二道钢筋混凝土支撑。

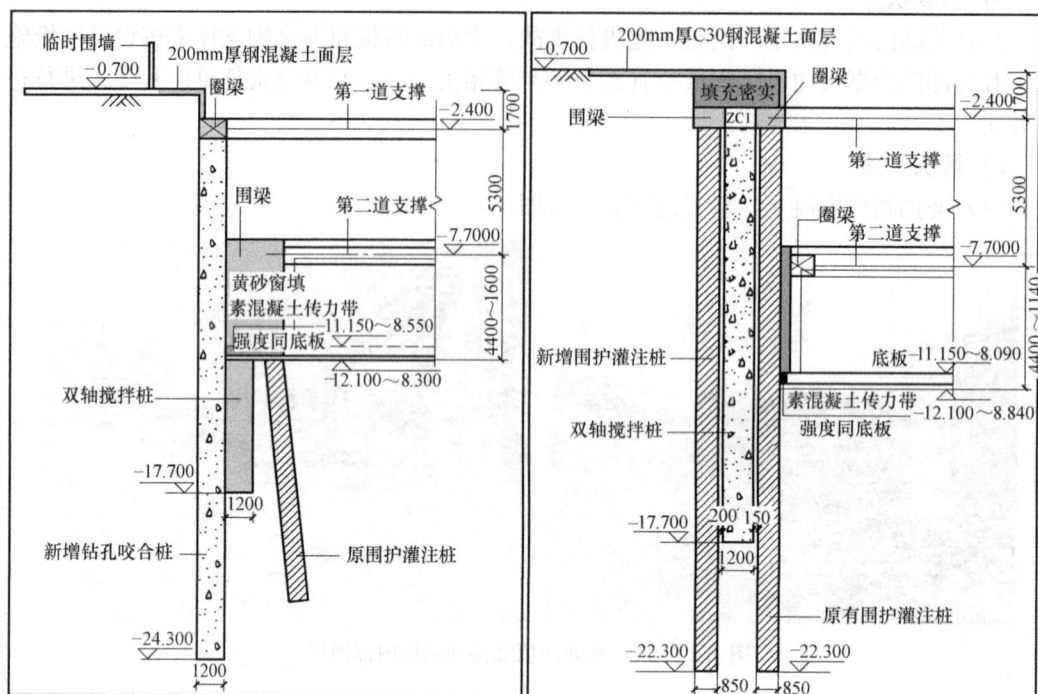

图 4.1.3-16 通过增加后排普通钻孔灌注桩

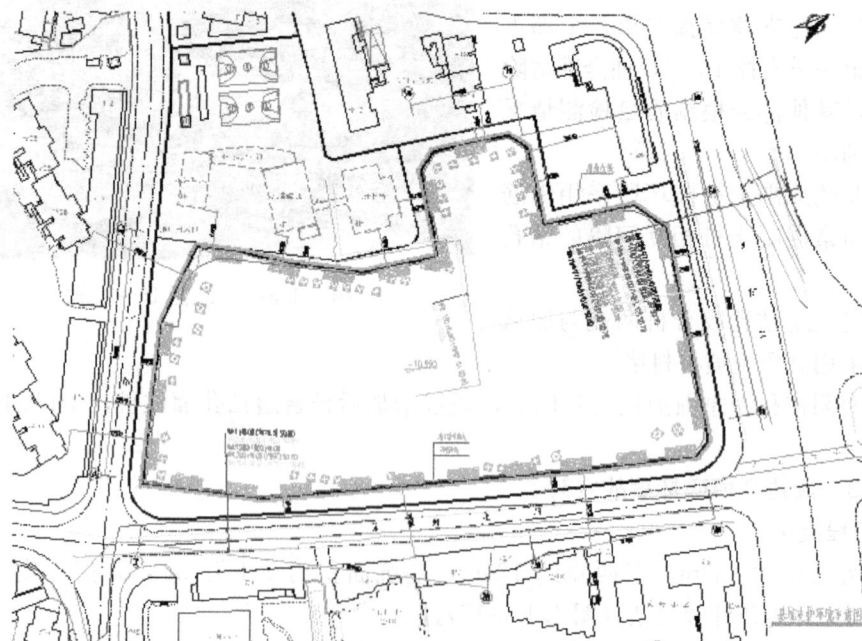

图 4.1.3-17 总平面布置图

围护方案调整后，基坑划成 5 个区域先后施工，用临时分隔墙分隔，塔楼基坑顺作、裙房基坑逆作。提高了围护设计安全度的同时，达到了整体工期最优和节约成本的要求。顺作区域支撑平面布置图如图 4.1.3-18 所示；顺作区域支撑剖面图如图 4.1.3-19 所示；局部坑边地坪沉陷大，钢支撑弯曲如图 4.1.3-20a、b。

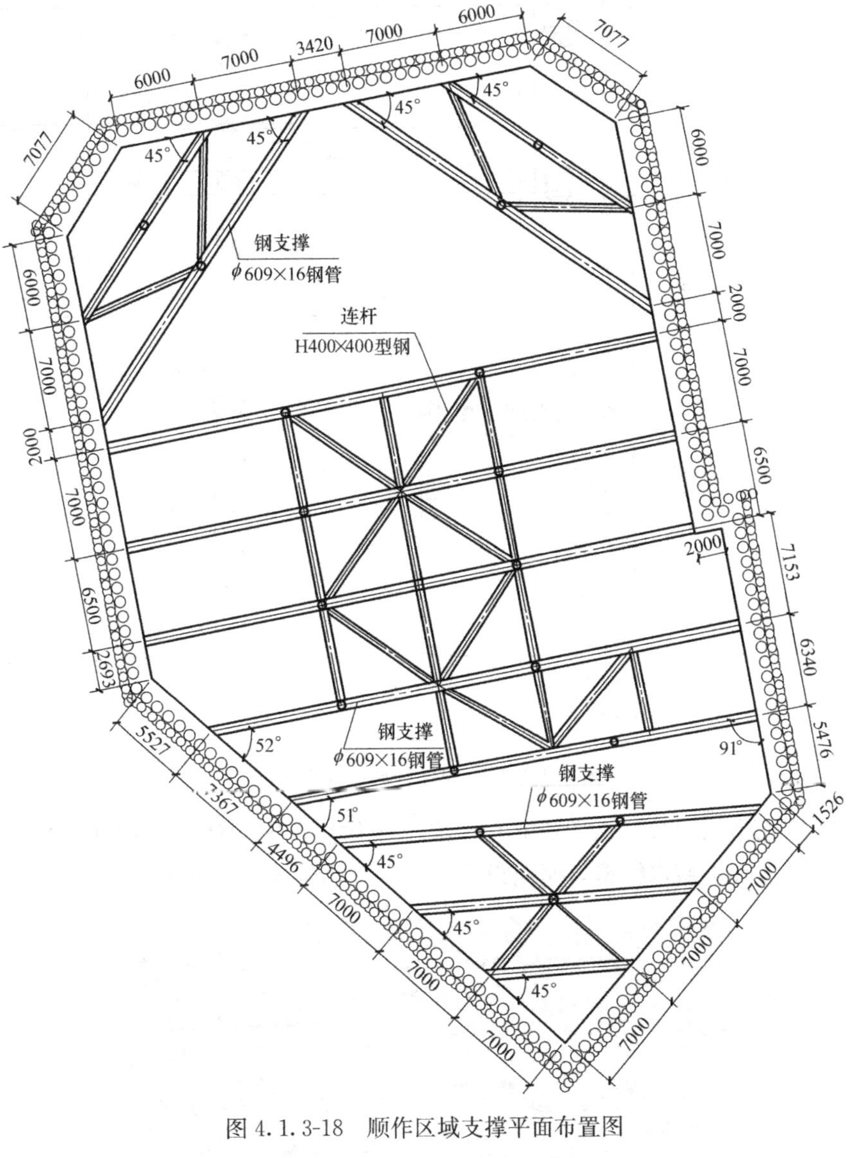

图 4.1.3-18 顺作区域支撑平面布置图

2）主要问题

①挖土顺序不尽合理；②坑边施工荷载较大；③土坡放坡太陡；④钢围檩连接节点焊接质量差；⑤钢支撑弯曲；⑥局部坑边地坪沉陷大。

案例 4：周边环境破坏事故（4）

1）工程环境概况

该工程建设场地位于临空经济园区。基坑南至金钟路、北至北翟路、东至协和路、西至广顺北路。基坑东西长约 424m、南北向长约 214m、基坑面积 69990m²。基坑周长

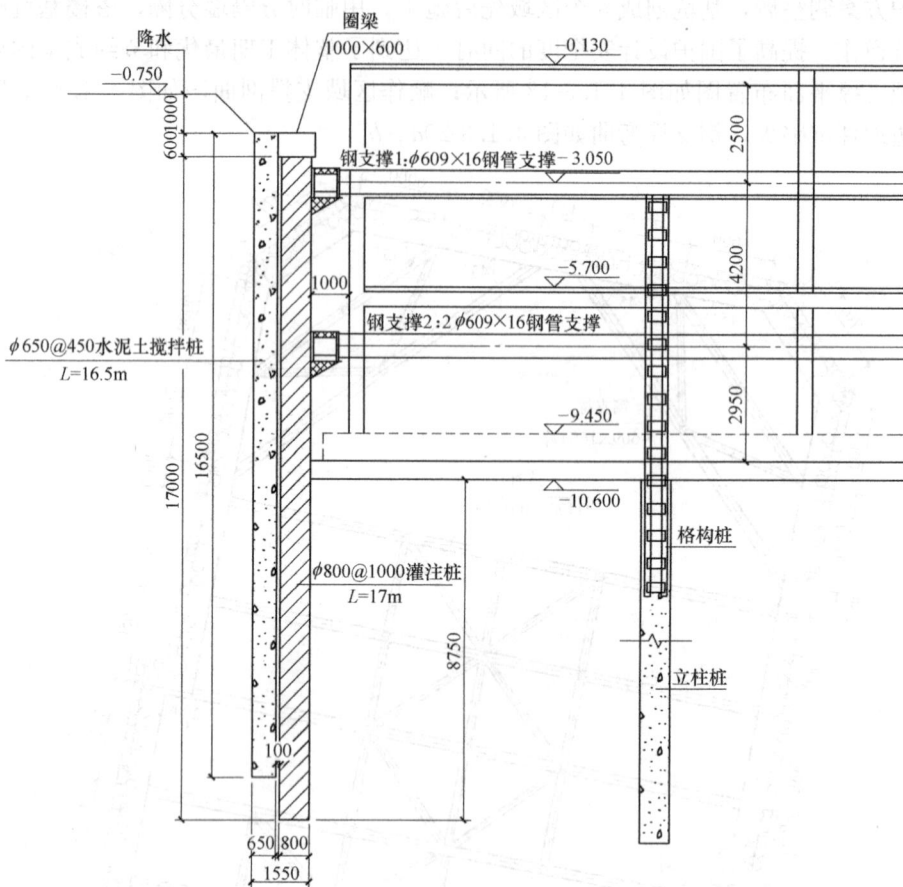

图 4.1.3-19　顺作区域支撑剖面图

1214m，基坑开挖深度 11.15m。基坑开挖采用顺作法，围护体系采用 Φ900@1100 钻孔桩，Φ850 三轴搅拌桩截水帷幕，竖向设置 1 道门式刚架体系（局部 2 道）。

(a)

图 4.1.3-20　局部坑边地坪沉陷、钢支撑弯曲（一）

(b)

图 4.1.3-20 局部坑边地坪沉陷、钢支撑弯曲（二）

环境概况：基坑北侧为北翟路，距离基坑边线 40m，北翟路上有较多市政管线，最近的管线距离基坑约 42m。基坑西北侧有一加油站，处于红线内部，距离基坑 20m。基坑东侧为协和路，距离基坑边线 20m，协和路上有较多市政管线，最近的管线距离基坑约 21m。基坑西侧为 S20 外环高速高架道路，距离基坑 90m。基坑南侧为金珠路，距离基坑边线 3.9m，与金珠路上最近的管线距离 5.5m（图 4.1.3-21～图 4.1.3-23）。

图 4.1.3-21 工程鸟瞰

2）施工顺序：基坑总体施工分为三个阶段

第一阶段：基坑三级放坡中心岛开挖至基底，完成中心岛底板并顺作结构，同时进行裙边区域第一道门式刚架的施工（2012.4.1～2012.7.4）（图 4.1.3-24）。

第二阶段：中心岛区域顶板结构完成后，第一道刚架支撑与顶板结构进行连接，形成稳定结构后。（2012 年 7.5～2012 年 10.4）（图 4.1.3-25）。

第三阶段：裙边开挖至基底进行底板施工，之后进行 B1 层结构施工，达到强度后，拆除支撑进行裙边顶板结构施工（图 4.1.3-26～图 4.1.3-28）。

3）主要问题

裂缝增大超过报警值

周边道路裂缝，基坑内部道路、围墙、支撑出现裂缝（图 4.1.3-29 和图 4.1.3-30）。

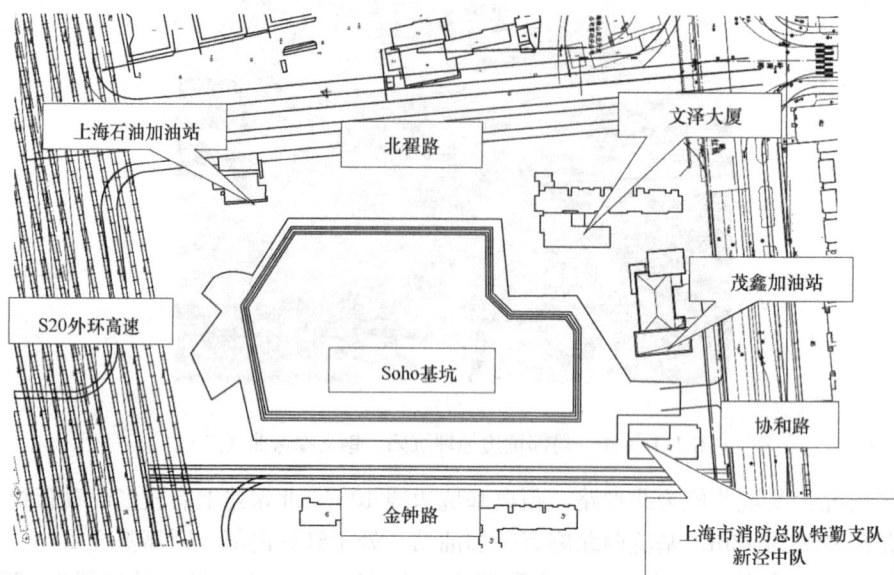

图 4.1.3-22　工程环境概况示意图

图 4.1.3-23　工程环境概况实景

监测数据超警戒值：本基坑从 2012 年 4 月 1 日进行中心岛开挖，2012 年 7 月 4 日完成中心岛底板浇筑。从 2012 年 5 月开始，金珠路侧围护体测斜开始报警，5 月 17 日当天土体测斜墙顶位移单日变化达到 4.4mm，累计 13.5mm；金珠路上的雨污水管线累计变形超过报警值，达到 18mm。2012 年 6 月 1 日开始金珠路上的信息管及配水管超过报警值，达到 12.77mm 及 10.6mm。此后，该变形没有得到收敛，四周土体测斜变形均在扩大。

图 4.1.3-24 工况一：进行中心岛开挖

图 4.1.3-25 工况二：进行裙边首道
门式刚架支撑制作

图 4.1.3-26 工况三：进行中心岛
B1 板结构施工

图 4.1.3-27 工况四：顶板完成后，
进行第一道支撑与顶板结构的连接

图 4.1.3-28 工况五：进行裙边基坑开挖，制作底板及 B1 板

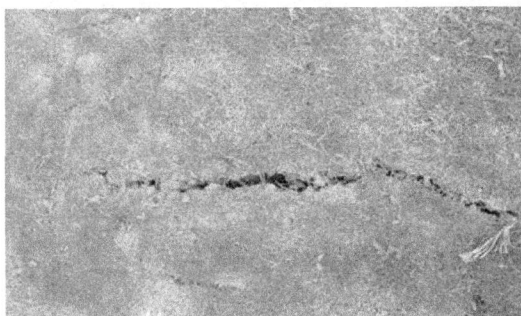

图 4.1.3-29 道路开裂

图 4.1.3-30　现场实景

4）原因分析

（1）三级放坡，中心岛式开挖，坑边反压土不能有效起到挡土作用。

（2）采用中心岛结合裙边框架式支撑，基坑无支撑周期长，引起周边变形。

（3）基坑面积大，未采取分块开挖方式，导致坑底隆起引起周边地面沉降。

（4）基坑未按照设计要求进行施工，如开挖时坡体未按照设计坡度进行施工，地表水未及时排出，支撑养护施工时因降水等原因造成开裂，基坑开挖至坑底后降水不到位，引起坑底涌水。

（5）坑内降水，使地面产生沉降，造成支撑在养护过程中产生多处裂缝。

（6）基坑开挖至基底后，降水井未按照要求进行割除并封闭，导致部分井点抽水效率下降甚至停抽。

（7）开挖后的坡体未及时设置护坡混凝土（图 4.1.3-31～图 4.1.3-33）。

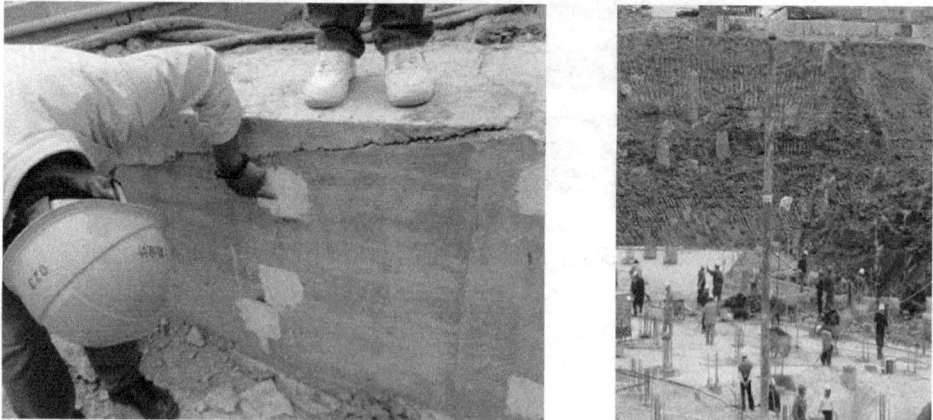

图 4.1.3-31　现场实景

5）后续处理方法

（1）由于坡体反力不足，在出现问题后，在坡体底部插设了一排木桩，以增加坡体的反向压力。

（2）在坡间平台处设置一层混凝土平台，并进行大量的堆载，增加自重压力及被动区压力，减小围护体侧向位移。

（3）施工过程加密监测频率并及时与设计沟通处理。在出现问题后，加密监测频率，根据监测数据，及时与设计、监理等有效进行沟通，采取针对性的措施，使问题能够得到有效解决。

图 4.1.3-32 开挖后的坡体

（4）加快施工节奏，减小后续变形。基坑工程最讲究"时空效应"，在大面积敞开作业的情况下，必须加快施工节奏，以期尽快形成有效的支撑体系，减小基坑的变形。在此基础上尽快进行后续结构的施工，减小基坑的侧向变形及底部隆起，保证工程的顺利施工。

图 4.1.3-33 现场实景

案例 5：周边环境破坏事故（5）

1）基坑概况

见图 4.1.3-34。

图 4.1.3-34 工程位置

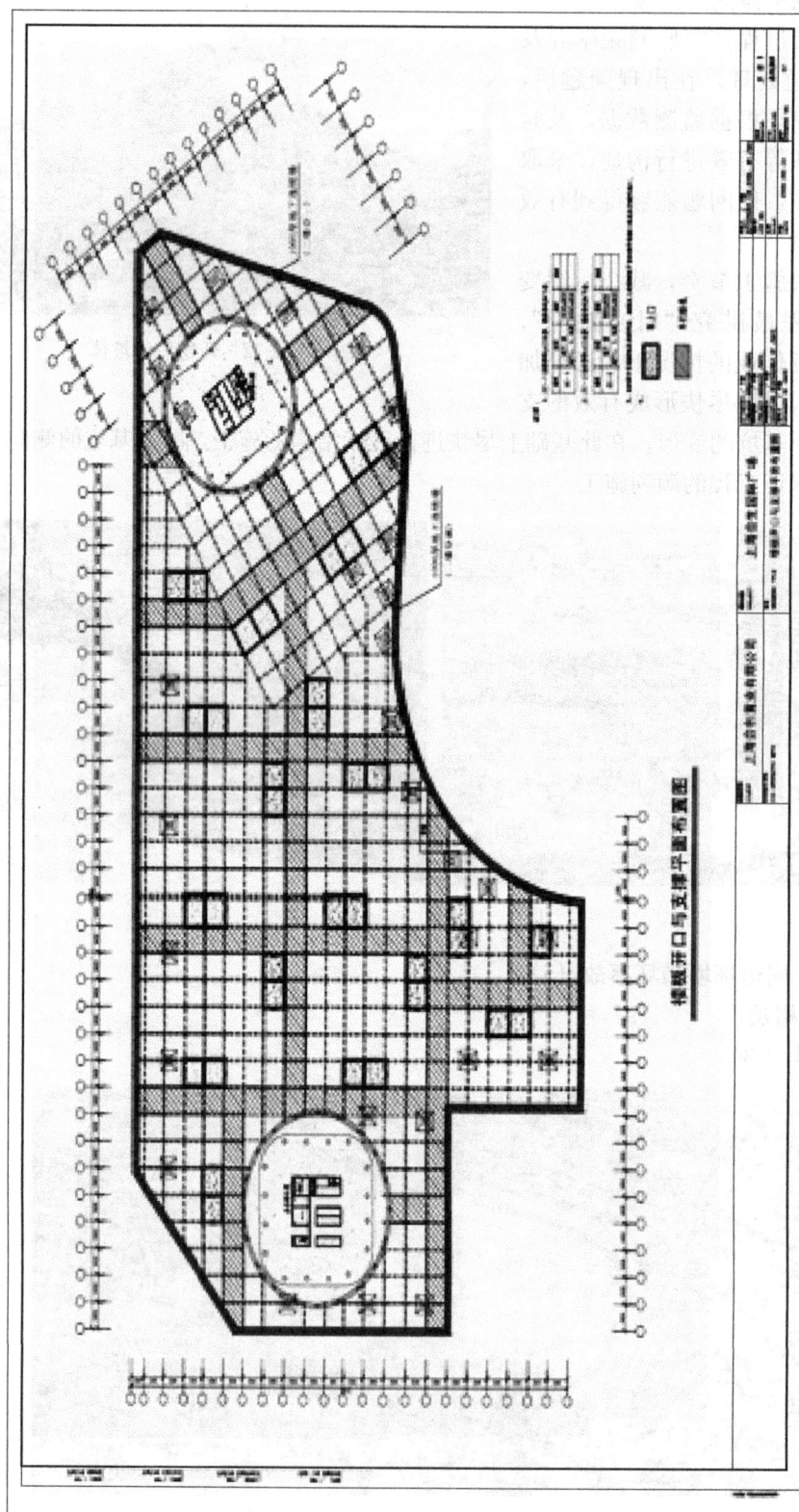

图 4.1.3-35　基坑总体施工顺序

基坑面积约 4.27 万 m^2，东西长约 340m，南北宽约 110～190m。基坑开挖深度为 20.1～20.3m，基坑安全等级一级，环境保护等级一级（图 4.1.3-34）。

围护形式：本工程围护结构采用地下连续墙，逆作法施工，地下结构主楼顺作、裙楼逆作形式（图 4.1.3-35）。

主楼顺作、裙楼逆作形式，解决了施工场地狭小、操作困难的问题，塔楼顺作基坑面积小可加快施工速度，并尽最大可能减小工程量，缩短了总工期。

抗侧刚度大，能够控制基坑变形，减小对周边环境的影响。

（1）完成地下连续墙基坑围护，施工一柱一桩及连续墙墙底注浆。

（2）首层土方盆式开挖至标高－3.50m。

（3）施工首层楼板，做好逆作法施工准备。

（4）留土护壁，盆式开挖至标高－6.50m 处（图 4.1.3-36）。

（5）留土护壁、盆式开挖至标高－8.900m 处，施工地下二层楼板。

（6）留土护壁、盆式开挖至标高－12.700m 处，施工地下三层楼板（图 4.1.3-37）。

（7）留土护壁、盆式开挖至标高－16.500m 处，施工地下四层楼板。

（8）盆式开挖至坑底，浇筑主楼区域垫层及底板（图 4.1.3-38）。

2）出现的问题

五角场商圈翔殷路、黄兴路、国定东路附近，地面开裂，部分路段地面隆起，从五角场沿翔殷路由西向东行驶到国和路路口，在这段两三百米的路上，高低起伏约有 10 处（图 4.1.3-39～图 4.1.3-41）。

3）处理情况

针对新闻媒体反映翔殷路近环岛处道路高低起伏不平问题，区市政和水务管理署第一时间派人赴现场查看，并与工程建设方、施工方取得联系，积极商讨和解决道路整治及排水管道保护及修复事宜。

根据协调结果，区市政和水务管理署按照专业标准，先对道路进行平整度修复，待合生广场两侧大楼建成后，再对道路及下水道进行全面维修。在此期间，区市政和水务管理署将严密跟踪、监测道路沉降情况，并对下水道开裂、脱落等病害进行排查处置，确保道路车辆、行人安全。

案例 6：周边环境破坏事故（6）

某局总承包建设的云南某医院综合大楼，由于施工的基坑变形，导致工地附近的地基塌陷，房屋倾斜。图 4.1.3-42。

案例 7：周边环境破坏事故（7）

鞍山某施工现场，基坑发生重大坍塌事故，使工地相邻的楼房造成垮塌。楼房部分墙体落入 25m 深坑，外墙约 20 余米底部悬空，垮塌楼房北侧地面出现大面积下陷。（图 4.1.3-43）

案例 8：周边环境破坏事故（8）

1）工程概况

该基坑长 108m、宽 21.5m，开挖深度 15.7～16.2m。基坑西侧紧临道路，交通繁忙，重载车辆多，道路下有较多市政管线（包括上、下水，污水，雨水，煤气，电力，电信等）穿过，东侧为既有河道。如图 4.1.3-44 所示。

工况一：完成地下连续墙基坑围护，施工一柱一桩及连续墙底注浆

工况二：首层土盆式开挖至标高-3.50m

工况三：施工首层楼板，做好逆作法施工准备

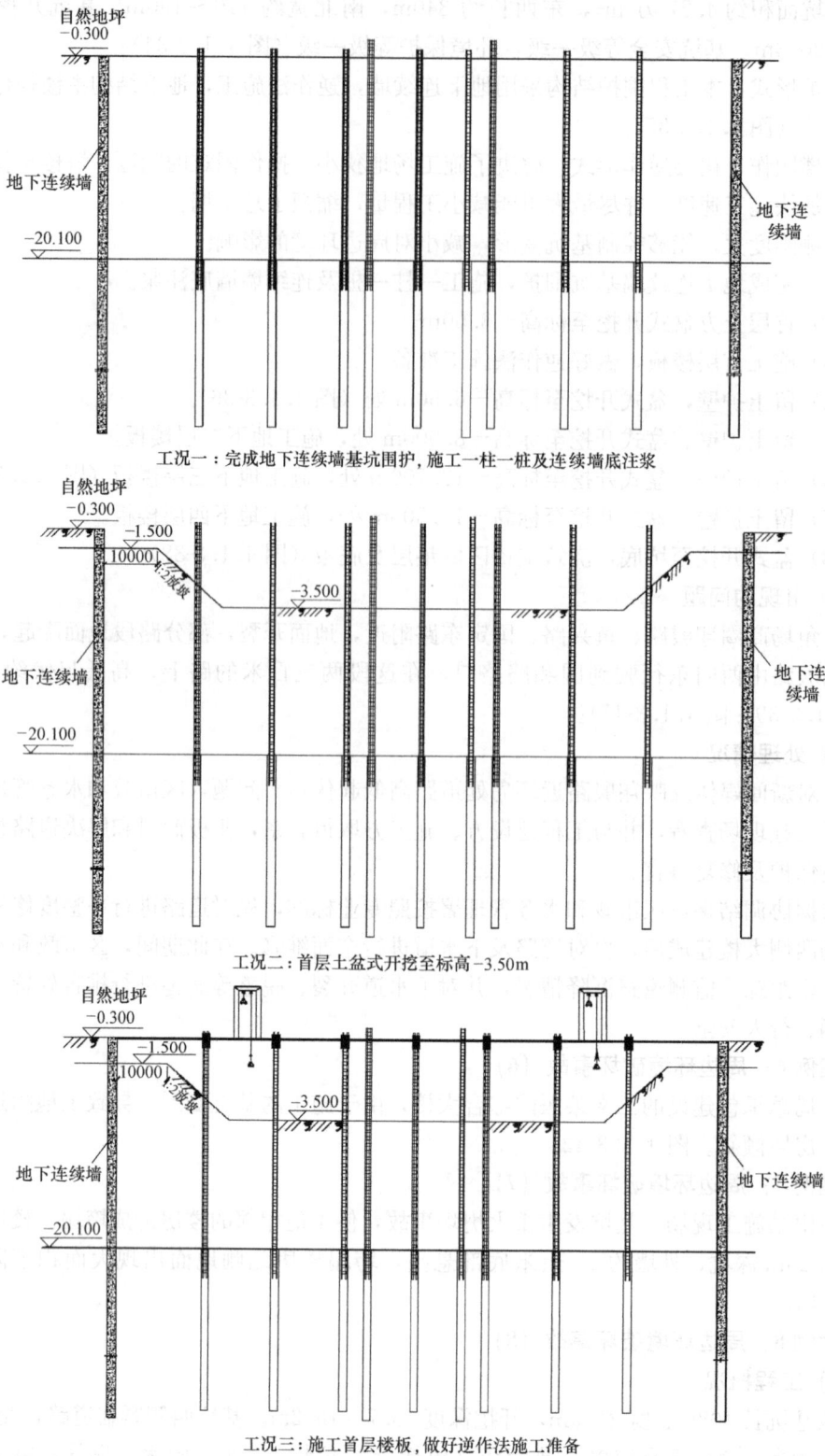

图 4.1.3-36　工况一~四（一）

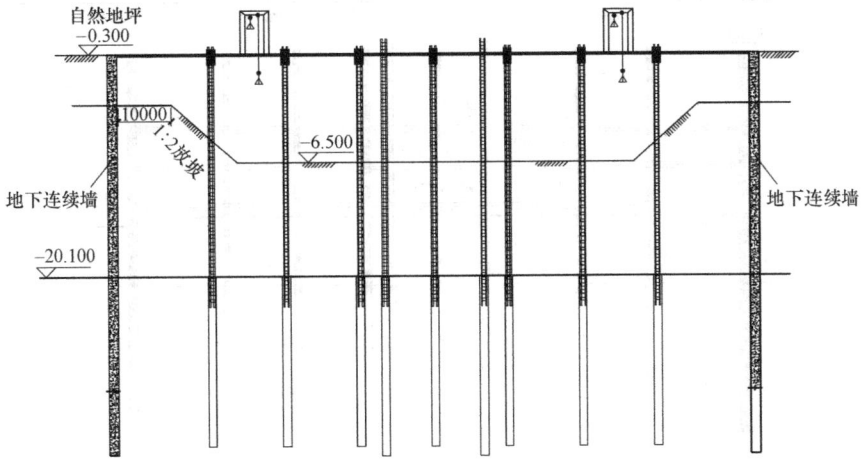

工况四：留土护壁，盆式开挖至标高 - 6.50m 处

图 4.1.3-36　工况一～四（二）

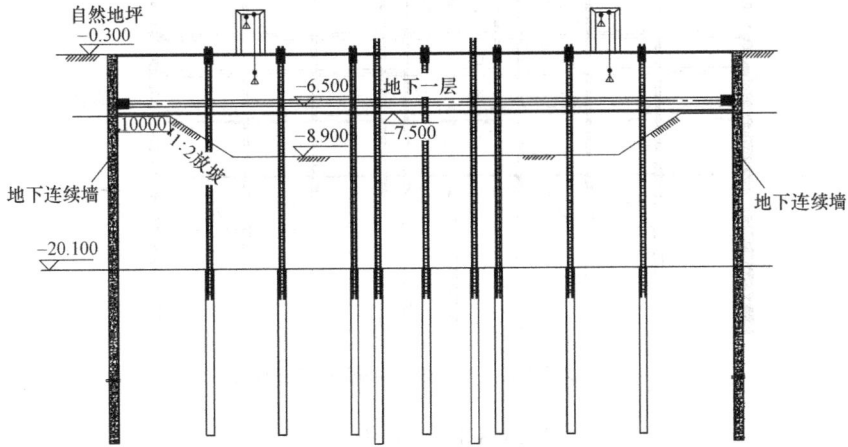

工况五：留土护壁，盆式开挖至标高 - 8.90m 处，施工地下二层楼板

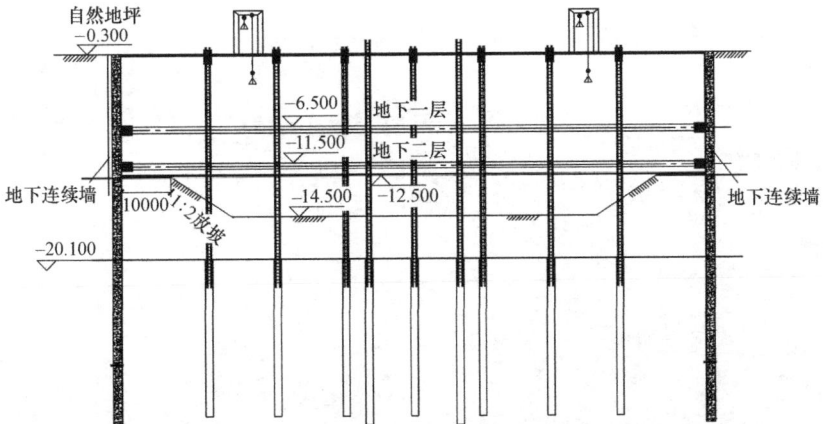

工况六：留土护壁，盆式开挖至标高 -12.70m 处，施工地下三层楼板

图 4.1.3-37　工况五～六

119

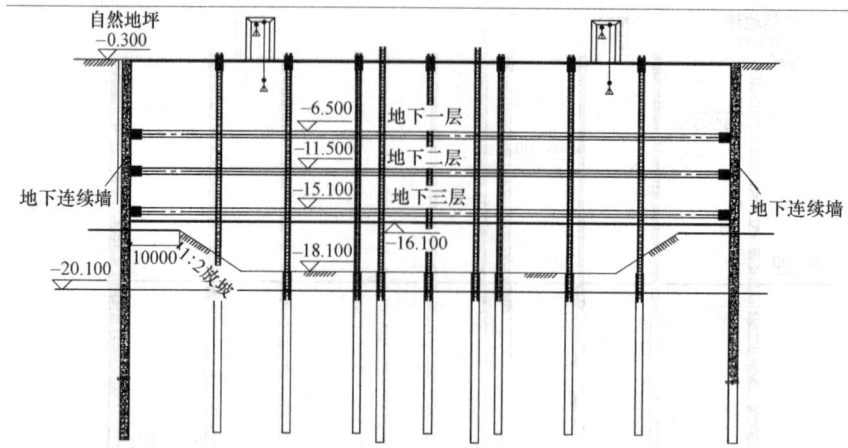

工况七：留土护壁，盆式开挖至标高 -16.50m 处，施工地下四层楼板

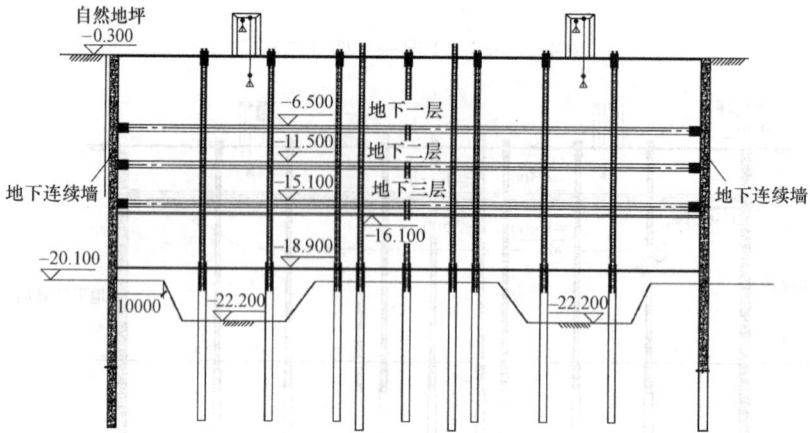

工况八：盆式开挖至坑底，浇筑主楼区域垫层及底板

图 4.1.3-38　工况七～八

图 4.1.3-39　五角场翔殷路路段路面开裂

图 4.1.3-40　五角场国定东路路段路面开裂

图 4.1.3-41　五角场翔殷路路段路面起伏

图 4.1.3-42　地基塌陷房屋倾斜

图 4.1.3-43　某基坑坍塌事故

121

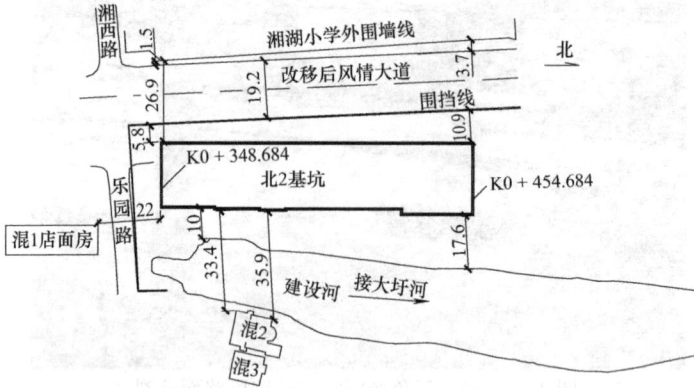

图 4.1.3-44 总平面图

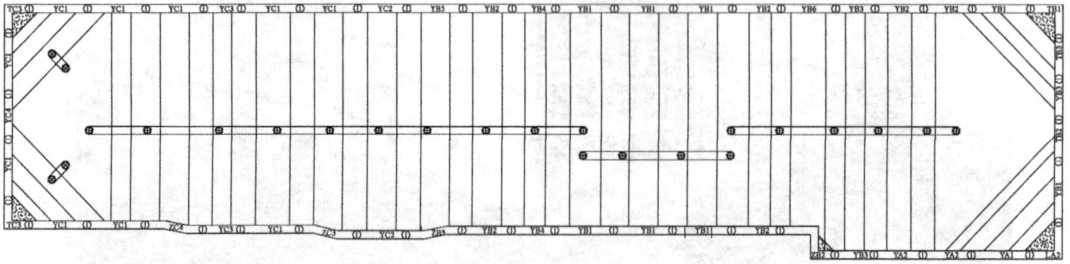

(a) 平面图

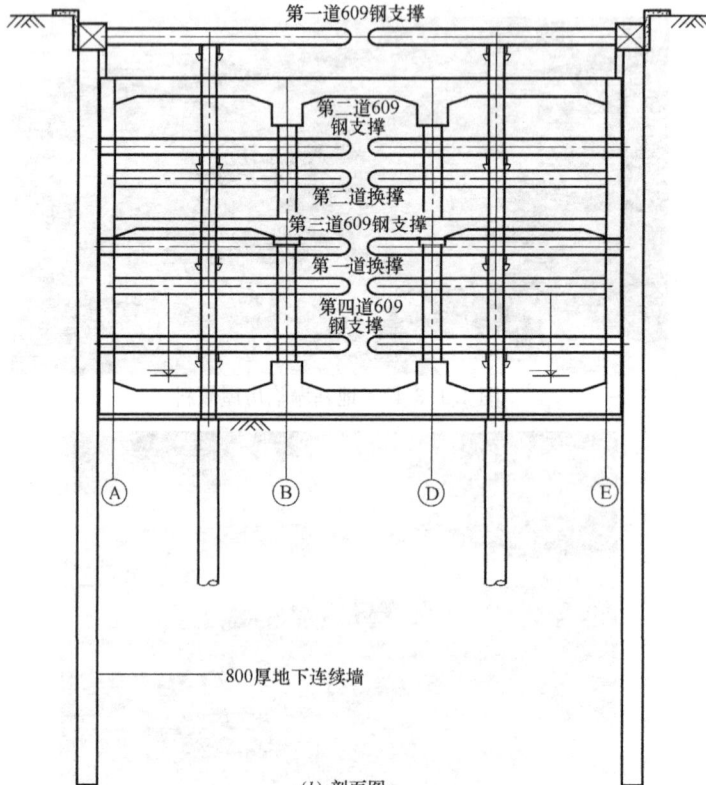

(b) 剖面图

图 4.1.3-45 基坑平面及剖面图

基坑围护设计采用"地下连续墙加钢管内支撑"方案。地下连续墙厚 800mm，竖向设置 4 道 ϕ609 钢管支撑，支撑水平间距 2～3.5m，支撑中部设置中间立柱，图 4.1.3-45 分别为平面图及剖面图。

2）事故经过简要介绍

2008 年 11 月 15 日下午，地铁湘湖施工现场发生塌陷事故。正在进行土方开挖施工的基坑部分支撑破坏，西侧中部地下连续墙横向断裂并倒塌，东侧地下连续墙也产生严重位移，大量淤泥涌入坑内，西侧道路随后出现塌陷，地面塌陷导致地下污水管破裂，造成基坑和地面塌陷处进水。长达 75m 的路面坍塌下陷 15m，行驶中的 11 辆车陷入深坑（图 4.1.3-46），数十名地铁施工人员被埋。

事故是由于钢支撑施工中发生垮塌，造成整个基坑塌陷和周边道路沉陷，民房倒塌。事故造成 21 人死亡、24 人受伤，直接经济损失 4961 万元，是中国地铁建设史上最惨痛的事故。21 名责任人被究责，其中 10 人被追究刑事责任。

图 4.1.3-46　地铁湘湖段基坑塌陷事故组图

3）事故原因分析及结论

调查分析表明：由于基坑超挖、支撑施加不及时、钢支撑体系存在薄弱环节等因素导致地下连续墙产生较大位移和局部支撑内力过大；又因监测失效，未能采取补救措施。多种因素综合作用致使部分钢管支撑破坏，引起钢管支撑体系整体破坏，基坑两侧地下连续墙向坑内产生严重位移，其中西侧中部墙体横向断裂并倒塌，导致西侧道路出现塌陷，造成灾难性事故。

事故主要原因如下：

（1）土方开挖未按照设计要求进行，存在严重超挖现象，特别是在第4道支撑未施加情况下一挖到底。土方超挖导致地下连续墙侧向变形、墙身弯矩和支撑轴力增大。

（2）钢管支撑体系存在薄弱环节，整体性差。

（3）提供的监测数据不能反映真实情况。

案例9：上海某大厦基坑工程事故

1）工程概况

上海某大厦位于福建路和广东路，基坑深12.35m，基坑支护采用钢筋混凝土地下连续墙加4道支撑，其中第一道为钢筋混凝土支撑，第二、三、四道为$\phi 609$的钢管支撑。该地区地基土基本上为淤泥质软黏土。

2）事故经过

1994年9月1日，该大厦广东路一侧约40m长范围内的基坑支撑破坏，钢筋混凝土地下连续墙突然倒塌，广东路南面下陷面积达$500m^2$左右，下陷深度达6～7m，路面下的电力电缆、电车电缆、煤气管道、自来水管道以及排水管道等遭到严重损坏，造成大面积停水、停电、停气，交通中断，幸好没有造成人员伤亡，当地公安局调派350余名干警维持秩序，消防局出动百余名消防战士用大口径水枪稀释外溢煤气。该基坑工程事故造成了重大经济损失和不良的社会影响。

3）原因分析

该基坑工程事故的原因是多方面的。

（1）基坑局部严重超挖，一挖到底导致支护结构受力失衡，基坑内出现涌土现象。

（2）当基坑工程的一些险情处于萌芽状态时，没有及时采取措施进行处理，也是造成这次基坑工程事故的重要原因。

1994年8月18日，基坑周围地面沉降量达15mm，从沉降—时间曲线可以看出，这是基坑支护结构破坏前的预兆，同时挖土工人也发现基坑内涌土量增大，这表明地下连续墙背后水土流失严重。更为严重的是，8月31日晚11时，基坑内钢支撑发出吱吱声，但是这些越来越严重的征兆，并没有引起有关部门的高度重视，没有及早行动进行有效的处理，从而造成不可挽回的损失。

4）处理措施

为了控制事态的发展施工单位在基坑靠近广东路一侧进行注浆加固，基坑内回填大量的砂土，加固支撑和立柱，尽快浇筑未破坏部位的钢筋混凝土底板。

5）防治措施

减少该类基坑工程事故，应严格按照规范操作，以预防为主，立足于把基坑工程事故消灭在萌芽状态。应采取以下防治措施：

（1）严格把好勘察设计关

这是保证基坑工程安全的重要前提。前一个时期，基坑工程勘察没有统一的规范可循，而是参照普通工程地质勘察规范的要求进行，深度不够。最近，国家和许多地方相继出台了一系列基坑工程设计规范，对基坑工程的勘察和设计提出了严格的要求；此外，要加强基坑工程设计的宏观管理，上海市就做出了对深度大于 7.0m 的基坑，必须由市建委科技委员会组织专家进行评审的规定。这些都是有利于基坑设计朝着科学化、规范化的方向发展。

（2）强化安全意识，抓好施工环节的管理

建立、健全各种规章制度，严格按照设计和规范的要求编制施工组织设计，确保施工方案的科学性、合理性；严格按照施工组织设计的要求安排施工，确保施工的有序开展。

（3）协调好基坑工程与周边道路、管线和建筑的关系

在基坑设计和开挖前，要广泛收集工程周围的环境资料，认真征求有关部门对各自工程保护的要求，结合当地经验，制定详尽的保护周边环境的应急方案。

（4）重视基坑开挖工程的监测工作

周密而合理监测方案是基坑安全的重要保障。为此，要从思想上高度重视监测工作。基坑开挖前，设计、施工、监理、监测、管线等相关部门要协商制定一个切实可行的监测方案，确定检测要素和报警限值。基坑开挖过程中，实施信息化施工，严格按方案的要求组织监测，准确、及时提供监测数据，正确预测基坑的发展变化趋势，及时发现施工中可能出现的险情，并采取措施解决。

案例 10：广州地铁 3 号线沥滘站塌方事故

2004 年 4 月 1 日，广州地铁三号线沥滘站发生严重的塌方事故，对周围多处居民楼造成严重的危害。

1）事故经过

2004 年 4 月 1 日上午 8：00，建设中的广州地铁三号线沥滘站地下连续墙围护结构突然塌方，车站北端周边地面沉降，大量泥土和支护钢架坠落基坑，塌陷部位占整个车站开挖面积的十分之一，地面下陷了约 12m，塌方面积达 200m²，周围 30 栋居民楼受到不同程度的影响，其中一栋民宅的首层已经深深地陷入地下，并且整个楼体发生了严重的倾斜，附近民居的一条水泥路从中间断开。由于事发前一天已停工，基坑内工作面无人作业，塌陷区域的居民也提前撤离，因此，此次事故没有造成人员伤亡。如图 4.1.3-47 所示。

图 4.1.3-47　塌方现场

2）事故处理

事故发生后，处于塌方周围 30m 范围危险区域内的 22 户居民全部疏散，同时，地铁公司及施工单位立即启动抢险预案，成立抢险工作组。抢险组对事故现场进行了封闭，并安排专门人员维持现场秩序，对车站北端已塌方区域立即进行回填，用砂石、混凝土增加反压，控制塌方范围扩大，在多方配

合下，险情很快得到控制。

3）事故原因分析

该工地临近珠江，地质条件复杂，地层由上至下依次为杂填土、流塑状淤泥和粉质细砂，其中流塑状淤泥和粉质细砂厚度为 8～9m，土层自稳能力极差，地下水丰富。同时，由于近期连降暴雨，砂层含水量加大，加重了地下连续墙背后的土压力而导致事故的发生。发生事故的前一周，该工地已被判定为存在安全隐患，施工单位应对基坑进行加固，然而施工单位的维护措施没有及时到位，也是造成此次塌方的原因。

4）防治措施

（1）基坑的加固措施应具有针对性。本案应首先在连降暴雨时，应加大排水力度，以降低水土压力；其次，采取加固周边土体的措施。

（2）应加强基坑监测。特别是对地下连续墙、周边地表及建筑物的监控、监测，通过反馈的数据分析基坑的稳定性，发现问题及时处理。

4.1.4 其他原因事故案例分析

案例1：临时土方违规堆载事故

1）事故概况

莲花河畔景苑 2009 年 6 月 27 日 5 时 30 分，一在建 13 层住宅楼发生楼体倾覆事故，（图 4.1.4-1 和图 4.1.4-2）事故造成一名工人身亡。

图 4.1.4-1 住宅楼垮塌近景

除倒塌大楼外，附近其他在建的 10 栋楼均未发生倾斜、沉降等问题。经权威部门检测，事故楼周边地下煤气管道、电缆、水管等，没有任何渗漏、断裂、移位等问题，发生次生灾害的可能性极小，实际也未发生。

2）事故过程及原因分析

住宅楼邻近地下车库开挖施工不当，将废弃土体堆积在 13 层住宅楼与河道边的空地上，违规过高堆积土体（达 10m 高），导致河道防汛墙偏移。26 日水务公司曾组织抢修，但均未重视防汛墙保护，13 层住宅楼的另一侧的地下车库施工对邻近场地产生扰动，超重堆载引起土层滑移（图 4.1.4-2）。

26 日北侧河道防汛墙发生滑动，邻近破坏段长达 83m，滑向河道 4m 多，周边土体松动（图 4.1.4-3）。

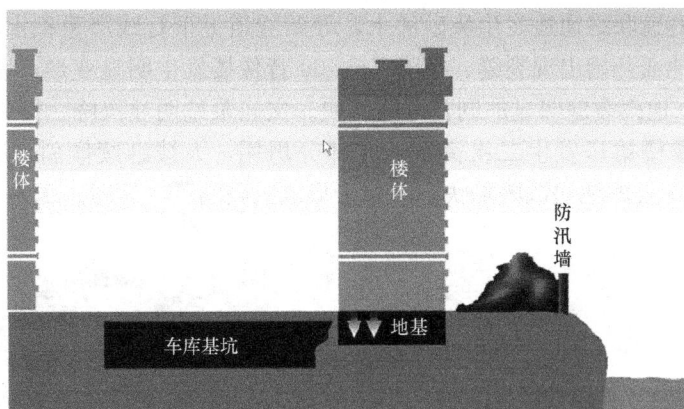

图 4.1.4-2　住宅楼地基示意图

图 4.1.4-3　防汛堤垮塌

26 日晚上海降雨，雨水渗入地下浸泡土体，致使土体强度降低，雨水渗流使得地面以下 5、6m 深的土层产生滑移，滑移土层对管桩产生水平推力，预应力管桩抗水平力很差，极易折断。

26 晚，桩基发生水平滑动剪切，房屋向西南方向倾斜。水平滑动雨水渗流，邻近车库侧发生房屋倾斜，管桩被滑移的土层剪断，房屋底部桩基水平剪断，一侧桩基发生拔断破坏。房屋向地下车库坍塌方向倾覆，河道侧的管桩变成抗拔受力状态。

27 日凌晨 5：30，房屋底部桩基拔断破坏，连根拔起。这幢 13 层住宅楼房屋立刻整体倒塌。

3）抢险方案

卸堆土、填基坑。

案例 2：施工措施失效事故

1）事故概况

2003 年 7 月 1 日凌晨 6 时，上海轨道交通 4 号线旁通道工程施工作业面内，因大量水及流砂涌入，引起隧道部分结构损坏及周边地区地面沉降，造成三栋建筑物严重倾斜，防汛墙局部塌陷，导致防汛墙围堰管涌，直接经济损失初步估算为 1.5 亿元人民币左右。

事故经过如下：

凌晨时分，隧道联络通道发生流砂涌水，导致隧道上下行线严重积水，有泥沙进入。以风井为中心的地面开始出现裂缝、沉降。6：00 音像楼发生明显变形，墙面开裂，房屋开始倾斜。7：30 地面裂缝明显加剧，沉降加快。文庙泵站明显沉降、倾斜，风井也明显沉陷。9：00 音像楼裙房发生二次突沉，并部分坍塌，大楼继续倾斜，墙面开裂加剧。15：00 以风井为中心的地面沉陷加快，并逐步形成沉陷漏斗（见图 4.1.4-4）。

图 4.1.4-4　地面沉降和文庙泵站倾斜

坍塌范围扩展到董家渡路、中山南路、外马路、防汛墙。20：00 时防汛墙也开始出现裂缝，沉降进一步发展。7 月 2 日～3 日，险情进一步发展和扩大：隧道内继续大量进水，水位上涨速度较快，约每小时涨移 15m（100L/s）。管片损坏程度进一步扩展，并有管片连接螺栓绷断的响声传出。地面沉陷的范围和深度在进一步扩大，以风井为中心的地面从沉陷漏斗发展成塌陷区，最深达 4m，临江大厦门口地面塌陷最深处约 2m，董家渡路面沉陷达 1m，中山南路明显下沉，地面开裂发展加快。音像大楼倾斜加剧，楼板断裂；文庙泵站发生突沉；临江大厦沉降速率加快，沉降量达 12.2mm，地下室出现裂缝（图 4.1.4-5）。

图 4.1.4-5　地面塌陷和积水

河床严重扰动、下沉、滑移，近 30m 防汛墙倒塌，近 70m 防汛墙结构严重破坏，黄浦江水冲入塌陷区、冲向风井，并进入地下隧道，加剧险情发展。在采取了各项紧急措施后，7 月 4 日～5 日，险情发展才趋于平稳。

2）事故原因

专家组认为：《冻结法施工方案调整》存在缺陷，施工中冻土结构局部区域存在薄弱

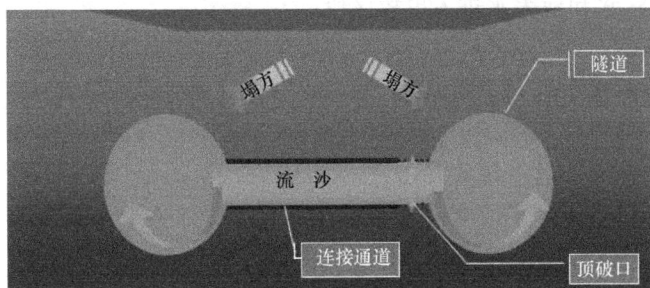

图 4.1.4-6 事故原因示意图

环节，又忽视了承压水对工程施工的危害，导致承压水突涌，是事故发生的直接原因，见图 4.1.4-6。

（1）施工方改变开挖顺序

实际上在 2003 年 6 月底，轨道 4 号线浦东南路～南浦大桥段上下行隧道的旁通道上方一个大的竖井已经挖好，在大竖井底板下距离隧道 4～5m 处，还需要开挖两个小的竖井，才能与隧道相通。按照施工惯例，应该先挖旁通道，再挖竖井。但是施工方改变了开挖顺序，这样极容易造成坍塌。事故发生时，一个小竖井已经挖好，另外一个也已开挖 2m 左右。

（2）断电导致温度回升

隧道施工时使用的冷冻技术，相当于一个大的冷却塔，利用氟利昂、盐水等冷却剂循环制冷，将土层冷却到−10℃才能开挖。事故发生前，冷冻的温度已经达到所需温度，但是 6 月 28 日制冷设备因断电出现故障，温度缓慢回升。到 6 月 30 日为止，由于工人继续施工，向前挖掘，管片之上的流水和流沙压力终于突破极限值，并在 7 月 1 日出现险情。

（3）地下承压水导致喷沙

上海地层属于典型的软土地基，黄浦江两侧沙土分布比较广，大约分布在浦东浦西两侧 10～20m 左右。在上海地下进行作业，就像在蛋糕上做文章，很容易遇到流沙、沉降等情况。因此"冻结法"施工是解决松软含水地层水平隧道施工的可靠技术。但是工程地质看不见摸不着，稍不注意就会出大问题。

3）采取措施

（1）向隧道内灌水、尽快形成和保持隧道内外水土压力平衡

专家组在险情发展过程中，对险情造成的最大损害做了分析。专家组一致认为阻止险情发展最重要的措施是封堵隧道、向隧道内灌水，尽快恢复和保持隧道内外的水土压力平衡，见图 4.1.4-7。

① 设立钢筋混凝土封堵墙，架设支撑和预埋水管。

② 设置隧道混凝土塞。

为防止隧道塌陷延伸，7 月 4 日和 7 月 5 日在塌陷范围西南侧区域处上下行线隧道顶钻孔，并向隧道内灌注混凝土。

③ 跟进向隧道内灌水

随着水泥封堵墙完成和钢筋混凝土封堵墙施工，从 7 月 2 日晚开始在消防队的配合与帮助下及时跟进向隧道内灌水，不断促使隧道内外的水土压力平衡，保护隧道管片，并通过水压自动监控系统，实时检测水位、水压和流量。

（2）防止黄浦江水和地表水进入事故区段

① 抢筑防汛围堰。

② 采用旋喷桩对渗水处紧急封堵。

③ 在主堤内侧增设拉森钢板桩。

④ 对主堤和内侧地面进行注浆。

⑤ 全面加固防汛主堤，采取吹泥管袋镇压棱体，土工布和麻袋混凝土罩面，全面加固防汛主堤。

图 4.1.4-7　围堰内侧打钢板桩和主堤加固

案例 3：支护结构超期服役事故

1）基坑概况

该基坑设计深度 6.5～8.0m，采用土钉墙支护，2004 年底基坑主体已开挖至地面以下 5m，下部 2.0m 左右土体暴露却未做处理。由于多种原因，本基坑开挖至-5m 后一直停工，至基坑侧壁局部出现坍塌，该基坑暴露时间已达 7 年之久，原支护结构已超过设计使用年限，也未进行任何加固处理。基坑总平面图如图 4.1.4-8 所示。

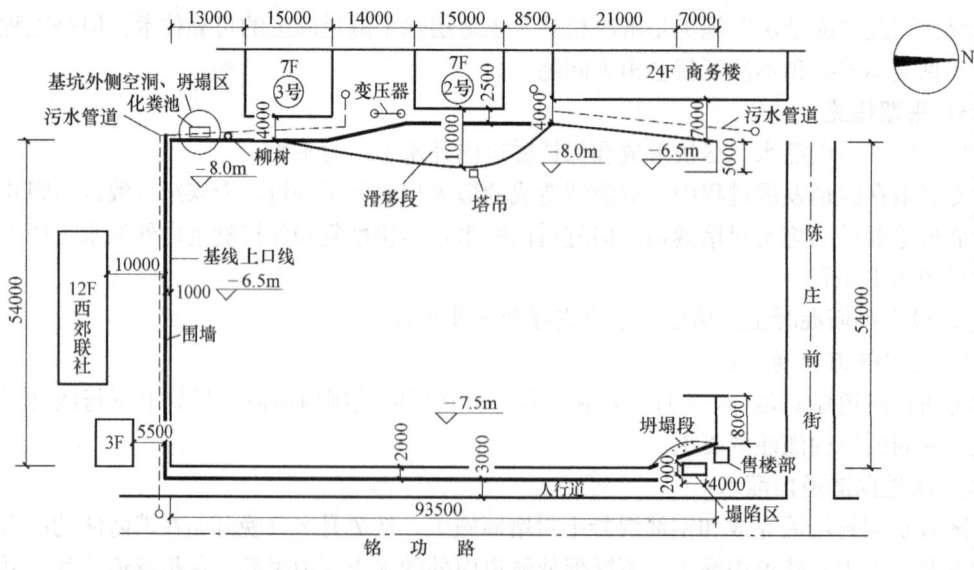

图 4.1.4-8　基坑总平面示意图

2）基坑周边环境

该基坑东侧紧邻铭功路人行道，地下埋设多种管道；基坑南侧东段距 3 层楼约 5.0m 左右，基坑边外埋设下水管道，埋深约 2.0m 左右；基坑西侧距 3 号楼（7F）约 4.0m，距 2 号楼（7F）约 3.0m，地下埋有污水管道和天然气管道等，距商务办公楼（24F）南段约 4.0m，北段约 7.0m。

3）基坑事故及抢险措施

自 2004 年以来，该基坑虽然未开挖到底，但实际深度已达 5m。长期暴露且未采取任何加固处理措施，期间已发生多次不同程度的险情。

2011 年 9 月 10 日～14 日郑州地区连续降雨，14 日凌晨该基坑西边坡大面积滑塌，西坡南段原支护体外侧的土体已形成空洞，东坡北段局部也坍塌至铭功路人行道，东北角围墙外人行道地面局部塌陷，塌陷长度 4.0m、宽 2.0m。

由于坍塌发生在凌晨，没有造成人员伤亡。但基坑旁边一根电线杆倾倒，砸断了电线，引起变压器短路爆炸、着火，导致旁边数幢居民楼停电。

抢险专家组认为，连日降雨在基坑里形成积水，致使基坑坡脚土体软化是导致基坑坍塌的主要原因。抢险的主要措施包括：

（1）调集大功率水泵，抽排基坑内积水。

（2）在基坑坡脚位置处堆填砂袋，对基坑被动区土体进行反压、保护坡脚，防止更大范围坍塌。

（3）破除基坑北侧局部围墙，同时在基坑北部填土开路，确保大型抢险机械能够进入工地现场。

（4）为确保抢险人员生命安全，抢险过程中将周边的供水、供电、供气暂时切断。

事故发生后，市武警支队、防空兵指挥学院、市消防支队以及民兵和地方预备役共 700 多人组成抢险队伍，调集抢险用石子、砂料 500 多 m³，连续奋战一昼夜，终于控制了基坑险情。

为保证该基坑后期开挖及基坑四周建（构）筑物、管线的安全，需要彻底排除安全隐患，并对该基坑进行加固处理。加固设计时基坑安全等级确定为"一级"。

4）工程地质条件和水文条件

（1）地质条件

依据钻探、静力触探及土工试验成果，可把工程场地内的地质单元自上而下分为如下几层。典型地质剖面图如图 4.1.4-9 所示。

① 填土：杂色，以粉土为主，含有煤渣、碎石块、碎砖块、碎混凝土块等建筑垃圾，局部含少量植物根系，稍湿，松散。为基坑开挖后人工圆填而形成。层底标高 92.07～98.33m，层厚 0.90～2.60m。

② 粉土：黄褐色，土质较均匀，含少量蜗牛壳碎片，见黑色铁锰质氧化物斑点，局部砂粒含量较高，摇震反应迅速，无光泽反应，干强度低，韧性低，稍漫，稍密。层底标高 95.93m，层厚 2.40m。

③ 粉土：黄褐色～灰黄色，土质较均匀，偶见黑色铁锰质斑点，含少量蜗牛壳碎片，摇震反应中等，无光泽反应，干强度低，韧性低，稍湿～湿，稍密。层底标高 90.07～94.30m，层厚 1.20～4.50m。

④ 粉土：灰黄色～灰褐色，土质较均匀，含少量蜗牛壳碎片，局部黏粒含量较高，局部相变为粉质黏土，摇震反应中等，无光泽反应，干强度低，韧性低，稍湿～湿，中密。层底标高 89.36～90.26m，层厚 1.90～4.30m。

④-1 粉土：黄褐色～获黄色，见黑色铁锰质斑点，含少量蜗牛壳碎片，局部砂粒含量较高，摇震反应中等，无光泽反应，干强度低，韧性低，稍湿～湿，密实。层底标高 87.57～90.80m，层厚 1.90～2.80m。

⑤ 粉质黏土：褐黄色～黄褐色，见少量蜗牛壳碎片，见大量白色条纹，含较多浅黄色团块，偶见粒径 5～20mm 的姜石，局部夹薄层粉土，无摇震反应，稍有光滑，干强度中等，韧性中等，可塑。层底标高 85.61～88.43m，层厚 1.00～4.50m。

⑥ 粉砂：褐黄色～黄褐色，长石石英质，含有自云母片，分选性、磨圆度较好，见蜗牛壳碎片，饱和，密实。层底标高 83.83～86.63m，层厚 0.90～4.90m。

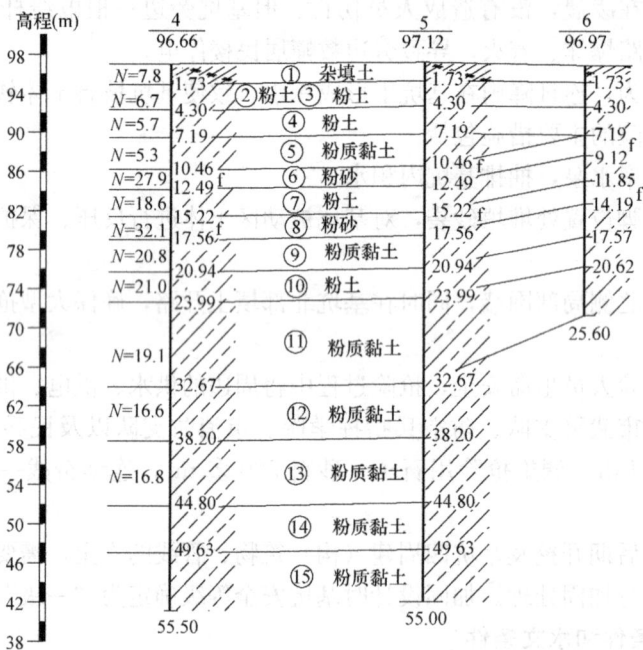

图 4.1.4-9　典型地质剖面图

各土层的主要物理力学参数如表 4.1.4-1 所示。

各土层物理力学参数　　　　　　　　　　　　　　表 4.1.4-1

土层编号	土层名称	重度（kN/m³）	黏聚力 C（kPa）	内摩擦角 ϕ（°）	含水量 ω（%）
②	粉土	17.8	10.0	26.0	15.6
③	粉土	18.6	15.0	25.8	16.6
④	粉土	19.3	12.3	26.2	21.2
④-1	粉土	19.7	11.0	25.8	19.3
⑤	粉质黏土	20.1	30.2	16.3	21.3

（2）水文条件

根据勘察结果，在勘察深度范围内所揭露地下水为第四系潜水，勘探期间地下水稳定水位埋深 2.6～8.3m。

5）基坑支护方案

总体设计：该支护设计适用期限为一年，不适用于永久性支护。基坑深度 6.5～8.0m，基坑侧壁安全等级为一级。基坑加固采用预应力锚杆复合土钉墙支护、注浆加固的形式。基坑加固处理支护平面示意图如图 4.1.4-10 所示。

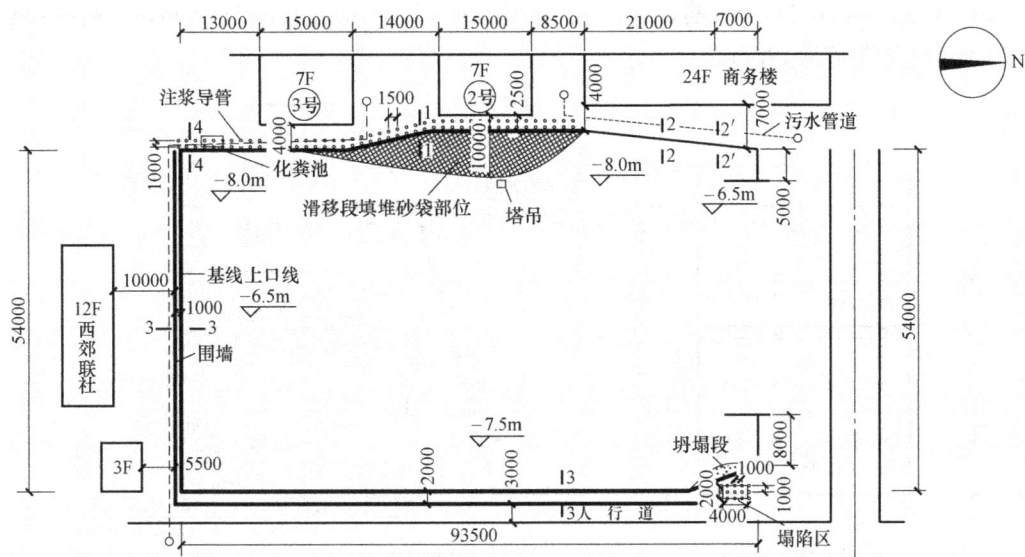

图 4.1.4-10　基坑支护平面示意图

1—1 面：原支护结构已全部坍塌，该段不考虑主体施工作业面，局部影响主体施工的多余土方采用机械稍作清理，随坡就势，采用土钉（锚管）墙支护，坡顶地面及侧壁松散土体进行注浆加固。

2—2 剖面：位于 24 层商务楼部位，商务楼南半部距基坑边约 4.0m，商务楼北半部距基坑边约 7.0m。该段已采用土钉墙支护，虽未坍塌，但原支护结构已超过使用时效，此边坡采用锚管注浆加固，面板铺设钢筋网，喷射混凝土，混凝土厚 10cm。

3—3 剖面：基坑南侧距 3 层楼约 5.0m，基坑边沿地下埋设一条污水管道、基坑东侧距围墙（铭功路人行道）约 2.0m，铭功路的地下管网比较复杂，车流量较大，虽然基坑东、南、北边坡已采用土钉墙支护（垂直坡），因原支护结构已超过使用时效，加之连续下雨影响，经综合分析，在该 3 侧边坡保持现有坡面的基础上，采用预应力锚杆复合土钉墙加固。

4—4 剖面：位于基坑西南角化粪池部位，该段边坡内土体因长期被污水侵蚀，土体松散，下半部已坍塌，该段采用预应力锚杆复合土钉墙支护，侧壁及坡顶注浆加固，并基坑边沿的柳树上冠削掉。

基坑西侧滑移段及基坑东北角塌陷处采用地面注浆加固。注浆加固须在支护结构完成至地面以下 4.5m，面板混凝土强度达到 60% 时方可地面注浆，地面注浆之前，应查明地下排水管道、燃气管道、化粪池位置及埋深后，并根据其位置布设孔位，成孔与锚杆（土钉）同时进行，地面注浆导管设计深度 9.0m，采用由直径 48mm 钢管，溢浆孔段长度

4.0m，采用 PC32.5 水泥，水灰比 0.6。基坑加固处理典型剖面如图 4.1.4-11 所示。

6）土钉墙设计及施工

（1）土钉墙采用人工洛阳铲成孔，孔径 100mm。按设计的孔位布置，如遇障碍物可以调整孔位。土钉无法施工时，可采用 φ8×2.5mm 钢管代替土钉。土钉材料采用 φ20 钢筋，每间隔 2.0m 焊接一组对中支架。对中支架用 φ6.5 钢筋制作。

（2）钢筋网采用 Φ6.5 钢筋，间距 250×250mm，竖向搭接长度 300mm，横向搭接长度 200mm，允许偏差 10mm。

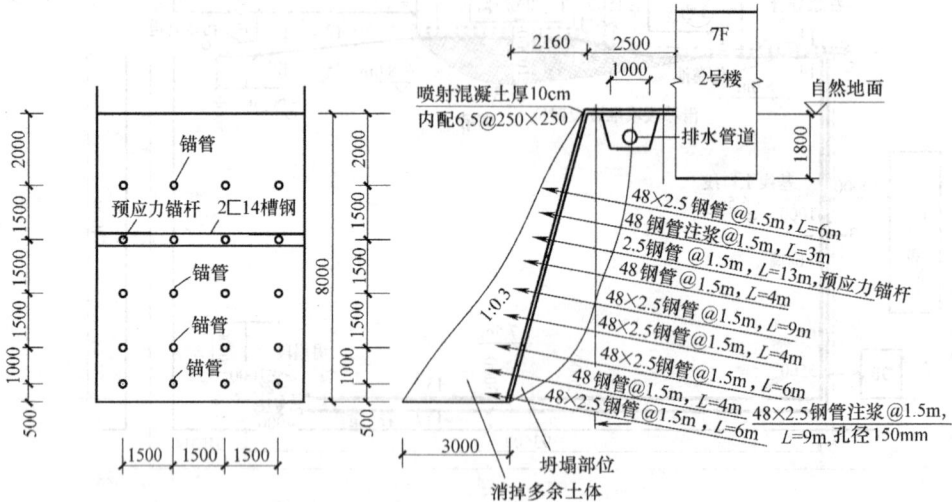

图 4.1.4-11 基坑支护典型剖面图

（3）加强筋采用 φ14 钢筋，在钢筋网上与土钉钢筋焊接，加强筋必须与土钉主筋焊牢，外焊锚头，锚头材料同土钉，长度不小于 3cm，加强筋搭接要有一定的焊接长度，达到 l0d，单面焊接。

（4）土钉注浆采用纯水泥浆，注浆水灰比 0.5 左右。

（5）喷射混凝土采用 P.C32.5 水泥，中砂，0.5～1.0cm 碎石。喷射混凝土厚度 10cm，强度 C20，配合比如下：水泥：中砂：碎石＝1：2：2。

7）基坑监测情况

监控内容

根据《建筑基坑支护技术规程》JGJ 120—2012 第 3.1.3 条本工程基坑安全等级为"一级"。根据基坑周边环境条件，监控内容包括：

（1）基坑支护结构坡顶的水平位移、竖向位移监测；

（2）基坑东侧铭功路、基坑西侧 2 号、3 号楼、24 层商务楼、基坑南侧 3 层楼、12 层西郊联社楼的沉降监测。

变形警戒值

（1）支护结构顶部水平位移＜20mm，并小于 2mm/d；

（2）支护结构顶部竖向位移＜10mm，并小于 2mm/d；

（3）支护结构最大水平位移＜40mm，并小于 2mm/d；

（4）基坑周边地表竖向位移＜20mm，并小于 2mm/d。

该基坑侧壁加固处理已完成，施工过程中支护结构及周边地面变形均小于 15mm，没有产生新的险情。

8）分析

《建筑基坑支护技术规程》JGJ 120—2012 第 3.1.1 条规定：基坑支护设计应规定其设计使用期限。《建筑深基坑工程施工安全技术规范》JGJ 311—2013 第 3.0.1 条也将设计使用年限超过 2 年的基坑规定 2 为"施工安全等级一级"基坑。这些规定使得基坑安全管理责任明确，有利于业主管理基坑的使用和维护。

该案例基坑废置多年，险情多发，并最终导致较严重的事故，造成一定的社会影响。该基坑抢险措施和后期的加固处理方案对类似基坑工程具有参考意义。

案例 4：地基破坏导致构筑物倒塌

加拿大某容量为 2500t 的饲料筒仓，建于黏土地基上。在首次使用时，由于填料太快，在地基土层尚未充分固结，导致地基发生破坏，使筒仓瞬间倒塌（图 4.1.4-12）。

图 4.1.4-12　地基破坏筒仓倒塌

案例 5：搅拌车翻入基坑事故

2011 年 4 月 8 日，在昆明某工地，一辆满载混凝土的搅拌车在工地一下坡路段倒车时，不慎翻入深 2～5m 的工地基坑，驾驶员在事故中不幸身亡（图 4.1.4-13）。

案例 6：铲车翻倒基坑事故

2005 年 9 月 4 日，北京某综合工程工地内，一辆铲车从地面驶下地基坑时，突然冲破护栏翻倒在坑内，车内司机当场死亡，正在坑内作业的一名工人被砸成盆骨骨折（图 4.1.4-14 铲车翻倒基坑）。

案例 7：塔吊基座坑塌方工人被埋身亡

一名年轻工人在工地塔吊基座坑内施工时，突遭塌方被埋身亡。事发现场为一座水平开口约 $10m^2$、

图 4.1.4-13　搅拌车翻入基坑

深约 6m 的塔吊基座深坑，坑口堆满黄土，未设防护栏，坑底的塔吊基座主体已浇灌完毕，坑壁也未设置挡板，发生垮塌的土方位于基坑北侧。事故发生时，该工人正在塔吊基坑里清理积土，坑壁塌方后身体完全被埋。见图 4.1.4-15。

事故原因分析：一是该地块的土质原本就很松软，特别是刚刚下过雨，土质更加松散；二是坑口周围堆满黄土，堆土超出了坑壁土方的承载能力。但主要原因是管理不当，管理人员交底不清甚至未交底，至使工人下坑清土，坑壁应设置而未设挡板，当坑壁塌方时，工人被埋。

案例8：工程桩挤土险情事故

图 4.1.4-14　铲车翻倒基坑

某基坑维护险情

1）工程概况

该项目位于某市西南角，北邻城市主要道路，开挖深度不深，仅为 4.63m，桩基采用静压预应力管桩，基坑北侧的道路有煤气管、污水管、雨水管等地下市政管线，其中煤气管距本基坑距离最近，距轴线仅 5.0m，埋深 1.2m，需特别注意确保安全。南侧有一待拆办公楼，沉管桩基础（图 4.1.4-16）。

根据地质勘查报告，该基坑场地土层分布特点如下：

1 层杂填土：褐灰色，湿，松散。呈粉质黏土性，含较多砖块、碎石、石灰渣、煤渣等生活、工业垃圾，局部为混凝土地坪。层厚 1.80～3.80m。

2 层黏土：灰黄色，饱和，软可塑。含氧化铁斑点。层厚 0.0～2.5m。

3-1 层淤泥质粉质黏土：灰色，饱和，流塑。含较多有机腐殖质条带及植物根茎残骸。层厚 3.90～8.15m。

3-2 层淤泥质粉质黏土：灰色，饱和，流塑。含较多有机腐殖质条带或斑点。层厚 4.0～11.60m。

3-3 层淤泥质黏土：灰色，饱和，流塑。

图 4.1.4-15　坑壁塌方工人被埋

含较多有机腐殖质斑点及少量贝壳碎屑。层厚 4.30～11.10m。

基坑开挖深度影响范围内土层主要土工指标见表 4.1.4-2 所示。

本工程基坑围护拟采用钻孔灌注桩，一道钢筋混凝土支撑，一排水泥搅拌桩止水。考虑到造价因素，且东侧邻近其他项目基坑已先开挖，南侧办公楼为暂保留建筑，经协商，东侧和南侧拟采用沉管灌注桩代替钻孔灌注桩，后因场地原因改为管桩。最终实施的维护方案如下：北侧、西侧采用 Φ600@1000 钻孔灌注桩，桩长 9m，东侧、南侧采用 Φ500@1000 管桩，桩长 10m。桩顶标高在天然地面下 1.8m，支撑位置在桩顶。水泥搅拌桩桩长 6m，Φ700 双头搅拌桩搭接 200。

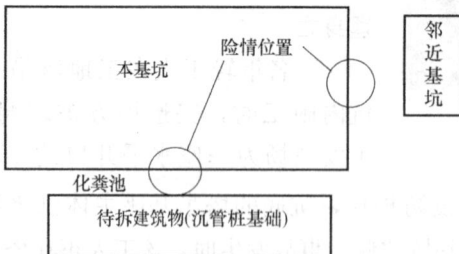

图 4.1.4-16　基坑周边环境平面示意图

2）险情经过

在静压桩施工中，为确保北侧道路管线安全，采取从北向南压桩的顺序。压桩施工中发现南侧办公楼门窗开启困难,室内地坪隆起开裂。开挖后发现南侧办公楼下水管及化粪池严重破裂,生活用水全部渗漏地下。

土层主要土工指标　　　　　　　　　　　　　表 4.1.4-2

序号	土层名称	W(%)	γ(kN/m³)	E	$\alpha_{1\sim2}$ (MPa^{-1})	Φ(°)	c	(kPa)
1	填土							
2	黏土	47	0 17	4 1	315	0.74		
3-1	淤泥质粉质黏土	48	6 17	8 1	293	1.02	9.0	9.8
3-2	淤泥质粉质黏土	39	6 18	2 1	080	0.77	10.5	8.5
3-3	淤泥质黏土	52	7 16	9 1	487	1.16	10.0	13.3

基坑挖土分两步进行,首先挖除上层 1.8m,做支撑围檩,然后再一次挖除剩余的土到设计标高。当第一层土挖除后,东侧发生较大的位移,坑外地坪下沉 20cm,与邻近基坑间的围墙倒塌,发现相邻项目在围墙边堆了大量的钢模板,经与邻近单位协商,移去钢模板,并用脚手架片做临时围栏。南侧中段也出现较大位移并在坑外地面出现裂缝,当时认为主要原因是该处车道水泥搅拌桩刚打完不到一周,水泥土搅拌桩不仅没有强度,而是对坑外土有扰动,当时未引起足够重视,采取的措施是及早浇筑支撑。

当支撑形成后,一次性开挖到底,未及时铺块石做垫层,发现南侧中段围护桩出现较大的脚踢位移,桩底位移达 50cm,坑外地面下沉达 40cm,支撑端部开裂。东侧部分超载严重,在超挖接桩时,东侧也发生较大脚踢位移,支撑出现裂缝。

3）原因分析

险情发生后,经认真分析后认为,引起该基坑发生险情的主要原因有:

(1) 首先,场地土层地质情况极差,原来虽是厂区拆除,但几十年前还是茭白塘。场地土质不均匀,不排除东侧和南侧中部土质特别差的情况。

(2) 本项目工程桩采用静压管桩,打桩顺序由北向南,而南侧暂保留的办公楼又是沉管桩基础,东侧邻近项目也是采用管桩基础。因此东侧和南侧挤土现象严重,对土的扰动大。

(3) 东侧和南侧因没有重要管线和需保护的建筑物而未引起足够重视,在围护方案中东侧和南侧采用了进一步加强挤土的管桩围护,对两侧土体扰动增强。

(4) 开挖时间过早,本项目因管桩压桩不顺利,拖延了大量工期,在后继的基坑开挖中想赶工期,在南侧车道水泥搅拌桩围护施工后 3 天即进行基坑挖土,水泥搅拌桩不仅没有强度,而且对坑外土有扰动。

(5) 南侧化粪池及水管破裂,污水全部渗入地下,土体长期浸泡在土体中,土质软化严重。

(6) 与东侧相邻项目未能及时沟通,导致相邻工地在围墙边堆放大量钢模板,增加荷载。

(7) 东侧先开挖的相邻基坑在靠近我方基坑处曾发生坍塌,土体经过扰动。

(8) 原先商定先施工塔吊,然后挖支撑以下的土,后因塔吊租借方原因推迟进场,而挖土方又迫不及待挖土,导致在南侧立塔吊时,南侧中部已开挖到底,而汽车吊刚好停在该处坑外起吊塔吊水平杆,增加了坑外荷载。下午立塔吊,晚上即发现较大位移。

(9) 施工方开挖后未能及时铺块石做垫层,东侧有几根工程桩超送,需要超挖接桩。

(10) 有部分工程桩送桩不到位,而在浇注支撑前又没有凿除,将送不到位的工程桩与支撑浇在一起,有的离围护桩很近,限制了支撑的弯曲变形,使支撑受到剪切破坏。

4) 处理措施

根据以上分析,经各方协商,决定采取以下措施:

(1) 首先在坑底靠近围护桩堆装土草包,连夜抢险。

(2) 在东侧和北侧基坑外能卸土的地方尽量卸土。卸土采用人工进行,避免挖土机械对基坑产生附加荷载。

(3) 南侧基坑外挖集水井用潜水泵排水,将地下蓄积的污水及时排除。

(4) 将支撑着水平撑的工程桩及时凿除一段。

(5) 将受损的支撑用外包角钢焊接包箍后浇筑混凝土的办法加固。

(6) 分段移去草包袋,及时铺块石做混凝土垫层,在后继的开挖中挖到底板底先铺块石做垫层,留出承台地梁位置,边挖边砌砖胎模。

经以上措施,基坑开挖得以顺利进行,垫层完成后,因部分工程桩(管桩)需处理,底板施工延长很长一段时间,基坑位移稳定,没有新的发展。

5) 结论

从上述工程实例中,可以得到以下几点经验和教训:

(1) 管桩施工对软黏土扰动大,使用管桩的工程在基坑开挖中应引起特别重视。经过压桩扰动的土体强度有很大程度的减弱。

(2) 对于基坑开挖初期发现的前兆应足够重视。本工程两处发生险情的位置都在第一次开挖1.8m时发生较大位移,若当时引起足够重视,及时对坑底土作加固处理,可以避免出现后来的险情。

4.2 深基坑工程事故总结

深基坑工程正逐渐呈现"深、大、紧、近"的特点,基坑深度大,面积大,场地紧凑,建(构)筑物和地下管线等设施密集,环境复杂敏感,基坑工程的环境风险增加,在开发调研阶段、设计阶段、施工阶段都存在影响安全和质量的问题。

4.2.1 深基坑工程事故综合分析

1) 存在问题

在工程开发调研、设计、施工阶段存在下列实际问题:

(1) 邻近旧建筑、重要建筑或保护性建筑。

(2) 基坑靠近马路、道路下布设有市政管线。

(3) 周边为重要地下设施和管线。

(4) 建筑物密集区,多个基坑先后施工。

(5) 相邻基坑相互影响的原因,造成邻近房屋倾斜、沉降,甚至结构开裂。

（6）降水不当产生道路沉陷，管线开裂。

（7）保护要求高、费用高。

（8）基坑先后施工对周边环境的累积效应。

（9）先后建设顺序和相互保护问题的协调。

2）事故原因分析

综合上述因素分析，深基坑事故原因归纳为：建设方开发建设行为不规范；设计方为迎合建设方需求，选择风险大的支护方案；围护设计方案不切实际，施工可操作性差；施工阶段风险控制薄弱。

（1）建设方开发建设行为不规范

工程周边环境资料调查不清，保护要求不明确。周边环境情况和环境保护要求是基坑工程的重要设计依据。同样开挖深度的基坑，由于环境情况不同，支护形式可能大不相同，工程投入也可能千差万别。

主要原因

① 建设单位主观忽视；周边建（构）筑物基础资料调查；存在操作上的难度：档案缺失；产权人阻挠调查等。如图 4.2.1-1 所示。

② 为追求地下空间开发利益最大化，地下室结构外边线与用地红线距离往往非常接近，甚至小于规划允许的最小值，导致基坑边距离周边需要保护的建（构）筑物较近，环境保护难度增大（图 4.2.1-2）。

图 4.2.1-1　建筑物外景

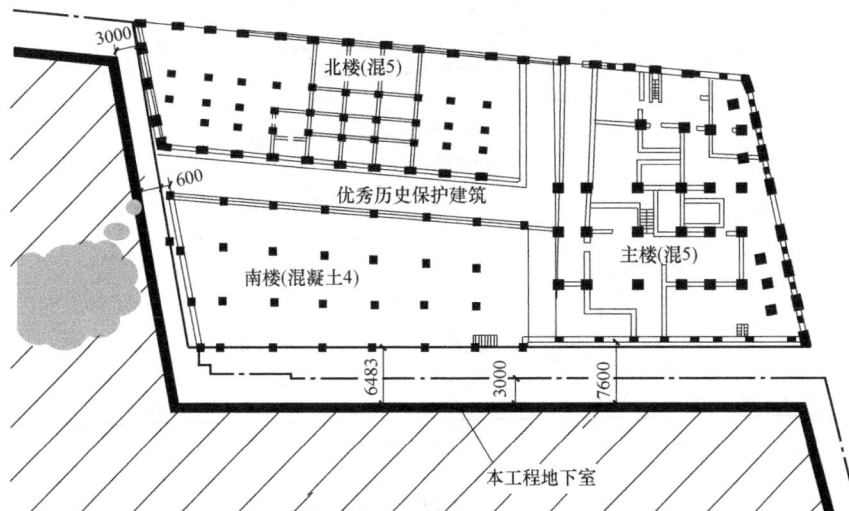

图 4.2.1-2　建筑物周边环境示意图

③ 为了配合建设开发进度，施行"先浅后深"的施工顺序，加大了基坑变形控制难

度，甚至引发工程事故；如：莲花河畔倒楼事故，施工顺序"先浅后深"：待住宅结构已经封顶后，再开挖住宅之间的地下车库（图 4.2.1-3）。

④ 为了降低容积率，采用高填土的方式将地面标高抬高形成半地下室，堆土引发的工程事故层出不穷。某工程高填土造成别墅地基南北侧存在较大的竖向压力差，引起房屋向中间小区道路倾斜（图 4.2.1-4）。

图 4.2.1-3 莲花河畔倒楼

图 4.2.1-4 某工程半地下室

（2）设计方为迎合建设方需求，选择风险大的支护方案

① 开挖深度在 8～10m 基坑的支护方案选择（图 4.2.1-5）

钻孔灌注排桩、型钢水泥土搅拌桩；钢管、双拼型钢、钢筋混凝土水平支撑、中心岛法施工，设斜抛撑；一道支撑、两道支撑。

图 4.2.1-5 某工程周边环境示意图

② 设计考虑不周带来的问题

地下室位于小区道路侧下方，设计未考虑路面绿化堆土荷载，引发工程事故（图 4.2.1-6）。

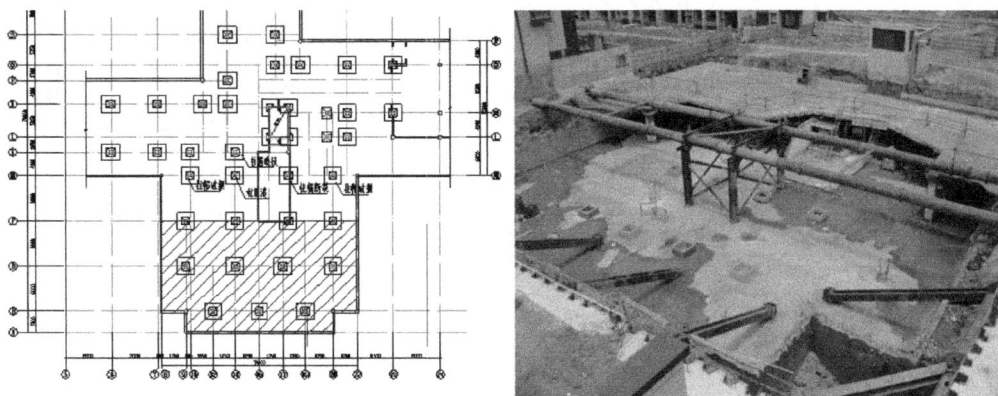

图 4.2.1-6　青浦某工程地下室顶板塌陷

（3）围护设计方案不切实际，施工可操作性差

① 钢围檩连接（图 4.2.1-7）

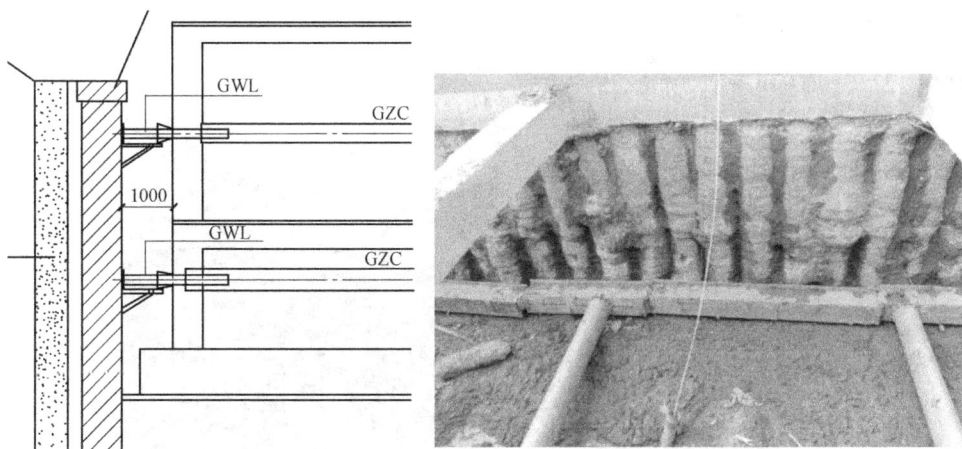

图 4.2.1-7　某工程围檩

② 栈桥设置问题：为建设方节省造价而不设栈桥；栈桥线路设置不合理，导致土方车辆长距离倒车；栈桥设置过窄，汇车不便（图 4.2.1-8）。

（4）施工阶段风险控制薄弱

① 渗漏水（图 4.2.1-9）

② 残留地下障碍物，中心城区由于老建筑拆除和新建筑的建造的量比较大，工程建设时经常碰到场地中有地下障碍物的情况：例如废弃的工程桩、地下室、防空洞等。清障引起的土体扰动，引发周边被保护对象的沉降、倾斜等，往往比基坑开挖造成的影响更大。

静安区某基坑工程施工前，发现场地东侧有 7 根长约 31m 的废弃灌注桩与地墙位置重叠，进行拔桩清理时，对环境影响估计不足，导致邻近居民房屋在短期内多处产生墙体贯穿开裂的结构性损坏现象（图 4.2.1-10）。

141

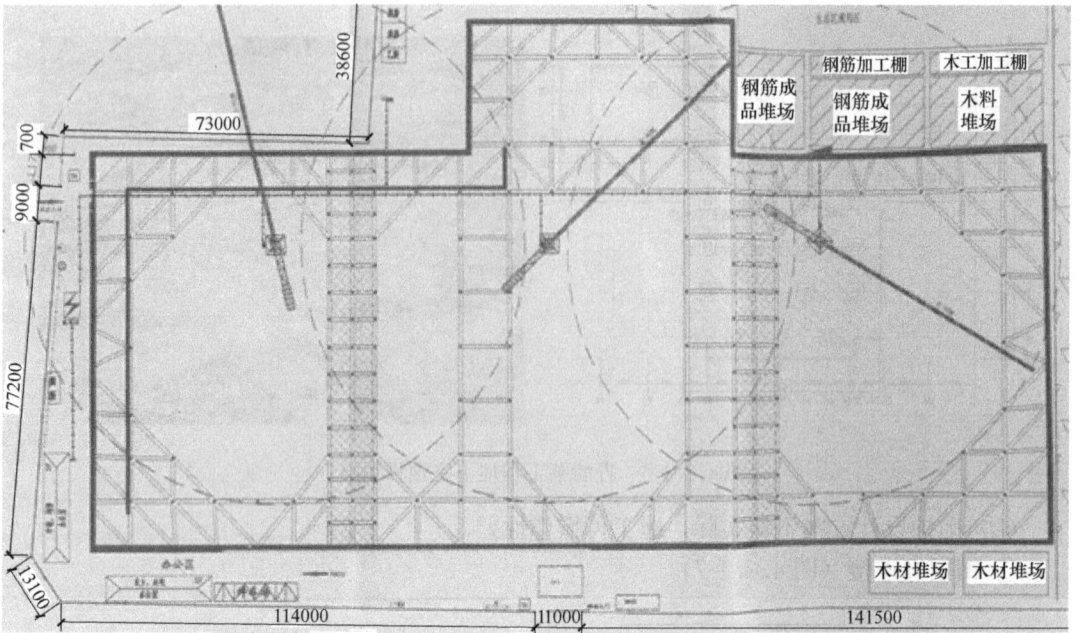

图 4.2.1-8　基坑面积 2 万余平米

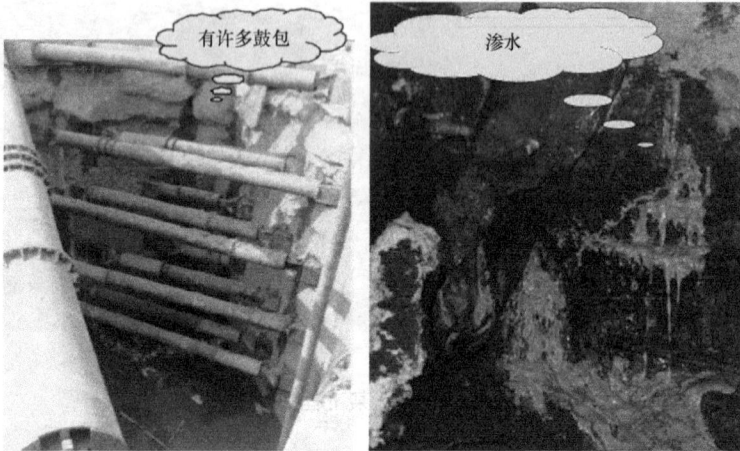

图 4.2.1-9　鼓包和渗水

图 4.2.1-10　静安区某基坑工程

③ 时空效应的忽视

基坑无支撑状态长时间或大面积暴露，基坑工程时空效应概念由来已久，由于计算环节薄弱，除长条形基坑外，时空效应理论一直未能很好地被工程技术人员掌握，并应用于工程实践。由于种种因素，施工现场经常出现基坑无支撑状态长时间或大面积暴露，从而引起基坑和周边环境的较大变形。

另外，一些基坑设多道支撑的深基坑工程，土方开挖后，下道支撑往往由于天气、劳动力、材料等原因不能及时施工，从而造成基坑变形过大。

④ 搅拌桩施工质量差

土体加固质量缺陷，搅拌桩水泥掺量无法保证，围护结构的挡土作用无效；不加水泥空搅拌，未等开挖基坑已有大尺度变形；土体加固未达到效果。

⑤ 降排承压水引发周边环境沉降

随着许多超深基坑的出现，基坑开挖过程中需降排承压水，当围护墙深度无法隔断承压水时，坑外周边环境受影响程度和建（构）筑物的安全就可能被忽略。

⑥ 相邻基坑施工的叠加效应

面积比较大的基坑施工分区域进行，相邻地块的基坑先后施工甚至同步施工，造成基坑变形的叠加效应，对周边环境产生重大影响。

⑦ 重型车辆的影响

施工区域与保留建筑之间道路简陋，地基浅薄，而基坑施工中都有重型车辆行车，在重车影响下，道路下沉变形，造成路下大量管线变形、房屋沉降等发生。

⑧ 设计或施工方案编制者对现场情况不了解

设计方案或施工方案的编制对现场情况的了解不够，在操作上碰到的困难。有些设计或施工方案不具备可操作性，造成施工中真正的执行者和操作者无所适从。有些操作人员擅自改动方案，按自己可以操作的方法施工，引起了整个受力体系发生了很大变化，也造成了一些基坑安全事故现象的发生。

⑨ 坑边超载，建筑材料、土方堆放不当，造成超载见图4.2.1-11。

图4.2.1-11 堆载不当引起旁边建筑物整体倒塌

⑩ 自立式塔吊基础

自立式塔吊基础，不但未做专项塔吊基础加固设计，且发现倾斜时也未采取措施予以纠正，直至事故发生（图4.2.1-12）。

2009年5月21日上午，某工地一塔吊发生倾斜，项目部未采取有效措施，下午

18：50左右，发生倾斜的塔吊向西南方向倒塌时，碰到另外一台塔吊的吊臂，造成吊臂压垮一间工棚，造成工人1死7轻伤。如能对倾斜的塔吊及时采取有效措施，进行纠偏校正，就可以避免塔吊倒塌、工棚压垮和人员伤亡事故的发生。

图 4.2.1-12 某自立式塔吊倒塌现场状况

4.2.2 深基坑工程事故统计

深基坑工程的上述各种原因的破坏或事故共计39例，其中支护体系破坏的案例11例，土体渗透破坏的案例10例，周边环境破坏的案例10例，周边环境破坏的案例10例，其他原因事故的案例8例。详见表4.2.2深基坑工程事故统计表。

深基坑工程事故统计表   表 4.2.2

事故类型	案例数量	事故类型	案例数量
支护体系破坏	11	其他原因事故	8
土体渗透破坏	10	合计	39
周边环境破坏	10		

根据不完全统计，基坑工程事故占建筑工程总事故的 30％以上，伤亡人数占建筑工程事故总伤亡人数的 40％以上，而且基坑工程事故往往是重特大事故，伤亡人数也比较多，因此引起了工程界的高度关注。

4.2.3 深基坑工程事故分类

深基坑工程事故主要分为：支护体系破坏事故、土体渗透破坏事故、周边环境破坏事故和其他原因事故四类。下面对此做简单的介绍。

1）深基坑支护体系破坏

由于基坑周边堆载或施工超载大于设计要求限值或者基坑开挖后，土体沿围护墙体下形成的圆弧滑面或软弱夹层发生整体滑动失稳的破坏，造成围护结构整体失稳或者支护结构剪断，造成围护结构位移变形过大，造成基坑支护体系破坏、垮塌。

（1）基坑围护体系折断事故

主要是由于施工抢进度，超量挖土，支撑架设跟不上，是围护体系缺少大量设计上必须的支撑，或者由于施工单位不按图施工，存有侥幸心理而少加支撑，最后致使围护体系应力过大而折断或支撑轴力过大而破坏或产生大变形。其表现为：

① 立柱桩垂直度偏差大，拆撑后长细比过大，导致立柱桩和支撑失稳。

② 土方开挖：支撑剪断、基坑垮塌。

③ 土方车超载，栈桥破损。

④ 挖土机、运输车辆开过支撑上，导致支撑剪断、基坑垮塌。

（2）基坑围护体整体失稳事故

基坑开挖后土体沿围护墙体下形成的圆弧滑面或软弱夹层发生整体滑动失稳的破坏。表现为：围护施工：槽壁塌方。

图 4.2.3-1 为某基坑边坡及施工道路因超挖，基坑边坡连同塔

图 4.2.3-1 某基坑边坡坍塌现场

吊一起整体垮塌。图 4.2.3-2 为某基坑围护墙垮塌现场。

图 4.2.3-2 某基坑围护墙垮塌现场

（3）基坑围护踢脚破坏

由于深基坑围护墙体插入基坑底部深度较小，同时由于底部土体强度较低，从而发生围护墙底向基坑内发生较大的"踢脚"变形，同时引起坑内土体隆起。表现为：土方开挖放坡较陡，导致滑坡。

（4）坑内滑坡导致基坑内撑失稳

在火车站、地铁车站等长条形

图 4.2.3-3 某基坑围护体倾覆引起周边部分道路坍塌

深基坑内区放坡挖土时，由于放坡较陡、降雨或其他原因引起的滑坡可能冲毁基坑内先期施工的支撑及立柱，导致基坑破坏。图 4.2.3-3 为某工地在基坑开挖和垫层施工中造成北侧围护体倾覆，并引起周边部分道路坍塌，致使通行中断，该事故未造成人员伤亡。经调查认定，这是一起责任事故，事故的直接原因是钢支撑未按设计图纸施工。

2）土体渗透破坏

由于在基坑开挖过程中，围护结构渗水、涌砂、基坑底部突涌、管涌、流砂，或者土体滑动、坑底隆起等土体渗透破坏，造成基坑破坏、垮塌。

（1）基坑壁流土破坏

在饱和含水地层（特别是有砂层、粉砂层或者其他的夹层等透水性较好的地层），由于围护墙的截水效果不好或截水结构失效，致使大量的水夹带砂粒涌入基坑，严重的水土流失会造成地面塌陷。

图 4.2.3-4 为某医院换热站基础工程发生土方坍塌事故，导致 4 人被埋，全部遇难。工地南侧地基上部有一下水管道不停往外漏水，导致地基松软，边坡土方坍塌，这是造成此次恶性事故的主要原因。

（2）基坑底突涌破坏

由于对承压水的降水不当，在隔水层中开挖基坑时，当基底以下承压含水层的水头压力冲破基坑底部土层，将导致坑底突涌破坏。表现为：

① 基坑底部：突涌管涌。

② 土方开挖：槽段接缝渗水、涌砂。

图 4.2.3-4 某基坑因槽壁渗水坍塌

图 4.2.3-5 某基坑坍塌现场

（3）基坑底管涌破坏

在砂层或粉砂底层中开挖基坑时，在不打井点或井点失效后，会产生冒水翻砂（即管涌），严重时会导致基坑失稳。图 4.2.3-5 为某工程基坑因施工道路大面积坍塌，造成基坑围护墙和支撑垮塌。事故没有造成人员伤亡，但现场损毁严重，对周围的一些建筑也造成了一定影响。

3）基坑周边环境破坏

在深基坑工程施工过程中，由于降排水、土方开挖会对周围土体有不同程度的扰动，引起周围地表不均匀下沉，从而影响周围建筑、构筑物及地下管线的正常使用，造成地面道路开裂、地下管线断裂、邻近建筑物沉降、倾斜等，甚至危及基坑本体安全，严重的造成工程事故。

由于地下水降水施工造成地下管线破裂，水管破裂喷水。图 4.2.3-6 为地下水管破裂，自来水喷发。

基坑挖土施工造成支护结构位移，引发周边道路不均匀沉降、道路开裂。图 4.2.3-7 为基坑支护位移导致路面开裂。

图 4.2.3-6　地下水管破裂

图 4.2.3-7　支护位移导致路面开裂

图 4.2.3-8 为某地铁车站基坑在支护结构施工时，因钢支撑垮塌而造成围护墙整体坍塌，引起周边的道路垮塌，正在道路行驶的车辆陷入坑中；正在作业的塔吊倒塌，周围的民房倒塌；正在作业的 10 余名施工人员伤亡，损失惨重。

引起周围地表沉降的因素大体有：

（1）基坑墙体变位；

（2）基坑回弹、隆起；

图 4.2.3-8　某基坑坍塌造成周边道路塌陷、民房倒塌

（3）井点降水引起的地层固结；

（4）抽水造成砂土损失、管涌流砂等。

因此如何预测和减小施工引起的地面沉降已成为深基坑工程界亟须解决的难点问题。

4）其他事故

由于机械设备故障、施工失误或天气等因素造成基坑安全事故。

塔吊倾覆；钢筋笼起吊散架；高处坠落；支撑底模坠落伤人；栈桥或基坑坡顶临边防

护跌落；监测点破坏，无法信息化施工；台风、暴雨等恶劣天气；应急措施不到位；浇筑混凝土时，炸泵等造成的设备损坏、人员伤亡事故。详见本书第 4 章其他原因事故案例分析内容。

参 考 文 献

1. 中华人民共和国住房和城乡建设部文件.《关于印发〈危险性较大的分部分项工程安全管理办法〉的通知》建质 2009【2009】87 号. 2009.
2. 刘国彬，王卫东. 基坑工程手册（第二版）[M]. 北京：中国建筑工业出版社，2009.
3. 龚晓南. 地基处理手册（第三版）[M]. 北京：中国建筑工业出版社，2008.
4. 建筑深基坑工程施工安全技术规范 JGJ 311—2013 [S]. 北京：中国建筑工业出版社，2013.
5. 建筑基坑支护技术规程 JGJ 120—2012 [S]. 北京：中国建筑工业出版社，2012.
6. 中国土木工程学会土力学及岩土工程分会.《深基坑支护技术指南》[M]. 北京：中国建筑工业出版社，2012.
7. 王自力，周同和. 建筑深基坑工程施工安全技术规范理解与应用 [M]. 北京：中国建筑工业出版社，2015.
8. 建筑地基基础工程施工规范 GB 51004—2015 [S]. 北京：中国建筑工业出版社，2015.

第 5 章　深基坑工程事故原因分析与防治

本章第 1 节主要阐述了基坑工程施工的 6 个阶段中可能引起支护体系和周边环境的变形的原因、危害及控制（防治）措施。第 2、3、4、5 四节分别阐述了基坑工程的支护体系破坏、土体渗透破坏、周边环境破坏和其他等几种不同类型事故的分析和防治措施。

5.1　基坑工程施工可产生变形

除基坑开挖可能引起支护体系和坑内外土体产生变形外，实际上在施工全过程中，还可因其他原因产生变形。根据基坑工程施工全过程可能产生的变形的机理、危害及控制方法，可将基坑施工全过程划分为基坑支护结构施工、基坑降排水、基坑土方开挖、基坑使用、支撑拆除、地下水恢复等 6 个阶段，各阶段可能产生变形的机理、危害及控制（防治）方法又各不相同。

5.1.1　支护结构施工可产生变形

1. 支护结构施工可能产生变形、危害及防治

大量工程实践和理论研究表明，支护结构施工可能使土体产生变形，当采用水泥搅拌桩作为基坑截水帷幕或重力式挡土墙时、地下连续墙成槽时、大直径密排灌注桩成孔时以及锚杆施工时均可能导致土体产生变形，其变形产生原因、机理及控制措施见表 5.1.1。

地下连续墙施工引发周边土体位移的影响程度，主要与沟槽的宽度、深度及长度以及泥浆的护壁效果紧密相关。一般认为，由于地下连续墙成槽施工引发的土体的位移占整个基坑开挖变形总量的比例很小，但是，在一些工程中，地下连续墙成槽施工引发的沉降量却占总沉降量的 40%～50%，尤其是对于基坑周边环境保护要求较高的情况，其影响程度需要给予足够的重视。

除了地下连续墙成槽施工对周边土体产生影响外，灌注桩或咬合桩的施工也会对周边地层产生一定的影响。工程实践表明，灌注桩或咬合桩引发周边土体位移不仅包含竖向沉降，还包含水平方向的位移，其中，沉降影响范围约为 2 倍的桩深，最大沉降值一般为 0.05%桩深，而最大侧移的影响范围约 1.5 倍的桩深，对应于灌注桩或咬合桩，其最大位移分别可达 0.08%～0.04%的桩深。

2. 支护结构向基坑内侧位移的预防措施

当支护结构向基坑内侧产生位移，从而导致桩后地面沉降和附近房屋裂缝，边坡出现滑移、失去稳定，应采取以下预防措施：

（1）支护结构挡土桩截面及入土深度应严格计算，防止漏算桩顶地面堆土、行驶机械、运输车辆、堆放材料等附加荷载；

支护结构施工阶段可能产生变形、危害及防治措施　　　表 5.1.1

产生阶段	产生原因	产生机理	变形形式及危害	防治措施
支护结构施工	水泥搅拌桩截水帷幕施工	注水、注浆搅拌导致土体失去强度	地表下沉；邻近建筑物沉降	搅拌桩与建筑物之间设置隔离排桩
		软土中因注浆及搅拌在周围土体中产生超净孔隙水压力	软土地表隆起和侧移；影响邻近管线或荷载小的结构（如围墙）上抬	减小施工速度、减少注水量
	地下连续墙成槽	槽段内泥浆不能补偿槽段开挖前槽壁应力	地表下沉；邻近建筑物沉降；邻近管线变形；邻近地下隧道变形；邻近建筑物、桥梁桩基位移、产生附加弯矩	与建筑物之间设置隔离排桩或隔离墙、减小槽段长度、膨润土泥浆护壁
		塌槽		
	大直径、密排灌注桩成孔	孔内泥浆不能补偿钻孔前孔壁应力		桩实行跳打、设置隔离排桩或隔离墙、膨润土泥浆护壁
		塌孔		
	锚杆施工	高水位砂、粉土中锚杆钻孔过程中水土流失	地表下沉；邻近建筑物沉降；邻近管线变形	锚杆施工时采取防止水砂流失措施；采用其他内支撑形式

（2）灌注桩与截水旋喷桩间必须严密结合，使之形成封闭帷幕，阻止桩后土体在动水压力作用下大量流入基坑；

（3）基坑开挖前应将整个支护体系包括土层锚杆、桩顶冠梁等施工完成，挡土桩墙应达到强度，以保证支护结构的强度和整体刚度，减少变形。

（4）锚杆施工必须保证锚杆能深入到可靠锚固层内；

（5）施工时，应加强管理，避免在支护结构上大量堆载和停放挖土机械和运输汽车；

（6）基坑开挖前，应进行降水，以减少桩侧土压力和水流入基坑，使围护桩产生位移；

（7）当经监测出现位移时，应在位移较大部位卸荷和补桩，或在该部位进行水泥压密注浆加固土层。

5.1.2　基坑降水阶段可产生变形

1. 基坑降排水可能产生的变形、危害及防治

根据实际工程中基坑降排水可能产生的沉降影响，将基坑降水又进一步分为基坑开挖前的降水阶段，基坑疏干降水阶段以及基坑开挖至一定深度、进入承压含水层的降压井抽降承压水三个阶段。各阶段可产生的变形、危害及防治措施见表 5.1.2。关于后两阶段可能产生的变形，一般工程技术人员已较为熟悉，因各种原因也可能引起基坑内外土体变形并造成环境影响，有的甚至造成危害、破坏，如表 5.1.2 所示。

2. 应重视基坑降排水可能产生的变形

在基坑开挖前的降水可能产生的变形，目前尚未被多数工程技术人员认识到，其研究成果较少。对深基坑来说，基坑降水可包括土方开挖前的疏干降水、土方开挖过程中的降水和基坑下伏承压水的降水（压）。某地铁车站基坑采用地下连续墙作为围护结构，基坑周围紧邻多幢居民住宅和一幢四层砖混结构办公楼，其沉降应严格控制。在基坑开挖前

10 天，大里程路段基坑进行降水，由此引发地下连续墙发生侧移，随着降水的展开，地下连续墙发生了悬臂式的位移，墙顶最大位移达到了 9.7mm，可见基坑开挖前的降水对地下连续墙的位移产生了明显的影响，可以相应引起坑外地面和建筑物的沉降。

施工降水全过程可能产生的变形、危害及防治措施　　　　表 5.1.2

产生阶段	产生原因	产生机理	变形形式及危害	防治措施
基坑降水	基坑开挖前的坑内降水	降水导致降水深度范围内土体有效应力增加；在墙产生水平位移前墙两侧降水产生压力差	桩墙产生水平位移引起坑内外地面和建筑物沉降	先设置水平支撑分段（分仓）降水分层降水
	基坑疏干降水	截水帷幕未进入隔水层，导致坑外地下水位下降	地表下沉；邻近建筑物沉降；邻近地下隧道变形；管线变形曲率过大；邻近建筑物、桥梁桩基位移、产生附加弯矩	截水帷幕进入隔水层坑外回灌
		地下水产生自坑外向坑内的渗流，坑外竖向		
	基坑开挖开始后抽降承压水	承压含水层水头下降，有效应力增加		截断承压含水层；减少抽水量；缩短工期，减少承压水水头下降；承压含水层回灌
		弱透水层失水固结		
		相邻含水层产生越流，水头下降，有效应力增加		

5.1.3　基坑开挖阶段可引起的变形

1. 基坑开挖引起的变形、危害及防治

将基坑开挖阶段引起的变形分为围护桩（墙）的水平位移、坑底隆起变形及由二者共同引起的坑内外土体变形，这三者之间是相互关联的。基坑开挖阶段可产生的变形、危害及防治措施见表 5.1.3。

2. 基坑开挖引起周边地面沉陷、建筑物裂缝的防治措施

基坑开挖时，基坑底部的土体产生流动状态，随地下水流一起从坑底或四周涌入基坑，引起基坑周围地面沉陷、建筑物裂缝，应采取以下预防措施：

（1）施工前应加强地质勘察，探明土质情况。

（2）挡土桩墙宜穿透基坑底部粉细砂层。

（3）当挡土桩间存在间隙，应在桩墙背面设旋喷截水桩，避免出现流水缺口，造成水土流失，涌入基坑。

（4）桩嵌入基坑深度应计算确定，应确保围护桩嵌入基坑深度满足设计要求，并使土颗粒的浸水密度大于桩侧上渗动水压力。

（5）截水帷幕设计应使其与挡土桩墙相切，保持紧密结合，以提高支护刚度和起到帷幕墙的作用。

（6）施工中应先采用井点或深井对基坑进行有效降水。

（7）大型机械行驶及机械开挖应防止损坏周边地下给、排水管道，发现破裂应及时修复。

基坑开挖阶段可能产生的变形、危害及防治措施   **表 5.1.3**

产生阶段	产生原因	产生机理	变形形式及危害	防治措施
基坑开挖	桩、墙水平位移	坑内开挖卸荷,造成坑内外压力差; 坑内灌注桩桩孔不回填; 支撑安装不及时; 土方开挖方案不合理; 坑外荷载过大; 水平支撑因温差膨胀、收缩	地表下沉; 邻近建筑物沉降; 邻近地下隧道变形; 邻近管线变形; 邻近建筑物、桥梁桩基位移、产生附加弯矩	合理选择桩、墙及支撑刚度; 及时设置支撑; 合理的开挖方案; 控制坑外荷载
		基坑因开挖深度、坑外荷载、土质条件、土方开挖、坑外注浆等原因造成不对称,基坑发生整体位移	同上	进行考虑不对称的基坑整体设计; 采取减小不对称所产生变形的控制措施
	坑底隆起	坑底地基土承载力不足; 桩、墙插入深度小; 被动区支护结构物向基坑前移(踢脚); 坑底开挖减载土体回弹; 地下水自坑外向坑内渗流; 坑底下承压水的上扬压力	桩墙附加水平位移(引起环境影响同上); 水平支撑的支撑立柱向上位移; 逆作法(盖挖逆作法)施工时中间柱墙出现差异变形并产生附加内力; 工程桩中产生拉应力,严重时工程桩断裂; 降低坑底工程桩竖向承载力与刚度	增大桩、墙插入深度; 被动区土体加固; 坑底隆起变形大的区域设置减小隆起的桩; 分块开挖土方、分块施工基础底板; 缩短基坑暴露时间; 减小地下水渗流的水力梯度; 降低承压水水头

3. 基坑开挖导致支护结构失效、基坑失稳塌方的防治措施

基坑开挖过程中,支护结构失效,边坡局部大面积失稳塌方,应采取以下防治措施:

(1) 挡土桩墙设计应有足够的刚度、强度,并用顶部冠梁连成整体。

(2) 土层锚杆应深入到坚实土层内,并灌浆密实。

(3) 挡土桩墙应有足够入土深度,并嵌入到坚实土层内,保证支护结构的整体稳定性。

(4) 基坑开挖前应先采用有效降水方法,将地下水位降低到开挖基坑底 0.8m 以下。

(5) 应防止随挖随支护,特别要按设计规定程序施工,不得随意改动支护结构的受力状态或在支护结构上随意增加支护设计未考虑的大量施工荷载。

5.1.4 基坑使用阶段可引起的变形

当基坑开挖至设计坑底标高后,进入基坑使用阶段。在这个阶段中,可产生的变形、危害及防治措施见表5.1.4。

5.1.5 基坑拆除支撑阶段可引起的变形

1. 拆除支撑引起的变形

当基坑开挖到底后,随着基础底板的施工,水平支撑可逐渐拆除。已有的工程实践表明,在达到拆除支撑条件前提前拆除支撑、地下室外墙与桩、墙之间回填土不密实、没有按照设计要求在拆除支撑时进行换撑等,均会产生围护桩的附加水平位移,其产生影响与"基坑开挖"中"桩、墙水平位移"产生的影响相同。

基坑使用阶段可产生的变形、危害及防治　　　　　表 5.1.4

产生阶段	产生原因	产生机理	变形形式及危害	防治措施
基坑使用阶段	地面静荷载	堆土、堆料引起附加土压力	地表下沉；邻近建筑物沉降；邻近地下隧道变形；邻近管线变形；邻近建筑物、桥梁桩基位移，产生附加弯矩	控制地表荷载大小、距离
	坑外动荷载	扰动土体，降低土体强度产生超净孔隙水压力		控制动荷载大小、距离；设计考虑动荷载影响
	截水帷幕渗漏	坑外水土流失；排桩与截水帷幕之间桩间土流失		提高截水帷幕质量；及时封堵渗漏点；减小桩距，防止桩间土流失
	坑外注浆（堵漏、注浆纠倾）	桩墙作用在墙体上土压力加大		控制注浆压力；增加坑内支撑；选择合理的注浆介入时间
	土体固结	开挖阶段产生的负孔压消散，土体有效压力减小	坑底隆起变形增加；桩、墙水平位移增大；稳定安全系数减小	分块开挖土方、分块施工基础底板；缩短基坑暴露时间
	土体流变	土体蠕变	桩、墙变形持续增加；	减小基坑工作时间；坑底土体加固；分块开挖土方、分块施工基础底板
		应力松弛	导致主、被动区土体对墙体作用力重新分布	
	温度变化	温差导致水平支撑膨胀或收缩	温度升高导致支撑轴力增加、墙体向外位移并导致土压力增加；反之则墙体向坑内位移	设计阶段予以考虑；对钢支撑进行覆盖；必要时对钢支撑进行浇水降温等措施
		墙后土体冬季冻结	增加墙后土压力、墙体向坑内位移	设计阶段予以考虑

2. 防治措施

按设计要求拆除支撑、按设计要求换撑、回填土按要求压实、在地下室楼板标高处设置混凝土传力带等。

5.1.6　地下水位恢复阶段可引起的变形

1. 停止降水可能引起的变形及防治

（1）当基坑坑底以下分布有隔水层，其下为承压含水层时，如基坑底在承压水水头作用下不满足抗突涌稳定安全系数时，需对隔水层以下承压含水层进行抽排承压水，降低承压水水头以满足坑底抗突涌稳定安全系数。

（2）当基坑底基础及地下室结构施工进度达到停止抽降承压水的条件前停止抽降承压水。将可能导致基础底板上浮，增大基坑底隆起量，对工程桩造成不利影响。

（3）当基坑停止降水时，如已施工的地下结构的重量小于地下水的浮力，还将会引起地下结构上浮。

（4）当地下室外墙与围护桩之间土方回填质量不高，当地下水位上升可造成松散回填土湿陷时，也可能造成围护桩的水平位移，并引起地面沉降，此时，除应保证回填土质量外，还应在围护桩与地下室之间在楼板标高处设置土传力带。

2. 基坑变形应施工全过程控制

对基坑变形的严格控制应考虑其施工全过程可能产生的变形。同时，基坑降水、基坑开挖引起的支护结构变形和坑内外土体变形之间是相互关联的，欲控制某一种变形，需要同时考虑直接对需控制的变形和其相互关联的变形的控制。例如，控制坑底隆起量，可对围护桩（墙）的变形和坑内外土体沉降起到减小作用。

5.2 深基坑支护体系破坏与防治

5.2.1 土钉墙及复合土钉墙支护

1. 土钉墙及复合土钉墙的质量安全问题与防治

土钉墙及复合土钉墙在施工中由于各种原因产生的质量安全问题，使土钉墙支护体产生隐患，甚至坍塌破坏。

（1）土钉注浆效果差

施工中最常见的问题是土钉注浆质量无法保障，采取以下防治措施：

① 当软土或粉土、粉砂中出现成孔困难、局部塌孔或注浆效果差时，可将传统的螺纹钢筋土钉改为直径为 48mm 壁厚 3mm 花钢管直接打入土中，在花管中注浆。注浆时，首先进行低压注浆，压力控制在 0.2MPa 以内，待水泥浆液初凝后进行二次注浆，提高注浆压力。

② 当土层中存在块石等障碍物影响成孔时，可改成击入式土钉或选择其他支护方式。如果局部地段障碍多，土钉设计方案无法实施，施工单位须及时告知设计单位，修改原设计方案。

③ 土钉置入土中后，须及时进行注浆，注浆要连续、饱满。

④ 土钉锚固体的强度达到设计强度后才能进行下一层土方开挖；至少间隔 24h 以上。

⑤ 地层复杂时，须对土钉进行抗拔试验，检验实际的抗拔力是否满足设计要求。

（2）土方超挖与挖土过快

在土方开挖过程中，由于赶施工进度或为了施工方便或疏于管理等，常常出现土方超挖或挖土过快等现象，因此土方分层开挖的厚度须满足同一层土钉施工要求。一般黏性土中，分层开挖不要超过 2m；软土中不要超过 1.2m。砂性土、软土由于黏聚力小，若分层厚度太小，无土钉施工时间，须设置超前支护。土方开挖作业五原则"分段、分层、适时、平衡、对称"中，前三个原则是必须严格遵守的。软土中，分段长度不要超过 10m，采用跳挖法，预留同一高度的长 8m 土体挡土；黏性土层分段长度不要超过 20m。土建施工、监理、设计各单位加强管理，坚持统一指挥、分工负责的原则，并进行有效的监测，由监测结果指导施工，避免挖土过快或超挖。

（3）不按设计方案施工

在施工过程中，因土钉长度范围内出现障碍物等原因使施工无法进行，有的施工方盲目迷信经验，心存侥幸，不顾工程安全，私自修改设计，也不上报设计单位。因此，采取以下防治措施：

施工中须加强施工作业人员责任心和提高施工组织管理水平，选择技术力量强、管理严格、质量意识高、有一定的土钉施工经验的施工单位进行施工。

（4）水泥土搅拌桩截水帷幕渗漏水

由于水泥土搅拌桩施工中搭接不够等原因，开挖过程中容易出现漏水险情。

采取以下防治措施：

应先确定渗漏点范围，然后采用双液注浆化学堵漏法：先在坑内筑土围堰蓄水，减少坑内外水头差，减小渗流速度，之后在漏点范围内布设 108mm 钻孔，钻孔穿过所有可能出现渗漏通道的区域，再往孔中填充砾石，填堵渗漏缝隙；当坑内外水头差小于 2m 时，开始化学注浆。当漏水量很大，应直接寻找漏洞，用土袋和 C20 混凝土填充漏洞。

（5）雨天出现滑塌险情

无论是地下水或地表水渗入土体，使土体的抗剪强度和抗压强度大大降低，是影响土钉墙支护安全性的首要因素，特别是暴雨期间容易发生滑塌事故。

2. 防治措施

土钉墙及复合土钉墙在施工中，由于各种原因产生的质量安全问题，应采取以下防治措施：

（1）在土钉墙坡面及坡顶浇筑钢筋混凝土护面，并沿基坑坡顶及坑内的四周设置排水沟，避免雨水流入坑中。

（2）若基坑周围 2 倍的开挖深度范围内出现裂缝，尽快用水泥浆封堵。

（3）雨天须及时抽排坑内积水，确保坑底无积水。

（4）若发现地下水管有大量水体渗出，须尽快找到水源处，关闭出水口，或将水体引出，排往它处。

（5）加强雨天巡查，发现异常情况，找出原因，尽快采取修补加固措施。

5.2.2　重力式水泥土墙支护

重力式水泥土墙常见的工程问题与防治措施

1. 施工缝的处理

（1）原因分析

在施工过程中，由于施工机械设备维修、维护或停电等原因，造成施工不能连续，前后施工的水泥土墙无法有效搭接，应预留施工缝；几台施工机械在其平面交界处，施工的水泥土墙亦无法有效搭接，也应预留施工缝。

（2）防治措施

施工缝宜采用高压旋喷桩进行有效的搭接，预留施工缝的大小应根据拟用的高压旋喷桩的类型及其有效成桩直径确定，一般比有效成桩直径小 300～400mm；当水泥土墙兼作截水帷幕时，应保证高压旋喷桩与水泥土墙有足够的搭接，其搭接长度不小于 200mm，高压旋喷桩的桩长同水泥土墙。常用的施工缝搭接平面示意图如图 5.2.2-1 所示。

2. 施工中遇地下障碍物而出现短桩的处理

重力式水泥土墙施工前，一般应对水泥土墙平面位置进行尽可能深的地下障碍物清除工作，但是，实际施工中遇地下障碍物而出现短桩的问题时有发生。

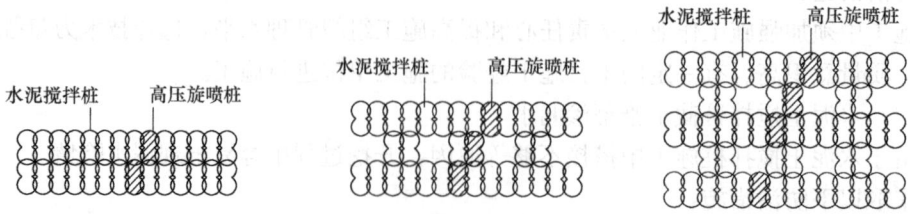

图 5.2.2-1 施工缝搭接平面示意图

（1）原因分析

由于工程地质勘探的特点，勘探点间距一般均在 20m 或更大，同时地下情况千变万化，难以对场地的地下障碍物完全了解清楚；另外场地亦可能存在局部少量埋深较大的无法清除的障碍物。因此在水泥土墙施工中将遇地下障碍物，使墙体（桩体）无法施工到设计标高，出现短桩现象。

（2）防治措施

个别的短桩可能影响水泥土墙的墙体抗渗性能及其整体性；成片出现短桩时（特别是地下障碍物较厚时）将严重影响水泥土墙的整体性及稳定性，应采取必要的措施。

① 一般需用具有同样成桩直径（或更大）的高压旋喷桩进行接桩处理，桩的平面位置同原设计水泥土墙，桩顶与水泥土墙的接桩高度不小于 1000mm，桩底标高同原设计水泥土墙，搭接处一般可放置一根Φ48（长 2～3m。）的钢管保证其上下的连续性及传力的可靠性（图 5.2.2-2）。

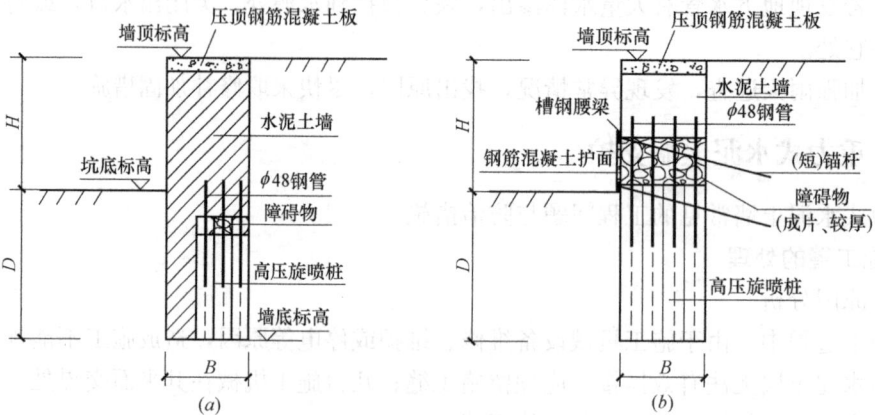

图 5.2.2-2 接桩大样图

② 当出现成片的连续的短桩现象，同时地下障碍物较厚时，除了以上的高压旋喷桩接桩外，还应在墙面（地下障碍物范围内）外挂钢筋混凝土护面，必要时可设置（短）锚杆，以保证水泥土墙的整体性及稳定性（图 5.2.2-3）。

3. 水泥土强度达不到设计要求的处理

根据相关规范要求，在基坑土方开挖前，应对重力式水泥土墙的桩身强度进行钻孔取芯检测。水泥土强度达不到设计要求的原因及防治措施如下：

（1）原因分析

图 5.2.2-3　接桩后实际工程照片

由于水泥材料、土层原因或由于施工管理原因，实际工程中曾出现取芯试样的室内抗压强度达不到设计要求。

（2）防治措施

由于一般支护结构的施工机械设备已经退场，且已临近土方开挖，其后的其他工序也已安排就绪。水泥土墙的强度主要涉及墙体的刚度及截面承载能力，为了提高墙体的抗变形及截面承载能力，可随着土方的开挖，在墙面增设锚杆（索）、增设型钢角撑或内斜撑，此方法对工期影响小且效果好。图 5.2.2-4 为该处理方案在实际工程中的应用。

图 5.2.2-4　增设锚杆、角撑和内斜撑

4. 基坑开挖高度大于设计挖深

基坑开挖高度大于设计挖深，即基坑挖土超挖，其原因及防治措施如下：

（1）原因分析

由于工程建设的工期短，有时在地下建筑层高及方案尚未完全确定的情况下，要求基坑支护结构及桩基先行施工；土方开挖过程中，由于建筑设计方案（有时仅为局部）的变更，使基坑开挖高度（有时仅为局部电梯井、承台厚度或位置）大于原设计挖深。

（2）防治措施

首先，应遵循基建顺序，应在设计施工图完成后才能组织施工，尽量避免超挖的情况发生。

其次，在发生超挖的情况下，原支护结构的稳定性、刚度、强度等均不能满足设计要求，且土方已经开挖，有时甚至开挖过半，能采取的措施较少，主要有以下措施：

① 在围护墙背后进行挖土卸载处理。

② 增设一道或多道锚杆（索），使得原单独的重力式水泥土墙变为其与锚杆（索）组成的组合支护结构，来满足基坑的稳定性要求和水泥土墙的强度要求，同时组合支护结构

157

的刚度亦优于原重力式水泥土墙并使其墙身变形满足规范要求，如图 5.2.2-5 所示。

图 5.2.2-5　超挖的处理措施-增设锚杆

5. 墙背水位升高，水压力增大

在施工过程中，墙背水位升高，水压力突然增大的原因及防治措施如下：

（1）原因分析

基坑支护结构的施工、土方开挖、地下结构施工，其总工期少则 3、5 个月，多则半年甚至一年以上，其间难免会遇到常年雨季或不可预计的暴雨的影响，这必然导致坑外地下水位的升高（高于原设计水位），使坑外水压力突然增大。

（2）防治措施

坑外地下水位的升高、水压力增大对原重力式水泥土墙的稳定性等有较大影响，同时往往墙体变形增大，在墙后与土体交接处出现水平裂缝，裂缝的出现更进一步加剧水压力的不利影响，为了减缓不利影响，可采取以下防治措施：

① 在墙背进行挖方卸载处理。

② 墙身增设泄水孔，一般要求在原设计坑外水位标高附近上下各设一道，孔径不小于 100mm，孔的间距可根据墙后土层的渗透性确定，一般为 1~2m。

③ 墙背处设置临时降水井、集水井（坑），进行集中降、排水，以降低坑外水头标高。

5.2.3　型钢水泥土搅拌墙

型钢水泥土搅拌墙是在连续套接形成的水泥土墙内插入型钢形成的复合挡土、截水的支护结构。目前在国内应用较多、技术相对成熟的有 SMW 工法和 TRD 工法。SMW 工法是目前国内应用最多的型钢水泥土墙，如图 5.2.3-1 所示。

它主要利用三轴型长螺旋钻孔机钻孔掘削土体，边钻进边从钻头端部注入水泥浆液，达到预定深度后，边提钻边从钻头端部再次注入水泥浆液，与土体原位搅拌，形成一堵水泥土墙；然后再依次套接施工其余墙段；其间根据需要插入型钢，形成具有一定强度和刚度、连续完整的地下墙体。但往往存在一些问题需要解决。

1. 三轴水泥土搅拌桩强度取值问题

（1）问题原因分析

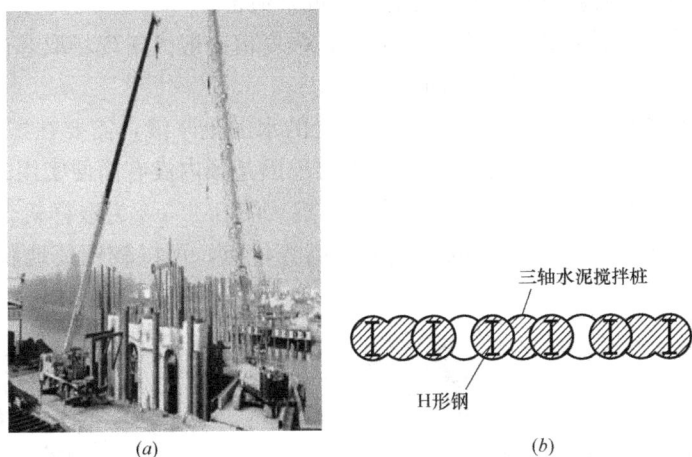

图 5.2.3-1　SMW 工法

（a）三轴搅拌桩桩架；（b）型钢水泥土墙剖面（三轴水泥土搅拌桩）

目前工程中对搅拌桩强度争议较大。如上海工程建设规范《型钢水泥土搅拌墙技术规程》DGJ 08-116 规定：28d 无侧限抗压强度标准值不宜小于 1.0MPa；国家工程建设行业规范《建筑地基处理技术规范》JGJ 79 规定：当水泥渗入比大于 10％时，28d 水泥土强度为 0.3～2 0MPa；国家工程建设行业标准《型钢水泥土搅拌墙技术规程》JGJ/T 199—2010 规定：28d 侧限抗压强度不应低于 0.5MPa。如何合理确定搅拌桩 28d 强度值，需要结合试验深入分析研究。

（2）防治对策

水泥土力学性能受多种因素影响，如土层情况、养护条件、施工参数等。通过强度试验可知，水泥土强度试验最低值取 0.5MPa 较为合理。基坑工程中水泥土搅拌桩的强度验算应能满足抗剪承载力要求。实际工程中对水泥土搅拌桩的强度检测是进行 28d 无侧限抗压强度试验，因此需要明确水泥土搅拌桩抗剪强度 τ 与无侧限抗压强度 p_u 之间的关系。

从目前实际工程应用情况看，已实施的工程均可以满足型钢间搅拌桩的局部抗剪要求，并未发生局部抗剪破坏。综合国内外的研究成果以及型钢水泥土墙技术的实际应用情况，对于水泥土抗剪强度标准值 τ 与 28d 无侧限抗压强度 p_u 的相对数值关系，取 $\tau=p_u/3$ 较为合理和安全。

2. 三轴搅拌桩强度检测方法问题

（1）问题原因分析

水泥土搅拌桩的强度检测存在一定的缺陷，试块试验不能真实地反映实际桩身的强度值，钻孔取芯对芯样有一定的破坏，试验强度值偏低，而原位测试方法还缺乏大量的对比数据。因此，对水泥土搅拌桩的强度检测方法进行系统研究，力求简单、可靠、可操作是必要的。

（2）防治措施

浆液试块强度试验是值得推广的搅拌桩强度检测方法。具有以下优势：

① 取浆试验现场操作方便，试块为标准试块，费用低，速度快。

② 对试样扰动较小，强度检测结果离散性小。

③ 不会对已施工的搅拌桩强度和截水性能带来损害。

由于养护条件与搅拌桩现场条件存在差异，强度值一般大于现场取芯试块的强度检测值。该方法的推广依赖于取样装置的简便实用性。

取浆试验在搅拌桩一定深度获取的尚未初凝的水泥土浆液，需要在试验室进行养护，浆液试块强度检测一直以来难于推广的一个重要原因是国内没有简便实用的取样装置，图5.2.3-2是最近研发改制的深层水泥土浆液取样机，图5.2.3-3为取样机现场操作图。该取样机具有取样稳定、实用小巧、取样效率较高等优点，可以较便捷地获取深层水泥土浆液。

图 5.2.3-2　深层水泥土浆液简易取样机

图 5.2.3-3　取样机现场操作图

3. 三轴搅拌桩浆液流量控制与监测问题

（1）原因分析

注浆泵流量控制是否与三轴搅拌机下沉（与提升）速度相匹配，直接影响到三轴水泥土搅拌桩的水泥掺入量和成桩质量。施工过程中，应严格控制配制浆液的水灰比及水泥掺入量。目前国内只能通过整体水泥用量大概统计水泥掺入量，缺乏有效的实时监测仪器，来准确确定每根水泥土搅拌桩的水泥用量。

（2）防治措施

为解决三轴水泥土搅拌桩施工过程的即时检测问题，在三轴水泥土搅拌桩施工过程中，提倡采用参数自动监测记录装置，以控制每根桩的注浆泵流量、总浆量、搅拌机钻进与提升速度、成桩深度等参数，便于实现信息化施工，并自动生成搅拌桩施工报表。

4. 三轴机施工中存在问题与防治措施

（1）原因分析

目前三轴水泥土搅拌桩的施工工艺，存在桩体均匀性和垂直度有待提高、超深搅拌桩施工设备改进、坚硬土层施工工艺改进、施工过程冒浆和浆液处理等问题。另外，过高的钻机机架在施工中安全隐患也较大。

（2）防治措施

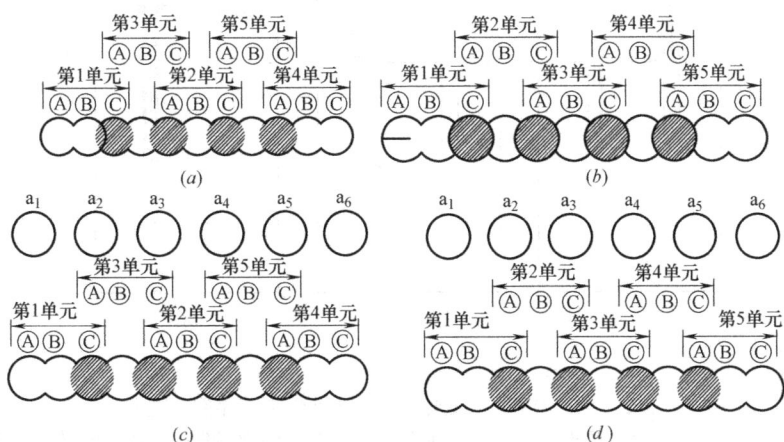

图 5.2.3-4　三轴水泥土搅拌桩施工顺序

在坚硬土层施工的技术措施可采用预钻孔后成墙的方式，先行施工如图 5.2.3-4（c）、（d）所示 a_1、a_2、a_3······ 等孔，局部疏松和捣碎地层，然后用三轴水泥土搅拌桩机选择跳槽式双孔全套打复搅或单侧挤压连接方式施工水泥土连续墙体。

如果三轴水泥土搅拌桩设计深度超过 30m，通过加接 2～3 根钻杆，搅拌桩深度可施工至 35～45m。施工过程见图 5.2.3-5 所示。

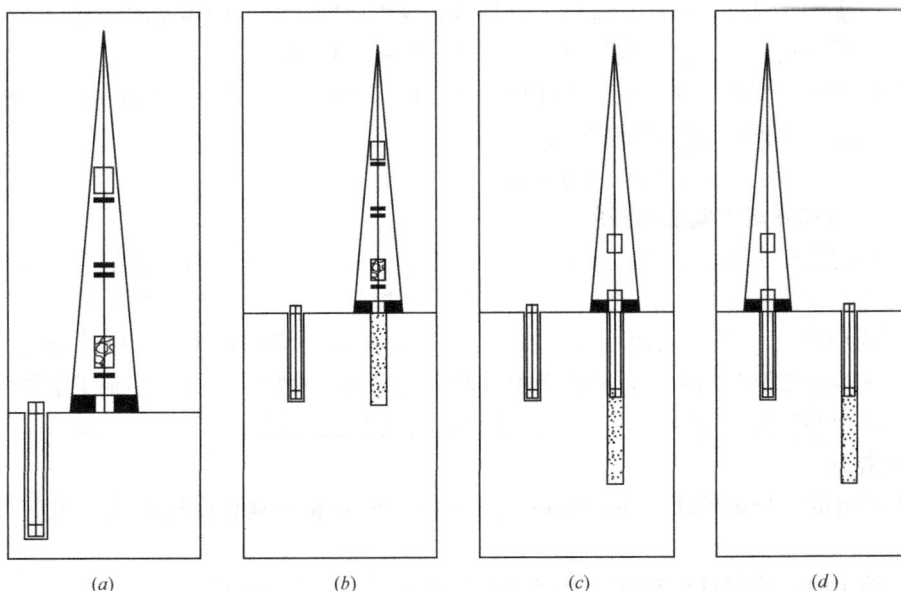

图 5.2.3-5　超深三轴水泥土搅拌桩施工顺序图（一）
（a）钻切预埋孔，放入加接钻杆；（b）进行水泥土搅拌桩施工；（c）搅拌下沉钻杆，到第一组钻杆结束；（d）拆卸钻杆，移动桩机到加接钻杆位置

161

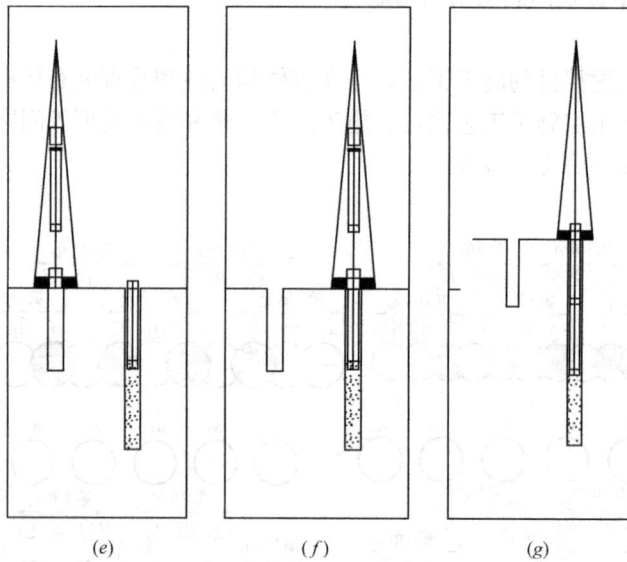

图 5.2.3-5　超深三轴水泥土搅拌桩施工顺序图（二）
(*e*) 连接加接钻杆，提升加接钻杆；(*f*) 移动桩机，回到原桩位将加接钻杆和第一组钻杆连接起来；
(*g*) 继续搅拌下沉，重复步骤 *c*、*d*、*e*、*f* 直至达到设计桩深

坚硬土层中施工超深水泥土墙时，三轴水泥土搅拌桩机应先行试桩，确保施工操作的可行性。反之，可采用 TRD 工法进行超深水泥土墙的施工。

5.2.4　排桩墙支护

排桩墙支护体系是由排桩、排桩加锚杆或支撑组成的支护结构体系的统称，其结构类型可分为：悬臂式排桩、锚拉式排桩、支撑式排桩和双排桩等（图 5.2.4）。

排桩通常采用混凝土灌注桩（钻孔桩、挖孔桩、冲孔桩），也可采用型钢桩、钢管桩、钢板桩、预制桩和预应力管桩等桩型。

排桩墙支护施工中常见的问题与防治

1. 支护桩向基坑内偏位和倾斜

支护桩的设计与施工应考虑其施工偏差对地下主体结构施工空间的影响。根据现有施工设备的性能和技术水平，正常情况下桩位偏差应控制在 50mm，桩垂直度偏差应控制在 0.5%。当用地紧张、支护结构给地下主体结构预留的施工空间较小时，设计与施工应充分考虑正常的施工偏差的影响，防止支护桩向基坑内偏位和倾斜，而缩小施工空间或侵占地下主体结构的位置，不得剔凿支护桩，给基坑带来安全隐患。

防治措施

（1）设计时，排桩轴线定位应预留正常的桩位偏差和桩垂直度偏差所产生的桩位偏差量。

（2）施工时，控制桩位和桩垂直度的偏差只能向基坑外侧偏移。

2. 锚杆钻孔孔口涌水

采用截水帷幕的锚拉式排桩，施工时锚杆钻孔孔口涌水，导致锚杆无法施工，注浆液

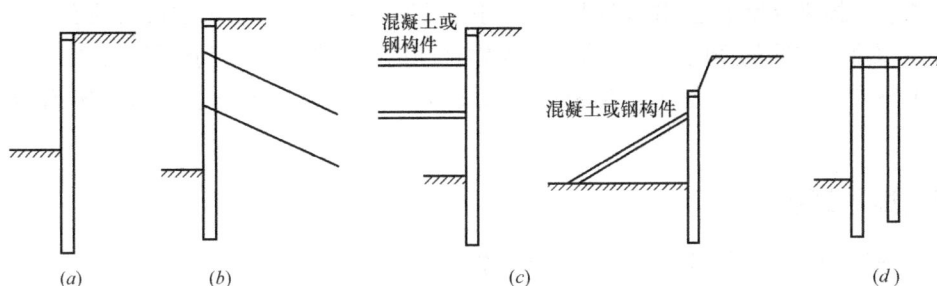

图 5.2.4　排桩墙支护体系的结构类型

(a) 悬臂式排桩；(b) 锚拉式排桩；(c) 支撑式排桩；(d) 双排桩

流失。

防治措施：

(1) 在粉土、砂土、卵石层中，锚杆钻孔孔口的设计标高宜设在地下水位以上。

(2) 锚杆钻孔孔口在地下水位以下时，宜采用双套管护壁成孔工艺，不应采用螺旋钻锚杆钻机。

(3) 锚杆注浆后，需及时进行封堵、修补帷幕。

(4) 锚杆宜采用二次高压注浆工艺以弥补地下水流动对一次注浆造成的缺陷。

3. 桩间土塌落、桩间护壁破损

出现桩间土塌落、桩间护壁破损时，应及时进行修补。

防治措施：

(1) 设计时，针对具体土层条件，采用效果好的桩间护壁方式。

(2) 基坑开挖后，桩间土不稳固时，可在桩间护壁面层施工前，先及时用喷射混凝土防护。

(3) 桩间土塌落并形成空洞时，可采取沙袋等填充、钢筋网喷射混凝土护壁，对未充填密实的孔隙采用打入钢花管注入水泥浆等方式及时修补。

(4) 因冻胀、漏水等原因使桩间护壁面层脱落、破损、护壁后出现空洞时，应及时修补加固或返修面层、对空隙进行注浆充填。

4. 支护桩的嵌固深度不足

支护桩的嵌固深度不足时，可采取在基坑底部增设锚杆、支撑的防治措施，但其嵌固深度应同时满足坑底隆起、基坑整体稳定的条件。

5. 滑移面外的锚固长度不足

锚拉式排桩在拟设置锚杆的部位受基坑外地下建、构筑物影响，滑移面外的锚固长度不足时，可采取以下防治措施：

(1) 改用大倾角锚杆，使锚杆进入建、构筑物底部以下土层。

(2) 局部改用内支撑或双排桩。

(3) 当障碍物高度有限时，在障碍物上下方均设置锚杆。

6. 锚杆钢腰梁使钢绞线弯折

组合型钢腰梁中双型钢之间的设计净间距尺寸，必须满足锚杆杆体能够顺直穿过腰梁的要求，设计与施工应考虑型钢腰梁净间距与锚杆孔位在垂直方向的偏差。如孔位偏差按

50mm 考虑，腰梁双型钢之间的净间距应不小于 $2 \times 50 = 100$mm，考虑目前的实际施工水平，腰梁双型钢之间的净间距宜更大。双型钢之间的净间距又关系到锚具垫板的尺寸及厚度。双型钢之间的净间距越大，垫板的跨度越大，为保证垫板刚度，垫板需有较大的厚度。

5.2.5 地下连续墙

地下连续墙施工中的常见问题与防治措施如下：

1. 槽壁失稳破坏

（1）在地下连续墙施工过程中，当墙体槽壁发生坍塌时，通常会有如下状况：

① 槽内泥浆大量漏失、液位出现显著下降。

② 泥浆中冒出大量泡沫或出现异常搅动。

③ 排出的泥渣量明显大于设计断面土方量。

④ 导墙及周边地面出现沉降。

（2）当槽壁发生失稳，出现塌槽时，需立即采取以下防治措施：

① 立即停止施工，将成槽机械提升至地面。

② 向槽内填入砂土，并用抓斗进行逐层填埋压实。

③ 在槽内和槽外（离槽壁 1m 处）进行注浆加固，待注浆密实后再进行挖槽。

2. 钢筋笼不能按设计标高就位

吊放钢筋笼时，常由于某些原因使钢筋笼不能按设计标高就位。当出现这种情况时，应根据具体原因采取相应补救措施，防止塌槽等严重的后果。

（1）当因槽底沉渣过厚、钢筋笼下沉过程中塌槽等原因而无法下到设计标高（或槽底）时，应根据槽壁稳定情况，尽快决策，灌注混凝土或提出钢筋笼后进行回填处理，再重新挖槽以防止塌槽。

（2）当地下连续墙下端主要用于截断承压水含水层时，如因墙底沉渣导致连续墙不能可靠穿越承压水含水层进入隔水层而将其截断时，应根据具体情况决定按图 5.2.5-1 采用旋喷在深度不够的槽段处形成一道截水帷幕，或按图 5.2.5-2 补打一幅地下连续墙。

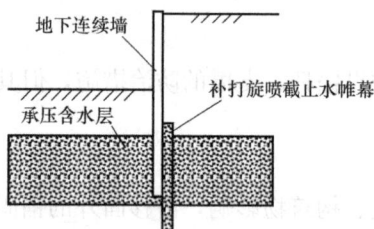

图 5.2.5-1 补打截水帷幕阶段承压含水层

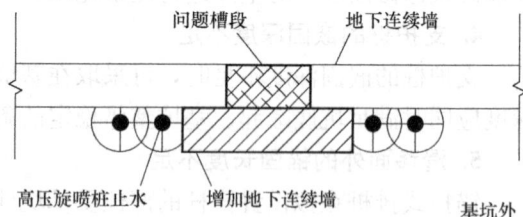

图 5.2.5-2 外侧增加地下连续墙补强

（3）当发生钢筋笼吊放过程中因槽壁倾斜、钢筋笼倾斜时，可尝试轻微上提钢筋笼然后再进行下放，如多次尝试不能成功时，应在钢筋笼下放至现有标高基础上，迅速浇灌混凝土，防止塌槽，然后按图 5.2.5-2 所示补打二幅地下连续墙，并在之间设置严密的防渗构造。或迅速回填砂土，并用抓斗进行逐层填埋压实，再按前述方法处理后重新挖槽。

3. 槽段钢筋被部分切割

当成槽过程中，遇到地下障碍物而无法清除时，为顺利下放钢筋笼，需将钢筋笼切割一部分，钢筋切割处的墙体厚度也可能因障碍物影响而不能达到设计厚度。为了弥补由此导致的对墙体受力的影响，可采取下列防治措施：

（1）当钢筋切除位置于基底以下，墙体受力较小，且钢筋仅少量切除时，可在相应位置处进行旋喷加固，如图 5.2.5-3 所示，保证墙体的截水性能。

（2）当被切掉的钢筋笼仅是局部或一小部分时，可以在相应处的坑外侧增设几根钻孔灌注桩进行加固，同时围绕灌注桩进行高压旋喷加固，如图 5.2.5-4 所示，形成截水帷幕。

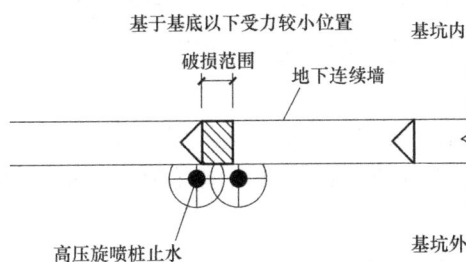

图 5.2.5-3　旋喷桩止水加固　　　图 5.2.5-4　外侧增加钻孔灌注桩补强

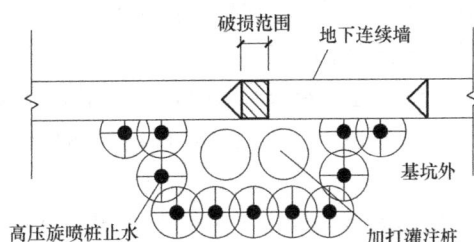

（3）当在一个槽段较大范围内将钢筋笼切除并导致墙体难以满足要求时，应在问题槽段地下连续墙外侧增加一单元槽段的地下连续墙，并在后作墙体与原墙体接缝处采用高压旋喷进行截水加固，如图 5.2.5-5 所示，起到承载及防水功能。

（4）当钢筋切除位置于开挖面以上时，可在对墙体受力与变形进行可靠复核计算基础上，在开挖后进行修复。将钢筋切除处的混凝土凿除，并凿出相邻两槽段的钢筋笼后将侧面清洗干净，焊上该处所缺钢筋，并架设墙体坑内的模板，浇筑与原墙体同一强度等级或高一等级的混凝土，同时在墙体内侧设置钢筋混凝土内衬墙，保证墙体的防渗性能。

4. 墙身缺陷

当地下连续墙施工不当时，墙体可能出现墙身方面的缺陷的防治措施：

（1）墙身表面出现露筋或孔洞

当墙身表面出现露筋时，先清除露筋处墙体表面的疏松物质，并进行清洗、凿毛和接浆处理，然后采用硫铝酸盐超早强膨胀水泥和一定量的中粗砂配置成的水泥砂浆来进行修补。

当墙身出现较大孔洞时，除了采取进行清洗、凿毛和接浆处理外，采用微膨胀混凝土进行修补，混凝土强度等级应较墙身混凝土至少高一个等级。

（2）槽段接缝夹泥

槽段接缝夹泥是粘性土中成槽常见的缺陷。当发现槽身接缝夹泥时，应尽快清除至一定深度（保证地下水不涌出），然后用快硬微膨胀混凝土进行处理。为防止接缝处未清除的夹泥及处理的混凝土在墙外地下水压力作用下被挤出导致渗漏，还可在接缝处采用钢板封堵，钢板采用膨胀螺栓固定在槽身上。

（3）墙身局部出现渗漏

当墙身出现局部渗漏的修补措施：

① 根据渗漏情况查找渗水源头，将渗漏点周围夹泥和杂质清除，并用清水进行冲洗干净。

② 在接缝表面两侧一定范围内凿毛，在凿毛后的沟槽处埋入塑料管，对漏水进行引流，并用水泥掺合料进行封堵。

③ 在水泥掺合料达到一定强度后，选用水溶性聚氨酯堵漏剂，用注浆泵进行化学压力灌浆。

④ 待注浆凝固后，拆除注浆管。

5. 墙身接缝渗漏

在地下连续墙的施工过程中，接缝渗漏是墙体常见的质量通病。应对接缝渗漏部位进行有效的修补处理，根据接缝渗漏的严重程度，一般将渗漏情况分为以下两种情况：

（1）接缝少量渗漏

当发现接缝有轻微渗漏时，可采用双快水泥结合化学注浆法，其处理方法为：

① 观察接缝的湿渍状况，确定渗漏部位，并清除渗漏部位处松散混凝土、夹砂和夹泥等。

② 沿渗漏接缝处手工凿出 V 形槽，深度控制在 $50\sim100$mm。

③ 配置水泥浆水灰比为 $0.3\sim0.35$ 的堵漏料，搅拌均匀，并揉捏成料团，并放置至有硬热感，即可使用。

④ 将堵漏料塞进凹槽，并用器械进行挤压，并轻砸保证挤压密实。

⑤ 当渗漏较为严重时，可采用特种材料处理，埋设注浆管，待特种材料干硬后 2h 内注入聚氨酯进行填充。

（2）接缝严重渗漏

当接缝存在大面积夹泥或存在水头较高的高渗透土层位置处，接缝渗漏严重时，应采取以下修补措施：

① 可采用沙袋等进行临时封堵。严重时可采用沙袋围成围堰，并在围堰内浇灌混凝土进行封堵，并对渗漏水进行引流，以免影响正常施工。

② 当渗漏是由于锁口管的拔断引发，可将钢筋笼的水平筋和拔断的锁口管凿出，并在水平向焊接 $\phi16@50$mm 的钢筋以封闭接缝，钢筋间距可根据需要适当加密。

③ 当渗漏是因为导管拔空导致接缝夹泥引起时，应对夹泥进行清除后修补接缝。

④ 在严重渗漏处的坑外相应位置，进行双液注浆填充：其中水泥浆与水玻璃的体积比为 1∶0.5，水泥浆水灰比为 0.6，水玻璃浓度为 35Be°、模数 25，注浆压力视深度而定，约为 $0.1\sim0.4$MPa，保证浆液速凝，注浆深度比渗漏处深度不小于 3m。对于已发生严重渗漏采用回填土或混凝土进行反压、进行堵漏后无渗流现象的，在再次开挖前，可在坑外接头原渗漏点附近处进行钻孔压浆，并在坑内对应位置钻孔至原渗漏点以下 0.5m，如在 $0.2\sim0.3$MPa 压力下坑内未发生渗漏，说明堵漏效果良好，方可开挖，见图 5.2.5-5 所示。

⑤ 在已发生严重渗漏且采用回填土或混凝土进行反压后无渗流现象的，当渗漏点附近有重要建筑物或地下管线、设施时，还可采用冻法对渗流进行处理，如图 5.2.5-6 所示。

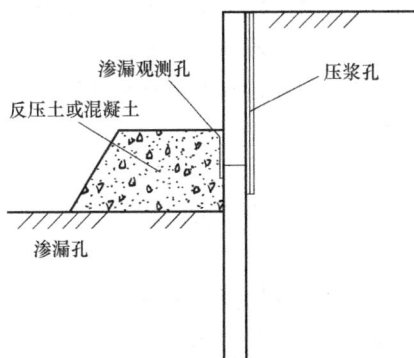

图 5.2.5-5　堵漏效果检查

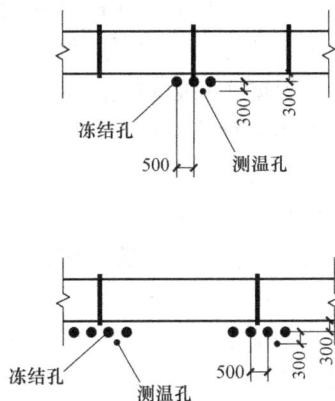

图 5.2.5-6　冻结法处理渗漏

5.2.6　内支撑

支护结构的内支撑在施工或使用过程中，会出现质量或安全问题，对此应认真及时进行处理，避免产生事故。

1. 钢立柱与支撑距离过大的连接处理

钢立柱施工时定位发生偏差，或者立柱平面布置时为避让主体竖向结构，导致钢立柱平面上部分或者完全偏离出混凝土支撑截面范围之外时，在设计阶段需考虑到这一特殊情况。

设计时可通过将混凝土支撑截面局部位置适当扩大来包住钢立柱，其典型做法如图5.2.6-1 所示。扩大部分的支撑截面配筋应结合立柱偏离支撑的尺寸、该位置混凝土支撑的自重及施工超载等情况通过计算确定。

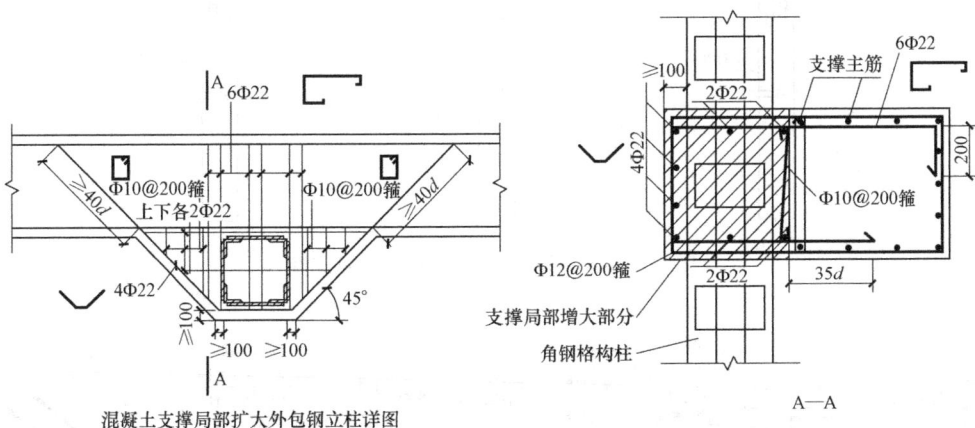

混凝土支撑局部扩大外包钢立柱详图

图 5.2.6-1　偏差钢立柱与混凝土支撑连接示意图

2. 钢立柱垂直度施工偏差过大的处理

钢立柱在实际施工过程中，由于柱中心的定位偏差、柱身倾斜、基坑开挖或浇筑桩身混凝土时产生位移等原因，会产生钢立柱中心偏离设计位置或竖向垂直度偏差过大的情况，过大偏心将造成立柱承载能力的下降，因此在设计阶段要考虑到这一特殊情况。

基坑开挖土方期间，钢立柱暴露出来以后，应及时复核钢立柱的水平偏差和竖向垂直度，应根据实际的偏差测量数据对钢立柱的承载力进一步校核。若施工偏差过大以致钢立柱不能满足承载力要求，应采取限制荷载、设置柱间支撑等措施，确保钢立柱承载力和稳定性满足要求。

（1）限制荷载

对于栈桥区域的施工偏差过大的钢立柱应限制其对应区域的栈桥施工荷载。

（2）设置柱间支撑

对于施工偏差过大的钢立柱可采取设置柱间支撑的方式进行加固，工程中一般常用槽钢或角钢作为柱间支撑。常见的柱间支撑如图 5.2.6-2 和图 5.2.6-3 所示。

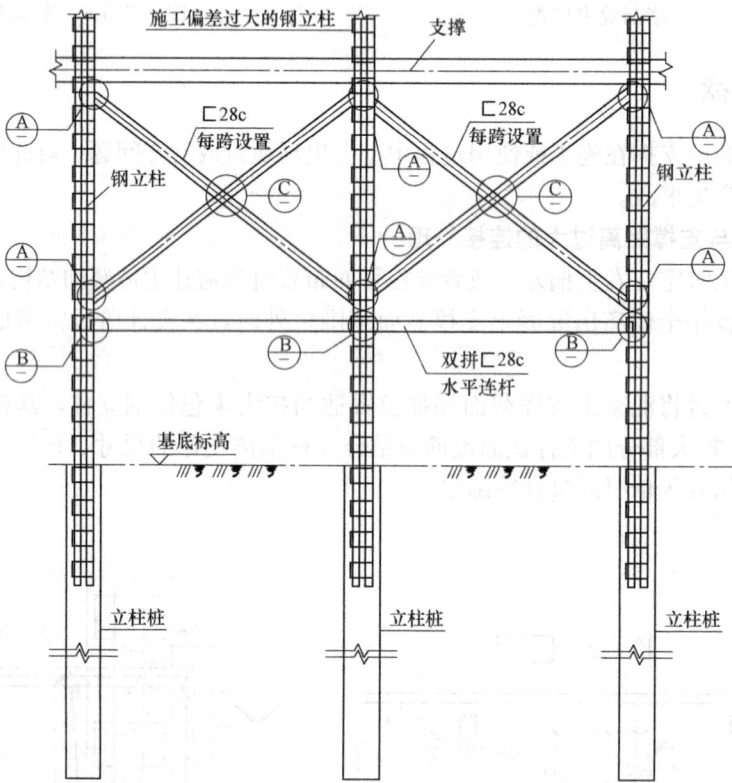

图 5.2.6-2　常见的柱间支撑设置示意图

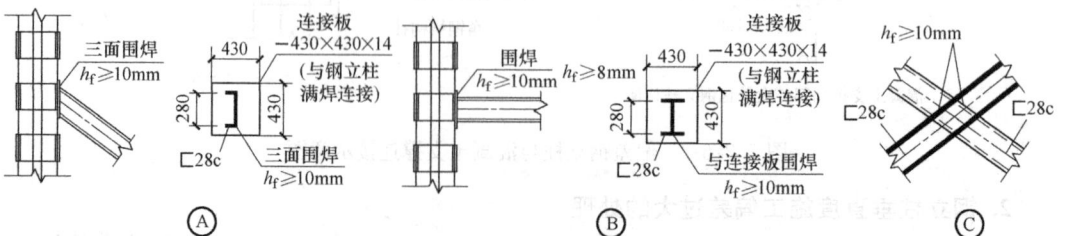

图 5.2.6-3　常见的柱间支撑构造详图

3. 钢立柱与支撑节点钢筋穿越问题的处理

角钢格构柱一般由四根等边的角钢和缀板拼接而成，角钢的肢宽以及缀板会阻碍混凝土支撑主筋的穿越。角钢格构柱施工由于施工偏差的原因，平面位置上发生偏移或者角钢发生偏转时，更加大了混凝土支撑主筋穿越立柱的难度，因此在设计阶段要考虑到这一特殊情况。

设计时，根据混凝土支撑截面宽度、主筋直筋以及数量等情况，主筋穿越柱节点位置一般有钻孔钢筋连接法、传力钢板法以及梁侧加腋法。

（1）钻孔钢筋连接法

钻孔钢筋连接法是为了便于支撑主筋在柱节点位置的穿越，在角钢格构柱的缀板或角钢上钻孔穿支撑钢筋的方法。该方法在支撑截面宽度小、主筋直筋较小以及数量较少的情况下适用，但由于在角钢格构柱上钻孔对基坑施工阶段竖向支承钢立柱有截面损伤的不利影响，因此该方法应通过严格计算，确保截面损失后的角钢格构柱截面承载力满足要求时，方可使用。

（2）传力钢板法

传力钢板法是在格构柱焊接连接钢板，将角钢格构柱阻碍无法穿越的支撑主筋与传力钢板焊接连接的方法。该方法的特点是无须在角钢格构柱上钻孔，可保证角钢格构柱截面的完整性，但在施工第二道及以下水平支撑时，需要在已经处于受力状态的角钢上进行大量的焊接作业，因此施工时应对高温下钢结构的承载力降低因素给予充分考虑。

（3）梁侧加腋法

梁侧加腋法是通过在支撑侧面加腋的方式扩大混凝土支撑与钢立柱节点位置支撑的宽度，使得混凝土支撑的主筋得以从角钢格构柱侧面绕行贯通的方法（图 5.2.6-4）。

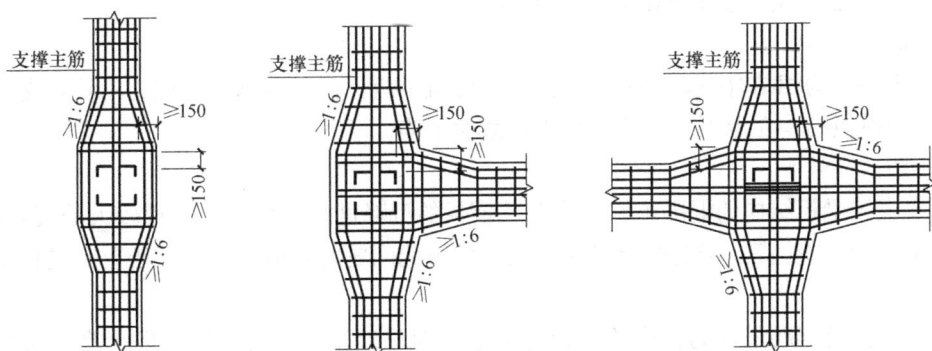

图 5.2.6-4 支撑加腋节点构造图

该方法回避了以上两种方法的不足之处，但由于需要在支撑侧面加腋，加腋位置的箍筋尺寸需根据加腋尺寸进行调整，且节点位置绕行的钢筋需在施工现场根据实际情况定型加工，一定程度上增加了现场施工的难度。

5.2.7 支护结构与主体结构相结合支护体系

支护结构与主体结构相结合支护体系，又称"两墙合一"支护体系，即支护结构的围护墙兼作地下主体结构外墙，一般都采用地下连续墙。

由于施工工艺水平的限制，地下连续墙墙身难免存在或多或少的缺陷，针对这些常见的质量通病提出以下防治对策或措施。

1. 地下连续墙墙身缺陷与防治措施

（1）原因分析

地下连续墙采用现场泥浆护壁成槽施工，水下浇筑混凝土，容易出现表面露筋与孔洞、局部渗漏水等质量问题，尤其在遇到地下障碍物或吊装中出现散笼等现象时，会影响地下连续墙的墙身质量。

（2）防治措施

① 地下连续墙表面露筋及孔洞的修补。当基坑开挖后，遇地下连续墙表面出现露筋时，首先将露筋处墙体表面的疏松物质清除，并采取清洗、凿毛和接浆等处理措施，然后用硫铝盐超早强膨胀水泥和一定量的中粗砂配制成水泥砂浆来进行修补。如在槽段接缝位置或墙身出现较大的孔洞，可采取上述清洗、凿毛和接浆等处理措施后，采用微膨胀混凝土进行修补，混凝土强度应较墙身混凝土至少高一级。

② 地下连续墙的局部渗漏水的修补

地下连续墙常因夹泥或混凝土浇筑不密实而在施工接头位置，甚至墙身出现渗漏水现象，必须对渗漏点进行及时修补。堵漏方法为：

首先，找到渗漏来源，将渗漏点周围的夹泥和杂质除去，凿出沟槽并用清水冲洗干净。

然后，在接缝表面两侧一定范围内凿毛，凿毛后在沟槽处埋入塑料管，对漏水进行引流，并用封缝材料（即水泥掺合材料）进行封堵，封堵完成并达到一定强度后，再选用水溶性聚氨酯堵漏剂，用注浆泵进行化学压力灌浆，待浆液凝固后，拆除注浆管。

2. 水平梁板浇筑时模板沉陷与防治措施

（1）原因分析

采用水平结构相结合时，当采用支模方式浇筑梁板，由于地基土承载力不够，支设于地基土上的模板结构在混凝土浇筑时承受荷载而沉陷。

（2）防治措施

① 在浇筑梁板结构的混凝土时，应对其模板的沉降进行观察，当发现较大的沉降时，应重新调整模板的标高。当混凝土已经硬化才发现此问题时，应凿除混凝土重新进行支模浇筑。

② 处理此类问题最好的方法还是预防为主。即对地基土进行加固，以提高土层的承载力和减少沉降，并上铺枕木以扩大模板排架的支承面积。

5.2.8 逆作法

当基坑开挖采用逆作法施工时，可能会出现一些问题，须采取防治措施。

1. 一柱一桩的立柱垂直度偏差的处理

（1）分析原因

钢立柱在实际施工过程中，由于柱身倾斜或浇筑桩身混凝土时产生位移等原因，使得钢立柱垂直度偏差过大从而因偏心而造成立柱承载力的下降。

（2）防治措施

基坑开挖暴露钢立柱之后，及时检查钢立柱的实际垂直度，并根据实际的测量数据复核钢立柱的承载力。当复核出来发现钢立柱的承载力不能满足要求时，采取限制荷载、结构开洞、设置柱间支撑等措施，确保钢立柱承载力和稳定性满足要求。

2. 立柱间差异沉降（或回弹）的处理

由于基坑的时空效应及立柱承受荷载的不均，立柱之间一般会存在差异沉降（或回弹）。施工过程中一旦出现相邻立柱间差异沉降过大时，应及时停止施工，并采取有效措施控制差异沉降进一步发展，方可继续施工。一般而言，相邻立柱距离较近，由于地质条件差异引起的立柱间差异沉降较少，更多的原因是挖土施工或上部结构荷载差异。因此一旦发生相邻立柱间差异沉降过大，应通过控制荷载、挖土顺序、两立柱间设置剪刀撑、增加整体刚度等措施来控制差异沉降（或回弹）。

5.2.9 基坑开挖

在基坑开挖阶段引起的变形，分为围护桩（墙）的水平位移、坑底隆起变形及由二者共同引起的坑内外土体变形，这三者之间是相互关联的。

1. 围护墙的位移

基坑开挖后，支护结构发生一定的位移是正常的，但如位移过大或位移发展过快，则往往会造成较严重的后果。如发生这种情况，应针对不同的支护结构采取相应的应急技术措施。

（1）重力式支护结构

对水泥土墙重力式支护结构，其位移一般较大，如开挖后位移量在基坑深度的 1/100 以内，应尚属正常，如果位移发展渐趋缓和，则可不必采取措施。如果位移超过 1/100 或设计估算值，则应予以重视。首先应做好位移的监测，绘制位移—时间曲线图，掌握发展趋势。重力式支护结构一般在开挖后 1~2d 内位移发展迅速，来势较猛。以后 7d 内仍会有所发展，但位移增长速率明显下降。如果位移超过估计值不多，以后又渐趋稳定，一般可不采取措施，但应注意尽量减小坑边堆载，严禁动荷载作用于围护墙或坑边区域；加快垫层浇筑与地下室底板施工的速度，以减少基坑底暴露时间；应将墙背裂缝用水泥砂浆或细石混凝土灌满，防止雨水、地表水进入基坑及浸泡围护墙背土体。

对位移超过估计值较多，而且数天后仍无减缓趋势，或基坑周边环境较复杂的情况，同时还应采取一些附加措施，常用的方法有：水泥土墙背后卸荷，卸土深度一般 2m 左右，卸土宽度不宜小于 3m；加快垫层施工，加厚垫层厚度，尽早发挥垫层的支撑作用；加设支撑，支撑位置宜在基坑深度 1/2 处，加设腰梁加以支撑，如图 5.2.9 所示。

（2）悬臂式支护结构

悬臂式支护结构发生位移主要是其上部向基坑内侧倾斜，也有一定的深层滑动。

防止悬臂式支护结构上部位移过大的应急措施较简单，加设支撑或拉锚都是十分有效的方法，也可采用围护墙背卸土的方法。

防止深层滑动也应及时浇筑垫层，必要时也可加厚垫层，以形成下部水平支撑。

（3）支撑式支护结构

由于支撑的刚度一般较大，设置有支撑的支护结构一般位移较小，其位移主要是插入坑底部分的支护桩墙向内变形。为了满足基础底板施工需要，最下一道支撑离坑底总有一

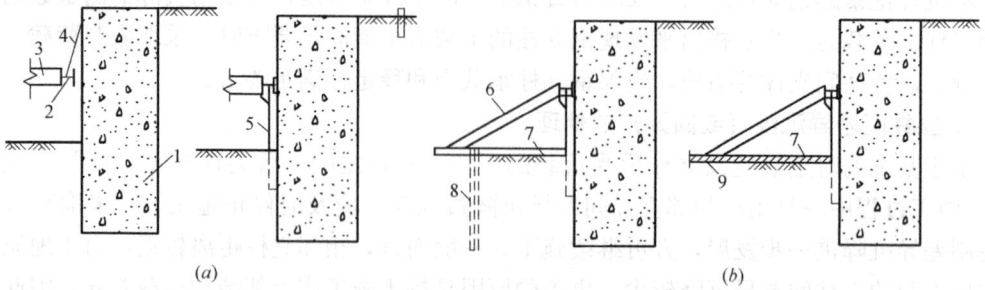

图 5.2.9　水泥土墙加临时支撑

(a) 对撑；(b) 竖向斜撑

1—水泥土墙；2—围檩；3—对撑；4—吊索；5—支承型钢；

6—竖向斜撑；7—铺地型钢；8—板桩；9—混凝土垫层

定距离，对只有一道支撑的支护结构，其支撑离坑底距离更大，围护墙下段的约束较小，因此在基坑开挖后围护墙下段位移较大，往往由此造成墙背土体的沉陷。因此，对于支撑式支护结构，如发生墙背土体的沉陷，主要应设法控制围护桩（墙）嵌入部分的位移，着重加固坑底部位，防治措施有：

① 增设坑内降水设施，降低地下水。如条件许可，也可在坑外降水。

② 进行坑底加固，如采用注浆、高压喷射注浆等提高被动区抗力。

③ 垫层随挖随浇，基坑挖土应合理分段，每段基坑开挖到坑底后，及时浇筑垫层。

④ 加厚垫层、采用配筋垫层或设置坑底支撑。

对于周围环境保护很重要的工程，如开挖后发生较大变形后，可在坑底加厚垫层，并采用配筋垫层，使坑底形成可靠的支撑，同时加厚配筋垫层对抑制坑内土体隆起也非常有利。减少坑内土体隆起，也就控制了围护墙下段位移。必要时，还可在坑底设置支撑，如采用型钢或在坑底浇筑钢筋混凝土暗支撑（其顶面与垫层面相同），以减少位移。此时，在支护墙根处应设置围檩，否则单根支撑对整个围护墙的作用不大。

如果是由于围护墙的刚度不够而产生较大侧向位移，则应加强围护墙体，如在其后加设树根桩或钢板桩或对土体进行加固等。

2. 坑底的隆起

基坑土方开挖是一种卸载，其开挖过程就是应力的释放过程，即由开挖前的静态平衡发展到动态平衡状态。因此，深基坑变形就存在着"时空效应"问题。土体即使在开挖后处在临时平衡状态时，也会发生蠕变。如果坑底开挖后暴露时间过长、或基坑积水、或孔隙水压力升高形成超静孔隙水压力等，都将明显降低土体的抗剪强度，导致坑底隆起、边坡失稳、支护结构或桩基变形位移等。

防治措施

(1) 基坑开挖至设计标高后，应尽快进行坑底检查与验收、坑底浇筑混凝土垫层和基础底板。坑底检查与验收主要内容：

① 检查坑底的地质情况，特别是土质与承载力是否与设计相符。

② 坑底围护结构是否基本稳定，通过基坑变形跟踪监测，及时反馈信息。

③ 坑底为砂土或软黏土时，应按设计要求，及时铺碎石或卵石，其厚度不宜小于200mm。

④ 如有局部超挖时，不能回填素土，一般应用封底的混凝土垫层加厚填平。

⑤ 如发现坑底土体仍有树根或有古河道、杂填土等，应与设计单位商定，采取相应的技术处理措施。

（2）坑底垫层施工

① 坑底检查验收（处理）后，应及时浇筑混凝土垫层，因时空效应的作用，坑底切忌暴露时间过长（如不能过夜）。

② 根据国家建设工程行业标准《建筑深基坑工程施工安全技术规范》JGJ 311—2013 的规定："当基坑开挖深度范围有地下水时，应采取有效的降水与排水措施，地下水宜在每层土方开挖面以下 800～1000mm。"、"土方开挖至坑底后应及时浇筑垫层，围护墙无垫层暴露长度不宜大于 25m。"

（3）地下主体结构底板的抗浮验算

有围护结构和有降低地下水的深基坑工程浇筑垫层和底板以后，一般不应立即停止降排水作业，要等到整个地下室施工完毕，甚至在地下室顶板上加载（如覆土等）以后，才能停止降排水。如果要提前停止降水，仅抽干坑内水时，地下室底板因地下水的水头差，就会受到向上的浮力（即静水压力），使地下室底板遭到破坏。这就要求混凝土垫层和地下室底板应有足够的强度和承受力来抵抗底板下的浮力，以保证混凝土底板不致破坏。因此，坑内外地下水有水头差的基坑混凝土底板要进行底板的抗浮验算和混凝土底板的内力计算，如抗浮验算不能满足要求，在地下室底板下应设计抗拔桩，以满足地下室底板的抗浮要求，确保地下室结构的安全。

由于地下室底板的抗浮力未达到设计要求，在坑内外地下水有较大水头差的情况下，使混凝土底板被浮力破坏的基坑时有发生，所以，基坑施工过程中应密切监测坑内外地下水位的变化，在地下室顶板上加载之前，不能停止降排水。

5.3　土体渗透破坏与防治

5.3.1　基坑底部的渗透破坏

1. 坑底突涌破坏

当相对隔水层较薄，不足以抵抗承压水产生的水压力时，基坑底部会发生突涌破坏。突涌破坏发生具有突然性，后果极其严重。如处理不及时，会引发基坑滑塌破坏。

（1）原因分析

① 承压水头过大。

② 截水帷幕嵌入不透水层深度不够。

③ 水平封底厚度不足。

④ 大量雨水或生活废水渗入土层，使得坑外地下水位升高，导致水压力增大，冲破坑底隔水层。

（2）防治措施

① 对发生渗漏部位，可用袋装土对其进行反压，增加上覆荷载，阻止土颗粒随涌水

流出。

② 增设降水井或增大抽水量，降低承压水头。

③ 沿周边重要建筑物施工截水帷幕，延长地下水渗透路径，阻止砂土流失，避免环境破坏。

④ 雨天及时排水，预防雨水渗入土体。

2. 坑底局部流土、管涌破坏

（1）原因分析

在细砂、粉砂层土中往往会出现流土或管涌的情况，给基坑施工带来困难。如流土或管涌十分严重，会引起基坑周边的建筑物、管线的倾斜与沉降。

① 轻微的流土现象。在基坑开挖后可采用加快垫层浇筑或加厚垫层的方法"压住"流土。对较严重的流土在周边环境允许条件下增加坑外降水措施，使地下水位降低。降水是防治流土的最有效方法。

② 流土严重时，在基坑内围护墙脚附近易发生局部流土或突涌，如果设计支护结构的嵌固深度满足要求，则造成这种现象的原因一般是由于坑底的下部位的支护排桩中出现断桩，或施打未达标高，或地下连续墙出现较大的孔、洞，或由于排桩净距较大，其后截水帷幕又出现漏桩、断桩或孔洞，造成渗漏通道所致。一般先采取基坑内局部回填后，在基坑外漏点位置注入双液浆或聚氨酯堵漏，并对围护墙作必要的加固。如果情况十分严重，可在原围护墙后增加一道围护墙，在新围护墙与原围护墙间进行注浆或高压旋喷桩，新墙深度与原围护墙相同或适当加深，宽度应比渗透破坏范围宽 3～5m。

（2）防治措施

当基坑粉砂含量较大，坑底附近水力坡度较大时，常会发生坑底局部流土、管涌破坏。应及时采取以下防治措施：

① 基坑外侧设置井点降水，减少水力坡降。

② 在管涌口附近用编织袋或麻袋装土抢筑围井，井内同步铺填反滤料及灌水，制止涌水带砂。

③ 当流土、管涌严重，涌水涌砂量大，来不及采取其他措施时，可采用滤水性材料作为压重直接分层压在其出口范围，由下到上压重，颗粒由小到大，厚度根据渗流程度确定，分层厚度不宜小于 30cm。

④ 采用旋喷桩或搅拌桩对发生渗漏的支护结构渗漏范围内，施做旋喷桩或搅拌桩截水堵渗，常用做法是在桩间外侧施做一根，并在外侧施做一排相互咬合的旋喷桩或搅拌桩墙。

5.3.2 截水帷幕失效或遭损坏

1. 截水帷幕施工应做到

（1）设计时，适当增加围护桩与截水帷幕的搭接宽度。

（2）严格控制围护桩与截水帷幕的定位和垂直度。

（3）高压喷射注浆帷幕施工时，采用较小的提升速度、较大的喷射压力，增加水泥用量。

（4）及时进行帷幕堵漏、防止流砂使土体内产生空洞。

2. 截水帷幕失效漏水量大的防治措施

若截水帷幕失效，则漏水量大，基坑外侧地下水位急速下降，应采取以下防治措施：

（1）将坑底积水排出，保证基坑不被水浸泡。

（2）寻找渗漏水源及其通道，进行封堵。

（3）在基坑内侧砌筑围堰，灌水抬高水头，减少基坑内外水头差和水流流速。

（4）当水流流速减少到一定程度，用高压注浆在帷幕外侧封堵帷幕缝隙和固结周围土体，可用双液注浆加快水泥浆的凝固速度，注浆注入量要远大于流失量。

（5）在封堵水源入口的同时，应封堵支护结构间隙。当支护结构内侧不渗漏或只有轻微渗漏时，可撤掉围堰，桩间缝隙处设模板，灌注混凝土封堵。

5.3.3　围护体桩间渗漏

1. 砂性土层中围护结构的渗漏

由于围护结构在砂性土层中施工质量未达到设计要求，出现较多渗漏点，造成基坑开挖过程中砂性土随地下水涌入坑内。

防治措施

（1）严格控制围护结构的垂直度，避免开叉。

（2）混凝土浇筑时，必须连续浇注，避免出现堵管、导管拔空等现象。

（3）围护结构发生的质量问题都必须详细记录，在基坑开挖前和开挖过程中采取专项措施进行处理。

（4）基坑开挖过程中，随挖随撑，防止围护结构出现大的变形，造成渗漏点。

（5）加强施工监测，实施动态信息化施工管理。

2. 围护墙桩间的渗漏

基坑开挖后，围护墙桩间出现渗水或漏水，对基坑施工带来不便。如渗漏严重时，往往会造成土颗粒流失，引起围护墙背地面沉陷甚至支护结构破坏坍塌。应及时处理，以免事故扩大，造成重大损失。

防治措施

（1）针对渗漏不大的情况

① 对渗水量较小，不影响施工也不影响周边环境的情况，可采用坑底设排水沟的方法。

② 对渗水量较大，但没有泥砂带出，造成施工困难，而对周围影响不大的情况，可采用"引流——修补"方法。即在渗漏较严重的部位先在围护墙上水平（略向上）打入一根钢管，内径 20～30mm，使其穿透支护墙体进入墙背后土体内，由此将水从该管引出，然后将管边围护墙的薄弱处用防水混凝土或砂浆修补封堵，待修补封堵的混凝土或砂浆达到一定强度后，再将钢管出水口封住。

③ 如封住管口后出现第二处渗漏时，按上面方法再进行"引流—修补"。如果引流出的水为清水，周边环境较简单或出水量不大，则不作修补也可，只需将引入基坑的水设法排出即可。

（2）对渗漏水量很大的情况，应查明原因，采取以下修补措施：

① 如漏水位置距离地面深度不大时，可将围护墙背开挖至漏水位置以下 500～1000mm，在墙后用密实混凝土进行封堵。

② 如漏水位置埋深度较大，则可在围护墙后采用压密注浆方法，浆液中应掺入水玻璃，使其能尽早凝结，也可采用高压喷射注浆方法。采用压密注浆时应注意，其施工对围护墙会产生一定压力，有时会引起围护墙向坑内较大的侧向位移，这在重力式或悬臂式支护结构中更应注意，必要时应在坑内局部回填反压后进行，待注浆达到止水效果后再重新开挖。

3. 桩间渗水、流砂

（1）排桩与截水帷幕搭接时，可能出现桩与帷幕之间未完全搭接而造成桩间渗水、流砂的情况。可采取以下防治措施：

① 设计时，增加桩与帷幕的搭接宽度。

② 严格控制桩与帷幕的定位和垂直度。

③ 高压喷射注浆帷幕，施工时采用较小的提升速度、较大的喷射压力，增加水泥用量。

④ 及时进行帷幕堵漏、防止流砂使土体内产生空洞。

（2）在降水或地下水位以上的桩间渗水，可采取以下防治措施：

① 基坑周围地面应采取硬化和截排水措施，切断渗漏水管的水源，防止雨水、生活用水等地面水渗入土体内。

② 坑壁如出现渗水，应采取插泄水管等措施，合理疏导土层中的残留水。

③ 基坑底的渗漏水应用盲沟或明沟疏导井及时排出，避免在基坑内长期积聚。

④ 检查基坑开挖后揭露的地层性状、地下水状况是否与勘查报告相符，若有差别，需根据实际情况及时进行必要的验算、调整设计及采取相应施工技术措施。

5.3.4 基坑降水疏不干问题

"疏不干"问题的存在，是由于基坑内外地下水始终存在水力联系，基坑外地下水源源源不断地补给基坑内，所以消除或削减的对策应是切断或减弱基坑内外的水力联系。

防治措施

（1）增加管井数，缩小管井间距。

（2）外围设截水帷幕，基坑内疏干降水。

（3）水平井降水，水平井降水是通过一口大尺寸竖井和井内任意高度单一或多方向长度不一的水平滤水管实现。

（4）增加滤水管的过水能力。

（5）含水层底板水平滤水管导流，消除地下水"疏不干"问题。

（6）采用落底式截水帷幕，避开"疏不干"问题。

5.4 基坑周边环境破坏与防治

5.4.1 减少对环境不利影响的防治措施

基坑工程施工，由于各种原因，可能对周边环境，包括建（构）筑物、地下管线、地面道路产生不利影响，因此必须采取有效措施，减少对环境不利的影响。

（1）根据基坑的规模、深度、周边环境、工程地质和水文地质条件等因素，选择合理的基坑支护方案和地基加固方案。

（2）选择适宜的降、排水方案和截水隔水措施，开挖前增加坑内降水时间，确保基坑作业面干燥无水。

（3）合理运用基坑时空原理，选择适宜的土方开挖方案，分层、分块、均衡、对称开挖基坑土方，减少基坑无支撑和坑底暴露时间，基坑见底及时浇注垫层，减少基坑流变变形量。

（4）调查基坑场地和周边环境，尽量减小基坑及周边超载。

（5）对周边被保护物事先采取保护措施（如地基加固，隔离保护，管线架空等），对施工中根据监测数据，对被保护物采用跟踪注浆等应急保护预案。

（6）对基坑及周边环境加强监测，根据工况进行分阶段控制，根据监测数据分析调整施工参数，运用信息化指导施工。

5.4.2　邻近建（构）筑物、地下管线的位移及控制

1. 基坑开挖必须加强监测

基坑开挖后，坑内挖去大量土方，土体平衡发生很大变化，对坑外建（构）筑物、地下管线往往也会引起较大的沉降或侧移，有时还会造成建（构）筑物的倾斜，并由此引起房屋裂缝，管线断裂、泄漏。基坑开挖时必须加强观察与监测，当位移或沉降值达到报警值后，应立即启动应急预案，采取措施，消除隐患。

2. 周边建（构）筑物沉降的控制

对建（构）筑物的沉降的控制一般可采用跟踪注浆的方法。根据基坑开挖进程，连续跟踪注浆。注浆孔布置可在围护墙背及建（构）筑物前各布置一排。注浆深度应在地表至坑底以下 2～4m 范围，具体可根据工程条件确定。此时注浆压力控制不宜过大，否则不仅对围护墙会造成较大侧压力，对建筑物本身也不利。注浆量可根据围护墙的估算位移量及土的孔隙率来确定。采用跟踪注浆时，应严密观察建筑物的沉降状况，防止由注浆引起土体搅动而加剧建筑物的沉降或将建筑物抬起。对沉降很大，而压密注浆又不能有效控制的建筑物，如其基础是钢筋混凝土的，则可考虑采用锚杆静压桩的方法。

如果条件许可，在基坑开挖前对邻近建筑物下的地基或围护墙背土体先进行加固处理，如采用压密注浆、搅拌桩、锚杆静压桩等加固措施，此时施工较为方便，效果更佳。

3. 周边地下管线保护的应急措施

对基坑周围地下管线保护的应急措施一般有两种方法：

（1）打设封闭桩或开挖隔离沟

对地下管线离开基坑较远，但开挖后引起的位移或沉降又较大的情况，可在管线靠基坑一侧设置封闭桩，为减少打桩挤土，封闭桩宜选用树根桩，也可采用钢板桩、槽钢等，施打时应控制打桩速率，封闭板桩离管线应保持一定距离，以免影响管线。

在管线边开挖隔离沟也对控制位移有一定作用，隔离沟应与管线有一定距离，其深度宜与管线埋深接近或略深些，在靠管线一侧还应做出一定坡度。

（2）管线架空

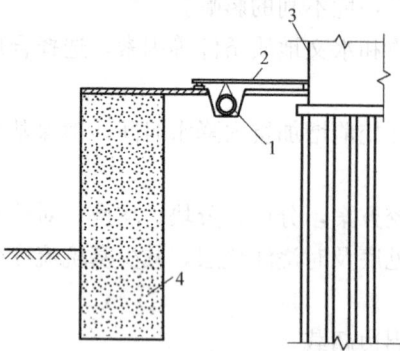

图 5.4.2　管道保护支承架设图
1—管道；2—支承架；3—临近高
层建筑；4—支护结构

对地下管线离开基坑较近的情况，设置封闭桩或隔离沟既不易实施也无明显效果，则可采用管线架空的方法。见图 5.4.2 管道保护支承架设图，管线架空后与围护墙后的土体基本分离，土体的位移与沉降对其影响很小，即使产生一定位移与沉降后还可对支承架进行调整复位。

管线架空前应先将管线周围的土挖空，在其上设置支承架，支承架的搁置点应可靠牢固，能防止过大位移与沉降，并应便于调整其搁置位置。然后将管线悬挂于支承架上，如管线发生较大位移与沉降，可对支承架进行调整复位，以保证管线的安全。

5.4.3　重力式水泥土墙施工对环境的影响及控制

重力式水泥土墙施工对环境的影响及防治措施

1. 原因分析

重力式水泥土墙的施工设备一般采用水泥搅拌桩机或高压旋喷桩机，由于施工中对原状地基土注入了大量的水泥浆，该水泥浆大部分与地基土拌合并渗入土的孔隙中，但也会产生一定的返浆量（砂层中返浆量较少，黏性土中返浆量较大）；同时较大的注浆压力亦会引起周边土体的上拱，造成周边地基的变形。

2. 防治措施

为了减少返浆量造成周边土体的上拱，可在墙位处结合清障先行开挖土槽，在施工中及时清走返浆体，对周边建（构）筑物距离较近时可设置隔离槽。

5.4.4　排桩支护施工对环境的影响及控制

1. 排桩间渗漏的产生原因与防治措施

为防止排桩间土体发生塌落或流砂破坏，通常在桩间施工粉喷桩等，与桩排一起作为截水帷幕。当两者之间存在空洞、蜂窝、开叉时，在基坑开挖过程中，地下水有可能携带粉土、粉细沙等从截水帷幕外渗入基坑内，使得土方开挖无法进行，有时甚至造成基坑相邻路面下陷和周围建筑物沉降倾斜、地下管线断裂等事故。

（1）原因分析

① 土层不均匀或地下障碍物等，影响截水帷幕施工质量。

② 受施工设备限制，超过某一深度之后（如 10m）深层搅拌质量无法保障。

③ 施工中，粉喷桩均匀性差，桩身存在缺陷或垂直度控制不好，影响桩间搭接质量，形成渗漏通道。

④ 为抢工期，在粉喷桩没有达到设计强度就开始挖土，基坑变形后低强度粉喷桩桩身易发生裂缝，形成渗漏通道。

⑤ 桩排设计刚度不够，基坑变形过大，使桩排与粉喷桩产生分离。

（2）防治措施

　　① 立即停止土方开挖，寻找并确定渗漏范围，迅速用堵漏材料处理截水帷幕。一般情况下，可采用压密注浆对截水帷幕进行修补和封堵。若漏水严重，可采用双液注浆化学堵漏法；先在坑内筑土围堰蓄水，减少坑内外水头差及渗流速度，后在漏点范围内布设直径 108mm 钻孔，钻孔穿过所有可能出现渗漏通道的区域，再往孔中填充细石料，填塞渗漏缝隙，当坑内外水头差较小时，进行化学注浆，封堵渗漏间隙。若漏水量很大，应直接寻找漏洞，用土袋和 C20 混凝土填充漏洞。

　　② 在渗漏发生部位设置井点降水，将地下水降低到基坑开挖深度以下。

2. 周边建筑物基础下地基受扰动的防治措施

排桩锚杆穿过周边建筑物基础下方，锚杆采用不合理的施工工艺而使其地基受到扰动、变形，造成建筑物基础下沉。其防治措施：

（1）锚杆采用套管护壁施工工艺。

（2）调整锚杆标高或倾角，尽量远离建筑物基础。

（3）锚杆跳打，成孔后立即插入锚杆杆体和注浆，不得分批注浆。

5.4.5　地下连续墙施工对环境的影响及控制

　　地下连续墙的施工过程，特别是成槽过程中，常常会产生相应的环境影响，尤其是地处繁华市区的基坑工程，地下连续墙的施工过程中的环境保护更显重要。施工过程中的环境保护与控制的主要内容包括土层位移的控制、噪声的控制及废弃物的处理等。

1. 地下连续墙施工产生的变形

在地下连续墙的施工流程一般包括导墙施工、沟槽挖掘和混凝土浇筑等三个主要阶段。其中，导墙一般深度约为 2～3m，有时可能深达 5m，但其引起的周边土体位移较小，常常忽略。所以，地下连续墙施工引起的坑外土体的位移主要发生在沟槽挖掘和混凝土浇筑两个施工阶段。在沟槽挖掘阶段，采用泥浆进行护壁以减小土方开挖引发的不平衡，但是开挖槽壁上的原始侧向土压力与泥浆压力之差仍将导致土体发生减荷，从而使得槽壁发生位移，并间接引发周边地表土体发生位移，而当进行墙体混凝土的浇筑时，混凝土产生的侧向土压力大于泥浆压力，故槽壁将发生一定的回缩，但其对减小地表土体位移的作用很小，故地下连续墙施工时导致的坑外地表土体的位移主要发生在沟槽开挖阶段。此外，在地下连续墙混凝土形成强度期间，坑外土体超静孔隙水压力的消散、土体的固结亦将周边地表土体产生一定的位移。

从上述分析可知，地下连续墙施工引发周边土体位移的影响程度，主要与沟槽的宽度、深度及长度，以及泥浆的护壁效果紧密相关。一般认为，由于地下连续墙成槽施工引发的土体位移占整个基坑开挖变形总量的比例很小，但在一些工程中，地下连续墙成槽施工引发的沉降量却占总沉降量的 40%～50%，尤其是对于基坑周边环境保护要求较高的情况，其影响应给予足够的重视。

　　1）土质条件对地面沉降的影响

成槽施工导致的周边地表沉降区域达到 2 倍左右的槽深，虽然沉降值与槽深比例并不是很大，但当槽深较大时，周边的地表沉降就十分显著。香港地区某基坑地下连续墙深度为 37m 时，其地表沉降的最大值达到了 50mm，而其他工程的最大沉降值则一般为 5～10mm。总体上，土质越软弱，地下连续墙成槽引起的沉降越大。

通过有限元模型对中密砂土中地下连续墙的施工过程进行模拟，其中模拟工序包括泥浆下挖槽、混凝土浇筑及混凝土的硬化等三个阶段，分析结果表明地下连续墙的三个施工阶段均对槽壁及周边土体的位移有重要影响，且位移大小同槽深、砂土的密度及地下水位的位置等因素有重要的关系，主要结论是：

(1) 随槽深增大，地表沉降值增大。

(2) 随砂土压缩性的增大，地表沉降值增大。

(3) 随地下水位深度增大，地表沉降值减小。

2）槽段宽度对地面沉降的影响

通过离心机模型试验对地下连续墙的施工过程进行模拟，地表沉降结果表明：

(1) 由于空间效应的影响，当槽段宽度越大时，槽段中心线及角部的地表沉降均比宽度较小的槽段沉降值大。

(2) 由于地下水位的高低直接影响土体的有效应力及强度，从而间接影响土体的变形能力，因此当地下水位较高时，其相应的地表沉降值大于地下水位较低的情况。

3）单一槽段和多槽段对地面沉降的影响

(1) 通过三维有限元对地下连续墙的施工过程进行模拟，模型包含对三幅地下连续墙的成槽开挖和混凝土浇筑，分析结果表明：

① 对称中心线上坑外地表沉降槽最大沉降值发生在 0.2 倍的地下连续墙开挖深度，且影响范围为 1.5 倍的地下连续墙开挖深度。

② 左右两幅地下连续墙的地表影响区域同中间幅地下连续墙的影响范围接近，即约为 1.5 倍的地下连续墙开挖深度。

(2) 通过对多幅地下连续墙施工的三维数值分析，对地下连续墙施工过程中的三维空间效应进行研究，后续地下连续墙施工对已施工地下连续墙侧向土压力及位移的影响，其研究结果表明：

① 平面应变分析得到的周边土体侧向位移显著高于三维分析结果，显示出明显的三维空间效应。

② 地下连续墙槽段的长度对土体侧向位移有重要影响，随长度增大而增大，反之减小。

③ 后续地下连续墙的施工仅对其相邻一个槽段地下连续墙处的土体侧向土压力产生影响。

4）异形地下连续墙对地面沉降的影响

带扶壁地下连续墙同平板地下连续墙施工引发的地表沉降基本一致，其范围约为 1.5 倍槽深，最大地表沉降约为 0.04％的槽深；而带扶壁地下连续墙施工引发的水平位移范围略大于平板地下连续墙，约为 1.5 倍槽深，最大水平位移约为 0.07％的槽深。

5）咬合桩连续墙对地面沉降的影响

除了地下连续墙成槽施工对周边土体产生影响外，咬合桩的施工也将对周边地层产生一定的影响。工程实践表明，咬合桩引发的周边土体位移不仅包含竖向沉降，还包含水平方向的位移，其中，沉降影响范围约为 2.0 倍桩深，最大沉降值约为 0.05％桩深；而最大侧移的影响范围约为 1.5 倍桩深，对应于咬合桩连续墙，其最大水平位移分别可达 0.08％和 0.04％的桩深。

6）对邻近建筑物沉降的影响

除了上述介绍的地下连续墙施工对周边地表的位移影响，同时地下连续墙施工对周边建筑物沉降亦存在影响。对于距离地下连续墙 1.0 倍槽深范围内的建筑物，施工将引发显著的沉降，且主要的沉降范围为 1.5 倍槽深，在这一范围之外，受开挖影响的建筑物沉降将显著减弱，同时影响程度与建筑物的基础埋深有重要关系，埋深越浅，其建筑物的沉降越大，反之越小。

2. 地下连续墙施工引起土层位移的控制

（1）地下连续墙成槽影响范围

地下连续墙的成槽过程对周边环境产生一定的影响，根据土层地质条件及施工水平存在一定的差异，其水平位移及沉降影响范围一般为 1.5～2.0 倍的槽深，最大沉降值约为 0.05%～0.15% 的槽深，而最大水平位移一般小于 0.07% 的槽深。

（2）控制措施

为了防止因成槽施工而导致地下连续墙周边土层产生过大的位移，在施工过程中需要控制以下几个方面：

① 采用优质护壁泥浆：针对土质条件优化泥浆性能。在遇到较厚的粉砂、细砂地层（尤其是埋深 10m 以上）时，可适当添加外加剂，增大泥浆黏度，保证泥皮形成效果。

② 合理选择导墙类型。采用整体性好的现浇导墙，优化导墙宽度和深度。

③ 保证泥浆的液面高度，随开挖的进行及时补浆，确保液位于地下水位以上 0.5m，并不低于导墙顶面以下 0.3m。

④ 当预先知道槽段开挖深度范围内存在软弱土层时，可在成槽前对不良地层采用水泥土搅拌桩或高压旋喷桩等工艺进行加固，确保槽壁的稳定，减小成槽开挖导致的槽壁变形。

⑤ 缩短槽段宽度。针对后续槽段对沉降影响较小的机理，缩短槽段宽度可有效减少沉降影响范围和沉降大小。因此，在周边保护建筑物的附近的地下连续墙槽段应尽可能减小至 4m 左右。

⑥ 设置隔离桩、墙。在周边保护的建筑物与地下连续墙之间设置钢板桩、密排灌注桩、搅拌桩等，隔离地下连续墙成槽引起的变形对建筑物的影响。

⑦ 减小槽段附近荷载。严格限制槽段附近重型机械设备的反复压载及振动，必要时对槽段周边道路进行减载，且施工机械应采用铺设钢板办法减小集中荷载的作用，并严禁在槽段周边堆放施工材料。

⑧ 减小对槽段附近土体的扰动。应安排好地面排水，妥善处置废土及废弃泥浆，避免因泥浆撒漏导致施工场地泥泞恶化，并影响槽段周围土体的稳定性。

⑨ 缩短成槽至混凝土灌注桩之间的时间。尽量缩短钢筋笼在孔口焊接、吊放、混凝土灌注的实施时间，有助于减小成槽后沉降的发展。

5.5　其他方面原因的事故与防治

5.5.1　其他因素造成安全事故

由于机械设备故障、施工失误、天气或管理失误等因素造成基坑安全事故，主要有：

（1）塔吊倾覆、伤人。

（2）钢筋笼起吊散架：高处坠落、伤人。

（3）钢筋混凝土支撑底模坠落伤人。

（4）栈桥或基坑坡顶临边防护跌落。

（5）监测点破坏，无法信息化施工。

（6）台风、暴雨等恶劣天气：应急措施不到位。

（7）浇筑混凝土时，炸泵伤人等。

5.5.2 防治措施

针对上述安全事故，应采取以下防治措施。

（1）建立健全安全生产管理制度和安全生产管理网络，层层落实安全生产责任制，纵向到底、横向到人。

（2）加强安全管理和安全教育，严格按安全技术操作规程施工，提高作业人员安全防患意识，杜绝违章指挥和违章操作，防范事故发生。

（3）严格安全生产检查制度，加强安全检查和危险源控制，确保机械设备正常运作；严格控制重大危险源，防范安全隐患，把事故消灭在萌芽状态，坚决杜绝重大伤亡事故。

（4）制定应急响应预案，并定期组织应急预案演练。发生险情时立即启动应急预案，进行应急救援和抢险，尽量避免重大伤亡事故。

这些安全问题只是从某一种形式上表现了基坑工程事故的复杂性，反映了深基坑工程施工安全严峻的隐忧，实际上深基坑工程事故发生的原因往往是多方面的、具有复杂性的；深基坑工程事故的表现形式往往具有多样性，必须切实加强深基坑工程施工安全管理和监测，规范深基坑工程施工安全行为，避免乃至杜绝重大伤亡事故，确保财产和人员安全。

5.6 深基坑工程施工问题总结

5.6.1 总结经验减少事故

前面对深基坑工程施工中的质量安全事故作了详细的分析，并提出了防治措施和应急救援措施，为了减少深基坑工程事故的发生，减少甚至杜绝不必要的经济财产损失和人员伤亡，有必要对深基坑工程施工问题进行认真总结。

5.6.2 深基坑工程施工问题总结

（1）软土地区深基坑工程属于高风险的项目，其发展趋势是深基坑工程向深度越来越深、规模越来越大、工期越来越紧、地质条件越来越复杂、风险越来越大、发生事故损失越来越惨重方向发展。

（2）目前软土地区深基坑工程逐渐由强度控制改为变形控制为主导，对周围环境的保护成为主要目标。

（3）深基坑工程中地下水的危害不容忽视，大部分事故都直接或间接与地下水有关，有必要加深对地下水渗流规律的研究，将不利因素转为有利因素为我所用。

（4）深基坑工程的风险是可以控制的，可以采用"前期预判、过程跟踪、总结完善"对深基坑工程风险进行全过程监测与控制。

（5）从工程实例来看，采用远程监控管理是一个比较有效的控制深基坑工程风险的手段。

参 考 文 献

1. 中华人民共和国住房和城乡建设部文件.《关于印发〈危险性较大的分部分项工程安全管理办法〉的通知》建质 2009【2009】87 号. 2009.

2. 中华人民共和国行业标准. 建筑深基坑工程施工安全技术规范 JGJ 311—2013 [S]. 北京：中国建筑工业出版社，2013.

3. 中国土木工程学会土力学及岩土工程分会. 深基坑支护技术指南 [M]. 北京：中国建筑工业出版社，2012.

4. 龚晓南. 地基处理手册（第三版）[M]. 北京：中国建筑工业出版社，2008.

5. 彭圣浩. 建筑工程质量通病防治手册（第四版）[M]. 北京：中国建筑工业出版社，2014.

6. 王自力，周同和. 建筑深基坑工程施工安全技术规范理解与应用 [M]. 北京：中国建筑工业出版社，2015.

第6章 深基坑工程的应急预案与应急响应

6.1 危险源识别与风险评估

6.1.1 危险源识别与评估

《职业健康安全管理体系 要求》GB/T 28001—2011 对危险源的定义是：危险源，可能导致人身伤害和（或）健康损害的根源、状态或行为，或其组合。

现在绝大多数建筑业施工企业都建立和实施了质量管理体系、环境管理体系和职业健康安全管理体系，在工程项目部建立和实施了安全保障体系（即工地安保体系），凡实施职业健康安全管理体系的施工企业和实施安保体系的工程项目（工地），都了解危险源的识别与分析的必要性，了解危险源的识别与分析的方法、过程、步骤，也都认真地进行危险源的识别与分析。

深基坑工程是复杂的、受众多因素影响的系统工程，由于周边环境条件和控制要求、工程地质条件、水文地质条件的不同，支护结构施工、地下水与地表水控制和土方开挖及基坑使用与维护，都会产生很多危险源，甚至重大危险源，这些危险源都可能导致人员伤害或疾病、财产损失、工作或周边环境的破坏或这些情况组合的根源或状态。因此，深基坑工程开工前，应进行危险源的识别与分析。

危险源识别与分析应根据基坑工程周边环境条件和控制要求、工程地质条件、水文地质条件、支护设计与施工方案、地下水与地表水控制方案、土方开挖施工方案、施工能力与管理水平、工程经验等进行，并应根据危险程度和发生的频率，识别为重大危险源和一般危险源。危险源的识别与分析应在调查基坑工程各分部分项工程的危险源的基础上，编制《危险源清单及风险评价表》和《重大危险源及不可承受风险控制清单》，识别本项目基坑工程重大危险源和一般危险源，并对重大危险源制订专项施工方案，以消除、隔离、减弱重大危险源，避免深基坑工程安全事故的发生。

6.1.2 重大危险源

根据《建筑深基坑工程施工安全技术规范》JGJ 311—2013 第5.3.2条规定，符合下列特征之一的必须列为重大危险源：

（1）土方开挖施工对邻近建（构）筑物、设施必然造成安全影响或有特殊保护要求的。

（2）达到设计使用年限拟继续使用的。

（3）改变现行设计方案，进行加深、扩大及改变使用条件的。

（4）邻近的工程建设，包括打桩、基坑开挖降水施工影响基坑支护安全。

（5）邻水的基坑。

特殊保护要求指的是：对临近地铁、历史保护建筑、危房、交通主干道、基坑边塔吊、给水管线、煤气管线等重要管线采取的安全保护要求。

对重大危险源应制定相应的安全技术措施和应急响应预案，以消除、隔离、减弱危险源，避免深基坑工程安全事故。

6.1.3　一般危险源

根据《建筑深基坑工程施工安全技术规范》JGJ 311—2013 第 5.3.3 条规定，符合下列情况为一般危险源：

（1）存在影响基坑工程安全性、适用性的材料低劣、质量缺陷、构件损伤或其他不利状态。

（2）支护结构、工程桩施工产生的振动、剪切等可能产生流土、土体液化、渗流破坏。

（3）截水帷幕可能发生严重渗漏。

（4）交通主干道位于基坑开挖影响范围内，或基坑周围建筑物管线、市政管线可能产生渗漏、管沟存水，或存在渗漏变形敏感性强的排水管等可能发生的水作用产生的危险源。

（5）雨期施工，土钉墙、浅层设置的预应力锚杆可能失效或承载力严重下降。

（6）侧壁为杂填土或特殊性岩土。

（7）基坑开挖可能产生过大隆起。

（8）基坑侧壁存在振动荷载。

（9）内支撑因各种原因失效或发生连续破坏。

（10）对支护结构可能产生横向冲击荷载。

（11）台风、暴雨或强降雨降水施工用电中断、基坑降排水系统失效。

（12）土钉、锚杆蠕变产生过大变形及地面裂缝等。

上述的一般危险源，如果不加控制也会造成事故，但只要加强管理与控制，就不会是大问题。比如，存在影响基坑工程安全性、适用性的材料低劣、质量缺陷、构件损伤或其他不利状态，有一个质量验收关、质量控制问题，只要把好质量验收关，就不会有材料低劣、质量缺陷、构件损伤了，所以这一条就是一般危险源。

因此，对一般危险源也要引起足够的重视，加强质量管理、安全管理和技术管理，严格控制各种质量与安全隐患，把隐患控制、消灭在萌芽状态。如果不加控制也会发展成重大危险源，也会发生事故。

6.1.4　危险源的控制

深基坑工程由于工程地质条件、水文地质条件和周边环境条件千变万化，又由于支护结构类型、形状、面积、埋深的不同，产生的危险源和重大危险源也会不同，可能不仅限于上面所列的 5 条重大危险源和 12 条一般危险源，要求施工技术人员认真了解和熟悉深基坑工程施工、使用和维护的全过程各工况的具体状况，认真辨识和分析各类危险源，并严格控制一般危险源，杜绝和避免重大危险源的发生。

对基坑工程危险源应按消除、隔离、减弱危险源的顺序，能消除的设法消除，能隔离的尽量隔离，能减弱的一定减弱掉，以选择合适的安全技术措施（方案）；应根据工程施工特点，提出安全技术措施（方案）实施过程中的控制原则、明确重点监控部位和监控指标要求，并应对安全技术措施（方案）进行论证，以论证技术措施（方案）的可靠性和可行性。

由于基坑工程的复杂性，在施工过程中可能会产生新的危险源，因此，危险源分析应采用动态分析方法，并应在施工安全专项方案中及时对危险源进行更新与补充。

6.2 应急救援预案

6.2.1 应急预案的编制

深基坑工程应根据基坑工程施工现场安全管理、工程特点、周边环境特征和危险源等级，制定基坑工程施工安全应急预案。

应急预案针对性强，是具体指导施工过程中某类特定事故救援的专门方案，特别是深基坑工程施工的应急预案更是针对性强、事故成因复杂、具有不可预见性的工程应急救援专门方案。

基坑工程施工安全应急预案由项目部安全员或技术人员负责编制，经项目经理或项目技术负责人修改补充后，报送公司有关职能部门审查，送公司安全副总或公司技术负责人（总工程师）审查批准。

6.2.2 应急预案主要内容

1. 应急预案主要内容

根据《建筑施工安全统一规范》GB 50870—2013 第 7.2.2 条规定，建筑施工安全专项应急预案应包括下列主要内容：

（1）潜在的安全生产事故、紧急情况、事故类型及特征分析。

（2）应急救援组织机构与人员职责分工、权限。

（3）应急救援技术措施的选择和采用。

（4）应急救援设备、器材、物资的配置、选择、使用方法和调用程序。

（5）应急救援设备、物资、器材的维护和定期检测的要求，以保持其持续的适用性。

（6）与企业内部相关职能部门的信息报告、联系方法。

（7）与外部政府、消防、救险、医疗等相关单位与部门的信息报告、联系方法。

（8）组织抢险急救、现场保护、人员撤离或疏散等活动的具体安排。

（9）重要的安全技术记录文件和相应设备的保护。

2. 应急预案覆盖范围

深基坑工程的应急预案应覆盖基坑工程施工全过程，包括：

（1）基坑支护结构施工、降排水、土方开挖、支撑的拆除以及基坑使用与维护的全过程。

（2）基坑工程施工的施工用电、施工机械设备、材料运输与堆放、防汛防台风、消防等各阶段的安全隐患和管理。

6.2.3　应急预案的编制与审批

1. 应急预案的编制与审批

应急预案由项目部负责编制，一般由安全员或技术员起草，经项目经理或项目技术负责人审阅修改后上报公司有关职能部门审查，报公司技术负责人（总工程师）审查批准。

2. 应急预案的变更

当设计或施工更改后，有关险情的应急预案也应进行变更，变更后的应急预案应按原审批程序重新进行审批。

6.2.4　应急预案的实施

（1）为确保公司和项目部应急救援的快速反应能力和效果，必须研究和制定安全排险救援的技术措施，做到统一指挥、分工明确、各尽其责、搞好协作和配合。应对应急救援系统的各个环节进行经常性的检查，做到当突发险情发生时，能够指挥得当，应对自如，真正发挥其抢险救助的作用，达到减轻或避免人员伤亡和财产损失的目的。

（2）定期召开分析会，研究巡查中发现的问题或监测数据的异常情况，提出防治措施，及时解决处理。

（3）施工现场配备必要的医疗急救设备，随时提供救助服务，与现场附近当地医院及时联系，以确保突发疾病和受伤人员能够得到及时救治。

（4）项目部设置专人每天收集监测情况相关资料，及时分析监测数据，如变形较大，应增加监测次数并及时上报。

（5）对工地急救人员应进行急救知识培训，并向工地管理人员和操作工人进行自我救助和急救知识的教育，添置必要的急救药品和器材。

（6）施工现场应有受过抢险与救助培训、掌握抢险、急救、抢救和具备工程抢险技能的专兼职人员和义务消防队。

（7）发生火灾时，拨打"119"火警电话，并组织现场人员进行抢救和撤离疏散人员。

（8）必要时，向公安、消防等部门调动社会援助力量投入抢险救助，以确保将事故损失降到最低。

（9）每年定期组织 2 次以上的应急预案的应急响应演练。

6.2.5　相关规范或标准的强制性条文

本书选择了与深基坑工程相关的《建筑施工安全技术统一规范》、《建筑地基基础工程施工规范》、《建筑深基坑工程施工安全技术规范》、《建筑基坑支护技术规程》、《建筑边坡工程技术规范》5 个主要的规范标准的强制性条文与说明，供读者学习、使用和参考。

1.《建筑施工安全技术统一规范》强制性条文（2 条）及说明

5.2.1　对建筑施工临时结构应做安全技术分析，并应保证在设计规定的使用工况下保持整体稳定性。

条文说明：5.2.1　本条是强制性条文，必须严格执行。对于建筑施工临时结构，许多施工单位经常不做安全技术分析，凭经验进行施工和使用，或者在施工和使用中随意违反设计规定，导致生产安全事故的发生。安全技术分析是设计建筑施工临时结构的技术基础，设计人员应当在设计文件中明确保持临时结构整体稳定性的使用工况和使用条件。在建筑施工临时结构施工前应检查是否具有设计文件，是否对建筑施工临时结构进行了安全技术分析。施工中应严格按设计要求进行施工，临时结构的使用过程中应检查是否符合设计规定的使用工况。

7.2.2 建筑施工安全应急救援预案应对安全事故的风险特征进行安全技术分析，对可能引发次生灾害的风险应有预防技术措施。

条文说明：7.2.2 本条是强制性条文，必须严格执行。建筑施工生产安全事故的类型很多，特征各异，事故发生的应对是一个动态发展过程，一般包括预防与应急准备、监测与预警、应急处置与救援、事后恢复与重建等环节，对其进行安全技术分析是预防生产安全事故发生的有效手段，避免盲目性。风险类型和特征的技术分析使得应急预案的应急处置与救援更具有针对性，与各项安全技术措施配套的人员、材料、设备等才能落到实处，在发生生产安全事故时的应急救援才能真正发挥作用。在以往生产安全事故的案例中，经常出现救援或预防不当导致次生灾害发生的情况，其对人民生命财产的损害甚至大于生产安全事故本身，因此应当提高对次生灾害的认识。建筑施工安全生产各有关单位应当在审核本单位应急救援预案时，检查是否有结合本工程特点的有关事故类型和特征的安全技术分析，有可能发生次生灾害的，是否有预防次生灾害的安全技术措施。

2. 《建筑地基基础工程施工规范》强制性条文（4条）及说明

5.5.8 桩在吊装、运输时严禁拖拉取桩。

条文说明：5.5.8 这是关于施工现场取桩的规定。拖桩会引起桩架倾覆和桩身质量破坏，所以规定严禁拖拉取桩。本条作为强制性条文，应严格执行。

5.11.4 锚杆静压桩施工期间，压桩力不应超过建（构）筑物的抵抗能力的80%。

条文说明：5.11.4 施工期间的压桩力超过建（构）筑物的抵抗能力，会造成基础上抬或损坏。本条作为强制性条文，应严格执行。

6.1.3 基坑支护结构施工与拆除不应影响邻近市政管线与地下设施、周围建（构）筑物等的正常使用。

条文说明：6.1.3 基坑工程除应确保本体安全外，还应保障周边相邻环境的安全。应制定相应的方案，确保不影响邻近市政管线与地下设施、周围建（构）筑物等的正常使用。支护结构施工及拆除时应根据环境条件要求，在基坑工程与保护对象之间设置隔断屏障、对需要保护的管线采取架空保护、邻近建（构）筑物预先进行基础加固、托换等措施也可以有效减少基坑工程对环境的不利影响。本条作为强制性条文，应严格执行。

6.9.8 支撑爆破拆除前应设置隔离防护措施，并应对永久结构及周边环境采取保护措施。

条文说明：6.9.8 采用爆破拆除时，应根据支撑结构特点，搭设防护架等设施，以控制飞石和粉尘，保护永久结构和周边环境。本条作为强制性条文，应严格执行。

3. 《建筑深基坑工程施工安全技术规范》的强制性条文与说明

5.4.5 基坑工程变形监测数据超过报警值，或出现基坑、周边建（构）筑物、管线失稳破坏征兆时，应立即停止施工作业，撤离人员，待险情排除后方可恢复施工。

条文说明：5.4.5 本条为强制性条文，基坑工程坍塌事故会产生重大财产损失，应避免人员伤亡。基坑工程坍塌事故一般具有明显征兆，如支护结构局部破坏产生的异常声响、位移的快速变化、水土的大量涌出等。当预测到基坑坍塌、建筑物倒塌事故的发生不可逆转时，应立即撤离现场施工人员、邻近建筑物内的所有人员。

4. 《建筑基坑支护技术规程》的强制性条文（5 条）与说明

3.1.2　基坑支护应满足下列功能要求：

1　保证基坑周边建（构）筑物、地下管线、道路的安全和正常使用；

2　保证主体地下结构的施工空间。

条文说明：3.1.2　基坑支护工程是为主体结构地下部分的施工而采取的临时性措施。因基坑开挖涉及基坑周边环境安全，支护结构除满足主体结构施工要求外，还需满足基坑周边环境要求。支护结构的设计和施工应把保护基坑周边环境安全放在重要位置。本条规定了基坑支护应具有的两种功能。首先基坑支护应具有防止基坑的开挖危害周边环境的功能，这是支护结构的首要功能。其次，应具有保证工程自身主体结构施工安全的功能，应为主体地下结构施工提供正常施工的作业空间及环境，提供施工材料、设备堆放和运输的场地、道路条件，隔断基坑内外地下水、地表水以保证地下结构和防水工程的正常施工。该条规定的目的，是明确基坑支护工程不能为了考虑本工程项目的要求和利益，而损害环境和相邻建（构）物所有权人的利益。

8.1.3　当基坑开挖面上方的锚杆、土钉、支撑未达到设计要求时，严禁向下超挖土方。

8.1.4　采用锚杆或支撑的支护结构，在未达到设计规定的拆除条件时，严禁拆除锚杆或支撑。

8.1.5　基坑周边施工材料、设施或车辆荷载严禁超过设计要求的地面荷载限值。

条文说明：8.1.3～8.1.5　基坑支护工程属住房和城乡建设部《危险性较大分部分项工程安全管理办法》建质〈2009〉87 号文中的危险性较大分部分项工程范围，施工与基坑开挖不当会对基坑周边环境和人的生命安全酿成严重后果。基坑开挖面上方的锚杆、支撑、土钉未达到设计要求时向下超挖土方、临时性锚杆或支撑在未达到设计拆除条件时进行拆除、基坑周边施工材料、设备或车辆荷载超过设计地面荷载限值，至使支护结构受力超越设计状态，均属严重违反设计要求进行施工的行为。锚杆、支撑、土钉未按设计要求设置，锚杆和土钉注浆体、混凝土支撑和混凝土腰梁的养护时间不足而未达到开挖时的设计承载力，锚杆、支撑、腰梁、挡土构件之间的连接强度未达到设计强度，预应力锚杆、预加轴力的支撑未按设计要求施加预加力等情况均为未达到设计要求。当主体地下结构施工过程需要拆除局部锚杆或支撑时，拆除锚杆或支撑后支护结构的状态是应考虑的设计工况之一。拆除锚杆或支撑的设计条件，即以主体地下结构构件进行替换的要求或将基坑回填高度的要求等，应在设计中明确规定。基坑周边施工设施是指施工设备、塔吊、临时建筑、广告牌等，其对支护结构的作用可按地面荷载考虑。

8.2.2　安全等级为一级、二级的支护结构，在基坑开挖过程与支护结构使用期内，必须进行支护结构的水平位移监测和基坑开挖影响范围内建（构）筑物、地面的沉降监测。

条文说明：8.2.2　因支护结构水平位移和基坑周边建筑物沉降能直观、快速反应支护结构的受力、变形状态及对环境的影响程度，安全等级为一级、二级的支护结构均应对其进行监测，且监测应覆盖基坑开挖与支护结构使用期的全过程。

5.《建筑边坡工程技术规范》GB 50330—2013 的强制性条文（4条）及说明

3.1.3　建筑边坡工程的设计使用年限不应低于被保护的建（构）筑物设计使用年限。

条文说明：3.1.3　边坡的使用年限指边坡工程的支护结构能发挥正常支护功能的年限，边坡工程的设计年限临时边坡为 2 年，永久边坡按 50 年设计，当受边坡支护结构保护的建筑物（坡顶塌滑区、坡下塌方区）为临时或永久性时，支护结构的设计使用年限不应低于上述值。因此，本条为强制性条文，应严格执行。

3.3.6　边坡支护结构设计时应进行下列计算和验算：

1　支护结构及其基础的抗压、抗弯、抗剪、局部抗压承载力的计算；支护结构基础的地基承载力计算；

2　锚杆锚固体的抗拔承载力及锚固体抗拉承载力的计算；

3　支护结构稳定性验算。

条文说明：3.3.6　本条第 1-3 款所列内容是支护结构承载力计算和稳定性计算的基本要求，是边坡工程满足承载能力极限状态的具体内容，是支护结构安全的重要保证；因此，本条为强制性条文，设计时上述内容应认真计算，满足规范要求以确保工程安全。

18.4.1　岩石边坡开挖爆破施工应采取避免边坡及邻近建（构）筑物震害的工程措施。

条文说明：18.4.1　边坡工程施工中常因爆破施工控制不当对边坡及邻近建（构）筑物产生震害，因此本条作为强制性条文必须严格执行，规定爆破施工时应采取严密的爆破施工方案及控制爆破的有效措施，爆破方案应经设计、监理和相关单位审查后执行，并应采取避免产生震害的工程措施。

19.1.1　边坡塌滑区有重要建（构）筑物的一级边坡工程施工时必须对坡顶水平位移、垂直位移、地表裂缝和坡顶建（构）筑物变形进行监测。

条文说明：19.1.1　坡顶有重要建（构）筑物的一级边坡工程风险较高，破坏后果严重，因此规定坡顶有重要建（构）筑物的一级边坡工程施工时应进行监测，并明确了必须监测的项目，其他监测项目应根据建筑边坡工程施工的技术特点、难点和边坡环境，由设计单位确定。监测工作可为评估边坡工程安全状态、预防灾害的发生、避免产生不良社会影响以及为动态设计和信息法施工提供实测数据，故本条作为强制性条文应严格执行。（注：这里讲的重要建（构）筑物，有可能是历史保护建筑，也有可能是高层建筑，也有可能是高速公路、高铁的隧道，应严格按设计要求进行施工，同时应加强监测，运用信息法施工，严密控制边坡和重要建（构）筑物的变形——位移与沉降，发现异常情况，立即启动应急预案，防止事故扩大，避免人员伤亡和财产损失。）

6.3　应急救援响应

6.3.1　应急响应程序

应急响应根据应急预案采取抢险准备、信息报告、应急启动和应急终止四个程序统一执行。

6.3.2 抢险准备

应急响应前的抢险准备，应包括下列内容。

（1）应急响应需要的抢险人员、设备、物资的准备。

（2）增加基坑变形监测手段与频次的措施。

（3）储备截水堵漏的必要器材和材料。

（4）清理应急通道。

6.3.3 信息报告

当基坑工程发生险情时，工地应立即启动应急响应，并向上级公司和当地政府有关部门及安监、消防、医疗等单位报告以下信息：

（1）险情发生的时间、地点。

（2）险情的基本情况及抢救措施。

（3）险情的伤亡及抢救情况。

6.3.4 应急启动

1. 应急响应启动的条件

基坑工程施工与使用中，应针对下列情况进行安全应急响应启动：

（1）基坑支护结构水平位移过大或周围建（构）筑物、周边地面道路出现裂缝、沉降、地下管线不均匀沉降时。

（2）基坑支护结构构件的内力超过报警值时。

（3）周围建（构）筑物的裂缝超过限值或土体分层竖向位移或地表裂缝宽度突然超过报警值时。

（4）施工过程中，围护体或基坑底出现大量涌水、涌沙、突涌等时。

（5）基坑底部隆起变形超过报警值时。

（6）基坑施工过程遭遇大雨或暴雨天气，出现大量积水时。

（7）基坑降水设备发生突发性停电或设备损坏造成地下水位升高时。

（8）基坑施工过程因各种原因导致人身伤亡事故出现时。

（9）遭受自然灾害、事故或其他突发事件影响基坑安全时。

（10）其他有特殊情况，可能影响基坑安全时。

2. 应急响应启动的步骤

当基坑出现变形、位移、开裂、渗水等上述10种险情征兆，或基坑监测数据超过报警值时，就有可能发生基坑坍塌事故，工地应立刻启动应急预案，即应急响应：

（1）立即撤离现场施工人员、邻近建筑物内的所有人员。

（2）报告公司上级部门和建设、监理、设计单位，如果事态严重的，则应报告当地政府有关部门及安监、消防、医疗及地下管线主管企业等单位。

（3）建设、监理、设计和施工单位有关人员共同勘察现场，分析原因，制订抢险与修补的技术措施（方案）。

（4）按抢险与修补的技术措施（方案）对基坑进行加固与修补，避免事故的扩大与漫延。

(5) 待险情排除后方可恢复施工。

6.3.5 应急终止

应急终止应满足下列要求:

(1) 引起事故的危险源已经消除或险情得到有效控制。

(2) 应急救援行动已完全转化为社会公共救援。

(3) 局面已无法控制和挽救,场内相关人员已全部撤离。

(4) 应急总指挥根据事故的发展状态,认为可以终止的。

(5) 事故已经在上级主管部门结案。

6.3.6 应急终止报告

应急终止后,公司及项目部应针对事故发生及抢险救援经过、事故原因分析、事故造成的后果、应急预案效果及评估情况提出书面报告,并应按有关程序向上级报告。

6.4 事故应急处置措施

当深基坑工程出现变形、渗水、管涌,甚至造成基坑坍塌,危及周边环境安全时,应立即起动应急预案,根据现场险情的具体情况,采取应急救援措施。下面介绍 12 种险情发生时,采取的应急处置措施。

6.4.1 基坑工程发生险情的应急措施

当深基坑工程出现基坑及支护结构变形较大,或监测数据超过报警值,且采取相关措施后,情况没有大的改善;周边建(构)筑物变形持续发展或已影响正常使用等险情时,应采取下列应急措施:

(1) 基坑变形超过报警值时应调整分层、分段土方开挖等施工方案或采取加大预留土墩、坑内堆砂袋、回填土反压、增设临时支撑、锚杆、坑外卸载、注浆加固、托换等。

(2) 周围地表或建筑物变形速率急剧加大,基坑有失稳趋势时,宜采取卸载、局部或全部回填反压,待稳定后再进行加固处理。

(3) 坑底隆起变形过大时,应采取坑内加载反压、调整分区、分步开挖、及时浇注快硬混凝土垫层等措施。

(4) 坑外地下水位下降速率过快引起周边建(构)筑物与地下管线沉降速率超过警戒值,应调整抽水速度,减缓地下水位下降速度或采用回灌措施。

(5) 围护结构渗水、流土,可采用坑内引流、封堵或坑外快速注浆的方式进行堵漏;情况严重时应立即回填,再进行处理。

(6) 开挖底面出现流砂、管涌时,应立即停止挖土施工,根据情况判断分别采取措施。当判断为承压水突涌时,应立即回填并采取降水法降低水头差;判断为坑内外水位高差大引起时,可根据环境条件采取截断坑内外水力联系、坑外周边降水法降低水头差、设置反滤层封堵流土点等方式进行处理。

坑底突涌时，应查明突涌原因，对因勘察孔、监测孔封孔不当引起的单点突涌，宜采用坑内围堵平衡水位后，施工降水井降低水位，再进行快速注浆处理；对于不明原因的坑底突涌，应结合坑外水位孔的水位监测数据分析；对围护结构或截水帷幕渗漏引起的坑底突涌，应采取坑内回填平衡、坑底加固、坑外快速注浆或冻结方法进行处理。

6.4.2　截水措施失效的应急措施

1. 截水措施失效的原因分析

（1）截水深度不够，地下水渗流越过帷幕底部产生管涌、流砂现象。

（2）截水帷幕桩身平面位置、垂直度偏差过大，帷幕渗漏严重。

（3）截水帷幕桩的水泥掺入量不够或施工工艺不合理问题造成桩体质量差，渗透系数过大，难以起到截水效果。

（4）帷幕施工完不经充分养护，帷幕桩体强度很低时就急于开挖土方，造成帷幕的破坏。

（5）由于支护结构变形造成截水帷幕的剪切破坏。

（6）人为破坏截水帷幕，如随意开挖出土通道破坏原本封闭的截水帷幕。

2. 截水、隔水措施失效的应急处理措施

（1）设置导流水管，采用遇水膨胀材料或采用压密注浆、聚氨酯注浆等方法堵漏。

（2）快硬早强混凝土浇筑围护挡墙。

（3）在基坑内壁采用高压旋喷或水泥土搅拌桩增设截水帷幕。

（4）结合以上措施配合坑内井点降水。

6.4.3　围护墙体渗水的应急措施

（1）如渗水量极小，为轻微湿迹或缓慢滴水，而监测结果也未反映周边环境有险况，则只在坑底设排水沟，暂不做进一步修补。

（2）如渗水量逐步增大，但没有泥沙带出，而周边环境无险况产生，可采用引流的方法，在渗漏部位打入一根钢管，使其穿透进入墙背土体内，将水通过引管引出，当修补混凝土或水泥达到一定强度后，再在钢管内压浆，将出水口封堵。并派人进行 24h 监护，防止地下水寻找新的漏水点，进行压力释放。并对新的漏水点及时发现，及时堵漏。

（3）当渗水量较大、呈流状或者接缝渗水时，应立即进行堵漏。采取坑内坑外同时封堵的措施，坑内封堵按上述情况进行，坑外封堵采用在墙后压密注浆的方法。注浆压力不宜过大，减少对基坑的影响，必要时应在坑内回填土方后进行，待注浆到止水效果后，再重新开挖。

（4）在第一时间通过监测单位进行密切监测。同时，加密监测频率，一天至少一次。

6.4.4　流砂及管涌的应急措施

在基坑开挖过程中出现轻微的流砂现象，应及时堵涌并采取加快垫层浇筑或加厚垫层的方法"压住"流砂；对较严重的流砂应增加坑内降水措施，使地下水位降至坑底以下 0.8～1m 左右。降水是防止流砂最有效的方法。

造成管涌的原因很多，如是由于基坑围护桩墙下部未达设计标高，或者是围护墙体下部出现较大的孔洞，使地下水沿围护桩墙下部下孔洞处渗入坑内。如发生此类涌管，应先在该桩墙位或桩墙背进行压密注浆或高压喷射注浆，保证其在开挖时不漏水，以堵住渗水点。如果管涌十分严重，也可在围护墙体后面再打一排钢板桩，在钢板桩与围护墙体之间进行注浆。

1. 采用双液注浆方法堵漏并必须控制注浆压力

（1）施工参数

深度：依据现场渗漏情况定

注浆材料：42.5 级普通硅酸盐水泥，350Be 水玻璃

水泥浆水灰比：约 0.6

水泥浆：水玻璃＝1：0.8

水泥浆液配比表

材料名称	水	水泥	陶土粉
重量比	0.6	1	0.03
规格	洁净水	P·O42.5	200 目

（2）施工流程框图

孔位放样 → 振管就位 → 振管入土 → 制备浆液 → 喷浆堵漏 → 清洗移位

（3）施工要点

① 成孔采用振动冲击直接成孔，以保证注浆管四周的土体密实，减少冒浆。

② 注浆采取自下而上分层注浆方法，分层提升的高度应根据渗漏情况实际调整。

③ 注入的浆液需保证有足够短的初凝时间，并密切注意压力表的变化，不致让围护体变形。

2. 具体防治措施

（1）对渗水量较小，不影响施工周边环境的情况，可采用坑底设沟排水的方法。

（2）对渗水量较大，但没有泥砂带出，造成施工困难，而对周围影响不大的情况，可采用"引渗——修补"方法，即在渗漏较严重的部位先在围护墙上水平（略向上）打入一根钢管，使其穿透围护墙体进入墙背土体内，由此将水从该管引出，而后将管边围护墙的薄弱处用防水混凝土或砂浆修补封堵，待修补封堵的混凝土或砂浆达到一定强度后，再将钢管拔出，并将出水口封堵。

（3）对渗、漏水量很大的情况，应查明原因，采取相应的措施：如漏水位置离地面较浅处，可将围护墙背开挖至漏水位置下 500～1000mm，在围护墙后用密实混凝土进行封堵。如漏水位置埋深较大，可在墙后采用压密注浆方法，浆液中应掺入水玻璃，使其能尽早凝结，也可采用高压旋喷注浆方法。

（4）如现场条件许可，可在坑外增设井点降水，以降低水位、减小水头压力。

（5）对轻微的流砂现象，采用加快垫层浇筑或加厚垫层；对较严重的流砂应增加坑内

降水措施；坑内局部加深部位产生流砂，一般采用井点降水方法。

6.4.5　基坑土体失稳滑坡或坍塌的应急措施

1. 边坡纵向失稳滑坡

对于深基坑工程而言，基坑边坡纵向滑坡将导致围护结构破坏，一旦发生此类恶性事故，首先应组织周围人员撤离，在不危及人员安全前提下，对基坑边坡补强加密桩锚；如果不能补强，则应立即组织土方回填基坑塌方处，待基坑边坡稳定后，在边坡上浇筑钢筋网（或钢丝网）混凝土护坡，然后视情况继续施工或其他加固补强措施。

2. 出现土体坍塌现象

（1）挖土作业时，必须有专门的指挥人员，并有现场检查小组随时观察边坡的稳定情况。当发现边坡出现裂缝、有滑动，首先应立即暂停该区域的挖土工作，将人员撤至安全地区，随后采取安全和消除措施。

（2）将坡上边的物体搬走，卸除坡边堆载物。

检查坑内是否积水较多，加大抽水、排水力度，避免土体浸泡在水中。原本采用小型挖掘机或人工挖土的土块，改用其他方式挖，避免造成塌方、人员受伤、设备损坏等情况出现。

（3）对按比例放坡开挖的部位，采用钢丝网混凝土护坡。

6.4.6　基坑坑底隆起的应急措施

一旦发现基坑底部隆起迹象，应立即停止土方开挖，并应立即加设基坑外沉降监测点，迅速回填土方或混凝土，直至基坑外沉降趋稳，方可停止回灌和回填。然后会同设计人员一起分析原因，采取以下防治措施：

（1）检查坑底是否有积水，排干积水。

（2）加快垫层施工。

（3）坑外四周地面尽量卸载。

（4）视现场状况，进行回填反压或进行坑底地基土加固。

6.4.7　围护桩墙位移超过报警值的应急措施

1. 围护桩顶位移

（1）检查现场状况之前的施工记录，查找是否同时有其他险情或危险行为：比如围护桩是否渗水或在没有达到设计强度要求就进行土方开挖，土方是否没有按要求分块限时开挖、出现未支护先开挖情况等，一方面将有关情况及时反馈设计单位；另一方面，现场各单位就原因进行分析。

（2）增加人力、机械加快当前施工分块的施工速度，若土方尚未挖完，视情况加快速度挖完或立即停止，已挖区域的垫层应及时铺设，并尽快浇筑基础底板。

（3）当发现围护墙体出现位移较大时，监测数据及时反馈到设计单位，并根据设计单位指令对围护体进行加固处理，监测单位需加强监测次数，并应对基坑周边的沉降及位移每隔2h测得一次数据。

2. 围护桩底部侧向变形

（1）立即检查围护桩的混凝土冠梁面及基坑周边，查看是否有裂缝及其他异常情况并检查坑内外地下水位，如发现冠梁产生裂缝有地表下渗入至坑外土体，增加其侧压力产生的变形，立即采取对裂缝进行修补，对地表水进行排除。具体方法为在冠梁上部开挖一条小沟，用PVC管切成两片放置于沟内，然后用纯水泥封死，将地表水引流至不影响基坑处。并将当前相关监测结果和现场状况报告设计单位，与设计单位协商确定控制措施。

（2）如果报警处围护桩周边地面有堆载物，应立即进行卸载直至全部搬除；在问题得到妥善处理前，禁止该侧施工车辆通过，减少施工动荷载。

（3）如发现围护墙背土体沉陷，应设法控制墙嵌入土体部分的位移，现场可进行以下紧急措施：增设坑内降水设备，降低地下水；如条件许可，也可以坑外降水。如降水后水位超过报警值，应进行坑底加固、采用注浆、提高被动土区抗力。

（4）基坑工程施工致使围护桩墙位移呈加速趋势，并引起邻近建筑物开裂及倾斜事故时，应根据具体情况采取下列处置措施：

① 立即停止基坑开挖，回填反压。

② 增设锚杆或支撑。

③ 采取回灌、降水等措施调整降深。

④ 在建筑物基础周围采用注浆加固土体。

⑤ 制定建筑物的纠偏方案并组织实施。

⑥ 情况紧急时，应及时疏散人员。

6.4.8 围护结构底部位移过大应急措施

1. 围护墙底部位移过大

在基坑土方开挖较深时，如发生围护墙下部位移较大，往往会造成墙背土体的沉陷，应设法控制围护桩（墙）嵌入部分的位移，着重加固坑底部位。

防治措施

（1）回填土设围护土堆。

（2）增加桩、锚数量。

（3）增设坑内降水设备降低地下水，条件许可时可在坑外降水。

（4）进行坑底加固，如采用注浆、高压喷射注浆等提高被动区抗力。

（5）坑底土方随挖随浇垫层，对基坑挖土合理分段；每段土方开挖到坑底后及时浇筑垫层。

（6）加厚垫层、采用配筋垫层或设置坑底支撑。

（7）如支护结构位移较大可采用增设大直径桩、锚进行加固。

2. 基坑底部大幅度变形

防治措施

（1）监测每道加劲桩内力和围护墙变形情况，一旦发现变形速率及变形值增大，应立即停止开挖，并根据变形的部位和原因采取加强、加密加劲桩、施加预应力和其他相应的有效措施。

（2）监测基坑隆起变形情况，及时按需要抽取承压水，防止基坑底部隆起。

（3）雨期施工做好截水排水措施，做好土坡封闭，防止地表水渗入开挖坑内并及时排出基坑内积水。

（4）严格按照设计分层、对称、均衡开挖，限时开挖土方。

（5）认真做好基坑降水和地基加固施工，开挖前检查质量；如满足不了设计和规范要求，应重新加固直至达到要求，严禁带隐患开挖施工。

6.4.9　支撑施工事故的应急措施

1. 围护结构出现渗漏水现象

由于围护体结构的特殊性，在基坑土方开挖过程中，单幅墙体连接处，接缝渗水的处理要事先组织防水堵漏班组，随土方开挖的深入随时进行封堵、导流，以防基坑开挖深度的增加，因渗漏而造成基坑外部水土流失，直接造成坑外周边建筑物、地下管线、道路的变形加剧。因此，务必引起高度重视，必须对围护体渗漏水进行随挖随封堵，确保开挖后基坑无明水渗漏。具体方法有采取接缝打凿清理后，用双快水泥堵漏剂结合导流管进行封堵。

围护体系出现较大渗漏水时，尽量采用正面封堵的形式堵漏；必要时可经过专家论证后，提出方案：在不影响周围环境的情况下，利用基坑内填塞和基坑外速凝、双液、低压注浆方法修补漏水点，初步拟定参数如下：

注浆浆液空气中初凝时间小于 45ms。

注浆压力小于 0.3MPa。

每 m 注浆量不小于 150L。

水灰比不大于 0.5，偏硅酸钠掺量根据初凝试验确定。

如果渗漏点位于开挖面以下，以管涌形式出现，则在坑底注浆和基坑外注浆结合的方式修补渗漏点，并且加厚该部位的垫层。

2. 围护结构和支撑的受力与变形速率变化过大

由于基坑内土方开挖，造成基坑内支撑应力增大，使基坑围护结构和支撑的受力与变形速率变化突然增大，基坑出现险情。对此情况，一是放慢挖土施工进度；二是根据位移量的大小采取注浆，坑内回填、坑外卸载等措施进行坑内加固，确保基坑安全。

6.4.10　挖土施工引发险情时应急措施

当挖土施工引发下列险情时，应针对不同的险情，采取相应的应急措施，详见本节"6.4 事故应急处置措施"中的各项应急处置措施。

（1）基坑环境监测数值（围护）水平位移、变形，当日内有一项或多项发生突变时。

（2）结构柱弯曲变形。

（3）混凝土支撑经碾压变形。

（4）围护桩位移偏大。

（5）周围建筑物及周边地表不均匀沉降及塌陷。

（6）围护墙体背后土体隆起导致另一侧土体不均匀沉降。

（7）基坑土体开挖后引起变化速率加大，回弹变形过大。

（8）发生流砂和管涌。

（9）基坑周围建筑物和管线出现不均匀沉降。

6.4.11　周边建筑物出现险情时的应急措施

深基坑工程施工引起邻近地面道路、建（构）筑物开裂及倾斜事故时，应根据具体情况采取下列处置措施：

（1）立即停止基坑开挖，回填反压。

（2）增设锚杆或支撑。

（3）采取回灌、降水等措施调整降深。

（4）在周边建筑物基础周围采用注浆加固土体。

（5）制定建筑物的纠偏方案并组织实施。

（6）情况紧急时应及时撤离、疏散人员。

6.4.12　邻近管线、管道事故应急措施

深基坑工程施工引起邻近地下管线破裂，应采取下列应急措施：

（1）立即关闭危险管道阀门，采取措施防止产生火灾、爆炸、冲刷、渗流破坏等安全事故。

（2）停止基坑开挖，回填反压、基坑侧壁卸载。

（3）及时加固、修复或更换破裂管线。

在开工前的环境调查时，应了解周边地下各种管线及阀门的正确位置和管线主管单位及通信方式，一旦地下管线发生破裂，产生喷水、喷气、漏电等状况时，必须立即关闭阀门，以防事态进一步扩大。如果不知道地下各种管线及阀门的位置，应立即向消防和水、电、气等管线主管单位报警，及早采取措施，防止事故进一步扩大。

在事故得到控制以后，则由水、电、气等管线主管单位负责加固、修复或更换破裂管线等工作，基坑施工单位做好配合工作。

6.5　深基坑工程施工安全建议

6.5.1　牢固树立"安全第一"思想

虽然深基坑工程是临时性工程，但是工程建设有关各方不能有临时观念，舍不得投入；深基坑工程风险大，发生事故后补救困难，造成的社会影响大，经济损失大。因此，工程建设有关各方必须牢固树立"安全第一"思想，正确处理安全与成本、安全与工期的关系，围护结构方案设计和施工组织设计与管理都必须保证必要的安全储备。

6.5.2　认真做好基坑工程环境调查

（1）工程地质与水文地质条件的调查与分析。调查基坑影响范围内的土层分布及厚度，地下水情况，潜水、承压水，不良地质现象，如软弱土层、暗浜、暗塘等。应认真分析、评估工程地质与水文地质条件对基坑工程可能的不利影响。

（2）周边环境调查分析：明确调查范围，走访、查阅档案和实地踏勘调查。

（3）调查周边地下建（构）筑物的位置、层数、结构类型、竣工时间、基础类型（浅基础、桩基础等）、持力层及其与本基坑边的相互关系。

（4）调查周边地下管线的类型、位置、埋深、走向及其规格、接头形式、闸门位置、埋设时间、埋设时支护结构等。

（5）调查相邻地铁（或规划地铁）、人防工程或隧道等地下构筑物的平面位置、尺寸、埋深、施工时间及其基坑边坡支护结构或放坡范围。

（6）调查同期建设工程或市政设施的性质、规模、特点、施工情况以及相邻工程的沟通协调情况。

（7）调查保护对象的现状。查清在修建和施工阶段已经发生的不利于基坑施工的情况、现有损坏情况，房屋的倾斜、沉降现状，管道的变形、渗漏情况以及特殊的保护要求等，进而通过计算、分析和检测等手段，明确保护对象能够承受的影响程度。

（8）确定安全标准和变形控制标准。根据确定的周边环境安全标准，并充分考虑工程地质条件、地面附加荷载、地表水、地下水和邻近建（构）筑物的影响等不利因素，确定基坑支护开挖引起的围护结构变形和周围地表沉陷的允许范围和允许值，即变形控制标准。

6.5.3　提高基坑围护结构方案的"三性"

应对不同类别的地基与基坑区别对待，选择合理的支护结构方案。

（1）应注重支护设计方案的可操作性。

（2）应确定计算结果与参数取用的可靠性。

（3）保证安全的前提下，做到支护结构设计方案的科学性、合理性和可操作性，达到经济性的目的。

6.5.4　加强基坑工程施工全过程的控制

（1）在确保基坑工程安全的前提下，平衡施工速度与工程造价。

（2）基坑工程施工组织设计和安全施工专项方案的编制应有针对性与可操作性。

（3）加强施工全过程中的检查与监测。

（4）应急预案和安全技术措施应得到切实有效地落实。

（5）应用新技术、新工艺、新材料、新设备的"四新技术"，提高工程质量和施工安全水平。

（6）根据工程实际情况，从标准的选定、工艺的选用、工期的安排、专项方案制定、检查与监测五个方面，严格控制施工全过程的质量与安全，避免和杜绝基坑工程事故。

参 考 文 献

1. 王自力，周同和. 建筑深基坑工程施工安全技术规范理解与应用 [M]. 北京：中国建筑工业出版社，2015.

2. 刘国彬，王卫东. 基坑工程手册（第二版）[M]. 北京：中国建筑工业出版社，2009.

3. 建筑深基坑工程施工安全技术规范 JGJ 311—2013 [S]. 北京：中国建筑工业出版社，2013.

4. 建筑基坑支护技术规程 JGJ 120—2012 [S]. 北京：中国建筑工业出版社，2012.

5. 中国土木工程学会土力学及岩土工程分会. 深基坑支护技术指南 [M]. 北京：中国建筑工业出版社，2012.

6. 建筑地基基础工程施工规范 GB 51004—2015 [S]. 北京：中国建筑工业出版社，2015.

附件1 深基坑工程专项施工方案

目 录

第一章 工 程 概 况

一、工程概况

本工程位于某市区内，总建筑面积约 19086m²，建筑占地面积约 3727m²，地下室面积 5750m²。

本工程为 5 幢建筑物：

综合楼 11 层，总高度 41.4m；行政楼 1～6 层，总高度 24m。

后勤用房 3 层，高度为 12m；实验楼 6 层，总高度 23.7m；

教学楼 6 层，23.7m。

地下室一层，地下室范围内主要建筑为综合楼、行政楼、实验楼。

本工程系框剪结构，桩基采用钻孔灌注桩；基坑工程安全等级为一级。

开挖深度范围内地基土质以黏土和淤泥质土为主。

本工程建设单位为：××学校。

勘察单位为××工程勘察有限公司，

设计单位为××设计研究院有限公司。

施工总工期：630 天。其中土方开挖阶段约 45 天。

场区属亚热带海洋型季风气候，场区地貌单元山前冲海积平原。勘察场址现为空地，地形平坦。施工现场"三通一平"已经完成：临时用电用水线路已经接通到位，现场外围施工道路通畅，现场场地平整到位。目前，工程正在进行桩基工程施工，完工后随即将进行围护结构施工和土方开挖施工。

本工程地下一层，基坑面积大，呈 L 形，长×宽约为 82m×100m，围护结构采用混凝土钻孔灌注桩加一道钢筋混凝土支撑梁。支撑梁顶标高为－1.95m，冠梁以上采用放坡施工，坡面采用钢筋网喷射混凝土面层护坡。工程开挖深度为 4.85m，电梯井周边承台部分加深至 7.15m。混凝土钻孔灌注桩外设一道混凝土搅拌桩截水帷幕。本工程土质状况较差，基坑施工有一定难度。

二、工程的特点及方案选择

本基坑设计开挖深度大部分为 5.00m 左右，开挖深度影响范围内下部土质条件较差。根据《建筑深基坑工程施工安全技术规范》JGJ 311—2013 规定，基坑深度虽然未超过 6m，但局部深度超过 7m，且土质条件较差，故属于一级基坑。

本基坑工程经分析具有以下特点：

（1）基坑平面呈 L 形，开挖面积较大，开挖影响范围内以黏土和淤泥质土为主；土质渗透系数不大，基坑四周采用水泥土搅拌桩截水帷幕，因此坑内采用集水明排。同时，本工程主要在雨期施工，应考虑雨水对基坑开挖施工的影响。

（2）基坑设计挖深不大，有专门的围护支撑设计。设计开挖深度大部分为 5.00m 左右，坑中坑最大高差 2.25m；工程施工难度一般。

（3）场地周围环境条件较好，基坑周围无重要建筑物、构筑物、地下管线等，具备一定的放坡开挖条件。

（4）开挖范围内主要为黏土和淤泥质黏土，土质呈流塑性、强度低、施工难度大，因此在施工时容易发生陷车、土方滑移等事故；应做好临时道路，道路坚实，能够满足施工要求。

（5）勘察场区为山间平地，无地质灾害隐患，工程建设遭受自然斜坡滑坡、沟谷泥石流的可能性小，场地未见其他不良地质作用。

结合本工程上述特点，根据"安全、经济、方便施工"的原则，同时根据围护设计和地质情况，本工程主要采用机械分层分段开挖，基坑底上50cm范围及承台加深部位采用人工开挖。降水采用集水坑降水。为保证施工安全，本工程土方开挖临时道路采用塘渣填筑，厚度应该严格控制。

第二章　方案编制依据

本方案主要编制依据

1. 《建筑地基基础设计规范》GB 50007—2011。

2. 《建筑基坑支护技术规程》JGJ 120—2012。

3. 《民用建筑可靠性鉴定标准》GB 50292—1999。

4. 《建筑基坑工程监测技术规范》GB 50497—2009。

5. 《钢结构设计规范》GB 50017—2003。

6. 《危险性较大的分部分项工程安全管理办法》住建部建质〔2009〕87号。

7. 《建筑工程施工质量验收统一标准》GB 50300—2013。

8. 《建筑施工安全技术统一规范》GB 50870—2013。

9. 《建筑施工安全检查标准》JGJ 59—2011。

10. 《建筑机械使用安全技术规程》JGJ 33—2012。

11. 《钢结构工程施工质量验收规范》GB 50205—2001。

12. 《钢筋焊接及验收规程》JGJ 18—2003。

13. 《建筑桩基技术规范》JGJ 94—2008。

14. 《混凝土结构施工质量验收规范》（GB 50010—2002）。

15. 《建筑深基坑工程施工安全技术规范》JGJ 311—2013。

16. 《固定式塔式起重机基础技术规程》GB33/T 1053—2008。

17. 《工程测量规范》GB 50026—2007。

18. 《建筑地基基础工程施工质量验收规范》GB 50202—2002。

19. 《施工现场临时用电安全技术规范》JGJ 46—2005。

20. 《建筑桩基检测技术规范》JGJ 106—2014。

21. 《建筑基坑工程技术规程》DB33/T 1008—2000。

22. 《建筑地基基础设计规范》DB33/T 1001—2003。

23. 施工有关图纸，围护及建筑施工图。

24. 本工程地质勘探报告。

25. 其他有关行业规范、法律法规。

第三章　工程场地地质条件

一、地基土特征

根据本工程《详细勘察报告》，基坑开挖影响范围内土层分布如下：

1 层　黏土层：灰黄，中、高压缩性，刀切面光滑，韧性高，干强度高，摇振反应无，含少量粉砂，见铁锰质氧化斑，向下土体渐软。为地表硬壳层。土不均匀，局部相变为粉质黏土。全场地分布。

2-1 层　淤泥：青灰，流塑，高压缩性，刀切面光滑，韧性高，干强度高，摇振反应无，土体极软弱，含贝壳碎片、腐殖质和少量粉砂，厚层状构造。全地分布。

2-2 层　淤泥混粉砂：青灰色，流塑，高压缩性，成分不均匀，粉砂含量 15％～35％，含半碳化物碎屑及贝壳碎片。韧性高～中等，干强度高～中，摇振反应无～中等。Z21 号孔 18.30～18.50m 为中风化凝灰岩滚石。全场地分布。

3 层　黏土：灰色，软塑，高压缩性。见细鳞片状结构，含半碳化物碎屑及贝壳碎片，局部含少量粉砂，刀切面光滑，韧性高，干强度高，摇振反应无。土体不均一，局部砂含量较多，相变为粉质黏土。Z11 号孔 25.00～25.70m 为中风化凝灰岩滚石。大范围分布，局部缺失。

4-1 层　粉质黏土：蓝灰～灰黄色，可塑，中压缩性，局部高压缩性，刀切面稍光滑，韧性中等，干强度中等，摇振反应无，见少许铁锰质斑点分布。局部相变为黏土。主要分布于场区南侧。

4-2 层　黏土：灰色，软塑，中～高压缩性，刀切面光滑，韧性高，干强度高，摇振反应无，局部含少量粉砂。Z16 号孔 27.40～27.80m 为中风化凝灰岩滚石。主要分布于场区南侧。

5 层　粉质黏土：蓝灰～灰黄色，中压缩性，刀切面欠光滑，韧性中等，干强度中等，摇振反应无，局部含少量粉砂。土体不均一，Z21、Z24、Z26、Z27 号孔层中夹块石（滚石）。主要分布于场区南侧。

9 层　粉质黏土混碎石：灰黄色，可塑，中、高压缩性，粉质黏土为主，韧性中等，干强度中等，摇振反应无，切面稍有光泽，含角砾 10％～15％，角砾粒径 10～20mm，次棱形混碎石 2.0％～35％，碎石粒径 20～50mm，次棱形，强～中风化状，原岩为火山碎屑岩。土体不均一，局部相变为碎石，粉质黏土。全场分布。

9-a 层　块石：灰黄色，中密～密实，块状构造，坚硬，原岩为中、强风化状火山碎屑岩，岩芯较完整，短柱状，长 50～500mm，局部较破碎，呈碎块状，裂隙由黏性土充填。仅 Z3、Z4、Z9、Z15、Z23 孔分布。

10-1 层　全风化凝灰岩：蓝灰、灰黄色，可塑，局部软塑状，风化完全，原岩结构已基本破坏，矿物高岭土化，呈粉土、粉质黏土状。土体中等压缩性，含少量未完全风化岩块，手捻易碎，土体遇水后力学性质大幅降低。Z3 孔 27.90～31.90m、Z8 孔 27.50～

29.20m 见强风化～中风化状风化残留体，个别直径达 50～500mm，除 Z9 孔外全场地分布。

10-2 层　强风化凝灰岩：灰褐色，风化强烈，风化物为碎块石夹黏性土，原岩为凝灰岩，块状构造。节理裂隙较发育，风化碎块石锤击易碎，岩芯呈碎块状。岩体完整程度为破碎～较破碎，基本质量等级为Ⅳ级。仅场地北侧揭露。

10-3 层　中风化凝灰岩：灰褐，原岩为上侏罗统凝灰岩，似斑状结构，块状构造。为较硬～坚硬岩。节理裂隙较发育，取出岩芯呈短柱状，一般为 15～30cm，其岩体完整程度为较完整，岩体质量基本等级为Ⅲ级。局部区域含辉绿岩岩脉，仅场地北侧揭露。

基坑开挖影响范围内各层土体的主要物理力学参数详见《地质勘探报告》。

二、地下水

勘察场址地下水上部为孔隙潜水，其赋水介质为黏土、淤泥等黏性土，透水性差，水径流条件差，水量一般，直接受大气降水补给，排泄以蒸发为主，勘察期间测得其潜水位埋深为 0.25～0.50m（高程 3.19～3.50m）；下部为基岩裂隙水，水量贫乏。据区域水文地质资料，长期地下水位变幅一般为 0.5～2.0m，雨季易发生地表浸水现象。场区地下水对桩基设计和施工影响不大，对基坑开挖有一定影响，应采取排水、降水措施。

场区场内及周边无污染源，环境类型为Ⅱ类，地层渗透性影响为 B 类。根据水试样检验报告，按《岩土工程勘察规范》GB 50021—2009 有关规定对拟建场地地下水腐蚀性评价如下：

按环境类型水对混凝土结构的腐蚀性：场地环境类别为Ⅱ类。

按地层渗透性判定水对混凝土结构的腐蚀性：B 类弱透水层。

水对钢筋混凝土结构中钢筋的腐蚀性。

综合以上各项分析评价，场地环境类型为Ⅱ类，地层渗透性影响为 B 类。据水质分析成果资料及区域水文资料，地下水对混凝土结构具微腐蚀性，对长期浸水的混凝土结构中的钢筋具微腐蚀性；对干湿交替的混凝土结构中的钢筋具中等腐蚀性。鉴于本场址周边水、土均未受污染，因此场址水、土对混凝土结构具微腐蚀性，对长期浸水的混凝土结构中的钢筋具微腐蚀性；对干湿交替的混凝土结构中的钢筋具中等腐蚀性。

三、周围环境

1. 周围环境

基坑现场基本为开阔农田，地形平坦。场地东侧为规划东溪路；北侧离地下室外墙 15m 外为瑞枫大道，有重型车辆开过，但对基坑影响较小。其余各侧目前均为开阔农田，场地周边没有受影响建筑物。根据目前了解的情况场地四周两倍开挖深度范围内无市政管线，地下室施工时需进行核实。施工前应对周边环境情况进行复查，包括地下管线及重要建构筑物。

2. 不良地质作用

勘察场区内未发现不良地质作用和暗塘、暗浜、墓穴、洞室等对工程不利的地下埋藏物。场区 Z3 孔、Z4 孔、Z8 孔、Z9 孔、Z11 孔、Z15 孔、Z16 孔、Z21 孔、Z23 孔、Z24、Z26、Z27 等孔发现有块石零星分布，对工程有不利影响。场区北面为瑞枫大道，东面为规划东溪路，其余西面及南面为空地，周围无边坡等地质灾害隐患。本次勘察场区内未发现墓穴、洞室等对工程不利的地下埋藏物。

四、自然地理与区域地质概况

场区属亚热带海洋型季风气候，温暖湿润、雨量充沛、四季分明，全年无严寒酷暑。年平均气温 17.9℃，年温差一般为 20℃，多年平均降雨量为 1735mm，日最大降雨量 256.61mm。地下水变幅一般为 0.5～2m，雨季易发生地表浸水现象。场区台风较为频繁，一般发生在 7～9 月份，多年台风统计频率为 2.4 次/年，最大平均风速达 15～28m/s，风向一般为西北偏西方向移动，最大风力达 12 级以上。平均相对湿度较大，一般在 80% 左右。

本区区域构造隶属新华夏系第二隆起带南段东侧，NNE 向构造为其主要的构造。区域内断裂构造主要有：NNE 向镇海-温州断裂带和象山-乐清湾断裂带。其中镇海-温州大断裂和淳安-温州大断裂分别在本区西北侧通过，均形成于燕山中晚期，其埋深较大，现代虽有活动但强度较微弱。

按全国地震区带划分，场区属东南沿海二等地震区东北段，接近三等地震区，为少震、弱震区。远场地震波的波及影响是本区的主要震害特征。按 1990 年国家地震局编制的《中国地震烈度区划报告》，本地区为基本稳定区，地震基本烈度为 6 度。根据《中国地震动参数区划图》GB 18306—2001，本区地震峰值加速度为 0.05g。

场区地貌单元山前冲海积平原。据区域地质资料，分布有数十米厚的第四系沉积物，上部 20～50m 左右为软土，属海相沉积物，土性为黏土、淤泥、淤泥质黏土等，时代为第四系全新统（Q4）和上更新统（Q3）地层；下部为前第四系（AnQ）基岩，属上侏罗统高坞组（J3g），岩性为青灰色流纹质晶屑玻屑凝灰岩，局部为岩屑凝灰岩。

第四章 围护结构设计概况

一、围护结构

1. 本工程主要采用钢筋混凝土排桩加一道钢筋混凝土支撑的围护方案。钢筋混凝土排桩外侧设一道水泥土搅拌桩截水帷幕。围护墙冠梁以上采用 1：1 坡度放坡开挖，坡面采用钢筋混凝土护坡，内配 $\phi6.5$ @250 钢筋网，混凝土强度等级为 C20。

2. 围护桩为回旋钻孔灌注桩，桩径为 $\phi600/\phi700/\phi800$ 三种，桩身混凝土强度等级 C25，钢筋笼采用焊接，主筋保护层厚度为 35mm。桩位水平偏差不得大于 50mm，垂直度偏差不得大于 0.5%，充盈系数 $\geqslant$1.1，沉渣厚度 $\leqslant$200mm，超灌长度 1000mm，施工应严格按有关规范和规程进行，不允许出现桩身缩颈、裂缝、断裂等现象；桩顶应嵌入冠梁中 50mm。

3. 水泥土搅拌桩桩径为 600，桩长为 8.85～10.85m，搅拌桩桩间搭接 150mm；搅拌桩采用 P·O42.5 水泥，水泥掺量暂定为 15%（被加固土的重量按 18kN/m³ 计），木质素磺酸钙掺量为水泥的 0.2%，三乙醇胺为水泥的 0.05%，浆液水灰比为 0.45～0.55。围护桩施工完毕应做动测试验，数量为总桩数的 20%。

4. 立柱桩施工工艺同工程桩，基坑内共新打 29 根 $\phi700$ 钻孔灌注桩（另外利用 5 根工程桩做立柱桩），立柱桩沉渣厚度 $\leqslant$100mm，其余质量要求同工程桩，详见施工图"围施-09"。

5. 水平支撑及冠梁均为混凝土结构其强度等级为 C30。待基础和换撑构件达到 80％ 设计强度后拆除支撑，支撑应采用人工凿除，先凿除连系梁，后凿除主撑，凿除支撑时应对称进行。

6. 本工程周边均无已建建筑，北侧为城市道路，有重型车辆通过。但距离基坑为 15m，对基坑影响较小。

7. 坑中坑主要采用水泥土搅拌桩支护，靠近教学楼处汽车坡道开挖采用钢板桩等进行支护，保证基坑施工安全。

二、降排水措施

1. 基坑顶部设置四周贯通的 $300mm \times 400mm$（H）地面排水沟截流，将地面雨水、施工废水集中并经沉淀后，排入城市下水道管网。

2. 坑内挖土时，可采用临时明沟、集水坑方式排水，临时的排水沟和集水坑在坑内距离围护结构坡脚不得小于 4m。基坑开挖至坑底后，土建施工单位可据现场实际情况在坑底做砖砌排水沟和集水井，排水沟的设置不得影响垫层对围护结构的支挡作用。

三、基坑监测

1. 根据本基坑工程的实际情况，基坑监测项目主要为周围环境监测：

（1）测斜孔：现场共设 11 只，CX2 孔深均为 18m，CX5 孔深均为 24m，其余孔深均为 17m，以观测开挖过程中土体深层位移的变化情况。

（2）地下水位监测点：共设 3 点，埋深均为 9m，以监测水位的变化情况。

（3）水平及沉降观测点：坡顶、周边路面坡顶、周边路面每隔 20m 左右设置，具体视现场情况而定。以观测地面及管线的沉降位移情况。

2. 预警指标

测斜孔累计位移超过 45mm 或日位移速率连续三天超过 3mm；或日位移量超过 5mm；坑外地面沉降：日位移达 5mm，累计达 50mm；立柱竖向位移：日位移达 5mm，累计达 40mm；墙顶水平位移：日位移达 5mm，累计达 35mm；地下室水位：日变化 500mm，累计变化达 1000mm；当监测项目的变化速率连续 3 天超过报警值的 70％，则应报警。

轴力监测报警值：ZL1 报警值为 3150kN，ZL2 报警值为 1850kN，ZL3 报警值为 4500kN，ZL4 报警值为 1000kN（拉力），ZL5 报警值为 2600kN，ZL6 报警值为 1550kN，ZL6 报警值为 2150kN。

第五章 施工部署

一、管理目标及管理机构

我公司通过 ISO9001 质量管理体系、ISO 环境管理体系和职业健康安全管理体系认证，在实施过程中，将严格贯彻体系的要求，加强质量管理，同时严格按照网络工期目标加快施工进度，确保施工安全、工程质量、工期，文明施工要求。

1. 总体管理目标

质量目标：符合国家验收规范的合格标准及本工程设计要求。

工期目标：土方开挖在45d完成，其中围护桩在桩基阶段完成。

安全生产及文明施工目标：创双标化样板工地，

2. 施工管理机构

本工程将选派我公司得力的人员组成项目管理班子，本工程将建立以项目经理为第一责任人的项目部，另外选派有资质的管理人员组成项目管理体系。

二、进度安排

深基坑施工的进度安排充分考虑了总工期的要求，并按照流水工程施工的原则进行合理安排。需要说明的是总体施工安排本着先深后浅的原则。先施工地下室，然后在开始教学楼地面结构施工。

本工程分为两个区，以地下室①轴后浇带为界。1区分为两端，以⑩轴后浇带为界。由东向西划分为1、2两个施工段，由东向西开挖，先挖第一施工段，后挖第二施工段。在竖向上，分为三层：−1.1～−2.6m、−2.6～−5.4m、−5.4m以下。详见施工方案。施工进度计划表（略）

注：土方开挖施工为期45d，围护桩施工在桩基施工阶段完成。

本工程基坑围护桩施工阶段为一个月，这个阶段与桩基施工交叉搭接进行，支撑梁拆除与地下室施工搭接进行。搭接过程中，采取有效措施，避免相互影响。土方开挖阶段为45d，基础施工在施工一段开挖完成即进入施工。

本工程挖土量约4万m³，分两个班组挖土施工，以地下室①轴后浇带为界。其挖土量分别为2.5万m³和1.5万m³。根据现场情况，本工程配备2台挖掘机，1台小型挖掘机，15辆自卸汽车。

一区总方量25000m³，每台挖土机每小时装5车，每天按照12h工作时间计算，每车10m³，每天出土约12×5×10＝600m³；考虑其他不利因素，每天按照600m³的出土量计算，共需要工期25000/600＝42d；考虑其他影响因素地下室土方安排工期45d，完全能够满足要求。

三、施工准备

工程施工前，将召开施工人员安全技术交底会议，强调施工质量重要性，并做好技术交底。各种人机料均准备到位，做好施工测量，撒好灰线再开始施工。

1. 劳动力计划情况

劳动力是工程施工的直接操作者，也是工程质量、进度、安全和文明施工的直接保证者。因此，劳动力配备是整个工程实施的又一个关键因素。

为确保工程顺利进行施工，在本工程劳动力组织时，将从劳务公司中抽出具有良好的质量和安全意识强的、技术素质高的、身体健康的且有类似工程施工经验的一线操作工人安排进场施工，施工人员进场前统一经过公司劳务技能及质量、安全技术等培训，考核合格后上岗挂牌施工。

施工劳动力的投入按工程施工进度的需要逐步到位。做好思想动员和采取经济措施使得春节休假期间保证足够劳动力，以确保工程施工进度。

本工程劳动力组织及投入均由劳务公司根据项目月度劳动力计划表，在本公司内部进行合理调配，确保项目部对各种劳动力的需要，确保施工进度计划能够按期完成。

劳动力计划表　　　　　　　　　　　　　　　　　　　　单位：人

工种	按工程施工阶段投入劳动力情况		
	围护桩施工阶段	土方开挖施工阶段	
混凝土工		15	
电焊工	5	9	
桩机操作工	16		
木工		25	
钢筋工	10	15	
普工	10	20	
架子工		10	
喷射混凝土工		10	
挖土工		50	
合计		144	

注：1. 表内数据为暂定，施工时将根据工程需要，随时由劳务公司抽调人员支援。

2. 以上表格为土方开挖有关施工人员，基础施工人员未计入内。

2. 施工机械准备情况

本基坑挖土以机械挖土为主，人工为辅。根据本工程基坑挖土工作的实际情况，本工程土方开挖主要采用临时坡道出土方式，人工挖土配合塔吊运输。本工程配备塔吊2台。其中，教学楼布置1台（在基坑影响范围外），基坑处布置1台，具体位置见总平面布置图。配置主要机械设备如下：

拟投入的主要施工机械设备情况，及主要设备进场计划表

序号	机械或设备名称	型号规格	数量	国别产地	制造年份	备注
1	挖掘机	PC-200	2	日本	2007	
2	小型挖掘机	ZX-70	1	日本	2007	
3	自卸汽车	20t	15	国产	2009	
4	潜水泵	4BA-B	12	国产	2008	
5	轻型井点设备		1	国产	2006	备用
6	旋挖桩机	GPS-10	6	国产	2005	
7	两轴搅拌桩机	SBJ-2	1	国产	2010	
8	混凝土喷射机	HP-6	1	国产	2006	
9	水准仪	S3-d	2	国产	2006	
10	经纬仪	J2	2	国产	2006	
11	塔吊	QTZ-63	2	国产	2008	

注：以上机械为暂定，施工时我公司会根据工程进度要求随时准备机械支援，确保工期要求。

3. 材料供应和管理

（1）物资采购必须实行质量优先，确保采购物资的质量符合设计、规范和使用要求。

（2）物资采购的供方由项目部自行选择但必须进行供方评价，由项目部向供方索取有关评价资料。

（3）供方评价的主要资料是营业执照、生产经营资质证、生产许可证、产品合格证、质量体系认证书、企业简介及有关企业资信的资料。

（4）依据法律、法规必须签订书面合同，或供需双方约定签订书面合同的由项目部会同供方起草采购合同，报公司工程管理科审核，由公司签订。

（5）由建设方提供的物资，应以合同或协议等书面形式加以约定，明确规定提供物资的名称、规格、数量、质量、时间和款项结算等。

（6）建设单位提供的物资进场时，项目部材料员和相关管理人员要严格按照合同约定进行验证。检验所提供的物资的名称、规格、数量积产品合格证、质保单等相关质保材料，查验外观质量有否受损。

（7）建设单位提供的物资，按规定应做取样试验的必须取样试验。并做好登记以利识别、管理和追溯。

（8）所有进场物资，必须由材料员和相关管理人员进行验证。按规范要求进行二次取样，会同监理人员进行现场取样，检验物资的名称、规格、数量和质量。按规定应经监理人员进行验证的，应从其规定。

（9）进场物资应随货提供相关质量证书或资料，材料员应及时索取，以便验证。

（10）项目部的自行验证或监理人员的验证，均应及时办理签证手续。

（11）对进场物资中不符合质量标准或合同约定的货物应拒绝入库，并做好标识以防止误用。

（12）在露天存放的大宗物资，应根据场布图堆放；按品种、规格堆放整齐有序。

（13）进场的易燃易爆等危险品应专库存放，专人负责保管；配备必要的灭火器材，悬挂危险警示牌。

（14）露天或室外保存的物资应根据不同的特性做好防火、防盗及防水等防范工作，以免损坏物资影响质量。

（15）项目部要加强对作业班组的检查监督，合理使用原材料，并及时整理回收剩余物资，做到工完料清。

4. 施工平面布置与施工用电设计

1）施工平面布置

（1）本工程设出土口两个，分别在北侧和东侧，详见挖土路线图。现场共布置塔吊两台，一台在基坑内，设在综合楼旁，塔吊的详图见后面塔吊基础布置图。本工程的生活区等布置见后面附图：总平面布置图。临时设施离开基坑边两倍深度，基坑周边及生活区全部采取混凝土硬化。土方开挖路线及临时道路见土方开挖路线图。

（2）人员上下通道沿各基坑每隔50m设置一个人员上下扶梯，同时根据现场实际需要，适时增加或者减少通道。扶梯采用钢管搭设，与地面成60°角，宽度1.2m，踏步铺设松木板并钉防滑条，钢管护栏高度1.2m并用安全网封闭。

（3）坑边硬化：基坑周边地面应硬化处理并设置散水，散水向外倾斜，防止地表水流入坑内。硬化层混凝土厚度 60mm，强度等级 C20，硬化范围不小于 3m。供人员和翻斗车通行时，如场地较小，基坑已到围墙边缘时，用钢管搭设临时便道供人员通行。

（4）堆场设置：由于工程场地狭小，场地内不允许土方堆场，所有土方一律外运。钢筋、模板、钢管等材料堆场临时考虑设置在围墙边上，使得尽量远离基坑，确保基坑围护安全。

（5）施工出入口安全文明布置：考虑到基坑开挖时出土方量大，到时在施工现场东西两侧各增设一个临时出口。施工区各出入口处设置汽车冲洗设备，对所有出场车辆进行清洗，泥浆水通过四周截水沟汇集到沉淀池，再排入市政排水管网，沉淀池每隔一段时间清理一次泥浆。

所有车辆进入施工场地限速 10km/h，施工道路出口放置警示标志并安排专人进行交通指挥和疏通。所有土方车辆出场全部采用油布覆盖严实。

（6）临时设施、加工操作棚、运输通道、水泥罐等详见基础工程施工总平面布置图。

2）用电专项设计

（1）配电线路布置

施工用电采用三相五线制配线，用电主线路使用五芯电缆从业主提供的两个变压器位置拉接，入地敷设。根据本工程的施工总平面布置原则及场地特点，施工用电平面与立面分开布设，生活区用电设置在施工现场之外，因此还要分开另行布设。考虑到室外工程的施工，用电线路沿施工围墙布设，避免室外工程施工时二次翻设，影响工期。

（2）总配电室布置

① 设置两个配电室，分别在施工现场的北面和西面，靠近业主提供的电源接入位置。

② 配电室的尺寸为 3200mm×3500mm，顶棚与地面的距离为 3m；顶部用彩钢板封盖，并搭设两层防护棚。

③ 配电室围栏上端与其正上方带电部分的净距不小 0.075m。

④ 配电装置的上端距顶棚不小于 0.5m。

⑤ 配电室的建筑物和构筑物的耐火等级不低于 3 级，室内配置砂箱和可用于扑灭电气火灾的灭火器。

（3）配电系统布置

配电系统应设置总配电箱、分配电箱、开关箱，实行三级配电。施工用电采用三相五线制配线。总配电箱设在靠近电源处，分配电箱设在用电设备或负荷相对集中的区域，分配电箱与开关箱的距离不超过 30m，开关箱与其控制的固定式用电设备的水平距离不超过 3m。

（4）本工程拟采用用电设备如下：

施工机械用电一览表

序号	机械或设备名称	功率(kW)	数量	总功率(kW)	备注
1	潜水泵	2	12	24	
2	轻型井点设备	7.5	1	7.5	
3	旋挖桩机	37	3	111	
4	两轴搅拌桩机	100	1	100	

序号	机械或设备名称	功率(kW)	数量	总功率(kW)	备注
5	注浆机	1	2	2	
6	混凝土喷射机	5.5	2	11	
7	塔吊 QTZ—63	37.5	2	75	
8	两轴搅拌桩机配套设备	20	1	20	
9	空气压缩机	5.5	2	11	
10	电焊机	24	4	96	

上列施工主要机械设备表计算用电量

总用电量计算：

$$P = 1.05 \sim 1.10 \left[K_1 \sum P_1 / \cos\phi + K_2 \sum P_2 + K_3 \sum P_3 + K_4 \sum P_4 \right]$$

式中　P——供电设备总需要容量（kVA）；

　　　P_1——电动机额定功率（kW）；

　　　P_2——电焊机额定功率（kW）；

　　　P_3——室内照明容量（kW）；

　　　P_4——室外照明容量（kW）；

$\cos\phi$——电动机的平均功率因素；

K_1、K_2、K_3、K_4——需要系数。

根据设备投入用电情况：

$\sum P_1 = 361.5$　　　$\sum P_2 = 96$　　　P_3、P_4 按动力 10% 计算

取 $K_1 = 0.5$　　　$K_2 = 0.6$　　$\cos\phi = 0.75$

则总用电量：$P = 1.05 \times (0.5 \times 361.5 / 0.75 + 0.6 \times 96) \times 1.1 = 1.05 \times 448.6 \times 1.1 = 345\text{kVA}$

根据计算，本工程需提供 345kVA 以上的总电源方可满足基坑施工需要。

5. 塔吊基础介绍

(1) 塔吊基础方案

根据工程需要，在土方开挖前施工现场先安装 2 台 QTZ63 塔吊，其中一台布置在基坑内，具体位置见塔吊布置图。提供垂直运输使用。基础施工过程中所有材料全部用塔吊进行水平和垂直运输，施工前进行塔吊基础的施工和做好塔吊的进场安装调试的准备工作。

(2) 塔吊基础施工流程：

塔基土方开挖→垫层施工→砖胎模施工→塔基砖胎模周边回填→塔基施工→塔吊焊接基础节安装→塔基混凝土施工→塔吊安装塔吊塔基回填→地下室垫层→地下室底板

(3) 塔吊基础

根据本工程地质情况及平面布置情况，确定塔吊基础采用钢筋混凝土承台结合灌注桩基础形式，基础断面尺寸为 3.2m×3.2m×0.4m，承台基础混凝土为 C35，钢筋采用 HRB335 级钢。桩基础采用 4 根 ϕ600 钻孔灌注桩，桩长约 30m。塔吊穿基础底板楼板时设钢止水带。为保证施工质量，塔吊基础顶面承台低于基础底板。

(4) 塔吊基础开挖时桩的保护

塔吊基础开挖时，挖土应分层进行，挖机要慢下轻抬，坑内土方坡度应放缓，防止土体滑移导致桩移位、断桩等问题产生，桩两侧土体高差不得超过 1m。

挖掘机施工中除司机外应派专人在旁看护，保证挖掘机回转半径中塔吊桩的安全。具体详见《塔吊基础施工专项方案》。

6. 针对工程难点的应对措施

1）应对措施

本工程开挖深度在 5m 左右，局部加深至 7.15m，为深基坑。但现场土质情况较差，开挖土层主要为淤泥质黏土，为流塑质。当有动载，土层承载力变得非常低，这给基坑开挖带来一定难度，同时给基坑围护施工安全带来了不利影响。

（1）淤泥质土首先给土方运输带来了难题，在车辆运输的时候，容易发生陷车甚至翻车等事故。本工程将准备若干钢路基箱，在车辆运输过程中，如遇采取塘渣回填不能满足要求的时候，将在塘渣车道上铺垫钢路基箱，增大车轮承压面，以提高道路的通行能力。保证工期和车辆安全。

基坑内设置临时汽车运输坡道，坡道宽 8m，路面采用 50cm 建筑垃圾填筑夯实，再铺设 10cm 碎石，坡道两边及采用 45°的 1:1 自然放坡，正面出土坡道采用 1:7 放坡，土层用挖机夯实，在土方开挖施工时，要定时对汽车坡道进行检查，防止坡道土方松散、出现滑坡现象。

（2）淤泥质土在土方开挖过程中，遇动载的时候，容易受到扰动，因此在土方开挖中，将严格按照保持 50cm 的保护土层，采用人工开挖。防止地基土受到扰动，同时在开挖完成后，立即进行垫层施工，防止长时间暴露。

（3）流塑质土容易滑移，容易对工程桩造成挤压效应，因此在施工中，应严格控制土方开挖每层高度，在立柱桩周围采取四周均匀开挖，开挖的最大高差不大于 1m。同时在施工中，第二层施工中（厚 2.8m）宜分成两小层施工。防止土方滑动造成施工事故。

2）土方开挖需重点做好以下工作

为保证土方开挖的顺利进行，还应着重做好以下几个方面：

（1）选择良好的土方施工班组，在当地挑选信誉好、作业优的施工队伍。

（2）合理安排施工进度及流程，形成流水施工作业。

（3）基坑土方开挖，严格按施工图纸及施工方案的要求进行。按挖土顺序控制好各层土的开挖深度、开挖范围，并根据基坑监测情况，及时掌握周边建筑、土体沉降、边坡位移等情况。

（4）安排专人负责场内道路的修整，排除基坑内的明水，安排电工做好夜间施工的照明。安排专人指挥场内道路交通。

第六章　施工方法和技术措施

一、围护结构施工方案

1. 钢筋混凝土护坡施工工艺

喷射混凝土护坡施工方案

本工程基坑围护冠梁上部土方开挖采用放坡喷坡混凝土护坡，深度 85cm，坡度 1:1。

分层开挖，为保护坡面不受扰动，即时进行边坡施工钢筋混凝土围护。

（1）工艺流程

修整边坡，埋设喷射混凝土厚度控制标志→喷射第一层混凝土→挂钢筋网→喷射第二层混凝土→设置坡顶排水系统。

（2）喷混凝土范围

坡面至－1.95m 支撑梁范围采用喷射钢筋混凝土护坡，放坡系数 1∶1。喷射混凝土范围沿基坑四周，喷射高度为 0.85m。

（3）工艺要求

面层采用 C20 喷射混凝土，混凝土厚度为 60mm，配双向钢筋网片 ϕ6.5@250。喷射混凝土采用干喷法，分二层施工。喷射第一层混凝土厚度为 30～50mm 完成后，绑扎钢筋网片，然后喷射第二层混凝土至设计厚度。钢筋网片钢筋的搭接长度为 300mm，横向加强连接筋的搭接采用焊接。

（4）施工要点

① ϕ6.5@250 钢筋网片，网片用插入土中的钢筋固定，并与加强筋焊接牢固，端部应与加强筋互相焊接牢固。每步钢筋网片均应与上步搭接，给下步留茬，两步的钢筋网片接头应上下错开焊接，横向压筋交叉与锚杆焊接在一起。

② 面层内的钢筋网片应牢固固定在边壁上并符合规定的保护层厚度要求，经检验合格后进行面层喷射混凝土施工，表面平整，喷完后按规范进行养护。

③ 本工程上部喷射混凝土范围内，土方开挖分段进行，修整后的裸露边坡能在规定时间内保持自立并在限定的时间内完成护坡，对稳定性不好部位必须立即进行护坡。

④ 喷射混凝土的枪头距坡面宜为 0.8～1.5m 的范围，喷射方向应垂直指向喷射面，并从底部向上部喷射。

（5）施工注意事项

① 喷射混凝土施工期间，不得在基坑顶面堆载，以免施工期间边坡坍塌，施工完成后，支护区应避免重车沿基坑边行驶，堆载控制在 15kN/m² 。

② 喷射混凝土护坡应分层施工，分层深度满足修整后的裸露边坡在完成护坡时间内（及时设置喷射作业）保持自立稳定。

③ 钢丝网片可焊接或绑扎，网格允许±10mm，钢筋搭接长度不小于 200mm，如为焊接，则不小于钢筋直径的 10 倍。

④ 喷射混凝土终凝后 2h，连续 7d 养护至达到混凝土设计强度。

（6）工程质量保证措施

① 施工用材料必须符合设计要求，钢筋、水泥、砂等具有质保单报告。

② 配制混凝土应符合设计要求，严格按配比正确配制，砂应过筛后方可使用，防止大块材料堵塞压力泵。

③ 严格控制基坑周围地面荷载，对基坑周边地上建筑、地下工程以及道路工程等应进行监测，采取预防保护措施。

④ 在施工中如局部地表水补给丰富，可在坑壁设置排水孔引出，不宜强堵。

⑤ 喷浆混凝土的初凝时间不小于 5min，终凝时间不小于 10min。

⑥ 严格按照设计说明施工。

2. 混凝土钻孔灌注桩施工工艺

（1）机械钻孔灌注桩工艺流程图

桩位放线，埋设护筒→桩机定位→安放隔水塞、灌注混凝土 →制作试块 →预拌混凝土→安放钢筋笼→下导管 →二次清孔、测定沉渣 →冲击成孔→孔深测定、清孔 →桩机移位、定位。

（2）施工方法及技术措施

针对本工程的地质情况，决定采用机械钻孔，且机械钻孔具有成孔速度快等优点。钻孔灌注桩采用泥浆护壁，机械钻进成孔、正反循环清孔，现场制作、安放钢筋笼，水下混凝土灌注成桩。

① 测量定位

用经纬仪测放桩位，桩位中心插一钢筋，四周各打一根控制桩来控制桩位中心，用砂浆固定控制桩，并经复核合格后，进入下道工序。

② 埋设护筒

护筒采用 4mm～8mm 厚的钢板加工制成，高度 1.5m，内径为 D（桩径）＋20cm，护筒上部开设 1～2 个溢浆孔；校核桩位中心后，在护筒四周用黏土分层回填夯实，护筒埋设深度一般为 1.2～1.5m。

③ 机械成孔

护筒埋设好后，桩机就位，使钻头中心对准护筒中心，要求偏差不大于±20mm。并及时加片石，黏土泥浆护壁，使孔壁挤压密实，直至孔深达护筒底以下 3m～4m 后，才可加快钻孔速度。钻孔时应及时将孔内残渣排出，并定时补浆，直至设计深度。每钻进 1～2m 时检查一次钻杆的垂直度，如发生斜孔、塌孔或护筒周围冒浆时，应停机。待采取相应措施后，再进行施工。

黏土中钻进时，采用原土造浆。在较厚的砂层中钻进时，采用膨润土制备泥浆或在孔中投入黏土造浆，为使泥浆有较好的技术性能，适当掺加碳酸钠等分散剂，其掺量为加水量 0.5％左右。

泥浆性能指标选择

成孔方法	地层情况	泥浆性能指标							
		相对密度（S）	黏度（％）	含砂率（％）	胶体率（mL/30min）	失水率（％）	泥皮厚（mm/30min）	静切力（Pa）	酸碱度
机械钻孔	粉质黏土	1.05～1.20	16～22	8～4	≥96	≤25	≤2	1.0～2.5	8～10
	砂层	1.2～1.5	22～28	≤4	≥95	≤20	≤3	3～5	8～11

桩基工程中常遇到问题、原因及预防和处理措施

常遇问题	主 要 原 因	预 防 及 处 理 措 施
孔壁坍落	水头压力不足	孔内水位必须高出地下水位 2m
	成孔速度太快，容易使孔孔壁塌方	从钢筋笼解扎，吊插以及定位垫块，设置安装环节等均应予以注意

续表

常遇问题	主 要 原 因	预 防 及 处 理 措 施
孔壁坍落	水头太大,超过需要时,使钻头外侧的土发生涌起翻砂以至破坏	孔内静水压原则上应取地下头±2.0m
桩机偏斜	地面不平或不均匀沉降使钻机底倾斜导致钻孔偏斜弯曲或连接不当,使钻头钻杆中心成不同轴	场地要平整,钻架就位后转盘与低架要水平,钻架顶端的起重滑轮边缘因固定的钻孔在同一轴线上,钻杆接头应逐个检查及时调整,弯曲的钻杆及时要更换
桩身夹泥或断桩	混凝土丹落度太小,粗骨料粒太大,未及时提升导管,导管偏斜等原因使导管堵塞。提升导管碰撞钢筋笼使孔壁土挤入混凝土中,导管未扶正	混凝土配合比严格按设计要求配比,粗骨料粒径及坍落度均应满足规范要求,灌混凝土随时检测顶层上升高度,避免导管入过深或提升导管太快而脱离混凝土面

终孔时以桩长控制为标准进行验证。钻孔过程中,为防止跑架,应随时校核钻杆是否对中桩位中心,发生偏差应立即纠正。成孔后,应用测绳下挂 0.5kg 重铁砣测量检查孔深,核对无误后,经监理工程师终孔验收后,进行下一道工序。

④ 钢筋笼制作安装

钢筋骨架现场制作,在一次清孔完毕后,起钻、吊车吊放钢筋骨架。钢筋笼外侧设置控制保护层厚度的垫块(混凝土保护层厚度为50mm),其间距竖向为 2m,横向圆周不得小于 4 处,顶端应设置吊环,钢筋骨架在井口分段焊接,采用单面搭接焊时,焊接长度 10d,受力钢筋接头应相互错开,在任一焊接接头中心至长度为钢筋直径的 35 倍且不大于 500mm 的区段范围内有接头的受力钢筋截面面积占受力钢筋总截面面积的百分率不大于 50%,同一钢筋上应尽量少设接头,接头位置应设置在受力较小处,钢筋规格、等级、间距等安放必须准确。钢筋笼的制作应符合图纸设计和《建筑地基基础工程施工质量验收规范》GB 50202—2002 要求。

钢筋笼制作允许偏差表（mm）

项次	项目	允许偏差
1	主筋间距	±1
2	箍筋间距	±20
3	钢筋笼直径	±10
4	钢筋笼倾斜度	±0.5%
5	钢筋笼安装深度	±100
6	长度	±100

钢筋笼在运输和吊装时,应防止变形,安放应对准孔位,不得强行插入和碰撞孔壁,就位后应立即固定。钢筋笼安装可用小型吊运机具或起重机吊装就位。对直径和长度大的钢筋笼,可分节制作和安装,且在每节主筋内侧每隔 4m 设一道井字 $\phi20$ 加强支撑,与主筋焊接牢固组成骨架。

钢筋笼安装完毕时,应会同建设单位、监理单位对该项进行隐蔽工程验收,合格后应及时灌注水下混凝土。

⑤ 安放导管

导管采用壁厚 5mm 的无缝钢管制作，直径 250mm。导管必须具有良好的密封性能，使用前应进行水密承压和接头抗拉试验，进行水密试验的水压不应小于孔内水 1.3 倍的压力，也不应小于导管壁和焊缝可能承受灌注时最大压力的 1.3 倍。导管吊放时应居中且垂直，下口距孔底 0.3m～0.5m，最下一节导管长度应大于 4m。导管接头用法兰或双螺纹方扣快速接头。

⑥ 清孔

本工程采用正反循环工艺清孔，反循环采用气举法清孔，防止二次清孔因沉淤过厚而难以清理，以及保证钢筋笼下放顺利；二次清孔在导管下放后，利用导管进行，二次清孔泥浆相对密度控制在 1.15～1.2，黏度≤28s，含砂率≤8%，孔底沉渣厚度≤200mm。清孔过程中，必须及时补给足够的泥浆，并保持孔内浆液面的稳定和高度。清孔完毕后，必须在 30min 内进行灌注混凝土。

⑦ 水下混凝土灌注施工

水下混凝土灌注是成桩过程的关键工艺，施工人员应从思想上高度重视，在做好准备工作和技术措施后，才能开始灌注。本工程采用自拌混凝土，混凝土强度等级 C20，用混凝土运输车或人力斗车运至现场，导管水下混凝土灌注。混凝土必须具备良好的和易性，坍落度控制在 18cm～22cm。混凝土充盈系数大于 1.1，水泥用量不少于 $400kg/m^3$，含砂率为 40%～45%，并选用中粗砂，粗骨料的最大粒径应小于<40mm，采用二级配，混凝土初凝时间一般宜低于 3h～4h。

采用同强度等级混凝土隔水塞隔水。料斗混凝土灌注量应计算准确，保证导管入混凝土中不小于 1.5m。灌注前，在料斗内灌入 0.2m 左右的 1:1.5 水泥砂浆。灌注时，应保证导管埋入混凝土中 1.5m～6m，每根桩的灌注时间符合下面规定：灌注量 $10m^3$～$20m^3$ 不得超过 2h，灌注量 $20m^3$～$30m^3$ 不得超过 4h，混凝土浇筑要一气呵成，不得中断，并控制在 4h～6h内浇筑完，以保证混凝土的均匀性。间歇时间一般应控制在 15min内，任何情况下不得超过 30min。最后一次灌注混凝土量，应高出桩顶设计标高 0.5m～0.6m，混凝土浇筑完毕，马上清除 0.3m～0.4m，余下的待施工承台时再凿除，以利新老混凝土结合和保证混凝土质量。

⑧ 泥浆渣土处理措施

成孔过程中产生的泥浆及时排放至储浆池，再抽进全封闭泥浆车运至弃置点，产生的淤泥渣土及时成堆，然后由渣土车运至弃置点。

⑨ 成品保护

A. 已完成的桩，不允许车辆或钻机从邻近经过，以免造成断桩或桩位偏移。

B. 桩芯混凝土浇筑完成，在混凝土终凝后，应及时进行浸水养护，养护时间不少于 14 昼夜。

3. 水泥土搅拌桩施工工艺

本工程混凝土排桩外设一道水泥土搅拌桩截水帷幕，被动区的水泥土搅拌桩应先于钻孔灌注桩施工。水泥土搅拌桩是利用水泥作为固化剂的主剂，通过特制的深层搅拌机械在地基深部就地将软土和固化剂强制拌合，使软土硬结而提高地基强度。这种方法适用于处理淤泥、淤泥质土、泥炭土和粉土，处理效果显著，处理后可很快投入使用。

（1）施工准备

① 搅拌桩施工场地应事先平整，清除桩位处地上、地下一切障碍（包括大块石、树根和生活垃圾等）。场地低洼时应回填黏土，不得回填杂土。

② 水泥土搅拌桩施工机械应配备自动记录仪及打印设备，以便了解和控制水泥浆用量及喷浆均匀程度。

③ 水泥土搅拌桩施工机械必须具备良好及稳定的性能，所有钻机开钻前应由监理工程师和项目经理部组织检查验收合格后方可开钻。

（2）施工工艺流程

桩位放样→钻机就位→检验、调整钻机→正循环钻进至设计深度→打开高压注浆泵→反循环提钻并喷水泥浆→至工作基准面以下 0.3m→重复搅拌下钻至设计深度→反循环提钻喷浆至设计深度→成桩结束→施工下一根桩。

水泥土搅拌桩施工工艺流程

材料检验、进场→平整场地→桩位放样→钻机就位→ 设备进场→检查钻杆垂直度及对位偏差→配比试验→ 浆液拌制→预搅下沉第一次搅→复搅下沉第三次搅拌 → 提升搅拌第一次喷浆→ 提升搅拌第二次喷浆→桩头复搅拌→钻机移位→质量检测

（3）施工控制

① 水泥土搅拌桩开钻前，应用水清洗整个管道并检验管道中有无堵塞现象，待水排尽后方可下钻。

② 将搅拌桩位置用白灰定位。移动深层搅拌机到达指定桩位对中，为保证水泥土搅拌桩桩体垂直度满足规范要求，在主机上悬挂一吊坠，通过控制吊坠与钻杆上、下、左、右距离相等来进行控制，桩位误差不得大于 5cm，垂直偏差不得超过 1%，桩长和桩径不得小于设计值。

③ 对每根成型的搅拌桩质量检查重点是水泥用量、水泥浆拌制的罐数、压浆过程中是否有断浆现象、喷浆搅拌提升时间以及复搅次数。

④ 为了确保桩体每米掺合量以及水泥浆用量达到设计要求，每台机械均应配备电脑记录仪。同时现场应配备水泥浆比重测定仪，以备监理工程师和项目经理部质检人员随时抽查检验水泥浆水灰比是否满足设计要求。

⑤ 水泥搅拌配合比：水泥土搅拌桩的固化剂采用 32.5 级矿渣硅酸盐水泥，水泥掺入比不小于 15%（55kg/m），水泥浆水灰比 0.45～0.50。

⑥ 严格控制喷浆压力和转速及提升、下降的速度，以确保加固深度范围内土体的任何一点均能经过 20 次以上的搅拌，从而保证桩体搅拌均匀，桩体强度达到设计要求。每根桩的正常成桩时间不少于 40min，喷浆压力不小于 0.4MPa。

⑦ 为保证水泥土搅拌桩桩端、桩顶及桩身质量，第一次提钻喷浆时应在桩底部停留 30s，进行磨桩端，余浆上提过程中全部喷入桩体，且在桩顶部位进行磨桩头，停留时间为 30s。

⑧ 在搅拌桩施工过程中采用"叶缘喷浆"的搅拌头。这种搅拌头的喷浆口位于搅拌叶片的最外缘，当浆液离开叶片向桩体中心环状空间运移时，随着叶片的转动和切削，浆液能较均匀地散布在桩体的土中。长期使用证明，"叶缘喷浆"搅拌头能较好地解决喷浆中的搅拌不均问题。

⑨ 施工时应严格控制喷浆时间和停浆时间。每根桩开钻后应连续作业，不得中断喷浆。严禁在尚未喷浆情况下进行钻杆提升作业。储浆罐内的储浆量应不小于一根桩的用量加 50kg。若储浆量小于上述重量时，不得进行下一根桩施工。

⑩ 施工中发现喷浆量不足，应按整桩补喷，补喷的喷浆量不小于设计用量。如遇停电、机械故障原因，喷浆中断时应及时记录中断深度。在 12h 内采取补喷处理措施，并将补喷情况填报于施工记录内。补喷重叠段应大于 100cm。过 12h，应采取补桩措施。

现场施工人员认真填写施工原始记录。

（4）质量检验

水泥土搅拌桩成桩 28d 后，在每根检测桩桩径四分之一处、桩长范围内垂直钻孔取芯，观察其完整性、均匀性，拍摄取出芯样的照片，取不同度的 3 个试样做无侧限抗压强度试验。钻孔取芯抽检数为桩总数的 2‰，并不少于两根，其无侧限抗压强度不得小于 1.2MPa。钻芯取样后的孔洞用水泥砂浆封闭。

采用静载荷试验分别检测单桩承载力和复合地基承载力，检测数量：单桩承载力为桩总数的 2‰，并不少于两处；复合地基承载力试验为桩总数的 1‰，且不少于一处，复合地基承载力不得小于 150kPa。

外观鉴定：桩体圆匀，无缩颈和回陷现象；搅拌均匀，凝体无松散；群桩桩顶齐，间距均匀。

4. 混凝土支撑梁、压顶梁施工方案

在本工程中，混凝土支撑梁较少，只在看台基础加深部分存在，这里不做详细介绍。本工程主要采用钢筋混凝土压顶梁，在施工开挖到压顶梁底即开始施工。具体工艺参见施工组织设计有关的结构部分内容。本工程中为了提早进行开挖，混凝土掺入一定的混凝土早强剂。

1）支撑桩施工

（1）根据基坑围护施工图，支撑桩分两种，新打支撑桩 29 根，利用工程桩 5 根，新打支撑桩 700/800 进入强风化层 1.5m，具体位置祥见"基护-03"。

（2）按照设计要求制作钢立柱：钢立柱 1 为 420×420，4 只∠110×110×10 角铁用 8mm 厚钢板焊接，8mm 厚连接钢板@500mm，立柱桩锚入工程桩内 3.0m；钢立柱 490×490，4 只 L125×125×12 角钢用 8mm 厚钢板焊接，8mm 厚连接钢板@500mm，立柱桩锚入工程桩内 2.0m。

（3）钢立柱加工：为了防止焊接过程中发生受热变形，采用先点焊后满焊的顺序，焊接时必须保证焊缝长度及高度。

（4）施工工艺流程：放样→埋设护筒→钻机就位→钻机钻孔→测量孔深、终孔→放下钢筋笼→放下钢立柱→下导管、清孔→测量沉渣→浇灌混凝土。

（5）施工要点

① 钢立柱与支撑桩钢筋笼通过焊接连接。

② 每只钢立柱下放前，除检查焊接质量外，均应进行复核，防止错放。为便于加工、验收和吊装施工，项目部编制钢立柱与支撑桩相关参数表，施工中严格按照执行。

③ 认真计算吊筋长度，严格控制桩顶安装标高。

（6）支撑桩在底板钢筋绑扎以前应根据所在位置不同，分别人工剔除至设计标高（底板或承台标高以上 100mm）；钢立柱内的混凝土需要人工凿除干净（此时钢立柱已经受力，禁止为凿除混凝土而割断格构柱的缀板），在承台或底板的中部每根角钢上加焊 5mm 厚止水钢板，见"基护-11"。

5. 冠梁及水平支撑梁的施工

1）施工顺序

（1）修边清土。人工凿除围护桩顶加灌部位的混凝土，清理钢立柱，浇筑混凝土垫层，放线定位。

（2）绑扎支撑梁钢筋→立模板→围护监测单位安放支撑变形监测控制点。

（3）验收→浇筑混凝土→按照规定养护。

2）混凝土施工要求

（1）围护桩伸入冠梁内 100mm，围护桩主筋伸入冠梁内 35d（d：钢筋直径）。

（2）垫层施工：将支撑部位的土方整平到设计标高－2.82m（以 GL3 为例：冠梁顶标高－2.0m＋冠梁高度 0.75m＋20mm 厚水泥砂浆找平层＋50mm 后卵石层＝－2.82m），铺 50mm 卵石层→20mm 厚 1∶2 水泥砂浆→铺 1 道油毡隔离层，其中卵石层及砂浆层均比梁底每边宽出 100mm（卵石层及砂浆层在土方开挖后及时清理干净，防止落下伤人）。

（3）支撑梁钢筋提前加工，钢筋分段制作，钢筋连接采用气压焊连接；钢筋绑扎必须特别注意冠梁与冠梁节点、冠梁与立柱交接部位的构造加强"见基护－10"；钢筋绑扎过程中及时配合专业监测单位的监测点预留工作，当支撑梁钢筋遇到立柱采用立柱扩孔通过的方式。

（4）混凝土浇筑施工：钢筋、预埋等验收合格后浇筑 C30 混凝土，填加适量膨胀剂。混凝土的垂直及水平运输主要以塔吊为主，人力车为辅助。混凝土浇筑前在支撑梁侧边搭设运输通道，高度比支撑梁高出 300mm，宽度 1500mm，中间设转弯平台，同时在基坑南北侧分别用模板钉 300×500 断面的滑槽。滑槽下搭设临时钢管支架，滑槽最下端用钢管搭设 5000×5000 操作平台，高度同运输通道高度。混凝土支撑梁从中间向两端同时浇筑，2 台振动泵同时振捣。

（5）混凝土浇筑 10h 后覆盖草袋浇水养护，根据同条件试块强度检测报告，达到 90％设计强度后方可开挖下层土方。

3）腰梁施工

（1）挖土至腰梁底部以下 7cm 处，清土修边，浇筑混凝土垫层。

（2）围护桩与腰梁交接部位必须彻底清理干净。

（3）围护桩每间隔 1 根桩凿出桩上的混凝土，露出 2 根主筋与腰梁的主筋通过 L 形钢筋焊接，焊缝长度≥220mm。

（4）其他参照冠梁施工。

4）换撑传力带施工

土方开挖至基底标高后，基础加紧施工。与围护桩间的空隙用素土夯实，底板浇筑好后，在底板、围护桩间做一层 C20 素混凝土形成换撑构件（与底板同时浇筑时，与底板同强度等级）。施工时，应保证达到设计要求的尺寸，同时加强养护。

6. 支撑梁的拆除施工

待地下室底板及换撑构件达到 80％设计强度后，拆除支撑；支撑应采用人工凿除，先凿除连系梁，后凿除主撑，凿除支撑时应对称地进行。

1）考虑整个基坑支护的整体性，先按照顺序破除全部角部支撑，十字梁待整个地下室底板全部施工完毕，等底板和换撑带达到设计强度后在按照顺序拆除。

2）拆除支撑部位顺序

支撑次梁→支撑主梁→钢立柱顶部梁→清理。

拆除前将支撑梁进行编号，由专人负责指挥，严格按照拆除编号拆除。

拆除施工：先用空气压缩机将水平支撑梁上部混凝土凿除，露出梁上部钢筋，用气割将上皮钢筋割断清理掉，从跨中用风钻头向两端钻孔并凿除混凝土，待该跨梁混凝土全部凿除，在用气割将下皮钢筋割掉清理干净，支撑梁必须逐根拆除，不得同时全部拆除。

3）注意事项

（1）凿除的支撑梁混凝土块不得大于 200mm，当支撑梁下部有墙柱插筋时，混凝土块不得大于 100mm，同时要在支撑梁下部搭设搭设简易钢管临时支架，铺设适量的模板（竹板），避免混凝土块直接落下损伤底板。

（2）支撑梁拆除过程中，监测单位要加强对基坑周边变形的监测，增加检测次数，检测的结果及时报送相关单位。若发现沉降、位移超过设计要求时，必须立即停止拆除工作，会同有关单位现场查看分析原因，采取必要的处理措施。

（3）支撑梁凿除应该注意保证安全，不得垂直交叉施工。支撑梁凿除应支设支模架，确保施工安全。

二、土方开挖及回填施工方案

本工程地下室开挖面积约 6200m²，场地相对标高为－1.100m（考虑回填土300mm）。地下室底板垫层底标高－5.95m，承台垫层底标高－6.65m，开挖深度为4.85m～5.55m，局部坑中坑靠近外墙处开挖深度为 6.45m～7.15m。总挖土方量约 4万 m³。

由于土方开挖工程量大、工期紧张（1 区计划工期 45d），开挖机械和运输车辆的投入数量是确保如期完成的硬件设施。项目部决定配备 2 台挖机 PC200 反铲挖土机，一台小挖机（集土、支撑梁下掏挖）、20t 自卸汽车 15 辆。

1. 土方开挖

挖土前做好测量工作，观察毗邻建筑物是否有陈旧裂缝，并做好＋1.500m 标高等原始记录，邻近道路也相应做好变形、标高等记录。土方开挖遵循"时空效应"原则，分层分区跳挖、分块对称开挖、大基坑小开挖。

1）冠梁及支撑梁部位（－2.6m 以上）开挖，此段开挖后立即进行护坡作业，同时支撑梁部位由人工开挖至垫层底，然后进行支撑梁施工。

2）大面积开挖（－2.6～－5.4m），大面积开挖应该分层分段进行。本工程分为两个区，两个区进行平行施工。一区分为两个施工段，由一段开挖至基坑底 50cm 在开挖施工二段。临时道路塘渣应高于压顶梁、支撑梁 0.5m，便于支撑梁部分机械的行走。本层深度为 2.8m，分两小层开挖。

3）人工修土（－5.4m 以下），基坑开挖不允许一次挖到位，机械开挖至标高上50cm，所留土方采取人工配合塔吊进行开挖。加深部位采用小型机械开挖，并配合人工修整进行。在进行人工作业时，先做好安全防护措施。人工修土完毕，立即进行混凝土垫层浇筑。

2. 施工顺序

本工程分为两个区，以地下室①轴后浇带为界。1 区分为两端，以⑩轴后浇带为界。由东向西划分为 1、2 两个施工段，两个分区均由东向西开挖，具体区块见围护设计图纸。施工一区先挖第一施工段至－5.4m，后挖第二施工段。

3. 施工技术要求

1) 开挖前将场地内布置的轴线控制点全部引测到离基坑 15m 以外，做好标志，按设计要求及施工方案测量好边坡线，并用白灰标出。开挖时分区、分层、分段开挖。两个施工区均采取由东向西的开挖顺序。第一阶段，支撑梁以上部位挖土，本层主要为黏土，土质情况较好，可连续开挖。开挖完成立即进行混凝土护坡及支撑梁施工，本层开挖深度为1.5m，工程量为 1 万 m³。根据现场情况，本层开挖前需要设置临时道路，临时道路使用坡道塘渣铺垫，塘渣厚度根据现场情况铺垫，如果现场情况较差，则采用路基箱增大承压面解决。路基箱铺设在车道上，以下坡道相同。第二阶段，－2.6～5.4m 开挖，主要为淤泥粉质黏土及黏土，可连续开挖，开挖深度约为 2.8m，本层挖土量约 2.5 万 m³。（其中施工一区约 1.5 万 m³）开挖时分两小层开挖。在立柱桩周围均匀对称开挖，前后的土方高差不大于 1m。本段施工在支撑梁及冠梁后进行，开挖前现设置临时坡道，坡道能够满足车辆通行的要求。

土方开挖时应注意对围护结构进行保护，围护结构 2 倍开挖深度范围内不得直接行驶车辆；期间的车辆行走路线，出土口、开挖示意图见后边附图。第三阶段，承台及人工修土。总方量约 5000m³。局部加深部位采取先撑后挖的原则进行，在安全设施完成后，主体采用小型机械挖除，然后采用人工修土的办法进行，加深部位完成，应立即进行垫层及胎模施工，避免长时间暴露。基底标高以上 50cm 留作保护层，一起采用塔吊配合人工挖土，适当放坡，严格控制高差；尤其是立柱桩施工时，应采用周边均匀开挖，前后高差不得大于 1m。开挖时严格控制标高（采用插竹签的办法控制标高），夜间施工应有足够照明。对挖掘机司机进行技术交底，杜绝挖掘机碰撞工程桩防止断桩等质量事故发生。砖胎模及时跟进，尽量减少基坑暴露时间。

承台施工时采用跳挖的方式开挖承台，到设计标高后立即铺设垫层做胎模，边开挖边浇筑垫层，垫层应浇筑至基坑边。

土方开挖过程中随着进度开展应设置人上下爬梯，间距不大于 50m，原则上设在转角处。人行通道高度小于 6m，不必设中间休息平台。

2) 土方回填。本工程回填土全部采取从外面运进，土方及回填满足规范要求。防水工程周围 1000mm 以内宜用灰土、黏土或粉质黏土回填，其中不得含有石块、碎砖、灰渣及有机物。回填施工应均匀对称进行、分层夯实，人工夯实每层厚度不大于 250mm，机械夯实每层厚度不大于 300mm 并应防止损伤防水层；不得使用淤泥、耕土、冻土、膨胀性土、生活垃圾以及有机质含量大于 5％的土。

土方的回填必须严格按照设计及规范要求，控制回填土的含水率和干密度等指标，分层回填、夯实。回填前应清理坑底的杂物和积水。其回填范围大、深度较深、施工不当，极易造成以后地坪或基础沉陷、装饰层裂缝，给今后使用带来不便，因此结合我集团公司经验，拟采用以下措施。

① 回填土前必须将基础坑中杂物清理干净，并将回落的松散垃圾、砂浆、石子等杂物清除干净积水抽排干，并实行基坑降水抽排 48h 以上。

② 回填土应用级配良好的砂土回填，检验回填土的质量有无杂物，粒径是否符合规定以及回填土的含水量是否在控制的范围内。严禁使用建筑垃圾回填，避免回填土透水而下沉。

③ 合理选用回填土，控制最优含水量。严格按规定分层夯实，施工中实行用环刀法取样检测。若发现达不到设计要求，需返工或技术处理。

④ 对于基础密实处或墙角等无法用机械夯实处必须采取措施，人工夯实并减少铺土厚度。

⑤ 在大面积基坑内夯打时，首先按一夯换一夯顺序进行，在下一循环时，夯位应错开 1/2 面积，如此反复进行；在小面积基坑内夯打时，按先周边、后中间的顺序进行。回填土应分层铺摊。每层铺土厚度应根据土质、密实度要求和机具性能确定，回填土每层至少夯打三遍，压实系数为 0.94。

⑥ 采取技术加强措施，大面积重要部位回填土基层处理要与设计单位商量，增加块石，以减少沉降或配筋，并与四周基础预埋钢筋电焊固定，以确保上部地坪不会沉陷。

⑦ 回填时注意控制土的含泥量及含水率，特别注意不能在雨天施工，万一碰上阴雨天气，必须做好排降措施，基坑内不能有雨水淤积。

4. 安全措施

1）机械挖土应分层、分段进行，合理放坡，尽可能满足支护的要求。防止塌方、溜坡等造成机械倾翻、淹埋等事故。

2）机械行驶道路应平整、坚实，必要时底部应铺设枕木、钢板等，防止作业时下陷；在饱和软土地段开挖土方，应先降低地下水位，防止设备下陷或基土产生侧移。

3）多台挖掘机在同一工作面开挖，挖掘机间距应不小于 10m；多台挖掘机械在不同台阶同时开挖，应验算边坡稳定，上下台阶挖掘机前后应相距 30m 以上；挖掘机离下部边坡应有一定的安全距离，以防造成翻车事故。

4）机械施工区域禁止无关人员进入场地内。挖掘机工作回转半径范围内不得站人或进行其他作业。挖掘机、运输车卸土，应待整机停稳后进行，不得将铲斗从运输汽车驾驶室顶部越过；装土时，任何人都不得停留在装土车上。

5）挖掘机操作和汽车装土行驶要听从现场指挥，所有车辆必须严格按规定的开行路线行驶，防止撞车。

6）夜间作业时，机上及工作地点必须有充足的照明设施，在危险地段应设置明显的警示标志和护栏。

7）雨期施工时，运输机械和行驶道路应采取钢板防滑防陷措施，保证行车安全。雨天应尽量不挖土、不运土

5. 施工注意事项

1）挖土应按设计图规定的开挖路线、顺序、范围、底部各层标高进行开挖，弃土堆放位置、边坡坡度、排水沟、集水井位置及流向准确控制，避免混乱。避免造成超挖、乱挖，应尽可能地使机械多挖，减少机械超挖和人工挖方。

2）基坑（槽）开挖预留 150～200mm 土层，以避免基底土遭受扰动，降低承载力。

3）质量控制措施

（1）质量控制标准：标高 0～－50mm（水准仪检测）、长度及宽度＋200～－50mm（钢卷尺测量）、表面平整度 20mm（水准仪测量）。

（2）质量控制措施：由于挖掘机在挖土过程中容易碰撞工程桩，所以在土方开挖前，安排施工人员将工程桩用石灰标记，提醒司机防止碰撞。

三、基坑排水施工方案

本工程基坑排水采用明排的方式，基坑周边设置水泥土搅拌桩截水帷幕。

1. 坑底排水。坑内挖土时可采用临时明沟、集水坑方式排水，临时的排水沟和集水坑在坑内距离围护结构坡脚不得小于 4m。基坑开挖至坑底后，土建施工单位可据现场实际情况在坑底做砖砌排水沟和集水井，排水沟的设置不得影响垫层对围护结构的支挡作用。

2. 基坑外截水。在基坑四周设 300mm×400mm、120mm 厚砖砌排水沟，排水沟距基坑 300mm，在四角设置 600×600×1000mm、240mm 厚砖砌集水坑，使地面水通过排水沟流入集水坑，用污水泵将集水坑内的水排入场地排水系统，经沉淀后排入市政排水系统。排水工作由专人负责，随时疏通和修整。排水工作持续到土方回填结束。

第七章 基坑监测

本工程基坑监测工作将委托有丰富经验的专业监测单位实施，监测单位应根据设计文件和周围环境特点编制监测方案，监测方案应得到建设、设计及监理方的认可。

1. 本工程虽然挖深不大，但土质情况较差，因此需要着重做好基坑监测工作为确保基坑、基坑周边建筑物的安全及工程地下室结构施工顺利进行，基坑开挖前应对周边管线进行调查，对周边建构筑物的缺陷及沉降、倾斜作全面调查及记录。

施工过程中应及时获取基坑开挖过程中支护结构和周围土体的变形信息，以求掌握基坑开挖对环境的影响，作出安全预报，实行信息化施工，及时调整施工进度，有效控制围护结构及坑后土体变位，应作基坑原位监测。本工程施工时选择有资质的且具有较强实力及有同类工程监测经验的监测单位负责基坑及周边建构筑物等监测。

2. 根据本基坑工程的实际情况，基坑监测项目主要为周围环境监测，详见后附的基坑监测布置图：

（1）测斜孔：现场共设 11 只，CX2 孔深均为 18m，CX5 孔深均为 24m，其余孔深均为 17m。观测开挖过程中土体深层位移的变化情况。

（2）地下水位监测点：共设 3 点，埋深均为 9m，以监测水位的变化情况。

（3）水平及沉降观测点：坡顶、周边路面坡顶、周边路面每隔 20m 左右设置，具体视现场情况而定。以观测地面及管线的沉降位移情况。

3. 监测要求

（1）土体开挖前须对周边环境，如：地下管线、建筑物等做全面调查，掌握监测对象的初始状况。

（2）埋入测斜管应保持垂直，沉降点应做好保护措施。

（3）深层位移观测项目在基坑开挖期间一般每天观测一次，开挖期间如变化速率较大时应增加观测频度。每次观测数据要及时填入规定的记录表格、绘制成相关曲线，并要根据已有数据对其作出发展趋势分析，对基坑是否安全作出评估，编制即时报告。

（4）沉降位移观测点应做好标识，施工中注意保护。

（5）预警指标：测斜孔累计位移超过 45mm 或日位移速率连续三天超过 3mm 或日位移量超过 5mm；坑外地面沉降：日位移达 5mm，累计达 50mm；立柱竖向位移：日位移达 5mm，累计达 40mm；墙顶水平位移：日位移达 5mm，累计达 35mm；地下室水位日变化 500mm，累计变化达 1000mm；当监测项目的变化速率连续 3 天超过报警值的 70％，应报警。

轴力监测报警值：ZL1 报警值为 3150kN，ZL2 报警值为 1850kN，ZL3 报警值为 4500kN，ZL4 报警值为 1000kN（拉力），ZL5 报警值为 2600kN，ZL6 报警值为 1550kN，ZL6 报警值为 2150kN。

当超过报警值时，应及时通知建设单位和设计、监理、施工等单位，以便采取应急措施。

（6）工程结束时，应有完整的监测报告，报告应包括全部监测项目，监测值全过程的发展变化情况、相应的工况、监测最终结果及评述。

4. 其他监测

项目部对塔吊、活动房、围墙、周边地面裂缝等进行定人定期检查和监测。测量人员将使用经纬仪和水准仪等设备对塔吊的垂直度进行三天一次的监测。管理人员对塔吊使用过程中严格控制塔吊起重量。如发现塔吊倾斜过大，立即采取相应的措施停止使用塔吊、基础回填，并由专业检测单位进行塔吊检测和维护。项目管理人员在日常检查中应对围墙、地面裂缝提高注意，一经发现异常情况，立即汇报项目部并进行观测，提出解决方案落实到位。观测人员每周对施工道路标高及围墙沉降观测点进行观测，防止道路路面下沉。

第八章　应急预案

施工前由总包单位制定具体的围护工程施工与土方开挖方案，经各方协商讨论，确定后存档备案。挖土施工要严格控制、统一协调，按挖土方案严格执行；分层分区开挖，每层开挖深度严格控制，不得超挖。围护施工与挖土施工要密切配合，严格做到先撑后挖、先换撑后拆撑。

一、基坑应急领导小组

项目部成立了应急抢险小组，由项目经理统一指挥，技术负责人、施工总负责人小组任副组长，并由相关班组及管理人员组成；应急领导小组人员安排 24h 进行值班，分成三班进行轮流，8h 一班，每班均有小组领导带队，值班电话上墙公布。如出现重大紧急情况，组长将第一时间上报公司，公司生产、安全、技术等部门将立即赶到现场给予一定的技术、物质等帮助。

二、应急准备

1. 材料准备

项目部在现场将配备必要的堵漏材料和设备，以及一些砂包、钢管、木材等，以备急用。发电机和钢板桩在公司仓库随时待命。本工程配备散水泥200t。钢管10t，沙包1000袋，空沙包袋2000只，水玻璃1t，堵漏王100包，钢板网2筒。

2. 人员准备

基坑土方开挖对班组人员进行应急措施培训，让班组人员掌握常见应急措施施工方法，对班组骨干进行重点培训，班组骨干是应急施工的核心力量。

3. 机械准备

现场应配备发电机、潜水泵、挖掘机、喷浆机、空压机等。本工程配备用150kV柴油发电机一台，高压注浆机一套，喷浆机一套及潜水泵5台。井点降水设备一套（备用）。

三、基坑应急措施

1. 周边建筑物出现过大的沉降或基坑出现较大水平位移的应急措施

1）当周围路面出现过大的沉降和水平变形时，采取注浆加固道路和管线地基的方法，控制沉降的发展。

2）基坑围护桩、支撑结构的变形和内力超过设计值。如果围护桩、支撑结构的变形和内力超过设计值并持续发展时，首先在变形 和内力大的部位暂时停止挖土。有条件的区域，在不影响周边环境安全的前提下，适当卸土。出现险情时，可采用坑底堆土反压的措施抢险。

3）基坑截水帷幕出现漏水现象，影响施工。当截水帷幕出现漏土和漏水现象，影响开挖正常进行时应及时封堵。封堵时先凿毛围护桩的混凝土面，必要时可以在围护桩主筋上焊接钢筋网片，对漏出的地下水用导管引流，然后喷射混凝土面层。我单位必须准备应急处理措施所需的机械设备、材料和人员，包括堵漏材料和设备，制定应急措施。

4）在基坑开挖过程中如发现位移速率过大，则应放慢开挖速度或调整挖土顺序；发现土体位移过大，应立即停止 挖土，立即用沙包反压，同时加密监测频率；在开挖至淤泥质土层顶标高以下后，基坑内应保证有一台挖土机可以随时调用，如发现开挖后坡顶位移呈增大趋势且不收敛，立即用挖土机向坡脚回填反压，待位移稳定后再采取加固措施；开挖至基坑底后，若坑底土位移过大或隆起过大，则应调整挖土顺序，如采用跳挖的方式开挖承台，应分块开挖，同时加紧铺设垫层，垫层中可适当配筋，同时采用沙包反压。

2. 基坑坑底出现管涌现象

管涌和渗漏应急措施

1）与设计协商确定合理的降水系数，确保按参数进行预降水。若降水深度达不到设计要求，则增加深井降水或者井点降水，减少坑内外压差是防止桩间搭接存在缺陷而产生管涌和渗漏的最有效方法。

2）发现管涌和渗漏，立即停止挖土及回填反压，绝对禁止冒险开挖。根据程度不同分别采用"堵"和"疏"两种方法处理。

3）若出现漏水情况，应马上查找水源并予以截断，坑内采用喷射混凝土封堵，坑外侧采用双液注浆堵漏。若管涌或渗漏程度较轻，采用双液注浆法坑外堵漏，即两台注浆机分别注入水泥浆和水玻璃，具体方法为：渗漏点桩外 50cm～100cm 处间距 50cm 左右分别钻孔，深度深于渗漏点 2.0m～3.0m，放入注浆管，先用水泥注浆管与渗漏点形成通道后，水玻璃注浆管同时注入，封闭渗漏通道，达到堵漏目的。

4）电梯井开挖发生管涌，立即停止开挖并进行回填反压。

5）坡脚发生管涌，采用沙包和回填反压。

3. 其他应急措施和应急预案

（1）土方开挖期间，特别是在下雨天应设专人定时检查边坡稳定情况，巡视基坑周边的裂缝情况，加强位移和沉降的监测并及时分析监测资料，发现问题及时上报并处理。

（2）开挖过程出现边坡水平测斜孔累计位移超过 45mm 或日位移速率连续三天超过 3mm，采用坡顶卸载或减缓放坡角度或立即通知设计到现场察看，并会同建设单位、监理单位、设计单位研究处理方法

（3）在施工现场准备发电机一台，功率为 150kW，能满足水泵共同时使用要求。

（4）若坑底土隆起，立即回填或反压沙包，

（5）在突发事故产生时，除马上通知各有关单位外，现场必须及时采取有效的措施来保证整个基坑和周边环境的安全。

① 如位移监测结果较大，则应立即停止开挖土方，增加临时钢支撑，必要时回填土方，并坑外卸土；放坡部位应回填。并采取轻型井点降水措施，加固坑边土层承载力。

② 如地面出现裂缝，应及时灌浆修补，防止地表水渗入。

③ 土方开挖在夜间进行时，挖土现场配备足够的照明设备，同时对各照明线路应架空，线路经常检查，不得有裸露或拖地，车辆进出应做好保护措施。

④支撑拆除作业前熟悉作业内容、作业环境，对使用的工具要进行检修，不牢固者不得使用；作业时必须执行技术交底，服从带班人员指挥。

拆除支撑时应按施工方案编制顺序进行。当拆除某一部分的时候，必须由防止其他部位发生坍塌的安全措施。

拆除作业区应设置围挡，悬挂危险、警告标志，负责警戒的人员应坚守岗位，严禁非作业人员进行作业区。

作业时必须根据作业要求佩戴防护用品。施工现场不得穿拖鞋；多人作业时应设专人指挥；拆除现场要及时清理，注意防止扬尘，应互相呼应、协调配合。

四、其他应急预案

基坑围护工程应急安全技术措施是指：现场对威胁作业者的生命安全和意外灾伤、职业中毒和各种急症所采取的一种紧急措施。其目的是：通过初步必要的应急处理，缩小灾伤范围，抢救伤病员的生命。人们在各种不同的作业环境中工作，有时难免会发生一些意外的事故，如高温中暑、冬季冻伤、触电、火灾功能爆炸等。这些意外的灾伤，立即进行现场的应急处理。因为应急措施能否做到及时、正确，对伤病员的生命、国家的财产有着极为重要的关系，所以对从事安全技术人员和广大职工来说，应当懂得一些最基本的应急

措施知识，万一发生灾伤时，就能应用这些知识进行应急处理。

1. 机械性外伤应急方案

（1）迅速小心地将伤者脱离致伤源，必要时拆卸机器，移出受伤肢体。

（2）注意全身情况。如伤员发生休克，先处理休克。遇呼吸、心跳停止者，立即进行人工呼吸，胸外心脏挤压。遇出血者，迅速包扎压迫止血，使病员保持在头低脚高的卧位，并注意保暖。遇骨折者，以固定骨折处上下关节为原则，可就地取材，利用木板等，在无材料的情况下，上肢可固定在身侧，下肢与侧下缚在一起。

（3）现场止痛。剧烈疼痛者，及时给予止痛剂和镇痛剂。

（4）现场伤口处理。用消毒纱布或清洁布等覆盖伤口，预防感染。

（5）根据病情轻重，及时送医院治疗，转送途中应尽量减少颠覆，同时密切注意伤者的呼吸、脉搏、血压及创口情况。

2. 创伤出血应急方案

（1）一般止血法：一般伤口小的出血，先用生理盐水冲洗伤口，涂上红药水，然后盖上消毒纱布，用较紧的绷带包扎。

（2）加压包扎止血法：用纱布、棉花等作为软垫，放在伤口上，再加包扎，以增强压力而达到止血。

（3）止血带止血法：选择弹性好的橡皮管、橡皮带或三角巾、毛巾、带状布条等，上肢出血结扎在上臂二分之一处，下肢出血结扎在大腿上三分之二处，且每隔 $25\sim40min$ 放松一次，每次放松 $0.5\sim1min$。

3. 意外伤者应急方案

（1）心跳：正常人每分钟心跳 $60\sim80$ 次，严重创伤、失血过多的患者，心跳加快，但力量较弱，摸脉搏时，觉得脉息而快，心跳停止则患者死亡。

（2）呼吸：正常人每分钟为 $6\sim18$ 次，生命垂危者，呼吸变快、变浅、不规则。当患者临死前，呼吸变缓慢，不规则，直至死亡。

（3）瞳孔：两眼的瞳孔正常时应等大等圆，遇到光线能迅速收缩。

4. 火灾发生应急方案

发生功能火灾后应迅速打电话报警，任何地方发生火灾，人们的情绪总是紧 张而且慌乱的，火灾现场不论大小，灭火工作都应有领导、有次序地进行。

为了能稳定情绪，有效地制止和扑灭火灾，首先应迅速组织义务消防队进行灭火，抢救人员，抢救财物，医疗救护，维护秩序等抢救基本队伍。

其次，在火场上，既要提倡勇敢抢险的精神，又要保持冷静的态度和应用科学的方法，切忌盲目行动，以免扩大损失和伤亡。

5. 电气设备事故应急方案

电气设备或线路发生火灾时，着火的电器可能带电，抢救人员稍有不慎就会触电，因此发生电气火灾后应立即切断电源。有时或因生产不能停电，或因照明需要，不允许断电，而必须带电灭火时，应必须选择不导电的灭火剂。如二氧化碳、1211 灭火剂。救火人员应穿绝缘鞋、戴绝缘手套。油开关着火时有喷油和爆炸的可能，最好是切断电源后才灭火。地面上的油火可用泡沫灭火剂，如用黄砂灭火剂，效果最好。

6. 触电事故应急方案

触电急救的要点是抢救迅速、救护得法。切不可惊慌失措、束手无策。一般可按下述情况处理：

（1）病人神志清醒，但有乏力、头昏、心慌、出冷汗、恶心等症状的，应使病人就地休息；严重的，应立即送医院检查治疗。

（2）病人呼吸、心跳尚存，但神志不清，保持周围空气流通，做好人工呼吸和心脏挤压的准备工作，并立即通知医院送去急救。

（3）如果病人处于"假死"状态，要速请医生或送往医院。口对口人工呼吸是人工呼吸法中最有效的一种。具体操作步骤如下：一手捏紧触电者鼻孔，另一手将下颚拉向前方救护人员深吸一口气后紧触电者的口向内吹气，同时观察胸部是否隆起，以确保吹气有效，为时约 2s。吹气完毕，立即离开触电者的口，并放松捏紧的鼻子，让他自动呼吸空气，注意胸部的反复情况，为时 2s 按照上述步骤连续不断进行操作，直到触电者开始呼吸为止。

第九章　工程质量、安全生产、文明施工和环境保护措施

一、工程质量保证措施

1. 组织措施

1）质量保证体系：我公司已经通过 ISO 9001 质量体系管理认证，本工程实施过程中，将严格按照质量管理体系要求组建项目部，加强质量管理，规范管理工作程序，提高工作质量。确保达到工程质量管理目标。质量管理网络：公司工程部→项目部质量员→生产班组质量员。具体管理人员图见工程管理组织表。

2）管理目标

符合国家现行工程施工质量验收评定合格标准及本工程设计标准。

3）管理职责

施工质量管理组织体系中最重要的是质量管理职责，职责明确，并责任到位，便于加强管理。

（1）项目经理的质量职责：项目经理作为项目的最高领导者，应对整个工程的质量全面负责，并在保证质量的前提下，平衡进度计划，经济效益等各项指标的完成，并督促项目所有管理人员树立质量第一的观念，确保《质量保证计划》的实施与落实。

（2）项目技术负责人的质量职责：项目技术负责人作为项目的质量控制及管理的执行者，应对整个工程的质量工作全面管理，从质保计划的编制到质保体系的设置、运转等，均由项目技术负责人负责。同时，作为项目技术负责人应组织编写各种方案、作业指导书、施工组织设计，审核分包商所提供的施工方案等并主持质量分析会，监督各施工管理人员质量职责的落实。

（3）质检人员的质量职责：质检人员作为项目对工程质量进行全面检查的主要人员有相当的施工经验和吃苦耐劳的精神，在质量检查过程中有相当的预见性，提供准确而齐备

的检查数据，对出现的质量隐患及时发出整改通知单，并监督整改以达到相应的质量要求，并对已成型的质量问题有独立的处理能力。

（4）施工员的质量职责：施工员作为施工现场的直接指挥者，首先其自身应树立质量第一的观念，并在施工过程中随时对作业班组进行质量检查随时指出作业班组的不规范操作，质量达不到要求的施工内容，并督促整改。施工员亦是各分项施工方案，作业指导书的主要编制者，并应做好技术交底工作。

4）施工质量管理体系

施工质量管理体系的设置及运转均要围绕质量管理职责、质量控制来进行的，只有当职责明确、控制严格的前提下，才能使质量管理体系落到实处。本工程在管理过程中，将对这两个方面进行严格的控制。

5）管理制度

（1）三级验收制：实施公司建立的质量三级验收制度，特别强调做好班组自检和互检。每道工序必须严格按照操作规程、质量要求施工。做好谁操作，谁负施工质量。

（2）工序交接制：做好每道工序之间的质量监交工作，上道工序只有经过质量验收合格后，方可进行下道工序作业，上道工序必须对下道工序负责。

（3）严格定位放线和技术复核工作，把好工程定位，控制轴线标高。施工前对测量仪器及钢尺进行认真检查，符合规定要求方可施工。确定放线及测量方案，并由专职技术人员负责测量工作，主要轴线及标高应由现场施工员负责复核，此项技术复核工作应强调认真实施，并填写施工技术复核书面记录。

（4）材料质量管理：进入现场的一切建筑材料必须进行严格的质量验收，具备质保单、复试单、合格证等质量保证证明，材料质量由工地材料员、采购员把关，现场技术负责人监督。

2. 具体技术措施

1）技术措施

（1）在基坑土方开挖前，必须清理场地内的所有障碍物。

（2）开挖前应正确放样，并办理定位测量复核手续，并将轴线控制桩引出开挖地外，并作好保护措施在开挖时随时进行标高、轴线控制以便正确开挖。

（3）土方开挖前做好地面排水沟和集水井的完善。

（4）土方开挖的基底标高结合地下室结施图进行。

（5）基坑工程土方开挖前应进行场地普查及修整，主要查明地基浅层障碍物的种类、分布及深度，场地内外管网分布情况，对埋设在基坑范围内的管道应及时移走，以保证管线设施的正常使用及基坑施工的顺序进行。

（6）车辆按规定的行进路线，避免载重车辆沿基坑边行碾压。

（7）挖土机操作要格外小心，立柱周边采用人工挖土，严禁挖斗撞击支撑及立柱，特别是夜间挖土施工，要有专人指挥，严禁拉扯支撑。

（8）在开挖过程中，应随时检查槽壁和边坡的状态。应及时根据监测孔数据及时做出相应措施，以防坍塌。

（9）挖土机挖出的土方及时用土方车外运，不得将土方堆放在基坑坡顶，以免酿成坑壁坍塌的安全事故。

（10）挖土时尽量挖至设计标高，并随挖随用人工将底边修挖平整。要随时进行标高测量，严防超挖土；一旦挖出超深，必须用碎石填补，严禁原土回填。确保人工清挖土的标高有效控制，采用坑底设置竹桩的方法，控制标高纵横间距 3.0～5.0m 为宜。

（11）清除基坑周围邻近的施工材料及堆积土等，使其负荷小于 15kPa，围护墙冠梁上严禁堆载积土。

（12）做好基坑四周的安全护栏。基坑坑边设置黑黄相间双色钢管高 1.5m 的围栏，立杆间距不大于 3m，并悬挂醒目标识，上下基坑设扶梯搭设宽 1.5m 钢管扶梯设扶手，坡度不大于 35°。

（13）机械开挖至基底时，配备人员及挖机，将承台、地梁等土方挖至设计基底上 50cm 高度处，根据垫层、凿桩的施工进度情况来确定，50cm 人工修土的进度。

（14）为不使基底暴露时间过长而遭自然影响，采取分层分段开挖、分段施工混凝土垫层的方法。为此，配备充足人工清土、修坡的劳动力配合机械挖铲，机械挖至哪里，清土、修坡就到哪里，混凝土垫层就施工到哪里。加强与建设单位、工程监理、设计单位、勘测单位的联系，及时做好基坑验槽工作。

（15）人工修土至设计标高出现局部超挖时，用合理砂石级配回垫。

（16）基坑开挖及处理完毕，经有关人员对基坑土质、标高进行检查确认后，及时办理隐蔽验收手续。及时进行基础垫层的施工。

（17）为防止基坑积水，在基坑内边四周设明排水沟（宽 300mm×深 400mm）。四角设四只集水井，中间各设一只集水井。为防止流水对沟壁的冲刷，确保排水的畅通，沟壁、沟底用单砖砌筑并用水泥砂浆抹灰。需要时用抽水机抽水，并派专人负责检查抽水，确保基坑内无积水。如遇到异常现象立即通知有关人员组织处理。

（18）汛、雨期施工注意事项：土方开挖在雨期进行时，工作面不宜过大，应逐段、逐片分期完成。应注意边坡稳定，经常对边坡、支撑、土堤进行检查，发现问题要及时处理（如若在基坑周边地表发现裂缝，可及时灌浆封闭，防止地表水渗入）。

（19）基坑开挖前基坑围护混凝土强度达到设计强度后才能开挖。

2）挖土施工操作要求

（1）采用反铲挖掘机分层开挖，运土汽车布置于反铲的一侧，以减少回转角度，提高生产效率。

（2）大面积基础基坑底板标高不一，机械开挖次序一般采取先整片挖至一平均标高，然后再挖个别较深部位。本工程土方开挖分两个阶段开挖，在第二施工段中间修 8%～10% 的坡道，作为机械和运土汽车进出通道。挖出土方运至弃土场堆放，最后把斜坡道挖掉，场地内较空旷处应留部分土作基坑回填之用，以减少土方二次搬运。

（3）基坑边角部位，机械开挖不到之处，应用人工配合清坡，将松土清至机械作业半径范围内，再用机械运走。修坡以厘米作限制误差。

（4）挖土机、运土汽车进出基坑运输道路，应尽量利用基础一侧几个基坑开挖地下运输通道，以减少挖土量。

3）质量标准

（1）主控项目。底板、承台和地梁的土质必须符合设计要求，并严禁扰动。

（2）允许偏差项目（略，详见各项质量验收标准）

二、安全生产、文明施工

（略，深基坑工程安全专项方案）

第十章 汛期、台风、高温等季节性施工措施

各施工单位可根据各地和本单位的具体情况，编制"汛期、台风、高温冬季等季节性施工措施"，本书就不一一列举。

附件：相关附图（略）

附件 2　深基坑工程安全专项方案示例

某基坑工程施工安全专项方案

目　录

某基坑工程施工安全专项方案

一、工程概况

1.1 工程概况

1.1.1 一般概况

1. 项目名称 　　　　　×××地块办公用房项目

2. 建设参建单位 　　　（略）

1.1.2 基坑概况

1. 本工程拟建建（构）筑物包括5-6层办公楼、1～3层商业楼及1～2层地下车库组成。

2. 基坑面积：基坑开挖面积共约54620m²，基坑围护周长约1674m。其中地下二层区域开挖面积为25450m²，基坑围护周长约633m。

3. 开挖深度：根据设计文件及施工图纸，结构±0.000相当于绝对标高＋5.250m，自然地坪标高为－1.300m，相当于绝对标高＋3.950m。地下室2层底板面标高－9.650m，底板厚度900mm，贴边承台厚度1400mm。基坑开挖深度9.70m。

1.2 基坑安全等级

本工程基坑围护采用钻孔灌注桩围护墙＋三轴搅拌桩截水帷幕＋一道混凝土支撑的围护结构形式，钻孔灌注桩与三轴搅拌桩之间采用压密注浆加固。坑内积水井、电梯井等采用双轴搅拌桩围护＋高压旋喷桩封堵。本工程基坑安全等级为一级。

1.3 现场勘查及环境调查结果

本工程位于某市通协路以北、福泉路以东地块，周围环境情况如下：

基坑东侧：根据目前的建筑、结构图纸，地下一层区域东侧局部地下室已超越规划用地红线，红线外为50m宽规划绿化用地，其下设一层地下室，有连通道与本工程相接，东侧规划项目为政府立项，由本工程建设单位投资建设管理，目前红线外为10-3地块（为同一建设单位）借用，作为活动房场地，经建设单位与相关单位沟通协商，可利用绿化用地进行适当卸载并允许局部围护结构超越用地红线。

基坑南侧：围护边线与红线最小距离为6.7m，红线外为通协河（红线即为河口边线），河道宽约18～22m，护岸采用400mm厚钢筋混凝土挡墙，挡墙基础宽3.0m，埋深4.45m（埋深按目前场地自然地坪标高算起，下同），下设250mm×250mm×8000mm方桩，桩间距1000～1500mm；另外，通协河上有一规划钢筋混凝土桥梁，计划于基坑开挖前施工完成，作为场地的主要出入通道，桥面宽14m，桥台基础采用Φ800钻孔灌注桩，桩长40m，桩基础距离地下一层围护边线4.4m，距离地下二层围护边线18m。

基坑西侧：围护边线与红线最小距离为10.9m，红线外往西依次为连通河及福泉路（红线即为河口东侧边线），连通河河口宽5m，河道东侧护岸采用400厚钢筋混凝土挡墙，基础宽度2.8m，埋深3.95m，河道西侧护岸采用浆砌块石挡墙，基础为3.2m宽钢筋混凝土结构，埋深3.95m，下设250mm×300mm×9000mm方桩，桩间距1000～1500mm，两侧挡墙基础间设 400mm×600mm@5000mm 钢筋混凝土格；连通河上有两座钢筋混凝土小桥，桥台基础埋深 4.60m，下设 400mm×400mm 预制方桩，桩长 28m；另外，西侧福泉路上管线较多，见附表 2-1：

管线与基坑边线距离表

附表 2-1

管　　线	与基坑边线距离（m）
供电 空管 21孔 1.15	23.4
煤气 钢 φ219 1.34	26.6
污水 PVC φ300 2.67	29.4
雨水 PVC φ1800 4.91	33.4
信息 空管 12孔 0.92	35.9
上水 铸铁 φ300 1.10	39.3

基坑北侧：围护边线与红线最小距离为 6.1m，红线外为朱家浜（红线即为河口边线），河道宽约 20～27m。场地西北侧护岸采用 300～800mm 厚钢筋混凝土挡墙，基础宽度 3.0m，下设 300mm×400mm×17000mm 方桩，桩间距 1200mm；场地东北侧护岸现为浆砌块石挡墙，因年代较久、结构整体性较差，计划于围护桩施工前将老挡墙拆除重建。重建挡墙为 400mm 厚钢筋混凝土结构，基础宽 3.50m、埋深 1.40m，下设 300mm×500mm×13000mm 方桩，桩间距 1200mm。

1.4　支护结构形式及相应附图

本工程基坑围护采用钻孔灌注桩围护＋三轴搅拌桩止水＋一道混凝土支撑的围护结构形式，钻孔灌注桩与三轴搅拌桩之间采用压密注浆加固。坑内积水井、电梯井等采用双轴搅拌桩围护＋高压旋喷桩封堵。相应附图（略）。

1.5　专项方案编制依据

1. 《建筑深基坑工程施工安全技术规范》JGJ 311—2013。
2. 《建筑基坑支护技术规程》JGJ 120—2012。
3. 《建筑地基基础设计规范》GB 50007。
4. 《建筑施工安全技术统一规范》GB 50870—2013。
5. 《建筑基坑工程监测技术规范》GB 50497。
6. 《建筑施工高处作业安全技术规范》JGJ 80。
7. 《建筑地基处理技术规范》JGJ 79。
8. 《建筑土石方工程安全技术规范》JGJ 180。
9. 《建筑施工安全检查标准》JGJ 51。
10. 《爆破安全规程》GB 6722—2011。
11. 《危险性较大建筑工程施工管理办法》（住房和城乡建设部建质〔2009〕87 号文）。
12. 《施工图设计说明》及施工图纸。
13. 施工组织设计文件。
14. 其他。

二、工程地质及水文地质条件

根据《临空 11-3 地块办公用房项目岩土工程勘察报告》，本工程基坑开挖影响范围内岩土工程地质有以下特点：

1. 拟建场地地貌形态单一，属滨海平原地貌类型。场地较平坦，勘察期间地面标高在 3.38m～4.08m 之间。

2. 拟建场地浅部地下水属潜水类型，其水位动态变化主要受控于大气降水和地面蒸发，勘察期间实测稳定水位埋深约 1.05m～2.10m，设计计算时地下水位取 0.5m。

3. 本场地在埋深约 25m 的第⑤2 砂质粉土层为微承压含水层，埋深约 43.5m 的第⑦砂质粉土层为承压含水层。根据目前地下二层区域基础结构图，集水坑等最大开挖深度为 11.20m，根据上海地区最不利承压水头埋深 3m 考虑，以⑤2 砂质粉土层顶标高较高的勘探孔 C49 土层分布计算：

$$K_{ry} = \frac{P_{cz}}{P_{wk}}$$

其中：P_{cz}——基坑开挖面一下至承压水层顶板间覆盖土的自重压力（kN/m²）；

$\qquad$ P_{wy}——承压水层的水头压力（kN/m²）；

$\qquad$ K_{ry}——抗承压水头的稳定性安全系数，取 1.05。

根据以上公式，抗承压水头的稳定性安全系数为：

$P_{cz} = 17.3 \times 4.5 + 16.6 \times 9.1 = 228.9 \text{kN/m}^2$

$P_{wy} = 21.82 \times 10.0 = 218.2 \text{kN/m}^2$

$K_y = \dfrac{P_{cz}}{P_{wy}} = 1.05$

即在目前最大开挖深度为 11.20m 的情况下，如果承压水头不高于自然地面以下 3.0m，则已满足坑底抗突涌问题。但根据福泉路西侧 10-3 地块的承压水实测资料，埋深略小于 3.0m，因此本地块需进行承压水头实测后结合结构施工图中集水坑最大深度，进一步复核坑底抗突涌问题。

4. 本场区局部浅层填土较厚，最深处达 4.80m，其分布范围较小，本方案拟在填土较厚区域搅拌桩上部水泥掺量增加 3% 的方式进行加强。

5. 场地南侧与西侧基坑边界处局部区域浅层有障碍物存在，施工前应对障碍物进行清理。

6. 本工程基坑开挖深度范围内的第③2 砂质粉土层渗透系数较大，在动水压力下，易产生渗水、流砂和管涌等现象，围护结构应确保良好的截水性能。

7. 本工程 2 层地下车库基坑底位于第④层灰色淤泥质黏土，该层土厚度达 11.0～13.7m，呈流塑状态，土质差，具有流变特性，设计时应采用可靠的围护型式。

8. 本工程基坑开挖影响范围内土层分布情况及基坑围护土层物理力学性质指标如附表 2-2 所示：

基坑围护土层物理力学性质指标 $\qquad$ 附表 2-2

土层名	层厚 （m）	γ kN/m³	ϕ （°）	c （kPa）	E_s （MPa）	K （cm/s）
①1 杂填土	0.5～4.8					
①2 素填土	0.3～3.0					
② 灰黄色粉质黏土	0.4～2.8	18.1	19.5	17	4.15	2.0E-6

土层名	层厚 (m)	γ kN/m³	ϕ (°)	c (KPa)	E_s (MPa)	K (cm/s)
③1 灰色淤泥质粉质黏土	0.5～5.1	17.5	18	12	3.00	5.0E-6
③2 灰色砂质粉土	0.5～3.1	18.4	27.5	4	9.07	3.0E-4
④ 灰色淤泥质黏土	11.0～13.7	16.6	12	10	2.04	2.0E-7
⑤1 灰色黏土	3.8～7.4	17.3	12.5	12	2.74	4.0E-7
⑤2 灰色砂质粉土	0.8～11.0	18.2	31.5	5	9.56	
⑤2 夹 灰色砂质粉土	0.6～7.5	18.0	19	15	4.12	
⑤3 灰色粉质黏土	3.9～11.4	18.3	20	18	4.37	
⑤4 灰绿色粉质黏土	1.3～5.4	19.4	20	36	6.87	
⑦ 灰色砂质粉土	1.5～5.7	19.0	34	4	11.19	

注：c、ϕ 均为勘察报告所提供的土层物理力学性质参数。

三、危险源分析

一般危险源（附件，略）。

重大危险源（附件，略）。

四、危险源控制的安全技术措施

常规的安全技术措施：

1. 贯彻"安全第一、预防为主"的方针。

2. 设专职安全员、负责工地安全管理工作。由施工负责监督日常安全工作，各工种、各施工班组设立兼职安全员，由项目经理、施工负责人、专兼职安全员，组成项目安全小组，检查督促项目安全。

3. 工人进场前由安全员进行安全教育，进场后施工人员必须认真执行"安全管理制度"和"安全生产责任制"，遵守安全生产纪律，定期召开安全工作会议，进行安全检查活动，杜绝安全隐患，由安全员做好安全日记。开工前由项目部组织进行工地安全检查，合格后方能开工。

4. 施工现场设置安全警示牌，施工人员必须佩戴安全帽施工。

5. 机电设备必须由专人操作，认真执行规程，杜绝人身、机械、生产安全事故，特殊工种（起重工、焊工、电工等）必须持证上岗。

6. 现场电缆必须安全布设，各种电控制箱必须安装二级漏电保护装置，电器必须断电修理，并挂上警示牌，电工应定期检查电器、电路的安全性。

7. 机械设备应由机修人员修理，杜绝机械安全事故隐患。

8. 机电班长要定期检查各机械设备、升降、以及机具的安全性，若有问题要及时维修、调换，不允许超负荷运行。

9. 施工过程中一切操作由专人（机长）统一指挥。

10. 外露传动装置必须有防护罩。

11. 现场必须配备消防器材，电路控制系统必须有防雨淋设施。

4.1 搅拌桩施工安全技术措施

1. 桩机机架高度近 20m，且动力头自重达 1t 以上，桩机自身的安全是重点。

2. 桩机底盘摆放平整，不能出现一高一低的倾斜情况。

3. 走管下枕木应垫牢，对于高低不平的地面需清理平整，避免在虚土上摆放枕木，使桩机行走进程中出现枕木下陷的情况而使桩机倾斜。

4. 桩机机架应调整垂直，使动力头重心不偏移。

5. 桩机行走钢丝绳穿绳要正确，防止钢丝绳卡死。

6. 卷扬机钢丝绳要勤检查，断丝超过规范应及时更换。

7. 行走时因采用卷扬抽管移动，操作过程不能急躁，应掌握慢、稳，为减少桩机底盘架和走管的摩擦应及时在走管上抹润滑油。

8. 电机传动部位应安装可靠的防护装置。

4.2 高压泥浆泵施工安全技术措施

4.2.1 泵车

1. 泵体内不得留有残渣和铁屑，各类密封圈套必须完整良好，无泄漏。

2. 安全阀中的安全销要进行试压检验。必须确保在规定达到最高压力时，能断销卸压，决不可安装未经试压检验的或自制的安全销。

3. 指定专人司泵，压力表应定期检修，保证正常使用。

4. 高压泵、钻机、浆液搅拌机等要密切联系配合协作，一旦某部发生故障，应及时停泵停机，及时排除故障。

4.2.2 钻机

1. 司钻人员应具有熟练的操作技能并了解旋喷注浆的全过程和钻机在旋喷注浆的作用。

2. 钻孔的位置需经现场技术负责人确认，确认无误后方可开钻。

3. 人与喷嘴距离应不小于 600mm，防止喷出浆液伤人。

4.2.3 管路

1. 高压胶管：在使用时不得超过容许压力范围。

2. 胶管：弯曲使用时不应小于规定的最小弯曲半径。

4.2.4 清洗及检修

1. 喷射注浆施工结束后，应立即将钻杆、泵及胶管等用清水清洗干净，防止浆液凝结后堵塞管道，造成再次喷射时管道内压力骤增而发生意外。

2. 施工中途发生故障，必须卸压后方可拆除连接接口，不得高压下拆除连接接口。

4.3 施工用电安全技术措施

1. 严格执行《施工现场安全生产保证体系》、《施工现场临时用电安全技术规范》JGJ 46—2005 相关规定。

2. 电缆接头不许埋设和架空，必须接入线盒，并固定在开关箱上，接线盒内应能防水、防尘、防机械损伤，并远离易燃、易爆、易腐蚀场所。

3. 所使用的配电箱必须符合相应规范要求的电箱。配电箱电气装置必须做到一机、一闸、一漏电保护。

4. 开关箱的电源线长度不得大于 30m，并与其控制固定式用电设备的水平距离不超过 3m。

5. 所有的配电箱、开关箱必须编号，箱内电气装置完好匹配。

6. 所有电机、电器、照明器具，手持电动工具的电源线应装置二级漏电保护器。

7. 施工现场的电器设备设施必须有有效的安全管理制度，现场电线、电气设备必须由专业电工经常检查整理，发现问题及时解决。

4.4　高压旋喷桩施工安全技术措施

1. 桩施工前对邻近施工范围内原有构筑物、地下管线等进行检查，对有影响的工程，应采取有效的加固防护措施或隔振措施。施工时加强观测，以确保施工安全。

2. 桩施工前先全面检查机械各个部分及润滑情况，钢丝绳是否安好，发现有问题及时解决，检查后要进行试运转，严禁带病作业。桩机设备应由专人操作，并经常检查机架部分有无脱焊螺栓松动，注意机械的运转情况，加强机械的保养，以保证机械正常使用。机械操作人员必须持证上岗。

3. 桩机机架安设铺垫平稳、牢固，防止钻具突然下落，造成人员伤亡和设备损坏。

4. 现场操作人员要戴安全帽，高空作业佩带安全带，高空检修桩机，不得向下乱丢物件。有心脏病、高血压病者，不能从事高空作业。

5. 夜间施工，设足够的照明设施，雷雨天、大风、大雾天应停止桩施工作业。

6. 桩施工时，5m 范围内不得有人员走动或进行其他作业，非工作人员不准进入施工区区域。

7. 加强施工现场人员安全教育：对所有从事管理和生产的人员进行全面的安全教育，通过安全教育，增强职工安全意识，树立"安全第一、预防为主"的思想，并提高职工遵守施工安全纪律的自觉性，认真执行安全操作规程。

8. 施工期间保持道路平整、畅通，施工现场的洞、坑、沟、井口等危险处，设安全防护设施及安全警示牌，夜间设红灯示警。

9. 施工现场设置足够的消防水源和消防设施网点，消防器材有专人管理，不得乱拿乱动，建立安全防火责任制，并划分防火责任区。

10. 施工现场配备齐全有效的安全设施如安全网、洞口盖板、护栏、防护罩、各种限制保险装置等，并且不得擅自拆除或移动，因施工确定需要移动时、需采取相应的临时安全措施。

11. 现场的各类材料的堆放不得超过规定的高度。施工现场明确划分用火作业区、易燃、可燃材料堆放场、仓库、易燃废品集中点等，并张贴醒目的防火标志。

12. 高压线下每边 6m（共 12m）做好施工围栏，以确保安全距离。

13. 搅拌桩施工过程中每台桩机必须保证有一人以上监测桩机施工安全问题。

14. 各机台做好设备的防盗工作，杜绝黄、赌、毒等违法行为。

15. 特别要注意雨天在高压线下工作的安全保护措施，防止大暴雨下触电事故发生。

4.5　反铲挖掘机安全技术措施

4.5.1　挖掘机反铲作业时，除松散土壤外其作业面应不超过本机性能规定的最大开挖高度和深度。在拉铲或反铲作业时，挖掘机履带距工作面边缘至少应保持 1m～1.5m

239

的安全距离。

4.5.2 启动前检查工作装置、行走机构、各部安全防护装置、液压传动部件及电气装置等，确认齐全完好，检查液压传动的臂杆、油管、液压缸、操作阀等无漏油现象方可启动。

4.5.3 作业中安全注意事项：

1. 作业区内应无行人和障碍物，挖掘前先鸣声示意，并试挖数次，确认正常后，方可开始作业。

2. 作业时，挖掘机应保持水平位置，将行走机构制动住，并将轮胎或履带楔紧。

3. 遇较大的坚硬石块或障碍物时须待清除后，方可挖掘。不得用铲斗破碎石块或用单边斗齿硬啃。

4. 作业时，必须待机身停稳后再挖土，当铲斗未离开工作面时，不得作回转行走等动作，回转时，应使用回转制动器，不得用回转行走等动作，回转制动时，应使用回转制动器，不得用转向离合器反转制动。

5. 装车时铲斗要尽量放低，不得撞碰汽车任何部分。在汽车未停稳或铲斗必须越过驾驶室而司机未离开前不得装车。

6. 作业时，铲斗升、降不得过猛。下降时不得撞碰车架或履带。

7. 在作业或行走时，严禁靠近架空输电线路，机械与架空输电线的安全距离应符合有关规定。

8. 操作人员离开驾驶室时，不论时间长短，必须将铲斗落地。

9. 行走时，主动轮应在后面，臂杆与履带平行，制动住回转机构，铲斗离地面1m左右。上下坡道不得超过允许最大坡度，下坡用慢速行驶，严禁在坡道上变速和空挡滑行。

4.5.4 作业后安全注意事项

作业后，挖掘机应停放在坚实、平坦、安全的地带，将铲斗落地。使提升绳松紧适当，臂杆降到400mm～500mm位置。

4.5.5 自卸车操作规程

1. 自卸汽车保持顶升液压系统完好、工作平稳、操纵灵活，不得有卡阻现象。

2. 按规定品种、标号添加液压油，各节液压缸表面保持清洁。

3. 非顶升作业时，将顶升操纵杆放在空挡位置，顶升前必须拔出车厢固定销。

4. 配合挖掘机作业时，自卸汽车就位后拉紧手制动器，在铲斗必须越过汽车驾驶室作业时，驾驶室内不得有人停留。

5. 卸料时，车厢上空和附近应无障碍物，向基坑等地卸料时，必须和坑边保持安全距离，防止塌方翻车，严禁在斜坡侧向倾卸。

6. 卸料后，车厢必须复位，不得在倾卸情况下行驶，严禁在车厢内载人。

7. 车厢顶升后进行检修、润滑作业时，必须用支撑将车厢支撑牢固，方可进入车厢下面。

4.6 对地下管线和其他设施的加固安全技术措施

根据现场的实际情况，以及我公司多年来在类似工程中积累的施工经验，将在采取切实有效的加固措施的基础上，严格实施施工方案以确保施工安全。

施工过程中能够完整地保护好邻近建筑物及地上、地下管线设施，是一个企业重视安全、文明施工的良好体现，也是整个工程顺利进展所必须做好的环节。具体安全技术措施如下：

1. 开工前组织人员认真研究施工图纸及现场情况，制定详细的保护方案。

2. 召开各类地下公用管线单位协调会，基坑开挖前需向有关管线单位提出监护的书面申请，办妥《地下管线交底卡》手续。特别是十字路口各类地下管线交叉重叠，必须采取严密保护措施。

3. 工程实施前，把施工现场地下管线的详细情况及管线保护措施向现场施工技术负责人、项目主管、班组长直到每一位工人作层层技术交底。

4. 在基坑开挖前先组织有关人员，按照管线单位交底的情况，将沿线影响的管线样洞全部挖出，并同时对管线的管径、走向及深度做好标志牌，提醒施工时注意管线的保护。

5. 在基坑工程施工过程中，对平行基坑边的管线采取保护措施，并同时对基坑两侧的管线以及周边可能会受到影响的建筑物或设施进行卸载处理，以减小这些管线和设施的相对沉降。

6. 对于横穿于基坑两侧的公用管线，在基坑工程施工前，先将管线暴露，卸载后再用钢板桩、钢丝绳及花篮螺丝进行保护。并在管线节头位置设置高程观察点，对沉降差异值超过规定点的随时进行花篮螺栓的调整，确保管线的安全。

7. 开槽埋管工程施工时做到施工一节及时修复一节，减少沟槽暴露时间。在现场认真保护好所有暴露的管材和接头并协同管线单位进行监护，若有管线损坏及时通知管线单位进行维修，并禁止附近各种明火。

8. 挖土临近管线时一律采用人工开挖，管线暴露后用钢板桩、钢丝绳及花篮螺栓吊好，开槽埋管工程结束后对公用电缆管道进行砌墩、灌砂，保证管道安全。

9. 工程实施时，严格按照经审定的施工组织设计中的保护技术措施的要求进行施工，各级负责人深入施工现场监护，督促操作（指挥）人员遵守操作规程，制止违章操作、违章指挥和违章施工。

4.7　施工机械及施工机具安全措施

机械设备的使用、维修和保养

现场的机械设备必须有书面的操作规程，必须由持有操作证的人员操作，并实行定机定人。机械设备管理人员必须经常检查机械设备的安全防护装置并予以维修和保养，及时更换失灵和损坏的零部件。各种机械设备操作人员必须严格按照操作规程操作，不得带病或酒后作业。

特种设备必须证件齐全，并到相关部门备案。大型机械在安装前必须进行交底，安装完后必须经检验合格后，方可投入使用。所有这些机构的操作工，必须经培训及考核，并发有操作合格证，严禁无证人员上岗操作。

4.7.1　一般要求

1. 施工现场所有机械设备和机具必须做到定机定人和持证上岗，并挂设操作规程牌，非机电操作人员，不允许操作机电设备。

2. 施工现场所有机械设备和机具必须做好保护接零和装设二级漏电保护装置。

241

3. 施工现场所有机械设备和机具，必须定期检修维护，保证设备和机具完好的技术状态。

4. 所有机械设备的机械传动部位，必须装设防护罩。

5. 搅拌机安装位置必须平稳、坚实，保险挂钩和离合器、制动器等必须有效灵活。

6. 电焊机接线端子板必须保护完好，并设有防护罩；焊接线保护绝缘良好、不随地拖拉；施焊时，对火花及焊渣加以控制和及时清扫，预防火灾事故发生。

7. 各种气瓶（氧气和乙炔等），必须按规范要求分类并分开放置，并设置明显标志加以区别。

4.7.2　特殊要求

对于垂直起重设备必须做到下列安全要求

1. 电动垂直起重设备必须装设必要的安全装置（冲高限位器等），并保持灵敏有效。

2. 垂直起重设备必须加强检修维护，保持良好的技术状态，保证机件能够运转正常，操作灵活，如按钮开关、限位开关、减速器、钢丝绳、绳卡、吊钩、吊桶、吊箱等。

3. 垂直起重设备支架应坚固，设备在井孔处架设必须牢固，应能承受一定的冲击力不致翻倒。

4. 电动葫芦或卷扬机的制动装置必须灵活可靠。

5. 垂直起重设备进场前必须经检验合格后，方可投入使用。

4.8　防高处坠落及物体打击技术措施

"四口五临边"防护：水平洞口边长大于1.5m的设防护栏杆，下面挂水平安全网；边长小于1.5m的用打膨胀螺栓固定钢筋网的方法，钢筋直径不小于Φ16mm，间距不大于150mm。边长在300mm以下的小洞，用盖九夹板堆砂浆的办法封闭。各种通道的入口处，必须搭设防护棚，并挂有关的警示牌。

4.9　土方开挖安全技术措施

4.9.1　基坑支护安全措施

1. 首先要对施工现场进行勘查，摸清工程实际情况，水文、地质情况，对能大放坡的基坑进行放坡施工，对不能放坡的基坑要进行基坑支护。

2. 浅基坑的支护安全措施

（1）间断式水平支护（此方法适用于干土或天然湿度的黏土类土，深度在2m以内），两侧挡土板水平放置，用撑木加木楔水平顶紧，挖一层土支顶一层，以此方法保证挖土人员的安全。

（2）断续式水平支护（此方法适用于湿度小的黏性土及挖土深度小于3m的基坑），把挡土板水平放置，中间留出间隔，然后两侧同时对称立上竖方木，再用工具式横撑上下顶紧，以此方法保证安全。

3. 深基坑支护安全措施

地下连续墙：在开挖的基槽周围，先建地下连续墙，待混凝土达到强度后，在连续墙中间用机械或人工挖土，直至要求深度，保证施工安全。

4.9.2　降排水工程安全措施

开挖底面低于地下水位的基坑（槽）时，地下水会不断渗入坑内，坑内积水不及时排走，不仅会使施工条件恶化，还会是土被水泡软后，造成边坡塌方，危及人员安全。因此，为保安全生产，在基坑开挖前和开挖时，必须做好降水工作。

（1）雨期施工时，应在基坑四周或水的上游，开挖截水沟或修筑土坡，以防地表水流入基坑内。

（2）基坑开挖过程中，在坑底设置集水井，并沿坑底的周围或中央开挖排水沟，使水流入集水井中，然后用水泵抽走，抽出水应予以引开，严防倒流。

（3）四周排水沟及集水井应设置在基础范围以外，地下水走向的上游，根据地下水量大小，基坑平面形状及水泵能力，集水井每隔 20～40m 设置一个，集水井的直径一般为 0.6～0.8m，其深度随着挖土的加深而加深，随时保持低于土面 0.7～1.0m，井壁用竹、木进行加固。当基坑挖至设计标高后，井底应低于坑底 1～2m，并铺设碎石滤水层，以避免在抽水时间较长时，将泥砂抽出及防止井底的土被扰动。

4.9.3　土方开挖工程安全措施

（1）准备工作

① 土方开挖前，进行现场勘察，摸清工程情况、地质、水文情况，以及地下埋设物、电缆线路、上下水管道、煤气管道、邻近建筑等情况，以便有针对性的采取安全措施。

② 按批准的施工组织设计和安全防护措施进行技术和安全交底。

（2）土方开挖安全措施

① 根据土方工程开挖深度和工程量大小，选择人工挖土或机械挖土方案。

② 如开挖的基坑比邻近建筑物基础深时，开挖应保持一定的距离和放坡，必要时还要采取边坡支撑加固措施，以免出现滑坡、塌方事故。

③ 弃土应及时运出，如需要临时堆土或留作回填土，堆土坡脚至坑边距离应按挖坑深度、边坡坡度和土的类别而定。严禁坑边堆土。

④ 必要时应采取坑壁支护。

⑤ 及时采取排水措施，以免基坑被水浸泡，造成坑壁土质松软、土方下滑、坍塌造成人员伤亡。

⑥ 采用机械挖土时，需要人员来配合清底，但在清底、清边时，要待机械停止工作时进行，以免机械伤人。

4.10　爆破安全技术措施

爆破作业应由有爆破资质的单位施工并编制施工方案，应报公安机关批准。

4.10.1　凿岩作业安全规定

（1）凿岩机具与高压风管连接必须紧固：下井时凿岩机应先于作业人员，上井时凿岩机具应后于作业人员。

（2）炮眼应避免布置在岩层裂缝处或岩层变化位置，禁止在残眼上钻孔。

（3）凿岩完毕后，应对炮孔逐个验收并对不符合设计要求的炮孔及时整改，炮孔验收内容包括其数量、位置、深度、倾角等。

4.10.2　装药作业安全规定

（1）必须严格按设计要求选用爆破器材，禁止使用火雷管。

（2）加工起爆药包应根据孔桩炮孔数量、设计段位及网络设计要求而作，雷管段位标记应固定在起爆包头部，不应用无段位标记的雷管制作起爆药包或把失落段位标记的起爆药包装入炮孔。

（3）爆破员在井内装药时，井口必须设有专人看护和吊递爆破器材。

（4）严禁向井下投掷爆破器材；禁止同时进行抽水、凿岩和装药作业。

（5）装完药后必须堵塞，堵塞应密实并保护好导爆管或脚线。

（6）装药完成后应根据设计要求及时进行覆盖；孔口覆盖层应留透气口，孔桩深度在小于 3m 时，每个炮眼口应加覆盖砂袋。

4.10.3　爆破网络安全规定

（1）爆破网络应根据场地内的感应电、射频电、杂散电流测试结果选择确定。

（2）使用电爆网路时，连线应在所有炮孔装药、堵塞、覆盖完毕和关闭爆区内所有电源后进行；连接导线应使用绝缘胶质导线并保证接头部位绝缘良好；禁止使用裸露导线；网路应尽量不触地或少触地；连线后应进行导通测试；若有问题及时查明原因、排除故障。

（3）使用非电起爆网路时，导爆网路应远离火源防止撞击。

4.10.4　警戒及起爆安全规定

（1）第一次信号为预告信号；所有与爆破无关人员必须立即撤离危险区或撤至指定的安全地点；禁止在邻近孔桩内躲避；所有危险区边界都必须设岗派人警戒。

（2）第二次信号为起爆信号；确认人员、设备全部撤离危险区，具备安全起爆条件时方准发出起爆信号。

（3）第三次信号为解除警戒信号；未发出解除警戒信号前，警戒人员必须坚守岗位；除爆破工作领导人批准的检查人员外，不准任何人员进入危险区；经检查确认安全后，方准解除警戒。

4.10.5　其他安全规定

（1）下井作业前及爆破后应进行井下有毒有害气体检测并进行通风直到空气达到安全标准后方可下井作业。

（2）雷雨、大风天气禁止井下作业；爆破施工过程中，闪电打雷时应迅速把所有主线拆开分别绝缘后迅速撤离，按爆破警戒要求实施警戒。

（3）爆破后必须对爆区进行检查，发现盲炮或其他安全隐患，应立即报告并及时按有关规定处理。

（4）爆破点附近有须保护的重要建（构）筑物时，必须进行爆破震动监测。

（5）除本规定外，还必须严格遵守《爆破安全规程》GB 6722—2011 等有关现行国家标准和公安机关的有关规定执行。

4.11　夜间施工安全技术措施

4.11.1　夜间施工手续办理

工程开工前，提前到所在管辖区环保部门及城建执法部门办理夜间施工手续，严格按相关规定进行夜间施工。

4.11.2　总体安排

根据工程实际情况，对整个工程进行计划部署，将主要工序尽量安排在白天施工。

4.11.3　夜间施工照明

夜间作业要有足够的照明设备，在主要位置设置照明灯，探照灯尽量选择节能的既满足照明要求又不刺眼的新型灯具或采取措施，使夜间照明只照射施工区域而不影响周围环境。直接用于操作的照明灯采用 36V 低压防爆工作灯。

4.11.4　夜间噪声控制

施工现场提倡文明施工，建立健全控制人为噪声的管理制度，尽量减少人为的噪声喧哗，增强全体施工人员防噪声扰民的自觉意识。对噪声污染进行严格的监控。采用低噪声设备，对噪声大的机械设备采取封闭、限时使用等措施，最大限度的降低噪声污染。在基础和结构施工阶段，由于混凝土连续施工的需要进行超噪声限值施工时，提前向工程所在地建筑行政主管部门提出申请，经审批到工程所在地区环保部门备案。

4.11.5　夜间施工质量控制

加强夜间施工巡检力度，管理人员轮流值班，不因夜间施工而放松质量控制，对不符要求的坚决返工重做，确保工程质量。

4.11.6　夜间施工安全管理

在夜间施工质量控制的同时，加强安全管理，坚持进行班前安全教育，对工人不搞疲倦战术，合理安排、劳逸结合。

4.12　防台风安全措施

1. 成立以公司总经理和项目部项目经理为首的两级应急救援领导小组，项目部服从公司领导，在遇到台风等紧急情况启动应急预案。

2. 每天及时查询当地天气预报和防汛通知，一旦有台风警报，应停止施工，严禁不听招呼野蛮强行作业。

3. 做好现场临时设施加固措施，从活动房的四角加设成 45°的铁线，与打入地里的直径 50mm 长 1800mm 锚管相连，使活动房更加牢固，对于有危险的建（构）筑物，应及时加固或撤出。

4. 做好现场的排水措施，保证台风来后带来暴雨对建筑物不被浸泡，对施工现场的水、电全部切断，防止可能的伤害。

5. 做好各种机具保护措施，各种电机具应做好防雷接地，台风到来前应提前切断电源。

6. 做好通信联系，现场电话等通信必须保持 24h 开通，一旦有事情发生，必须保证找到相关人员。

7. 配备相应的急救小分队，小分队必须是素质好，身体好且经验丰富的人员组成，一旦发生事故，小分队应第一时间赶到现场进行处理，力争将事故降到最小的损失。做好易潮等物品的防水或转移工作。减少财产损失。

8. 配备应急灯、雨衣、雨鞋，各级领导亲自值班安排人员 24h 轮流值班，发现险情马上汇报。

9. 如有伤亡事故，应尽快向上级汇报，并紧急送往医院治疗。

10. 做好灾后的重建工作，尽快组织人员投入生产中去。做好灾后统计工作，并向上级汇报受灾情况。做好灾后汇总工作，为以后的抗灾工作积累经验。

五、施工信息化控制

5.1　信息化监测目标

5.1.1　监测目的

1. 对基坑施工期间基坑各部分及基坑周边环境的变化进行巡视、测量，并及时全面地将成果反映给相关部门，以确保基坑施工的安全性及周边环境的稳定性。

2. 分析测量成果，预估发展趋势，及时与委托单位、设计单位和施工单位交流，保证基坑安全稳定性。

3. 通过理论和实际的对比，通过"信息化施工"加深对类似工程的认识，为以后的工作积累经验。

5.1.2 监测方案编制原则

基坑开挖是坑内土体卸荷的过程，由于卸荷会引起坑底土体产生向上位移，同时也会引起围护体在两侧压力差的作用下产生的水平方向位移、墙外侧土体位移。基坑变形包括围护体的变形及基坑周围地层移动等。加强监测工作可以有效、合理地控制围护体位移，达到保护环境的目的。

根据本工程监测技术要求和现场具体环境情况，从时空效应的理论出发，本监测方案按以下原则进行编制：

1. 基坑开挖施工影响范围内的建（构）筑物和基坑本身作为本工程监测和保护的对象。

2. 设置的监测内容及监测点必须满足本工程设计方案及相关规范的要求，并能全面反映工程施工过程中周围环境及基坑围护体系的变化情况，确保监测内容设置合理，确保测点覆盖广泛、便于比对、直接有效。

3. 监测过程中，采用的方法、监测仪器及监测频率应符合设计和规范要求，能及时、准确地提供数据，满足信息化施工的要求。

5.2 监测项目和具体内容

5.2.1 监测范围与对象

基坑开挖对周边环境的影响范围一般为2～4倍基坑开挖深度，本基坑东侧、西侧的已有房屋及南侧的地下管线均在基坑开挖影响范围内，因此本工程基坑监测包括两部分：

1. 基坑周边环境监测。

2. 围护结构稳定性监测。

5.2.2 监测具体内容

1. 周边环境监测内容

（1）周边建筑物监测内容为沉降与倾斜。如建筑物存在明显裂缝，尚需进行裂缝观测。

（2）周围地下管线监测内容为沉降与水平位移。

（3）对基坑周边地面裂缝与沉降监测。

（4）坑外地下水监测：水位沉降。

2. 围护结构稳定性监测

（1）围护墙顶沉降与水平位移。

（2）围护墙与坑外土体侧向位移及渗漏水情况。

（3）支撑体系的位移与裂缝开展情况；钢支撑的应力变化情况。

5.3 监测点布置和埋设

各监测项目的测点布设位置及密度应与基坑开挖顺序、被保护对象的位置及特性相配套。同时为综合把握基坑变形状况，提高监测数据的质量，应保证每一开挖区段内有监测点。遵循规范结合实际，参照围护体布置及开挖分区等参数，进行监测点布置。

5.3.1　基坑监测点总体布设原则：

1. 监测点应充分结合基坑工程监测等级、基坑设计参数特性和基坑施工参数特性进行合理布置。

2. 监测点布置应最大限度反映基坑围护结构体系受力和变形的变化趋势。

3. 基坑围护体侧边中部、阳角处、受力（或变形）较大处应布置测点，重点区域应加密监测点。

4. 不同监测项目的监测点宜布置在同一断面上，便于数据比对。

5. 监测点间距布置应满足规范要求，应满足设计及相关单位的合理要求。

6. 各监测项目的测点布置，需兼顾基坑分块施工特点，确保每分块开挖施工过程中，均有对应监测点在有效工作，从而为分块施工过程提供数据信息。

5.3.2　围护体系监测

基坑工程的现场监测应采用仪器监测与巡视检查相结合的方法。整个基坑工程施工期内，与仪器监测频率相对应，应进行巡视检查，并形成书面巡视报表。

巡视检查内容主要针对四部分：支护结构、施工工况、周边环境和监测设施（附表 2-3）。

主要巡视内容　　　　　　　　　　　　　　　　附表 2-3

序号	分类	主要巡视内容
1	支护结构	1. 支护结构成型质量； 2. 冠梁、围檩有无裂缝出现； 3. 加劲桩有无较大变形； 4. 截水帷幕有无开裂、渗漏； 5. 墙后土体有无裂缝、沉陷及滑移； 6. 基坑有无涌土、流砂、管涌
2	施工工况	1. 开挖后暴露的土质情况与岩土勘察报告有无差异； 2. 基坑开挖分段长度，分层厚度及支锚设置是否与设计要求一致； 3. 场地地表水、地下水排放状况是否正常，基坑降水、回灌设施是否运转正常； 4. 基坑周边地面有无超载
3	周边环境	1. 周边管道有无破损、泄漏情况； 2. 周边建（构）筑物有无新增裂缝、沉降、倾斜出现； 3. 周边道路（地面）有无裂缝、沉陷出现； 4. 邻近基坑及建筑的施工变化情况
4	监测设施	1. 基准点、监测点完好状况； 2. 监测元件的完好及保护情况； 3. 有无影响观测工作的障碍物

现场巡视检查以目测为主，可辅以锤、钎、量尺、放大镜等工器具以及摄像、摄影等设备进行。

每日由专人对自然条件、支护结构、施工工况、周边环境、监测设施等的巡视检查情况进行书面记录，及时整理，并与仪器监测数据进行综合分析。

巡视检查如发现异常和危险情况，应及时通知委托方及其他相关单位。

5.3.3　围护结构顶部水平、竖向位移监测基坑开挖期间大面积土方卸载，围护体将产生一定水平位移，为掌握围护体顶部位移信息，布设墙顶水平位移监测点，围护顶水平位移值亦可作为测斜自管口向下计算时的管口位移修正值。监测点布置与围护体测斜孔位置一一对应。

考虑基坑围护外形特点，在基坑围护顶部分别增布水平位移监测点，以强化监测。共计布设围护结构顶部水平、竖向位移监测点 14 个（DW01～DW14）。（测点布置参见"基坑围护及周边环境监测测点平面布置图"，以下同）

基坑开挖期间大面积土方卸载，围护体亦将产生垂直位移，为掌握围护体垂直变形信息，应布设墙顶垂直位移监测点。

墙顶垂直位移测点布置与墙顶水平位移测点一一对应。

围护体顶部垂直、水平位移监测点埋设在围护顶部圈梁施工时进行。

5.3.4　坑外土体侧向水平位移（测斜）监测

土体开挖会使围护体两侧受力不均，产生压力差，从而引起围护体的变形，本项监测就是利用测斜仪探头深入围护体内部，通过测量预先埋在围护体内部测斜管的变化情况反映出围护体各深度上的水平位移情况。

测斜监测点布设间距取为 30m 左右，测点优先考虑布设在围护体中部、阳角处及对应局部深坑处。

共布设围护体深层侧向水平位移（测斜）监测点 13 个（CX01～CX13）。

5.3.5　基坑周边道路沉降监测

本工程基坑周边道路沉降监测点共布设 14 个（RD01～RD14）。

5.3.6　立柱沉降监测

本工程预应力装配式支撑立柱沉降监测点共布设 4 个（LZ01～LZ04）。

5.3.7　支撑轴力变化观测

本工程预应力装配式支撑轴力监测点共布设 6 个（ZZ01～ZZ06）。

5.3.8　周边建筑物沉降观测

本工程共布设周边建筑物沉降观测点 56 个（JZ01～JZ56）。

5.3.9　地下管线位移监测

基坑土体开挖卸荷引起坑内外侧土压力失衡，此时围护体系起到抵抗外侧土压力以维持内外平衡的作用，为确保基坑内外地下管线的安全，对该项目必须进行监测。共计布设地下管线位移监测点 16 个（GX01～GX16）。

5.4　监测期限、频率、报警值及应急措施

5.4.1　监测期限

本项目基坑监测周期为围护桩施工开始至地下结构出±0.00 结束。

5.4.2　监测频率

基坑工程监测频率的确定应以能系统反映监测对象所测项目的重要变化过程而又不遗漏其变化时刻为原则。

监测项目的监测频率应综合考虑基坑类别、基坑及地下工程的不同施工阶段以及周边环境、自然条件的变化和当地经验而确定。当监测值相对稳定时，可适当降低监测频率。

根据设计说明要求及相关规范规定，现场监测频率原则上按附表 2-4 执行。

现场检测频率　　　　　　　　　　　　　　　　附表 2-4

序号	施工阶段	监测频率	监测内容
1	施工前	至少测 3 次初值	相关监测项目
2	围护桩施工	1 次/7 天	施工影响范围内周边环境监测点
3	基坑开挖—浇筑底板	1 次/1 天	开挖区对应监测内容
4	底板浇筑完成～±0.00	1 次/7 天	施工影响范围内监测内容
5	H 形钢及钢绞线回收时	1 次/1 天	型钢及钢绞线回收区域对应监测内容
6	地下结构出±0.00	基坑监测任务结束	

根据中华人民共和国国家标准《建筑基坑工程监测技术规范》GB 50497—2009 第 7.0.4 条（强制性条文）规定，当出现下列情况之一时，应提高监测频率：

1. 监测数据达到报警值。
2. 监测数据变化较大或者速率加快。
3. 存在勘察未发现的不良地质。
4. 超深、超长开挖或未及时加撑等违反设计工况施工。
5. 基坑及周边大量积水、长时间连续降雨、市政管道出现泄漏。
6. 基坑附近地面荷载突然增大或超过设计限值。
7. 支护结构出现开裂。
8. 周边地面突发较大沉降或出现严重开裂。
9. 邻近建筑物突发较大沉降、不均匀沉降或出现严重开裂。
10. 基坑底部、侧壁出现管涌、渗漏或流沙等现象。
11. 基坑工程发生事故后重新组织施工。
12. 出现其他影响基坑及周边环境安全的异常情况。

现场执行具体监测频率应以满足实际施工生产为准，必要时根据具体工况和监测数据变化需加强监测频率。

5.4.3　报警值

在工程监测中，每一项监测的项目都应该根据工程的实际情况和周边环境等因素，事先确定相应的监控报警值，用以判断支护结构的受力情况、位移是否超过允许的范围，进而判断基坑和周边环境的安全性，决定是否对设计方案和施工方法进行调整，并采取有效及时的处理措施。

1. 本工程各监测项目报警值的确定需满足以下要求：

（1）各项目监测报警值应满足设计单位要求。

（2）设计单位未明确规定报警值的监测项目应满足国家及地方相关规范的要求。

2. 监测报警值如下：

（1）周边地下综合管线监测：日位移增量 2mm/d（连续 3 天），累计值 20mm。

（2）周边建筑物垂直位移监测：日位移增量 2mm/d（连续 3 天），累计值 15mm。

（3）周边道路沉降监测：日位移增量 3mm/d（连续 3 天），累计值 30mm。

（4）围护顶部垂直位移及水平位移监测：日位移增量 3mm/d（连续 3 天），累计值 35mm。

(5) 坑土体深层水平位移监测（测斜）：日位移增量 3mm/d（连续 3 天），累计值 40mm。

(6) 支撑立柱沉降监测：日位移增量 2mm/d（连续 3 天），累计值 20mm。

(7) 支撑轴力监测：设计值的 70%。

3. 当出现下列情况之一时，必须立即进行危险报警，并应对基坑支护结构和周边环境中的保护对象采取应急措施：

(1) 监测数据达到监测报警值的累计值。

(2) 基坑支护结构或周边土体的位移值突然明显增大或基坑出现流沙、管涌、隆起、陷落或较严重的渗漏等。

(3) 基坑支护结构的锚杆体系出现过大变形、压屈、断裂、松弛或拔出的迹象。

(4) 周边建筑的结构部分、周边地面出现较严重的突发裂缝或危害结构的变形裂缝。

(5) 周边管线变形突然明显增长或出现裂缝、泄漏等。

(6) 根据当地工程经验判断，出现其他必须进行危险报警的情况。

5.4.4 监测应急措施

工程施工过程中，可能出现一些异常情况，应采取相应的应急措施。

1. 雨期：加强围护安全监测和巡视，必要时增设监测点。小雨时监测工作正常进行，中雨以上雨量时光学监测工作停测，但测斜监测、轴力监测、水位等科目尤应正常进行，数据异常时需进行加测。

2. 围护渗漏：加强坑外地下水位监测、渗漏处围护安全监测和巡视。

3. 地面裂缝：加强对裂缝处沉降监测、裂缝附近围护安全监测和巡视。

4. 监测数据持续报警：加密监测频率，出现异常时及时通知相关单位

六、安全控制技术措施及应急预案

6.1 管线出现险情时的应急预案

1. 项目部成立管线保护应急预案领导小组，由项目经理任组长。

2. 应与管线（水、电、煤气、电信）管理部门进行协调，申请管线监护，签订管线配合联系单或协议书，进行管线交底，取得施工可能涉及的地下管线资料，以制订管线保护方案。同时由管理部门派专业人员到施工现场进行监护和巡视，指导施工过程中的管线保护。

3. 管线发生事故被发现后，立即报告应急领导小组。

6.2 周边房屋出现险情时的应急预案

1. 项目部成立应急救援领导小组，由总工程师任组长。

2. 工程进场前，对可能影响的周边建筑物进行调查，记录原始状态。鉴定房屋安全稳定性，根据施工影响程度情况实施布点监测。

3. 对存在危险隐患的房屋，建议业主予以搬迁或采取其他可能避免发生坍塌的行为。

4. 对有可能引起司法纠纷的房屋事先进行房产估价。

5. 采取积极处理措施，针对不同施工阶段对房屋进行基础加固。

6. 现场准备房屋保护所需的一切应急材料和机具设备。

7. 房屋出现沉降、倾斜、开裂等报警值后，及时通知业主、房屋业主等单位或个人。对存在严重危险隐患的房屋，必须及时撤出居民，并妥善安置。

8. 发生险情后，首先撤离人员，排除危险源。

9. 采取积极稳妥的施工方案，主持方案讨论会，批准通过后方可实施。

6.3 基坑出现险情时的应急预案

1. 建立以项目经理为第一责任人的基坑应急预案领导小组和成立抢险队，落实抢险队员。

2. 基坑开挖前，施工方案专家评审，通过审批后方可实施。

3. 基坑开挖应严格按照有关基坑工程技术规范和安全技术规范组织施工。

4. 采用信息化管理与远程动态控制相结合的基坑安全监控体系。

5. 坚持"预防为主、措施得力"的工作原则，施工现场布设抢险应急准备。

6. 层层签订施工责任书，把基坑开挖和支撑架设落实到班组、重点工作岗位，落实到责任人头上。

7. 一旦基坑发生安全事故，应急预案领导小组立即启动应急预案，组织自救并报告上级和建设、设计、监理单位。

6.4 围护体顶部位移值报警

1. 检查现场状况之前的施工记录，查找是否同时有其他险情或危险行为，比如围护桩是否渗水，或在没有达到设计强度要求就进行土方开挖，土方是否没有按要求分块限时开挖、出现未支护先开挖情况等，将有关情况及时反馈设计单位，同时现场各单位就原因进行分析。

2. 增加人力、机械加快当前施工分块的施工速度，若土方尚未挖完，视情况加快速度挖完或马上停止，已挖区域的垫层需及时跟上，并尽快浇筑基础底板。

3. 当发现围护体出现位移较大时，监测数据及时反馈到设计单位，并根据设计单位指令采取对围护体进行加固，监测单位需加强观测次数，应该对围护周边的沉降及位移每隔 2h 测得一次新的数据。

6.5 围护桩深部侧向变形超过报警值

1. 立即检查混凝土压顶面板及围护周边，查看是否有裂缝及其他异常情况。检查坑内外地下水位，如发现压顶产生裂缝有地表下渗入至坑外土体，增加其侧压力产生的变形，立即对裂缝进行修补，对地表水进行排除。具体方法是在压顶上部开挖一条小沟，用 PVC 管切成两片放置于沟内然后用纯水泥封死，将地表水引流至不影响基坑处。并将当前相关监测结果和现场状况报告设计单位，与设计单位协商确定控制措施。

2. 如果报警处围护桩周边地面有堆载物，应立即进行卸载直至全部搬除；在问题得到妥善处理前，禁止该侧施工车辆通过，减少施工动荷载。

3. 如发现围护墙背土体沉陷，应设法控制墙嵌入土体部分的位移，现场可进行以下紧急措施：增设坑内降水设备，降低地下水，如条件许可，也可坑外降水。除非降水后水位超过报警值。进行坑底加固，采用注浆方式，提高被动土区抗力。

4. 如围护体位移数据呈加速趋势，影响周边建筑物安全时，可根据施工方案评审专家的意见或设计单位的要求进行加固。

6.6　围护体渗水

1. 如渗水量极小，为轻微湿迹或缓慢滴水，而监测结果也未反映周边环境有险情，则只在坑底设排水沟，暂不做进一步修补。

2. 如渗水量逐步增大，但没有泥沙带出，而周边环境无险情产生，可采用引流的方法，在渗漏部位打入一根钢管，使其穿透进入墙背土体内，将水通过引管引出；当修补混凝土或水泥达到一定强度后，再在钢管内压浆，将出水口封堵。派人进行 24h 监视，防止地下水产生新的漏水点，进行压力释放。并对新的漏水点及时发现及时堵漏。

3. 当渗水量较大、呈流状或者接缝渗水时，应立即进行堵漏，采取坑内坑外同时封堵的措施，坑内封堵按上述情况进行，坑外封堵采用在墙后压密注浆的方法。注浆压力不宜过大，减少对基坑的影响，必要时应在坑内回填土后进行，待注浆达到止水效果后再重新开挖。

4. 在第一时间通过监测单位，加强监测。同时加密监测频率，一天至少一次。

6.7　坑底隆起

1. 检查坑底是否有积水，排干积水。

2. 加快垫层施工。

3. 坑外四周地面尽量卸载。

4. 将现场状况汇报设计单位，按设计要求进行坑底地基土加固或回填。

6.8　出现土体坍塌现象

1. 挖土作业时，必须有专门的指挥人员，并有现场检查小组随时观察边坡的稳定情况，当发现边坡出现裂缝、有滑动，首先应立即暂停该区域的挖土工作，将人员撤至安全地区。

2. 将坡上边的物体搬走，卸除坡边堆载物。

3. 检查坑内是否积水较多，加大抽、排水力度，避免土体浸泡在水中，原本采用小型挖掘机或人工挖的土块，改用其他方式挖，避免造成塌方人员受伤，设备损坏等情况出现。

4. 对按比例开挖放坡的部位，采用钢丝网混凝土护坡。

6.9　防汛防台应急预案

6.9.1　设防范围和要求

1. 每年五月一日至十月底为主汛期

2. 在主汛期（农历三十、初一、初二、初四、十四、十五、十六、十七、十八）潮位 4.5m 以上和有热带气旋、台风暴雨警报时，项目经理及相关领导必须到现场值班，加强巡视，并安排好值班车辆和防汛器材，随时准备进入防汛状态。

3. 及时收听气象预报，凡预报热带风暴警报和台风紧急警报在 12～24h 影响本市时，项目经理及相关领导和防汛领导小组成员、抢险救援队伍必须到位随时准备进入抢险状态，值班抢险车辆和抢险物资、设备必须到位，遇有险情，及时投入抢险工作。

6.9.2　要害部位及措施

1. 基坑作业

在深基坑施工中，配备足够数量的排水泵，将水抽出排入地面下水道井内。对于较深的基坑应采用接力排水。为防止地表降水倒灌，在坑口四周必须设置 30cm 以上高度的挡水墙。

2. 高空作业

强化临边的防护。各类支撑、脚手架要稳固，遇有 6 级以上强风等恶劣气候，要停止高空作业，并及时清除零星轻便杂物、标语、宣传牌，预防强风将物刮落地面伤及行人及车辆。台风来临前，工地吊车把杆必须全部放下，行车必须使用制动夹具加以固定。

3. 下水道

每逢汛期、梅雨期来临之前，对下水道及场内各排水系统进行疏通，根据施工现场排放废水的水质情况，采用二级沉淀三级排放系统。

6.9.3　防汛器材

根据工地的实际情况，配齐配足抽水泵、水带、蛇皮袋、工具、电筒等防汛防台器材；值班期间，配好交通工具。配备一定数量的汽车式起重机、挖掘机、自卸运输车，随时接受建设单位工程部的调遣。

6.9.4　应急响应

1. 灾害处置

（1）防汛防台期间（5～10 月）实行领导值班制度，安全部门落实施工区域的防汛防台工作。工程部、办公室落实防汛防台所需物资及车辆、一旦工地发生险情，应急处置小组立即投入救援工作。

（2）各部室下班前关紧门窗和关闭电源。

（3）工程、安全部门对工地的防汛防台物资落实情况进行检查。

2. 抢险步骤

（1）应急处置领导小组迅速启动应急预案进入抢险状态。

（2）提取或调集防汛器材。

（3）根据险情情况对房屋、工棚、车间进行加固，基坑或高空临边处的挡水墙加固。

（4）迅速将水泵放到基坑和低洼积水处，根据由低到高和远到近的原则，将水泵按口径大小由大到小布置进行抽水。

（5）险情危急防汛抢险队无法处置时应时，向当地政府或驻军进行求援。

3. 防汛器材保管要求

（1）工地设专用库房存放防汛器材，防汛器材不得挪作他用。

（2）防汛物资库房门前有标识，标明器材名称、数量及检查有效日期。

（3）防汛物资库房钥匙分别由值班员和料库保管，并放于明显处作好标识。

（4）定期检查防汛物资仓库，清点防汛器材，做好保养措施。

（5）险情调查。

（6）险情发生后，应立即组织相关部门进行对财产损失、现场情况调查、总结报告相关部门。

（7）汛期过后，应对防汛防台应急响的有效性和可行性进行评审和修订。

6.10　火灾事故应急预案

6.10.1　应急物资

1. 消防：施工现场、库房、车间、宿舍、办公室各点的灭火器材，工地的水管、水泵。库房、车间、宿舍、办公室等搭建必须符合防火要求，办公、宿舍的过道、房间的开窗面积要符合消防要求，现场消防布置示图位置准确；

2. 医疗器械：工地必须配备日常及急救所需药品，如消毒液、解毒药、医用纱布等。

6.10.2 应急响应控制程序

1. 施工区域任何一位员工一旦发现火灾险情，必须在最短的时间内以最块的方法，通知周围作业人员注意自我保护并展开灭火救援，同时向火灾处置领导小组人员报警，通知义务消防队进行扑救，火势严重时应立即拨打报警电话。

2. 最先赶到事故现场的人员在扑救火灾的同时，应优先关闭电源，若发现是电焊或气焊所引起的火势，立即切断气源，并将火灾附近的乙炔瓶、氧气瓶、油漆、油料等易燃易爆品迅速抢运到安全区域。

3. 火灾处置领导小组人员接报火警后，应立即赶赴现场，了解火灾情况，组织对初起火灾的扑救，并做出判断，对火灾发生蔓延不能控制或附近有大量的化学物资等特殊情况，应立即分别向有关部门报警；同时还要根据相关规定向上级主管领导汇报火灾情况，并命令各工作组进入处置岗位，现场灭火组人员迅速投入火灾扑救工作。报警人员报警时须讲清火灾原因、火势情况、火灾发生地点等，并派专人到路口接应消防车并负责保证火灾现场道路畅通。

4. 义务消防队员、抢救组、警戒组接到通知或得到火灾发生的信息后，应立即赶到现场，按照职责分工组织初起火灾的扑救工作。消防队员要根据现场实际情况利用一切可以利用的灭火器材和灭火工具，用现场配置的灭火器、黄沙、水管、水泵、附近水源等进行灭火，抢救组按照医务人员或消防指挥人员的要求迅速将伤员转移到安全区域进行抢救，并立即通知120急救中心救助；警戒组应对现场街道进行封锁，疏散闲杂人员，设立警戒线，禁止无关人员进入现场。

5. 公安消防队到达现场后，处置领导小组现场指挥人员要报告火势与扑救情况，以及周围电气管线、油料、易燃易爆品的安全情况，并移交指挥权，由公安消防队员统一指挥。

6.10.3 注意事项

1. 灭火救援人员要遵守先救人、后救火的原则，若火势不大，灭火和救人可同时进行，但决不能因灭火而贻误救人时机。

2. 如有人被烟火围困不能自行逃生时，救援人员要穿上防护服或质地较厚的衣物，用水将身上浇湿，或披上湿棉被，对被困人员进行救助，对于受伤人员，除在现场进行紧急救护外，应及时送往医院抢救治疗。

3. 库房、车间起火时，要先抢运、疏散有爆炸危险的物品，立即组织人员疏散抢救转移仓库物资，对于不能迅速灭火和不易疏散的物品要采取冷却措施，防止爆炸。

七、安全管理措施

7.1 安全目标

重大伤亡事故为零；杜绝火灾、设备、管线、食物中毒等重大事故；无业主、社会相关方和员工的投诉。

7.2 安全、文明施工组织措施

7.2.1 安全文明施工网络图（附图2-1）

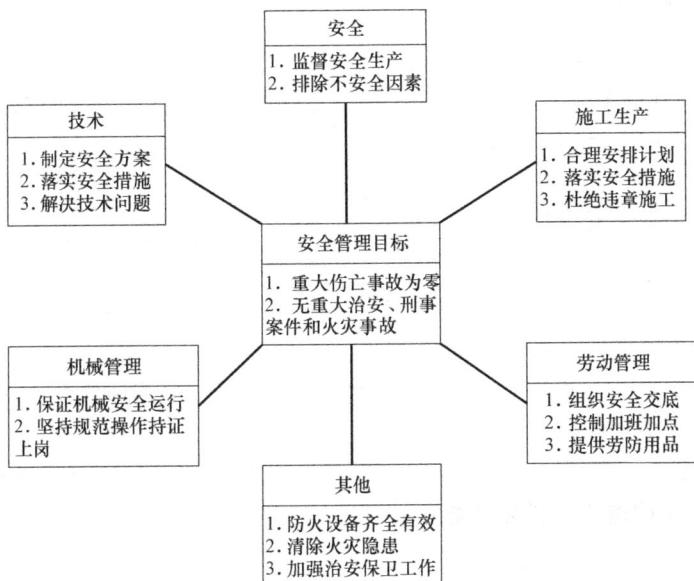

附图2-1 安全文明施工网络图框图

7.2.2 项目部安全组织网络及各级管理人员主要安全职责（附图2-2）

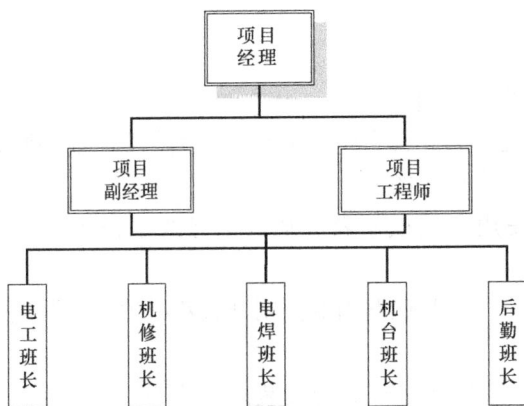

附图2-2 安全管理网络图

1. 项目经理：工程的安全生产第一责任人，全面负责工程安全生产。

2. 项目副经理：按各自分工的职责范围，合理组织施工生产、后勤保障，认真执行各项安全生产规范、规定、标准及上级有关文明施工的规定要求。

3. 项目技术负责人：负责"施工组织设计"中安全技术措施的编制、实施、检查和新工艺、新技术的安全操作规程，安全技术措施指定和交底，对危险源、重要部位制订监控措施和落实人员。

4. 安全员在项目经理的领导下，认真做好日常安全管理工作，负责新进工地的人员安全教育工作，参加"四验收"，"旬查"工作及整改复查，掌握安全动态，当好项目经理参谋，负责日常的安全资料整理积累工作。

5. 施工员：按各自分工的职责范围，负责对施工班组的安全操作技术、规程、作业环境、区域的安全技术交底，并检查督促班组按交底要求进行施工。

6. 材料员：确保提供合格的安全技术措施所需物资，且有符合规定要求的产品合格证明书，并经常检查，将废损不能使用的物料及时清退。

7. 机管员：确保提供施工生产中所需的机械设备，计量器具必须经检测合格后，挂牌使用。

7.2.3 施工安全管理工作流程（附图 2-3）

7.3 安全管理制度

1. 新进工地队伍的安全教育制度、安全交底制度、安全检查制度。

2. 班组"三上岗，一讲评"活动的检查考评制度。

3. 项目部管理人员安全值日制度。

4. 安全生产、重点部位安全监护制度。

5. 危险点、重要部位（区域）安全监护制度。

6. 每月一次安全生产、文明施工例会制度和旬检制度。

7.4 安全、文明施工的技术措施

7.4.1 施工用电安全措施

1. 支线架设

（1）配电箱的电缆应有套管，电线进出不混乱。大容量电箱上进线加滴水弯。

附图 2-3 施工安全管理工作流程示意图

（2）支线绝缘好，无老化、破损和漏电。

（3）支线应沿墙或电杆架空敷设，并用绝缘子固定。

（4）室外支线应用橡皮线架空，接头不受拉力并符合绝缘要求。（危险及潮湿场所和金属容器内的照明及手持照明灯具，应采用符合要求的安全电压）。

（5）照明导线应用绝缘子固定。严禁使用花线或塑料胶质线。导线不得绑在脚手架上。

（6）照明灯具的金属外壳必须接地或接零。单相回路内的照明开关箱必须装设漏电保护器。

（7）室外照明灯具距地面不得低于 3m；金属卤化灯具的安装高度应在 5m 以上。灯线不得靠近灯具表面。

2. 架空线

（1）架空线必须设在专用电杆（水泥杆、木杆）上，严禁架设在树或脚手架上。

（2）架空线应装设横担和绝缘珠，其规格、线间距离、挡距等应符合架空线路要求，其电杆板线离地 2.5m 以上应加绝缘珠。

（3）架空线一般应离地 4m 以上，机动车道 6m 以上。

3. 电箱（配电箱、开关箱）

（1）电箱应有门、锁、色标和统一编号。

（2）电箱内开关器必须完整无损，接线正确。各类接触装置灵敏可靠，绝缘良好无积灰、杂物、箱体不得歪斜。

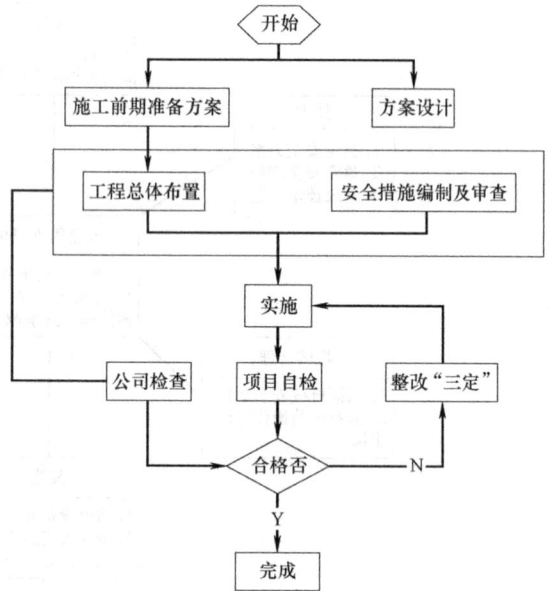

（3）电箱安装高度和绝缘材料等均应符合规定。

（4）电箱内应设置漏电保护器，选用合理的额定漏电动作电流进行分级配合。

（5）配电箱应设总熔丝、分熔丝、分开关，零排地排齐全。动力和照明分别设置。

（6）配电箱的开关电器应与配电线或开关箱对应配合，作分路设置，以确保专路专控；总开关电器与分路开关电器的额定值、动作整定值相适应。熔丝应和用电设备实际负荷相匹配。

（7）金属外壳电箱应作接地或接零保护。

（8）开关箱与用电设备实行一机一闸一保险。

（9）同一移动开关箱严禁配有 380V 和 220V 两种电压等级

4. 接地接零

（1）接地体可用角钢、圆钢或钢管，但不得用螺纹钢，其截面不小于 48mm²，一组 2 根接地体之间间距不小于 2.5m，入土深度不小于 2m，接地电阻应符合规定。

（2）橡皮线中黑色或绿/黄双色线作为接地线。与电气设备连接的接地或接零线截面最小不能低于 2.5mm² 多股芯线；手持式用电设备应采用不小于 1.5mm² 的多股铜芯线。

（3）电杆转角杆、终端杆及总箱，分配电箱必须有重复接地。

7.4.2 施工机械安全措施

1. 电焊机

（1）有可靠的防雨措施。

（2）一、二次线接线处应有齐全的防护罩，二次线应使用线鼻子。

（3）有良好的接地或接零保护。

（4）配线不得乱拉乱搭，焊把绝缘良好。

（5）电焊机、交流焊机应有灵敏可靠的二次空载降压装置。一次线不得大于 5m，并配备移动式开关箱。

2. 消防措施

（1）本工程防火负责人为工程负责人，防火负责人应全面负责施工现场的防火安全工作，履行《中华人民共和国消防条例实施细则》。

（2）现场的消防器材由专人维护、管理、定期更新，保持完整有效。

（3）焊割作业点与氧气瓶，乙炔等危险品物品的距离不得小于 10m，与易燃物品的距离不得小 30m。施工现场的动火作业必须严格执行动火审批制度，并采取有效的安全隔离措施。

3. 乙炔发生器

（1）距明火距离应大于 10m。

（2）必须装有回火防止器。

（3）应有保险链，防爆膜、保险装置必须灵敏可靠，使用合理。

4. 气瓶

（1）各类气瓶应有明显色标和防震圈，并不得在露天曝晒。

（2）乙炔气瓶与氧气瓶距离应大于 5m。

（3）乙炔气瓶在使用时必须装回火防止器。

（4）皮管应用夹头紧固。

（5）操作人员应持有效证上岗操作。

（6）乙炔发生器和氧气瓶的存放之间距离不得小于 2m，使用时，两者的距离不得小于 5m。

（7）氧气瓶、乙炔发生器焊割设备上的安全附件应完整有效，否则不准使用。

（8）油料必须集中管理，远离火种，并配备专用灭火器，施工现场用电应严格执行市建委《施工现场用电安全管理规定》，加强电源管理，防止发生电器火灾和人身伤亡事故。

（9）下班前认真检查现场，包括现场办公室、休息室、生活集装箱，熄灭一切明暗火种，切断所有机械设备电源。

八、应急响应

8.1 建立应急机制

8.1.1 建立应急机制的目的

建立应急机制，是为了预防、减少潜在施工安全环境事故或紧急情况对施工造成的影响，加强了对可能发生的安全、火灾、中毒，坍塌等事故进行预防和控制，同时还应保证对突发事件的快速处理。

8.1.2 应急指挥领导小组

根据本项目的实际情况，由公司组织策划成立应急指挥领导小组，对可能发生事故、火灾、台风、暴雨、中毒等突发事件编制应急预案，并准备相应的急救物资。同时，应急领导小组还承担突发事件的现场处理、紧急救护等。

8.1.3 应急处理流程

事故一旦发生，由应急指挥领导小组通知各相关部门，包括施工单位、设计方、监理等主管领导，组成事故处理领导小组，制定处置方案，同时宣布启动应急预案，组织项目的应急预案小组进入事故处理程序。

8.2 应急指挥领导小组组织机构

应急指挥领导小组

总指挥：项目经理

副总指挥：项目副经理

成员：项目工程师、安全员、技术员、班组长（附图 2-4）

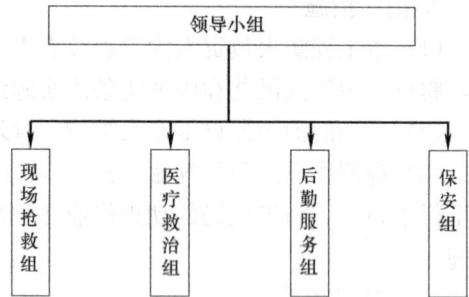

附图 2-4 应急组织机构图

8.3 应急组织措施预案

1. 对于整个公司为确保应急救助的快速反应能力和效果，就必须研究和制定安全排险救助的技术措施，做到统一指挥、分工明确、各尽其责、搞好协作和配合。就应对整个系统的各个环节进行经常性的检查，做到当突如其来的险情发生时，能够指挥得当，应对自如，真正发挥其抢险救助的作用，达到减轻或避免损失的目的。

2. 定期召开分析会，发现问题及时解决处理。

3. 施工现场配备必要的医疗急救设备，随时提供救助服务；与现场附近当地医院及时联系，以确保突发疾病和受伤人员能够得到及时救治。

4. 项目部设置专人每天收集监测情况相关资料，及时分析，如变形较大，应增加监测次数并及时上报。

5. 其他急救机构应培训急救人员，并向职工进行自救和急救知识的教育，添置必要的急救药品和器材。

6. 施工现场应有受过急救培训、掌握急救、抢救和具备工程抢险技能的专兼职人员。

7. 发生火灾时拨打"119"火警电话，并组织现场人员进行抢救。

8. 必要时积极调动社会援助力量投入抢险救助保证事故损失降到最低点。

8.4　应急救援物资

照明器材：手电筒、应急灯、36V 以下安全线路、灯具。

通信器材：电话、手机、对讲机、报警器。

应急材料：工地上准备适量的麻袋，水玻璃，快硬水泥水泵、夹板、H 形钢、槽钢、沙包、快干水泥、黄砂等。

8.5　基坑施工应急预案

8.5.1　围护结构变形超标应急预案

围护体变形超标时，轻则引起地面沉降开裂，重则可能引起基坑塌方以及其他连锁反应。因此如若发现有监测数据显示其变形较大时，应迅速分析并查明原因，以采取相应对策予以消除，减少或阻止继续变形。

8.5.2　流砂及管涌的应急预案

对轻微的流沙现象，在基坑开挖后及时堵涌并采取加快垫层浇筑或加厚垫层的方法"压住"流沙；对较严重的流沙应增加坑内降水措施，使地下水位降至坑底以下 0.8m～1m 左右。降水是防止流沙最有效的方法。

造成管涌的原因一般是由于基坑下部围护体未达标高或围护体出现较大的孔洞。发生这类涌管，应先在该桩位及桩背进行压密注浆或高压喷射注浆，保证其在开挖时不漏水，开挖后可将孔洞部位凿除，支模用混凝土浇筑填实。如果管涌十分严重，也可在围护体后再打一排钢板桩，在钢板桩与围护体之间进行注浆。

8.5.3　基坑大幅度变形应急措施

1. 监测每道加劲桩内力和围护变形情况，一旦发现变形速率及变形值增大，应立即停止开挖，并根据变形的部位和原因采取加强、加密加劲桩、施加预应力和其他相应的有效措施。

2. 监测基坑隆起变形情况，及时按需要抽取承压水，防止基坑隆起。

3. 雨季施工做好截排水系统，做好土坡封闭，防止地表水渗入基坑内，并及时排出基坑内积水。

4. 严格按照设计分层、对称、均衡开挖，限时封闭。

5. 认真做好基坑降水和地基加固施工，开挖前检查质量，如满足不了设计和规范要求，应重新加固直至达到要求，严禁带隐患开挖施工。

8.5.4　基坑渗漏应急预案

1. 不同类型突发事故预防及应急抢险措施

（1）围护墙体大面积渗漏水甚至涌土、喷砂

开挖后如发现围护体出现坑外水向内渗漏现象，应立即在渗漏附近采用双液注浆方法

进行堵漏，施工时必须控制注浆压力。

（2）施工参数

深度：依据现场渗漏情况定

注浆材料：P·O42.5级水泥，350Be 水玻璃

水泥浆水灰比：　约0.6

水泥浆：水玻璃＝1：0.8（附表2-5）

水泥浆液配比见表

附表 2-5

材料名称	水	水泥	陶土粉
重量比	0.6	1	0.03
规格	洁净水	P·O42.5	200目

（3）施工流程图（附图2-5）

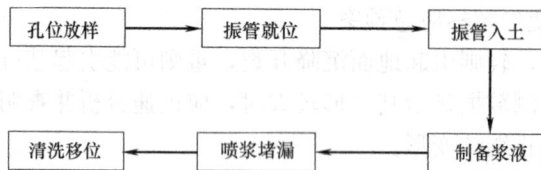

附图 2-5　施工流程图

（4）施工要点

① 成孔采用振动冲击直接成孔，以保证注浆管四周的土体密实，减少冒浆。

② 注浆采取自下而上分层注浆方法，分层提升的高度应根据渗漏情况实际调整。

③ 注入的浆液需保证有足够短的初凝时间，并密切注意压力表的变化，不致让围护体变形。

（5）具体对策

① 对渗水量较小，不影响施工周边环境的情况，可采用坑底设排水沟方法。

② 对渗水量较大，但没有泥沙带出，造成施工困难，而对周围影响不大的情况，可采用"引渗～修补"方法，即在渗漏较严重的部位先在支护墙上水平（略向上）打入一根钢管，使其穿透支护墙体进入墙背土体内，由此将水从该管引出，而后将管边支护墙的薄弱处用防水混凝土或砂浆修补封堵，待修补封堵的混凝土或砂浆达到一定强度后，再将钢管出水口封住。

③ 对渗、漏水量很大的情况，应查明原因，采取相应的措施：如漏水位置离地面不深处，可将支护墙背开挖至漏水位置下500mm～1000mm，在支护墙后用密实混凝土进行封堵。如漏水位置埋深较大，可在墙后采用压密注浆方法，浆液中应掺入水玻璃，使其能尽早凝结，也可采用高压旋喷射注浆方法。

④ 如现场条件许可，可在坑外增设井点降水，以降低水位、减小水头压力。

⑤ 对轻微的流砂现象，采用加快垫层浇筑或加厚垫层；对较严重的流砂应增加坑内降水措施；坑内局部加深部位产生流砂，一般采用井点降水方法。

2. 基坑边坡纵向失稳滑坡

对于深基坑工程而言，基坑边坡纵向滑坡导致围护结构破坏，一旦发生此类恶性事故，首先应在不危及人员安全前提下补强加密桩锚；如果不能补强则应立即组织回填基坑坍方处，并组织周围人员撤离，防止事态进一步恶化。

3. 坑底隆起

一旦发现坑底隆起迹象，应立即停止开挖，并应立即加设基坑外沉降监测点，迅速回填土，直至基坑外沉降趋势收敛方可停止回灌和回填。然后会同设计一起分析原因，制定下一步对策。

4. 围护结构位移过大时

在本工程挖深较大后，如发生支护墙下段位移较大，往往会造成墙背土体的沉陷，主要应设法控制围护桩（墙）嵌入部分的位移，着重加固坑底部位，具体措施有：

① 回填土设护土堆。

② 增加桩锚数量。

③ 增设坑内降水设备，降低地下水，条件许可，可在坑外降水。

④ 进行坑底加固，如采用注浆、高压喷射注浆等提高被动区抗力。

⑤ 垫层随挖随浇，基坑挖土合理分段，每段土方开挖到底后及时浇筑垫层。

⑥ 加厚垫层、采用配筋垫层或设置坑底支撑。

⑦ 如支护结构位移较大可采用增设大直径桩锚进行加固。

8.5.5　应急资源

应急资源的准备是应急救援工作的重要保障，项目部应根据潜在事故性质和后果分析，配备应急救援中所需的消防手段、救援机械和设备、交通工具、医疗设备和药品、生活保障物资（附表2-6）。

主要应急机械设备储备表　　　　　　　　　　附表2-6

序号	材料、设备名称	单位	数量	规格型号	主要工作性能指标	现在何处	备注
1	小型挖掘机	辆	1	WY-4.2	0.6m³	现场	
2	液压汽车吊	辆	1	QY-25	25t	现场	
3	挖掘机	辆	1	PC200	1.6m³	现场	
4	注浆机	台	2	BW250		现场	
5	压浆机	台	2			现场	
6	电焊机	台	2			现场	
7	对讲机	台	2	GP88S		现场	
8	水泵	台	6			现场	
9	发电机	台	1		75kW	现场	

8.6　雨期施工应急预案

1. 雨期施工前，项目部将根据现场和工程进展情况制定雨期施工阶段性计划，并提交业主和监理工程师审批后实施。

2. 雨期施工时，现场排水系统应贯通，并派专人进行疏通，保证排水沟畅通；施工道路不积水，潮汛季节随时收听气象预报，配备足够的抽水设备及防台防汛的应急材料。

3. 混凝土浇筑时，必须事先注意天气情况，尽量避开雨天。若不得已必须做好防雨措施，预备好足够的活动防雨棚，准备好塑料薄膜、油布等。必要时，需严格按施工规范规程允许的方式、方法，留置施工缝等措施，事后按规程要求处理施工缝后，再进行续浇混凝土。

4. 雨期必须连续施工的混凝土工程，应有可靠的防雨措施，备足防雨物资，及时了解气象情况，选择合适的时间施工。如中途施工应采取覆盖及调整混凝土坍落度等方法。加强计量测试工作，及时准确地测定砂、石含水量，从而准确地调整施工配合比，确保混凝土施工质量。

5. 雨期前应组织有关人员对现场临时设施、脚手架、机电设备、临时线路等进行检查，针对检查出的具体问题，应采取相应措施及时整改。

8.7 火灾事故应急处理与救援预案

8.7.1 目的

火灾事故一旦发生时，应及时、迅速、高效地控制火灾事故的漫延，最大限度地减少火灾事故损失和影响，保护国家、企业及项目部财产和人员的安全。

8.7.2 事故处理救援程序

1. 立即报警。施工现场火灾发生信息后，指挥小组要立即拨打"119"火警电话，及时扑救火势、处理火灾事故，并及时通知总承包及单位相关领导。

2. 组织扑救火灾。施工现场发生火灾后，除及时报警以外，立即组织和指挥义务消防队员和员工进行扑救，扑救火灾时要按照"先控制、后灭火，救人重于救火"和"先重点、后一般"的灭火战术原则。并派人及时切断电源，接通消防水泵电源，组织抢救伤亡人员、疏散人员，隔离火灾危险源和重点物资，充分利用施工现场中的消防设施器材进行灭火。

3. 协助消防队灭火。自救的基础上，当专业消防队到达火灾现场后，指挥人员应简要地向消防队负责人说明火灾情况，并全力支持消防队员灭火，听从专业消防队的指挥、齐心协力、共同灭火。

4. 现场保护。当火灾发生时和扑救完毕后，指挥小组要派人保护好现场，维护好现场秩序，等待对事故原因及责任人的调查。同时应立即采取善后工作，及时清理，将火灾造成的垃圾分类处理并采取其他有效措施，从而将火灾事故对环境造成的污染能降低到最低限度。

5. 加强自查自纠。项目部要吸取事故的教训，加强对全体作业人员防火安全教育，提高作业人员的安全防火意识，同时加强自查自纠，消除隐患，防止同类事故的发生。

6. 立即组织安全自查自纠、消除隐患，确保施工安全；立即组织对全体施工作业人员的举一反三防火安全再教育，提高安全防范意识，做到遵章守纪，防止同类事故发生。

8.8 起重伤害或机械伤害事故应急处理和救援预案

8.8.1 目的

为确保起重伤害或机械伤害事故发生后，迅速有效地开展抢救工作，最大限度降低员工生命安全风险。

8.8.2 事故处理救援程序

1. 起重伤害或机械伤害事故发生后，事故发现第一人应立即大声呼救，报告责任人。

2. 接到报告后，立即召集应急指挥小组，开展抢救工作，各岗位人员迅速到场。

3. 立即抢救伤员

（1）现场抢救，同时通知医疗急救中心（打 120），应务必讲清受伤人数、受伤情况、工地地点，并派人到主要路口引导救护车，送指定医院。

（2）派人随同救护车到医院，随时了解伤情，及时反馈伤者情况。

（3）通知当事人的家属，做好接待工作，安慰、稳定家属的情绪。

（4）积极做好善后处理工作。

4. 立即派人保护现场，设置警戒线、维护现场秩序、疏散人员、召集有关人员做好当事人周边的问讯取证记录，了解事故现场情况配合事故调查。

5. 立即向上级领导报告，根据事故类别和等级作出应急反应。配合做好事故调查、取证、处理。

6. 立即组织安全自查自纠、消除隐患，确保施工安全；立即组织对全体施工作业人员的举一反三的安全再教育，提高安全防范意识，做到遵章守纪，防止同类事故发生。

8.9 物体打击事故应急处理与救援预案

8.9.1 目的

为确保项目部物体打击事故发生以后，能迅速有效地开展抢救工作，最大限度地降低员工及相关生命安全风险。

8.9.2 事故处理救援程序

1. 物体打击事故发生后，事故发现第一人应立即大声呼救，报告责任人。

2. 接到报告后，立即召集应急指挥小组，开展抢救工作，各岗位人员迅速到场。

3. 立即抢救伤员

（1）现场抢救，同时通知医疗急救中心（打 120），应务必讲清受伤人数、受伤情况、工地地点，并派人到主要路口引导救护车，送指定医院。

（2）派人随同救护车到医院，随时了解伤情，及时反馈伤者情况。

（3）通知当事人的家属，做好接待工作，安慰、稳定家属的情绪。

（4）积极做好善后处理工作。

4. 立即派人保护现场，设置警戒线、维护现场秩序、疏散人员、召集有关人员做好当事人周边的问讯取证记录，了解事故现场情况配合事故调查。

5. 立即向上级领导报告，根据事故类别和等级作出应急反应。配合做好事故调查、取证、处理。

6. 立即组织安全自查自纠、消除隐患，确保施工安全；立即组织对全体施工作业人员的举一反三的安全再教育，提高安全防范意识，做到遵章守纪，防止同类事故发生。

8.10 大型机械装拆、作业中突发事件应急处理与救援预案

8.10.1 目的

为确保塔机等大型机械装拆作业中突发事件事故发生后，能迅速有效地开展抢救工作，最大限度地降低人员生命安全风险。

8.10.2 事故处理救援程序

1. 塔机等大型机械装拆作业中突发事件事故发生后，事故发现第一人应立即大声呼

救，报告责任人。

2. 接到报告后，立即召集应急指挥小组，开展抢救工作，人员迅速到场。

3. 立即抢救伤员

（1）现场抢救，同时通知医疗急救中心（打120），讲清受伤人数、受伤情况、事故地点，并派人到主要路口引导救护车，送指定医院，急救箱、担架存放在总包工程部办公室。

（2）派人随同救护车到医院，随时了解伤情，及时反馈伤者情况。

（3）通知当事人的家属，做好接待工作，安慰、稳定家属的情绪。

（4）积极做好善后处理工作。

4. 保护现场，设置警戒线、维护现场秩序、疏散人员、召集有关人员做好当事人问讯取证记录，了解事故现场情况，配合事故调查。

5. 立即向上级领导报告，根据事故类别和等级作出应急反应。配合做好事故调查、取证、处理。

6. 立即组织安全自查自纠、消除隐患，确保施工安全；立即组织对全体施工作业人员安全再教育，提高安全防范意识，做到遵章守纪，防止同类事故发生。

8.11 管线、管道事故应急处理与救援预案

8.11.1 目的

施工现场一旦发生管线管道（电缆、光缆、煤气、水管、通信电缆、下水道等）碰撞、挖断、挖坏等事故，造成人员伤亡、社会影响和经济损失。应最大限度降低人员生命风险、周边环境影响和经济损失。

8.11.2 事故处理救援程序

1. 不论任何人，一旦发现有电缆、光缆、煤气、水管、通信电缆、下水道等管线管道碰撞、触及、挖断、挖坏等事故或苗子，应立即疏散在场全体人员。

2. 接到报告后，立即召集应急指挥小组，开展抢救工作，人员迅速到场。

3. 立即抢救伤员

（1）现场抢救，同时通知医疗急救中心（打120电话）应务必讲清受伤人数、人员受伤情况和工地地点，并派人到主要路口引导救护车送指定医院。

（2）派人随同救护车到医院，随时了解伤情，及时反馈伤者情况。

（3）通知当事人的家属，做好接待工作，安慰、稳定家属的情绪。

（4）积极做好善后处理工作。

4. 立即派人保护现场，切断电、水源，设置警戒线、维护现场秩序（交通秩序）、疏散人员、召集有关人员做好当事人周边的问讯取证记录，了解事故现场情况配合事故调查。

5. 立即向上级领导报告，根据事故类别和等级作出应急反应。配合做好事故调查、取证、处理。

6. 立即组织安全自查自纠、消除隐患，确保施工安全；对全体施工作业人员举一反三安全教育，提高安全防范意识，做到遵章守纪，防止同类事故发生。

7. 受损的管线管道由相关的企业修复，在确保人身人员生命安全的前提下，组织恢复正常施工秩序。并进行原因分析、调查，采取有效措施防止发生重复事故的发生。地下

管线应急处理措施的工作流程（附图 2-6）：

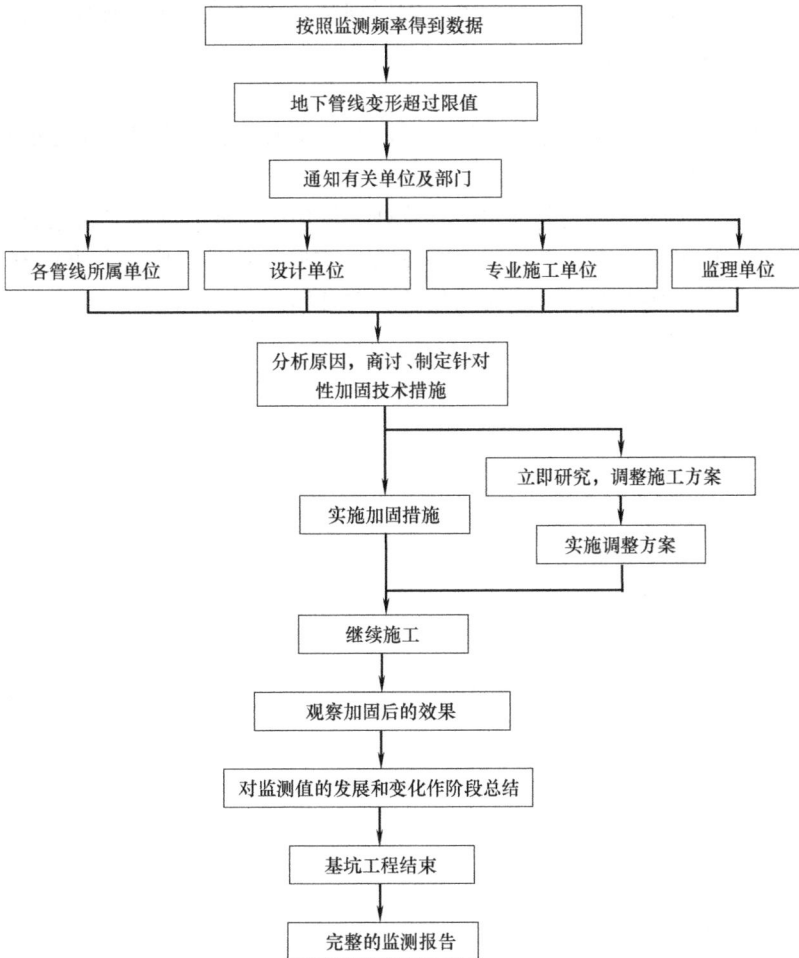

```
┌─────────────────────────┐
│   按照监测频率得到数据    │
└─────────────────────────┘
             ↓
┌─────────────────────────┐
│   地下管线变形超过限值    │
└─────────────────────────┘
             ↓
┌─────────────────────────┐
│    通知有关单位及部门     │
└─────────────────────────┘
```

各管线所属单位	设计单位	专业施工单位	监理单位

```
┌─────────────────────────┐
│  分析原因，商讨、制定针对 │
│     性加固技术措施        │
└─────────────────────────┘
       ↓              ↓
                ┌──────────────────┐
                │ 立即研究，调整施工方案 │
                └──────────────────┘
┌────────────┐          ↓
│ 实施加固措施 │   ┌──────────────┐
└────────────┘   │  实施调整方案  │
                 └──────────────┘
             ↓
┌─────────────────────────┐
│        继续施工          │
└─────────────────────────┘
             ↓
┌─────────────────────────┐
│     观察加固后的效果      │
└─────────────────────────┘
             ↓
┌─────────────────────────┐
│ 对监测值的发展和变化作阶段总结 │
└─────────────────────────┘
             ↓
┌─────────────────────────┐
│      基坑工程结束        │
└─────────────────────────┘
             ↓
┌─────────────────────────┐
│     完整的监测报告       │
└─────────────────────────┘
```

附图 2-6　地下管线应急处理措施工作流程

8.12　应急结束

应急救援指挥组应根据救援处置进展情况，在确定没有被困人员、伤亡人员已转移和事故现场已稳定的情况下，由应急救援组组长（应急救援总指挥）宣布应急状态结束。

8.13　后期处置

1.善后处理。由善后处理组按照职责工作内容进行妥善处理。

2.调查、总结。由事故调查组按照职责工作内容进行调查处理，并写出书面总结材料上报。

8.14　宣传教育

根据公司的相关要求，进行有计划、有针对性地开展预防重大事故有关知识的宣传教育，提高预防事故的意识和防范能力，积极组织应急预案培训和演练，提高救援的人员应急预案中应承担的责任和救援工作程序，提高防范能力和应急反应能力。

8.15　演练

应急救援预案每年演练不少于一次，通过演练（桌面演练、功能演练、全面演练）检查应急人员对应急预案、程序了解程度，及时发现应急工作程序和应急准备中的不足，增强应急小组及人员之间的配合和协调能力，确保预案一旦启动，能及时有序地展开救援。

九、安全技术交底

各项基坑施工安全技术交底分部分项施工内容，交底内容根据基坑工程的具体实际编写，本书不再一一列出。

技术交底由项目技术负责人分别向项目管理人员集中交底、向施工班组长交底、向施工操作人员交底，也可委托安全员向施工操作人员交底。技术交底可分书面和口头交底，均须做好交底记录，交底人和被交底人均须签名和日期。

附件 3　某深基坑工程应急预案示例

根据本工程的特点及施工工艺的实际情况，认真组织对危险源和环境因素的识别和评价，制定发生险情或事故时的应急预案，开展应急知识教育和应急演练，提高现场操作人员应急能力，减少突发事件造成的损害和不良环境影响

应急预案的编制应按照下面"2 应急预案 2）应急预案的主要内容"的内容进们编制。具体的应急处置措施详见第 6 章"4 事故应急处置措施"中的各项应急措施，这里就不一一重复叙说。

对于应急预案中的火灾、高处坠落、物体打击、塔吊倒塌、触电、爆炸、狂风暴雨、台风防汛、食物中毒等 8 个方面的内容，参考附件 2 中的有关内容，结合各施工单位和工地的实际情况进行编制，这里就不一一细说。

1. 应急预案与应急响应

1）应急预案与应急响应

（1）建立应急预案的目的

深基坑工程施工存在安全隐患多，控制难度大等特点，做好施工安全工作的同时，应积极做好险情或事故发生的应急预案，以最大限度的减少损失。

建立应急预案及响应机制，是为了预防、减少潜在的施工安全与环境事故或紧急情况对基坑施工及周边环境造成的影响，加强对可能发生的安全、火灾、防汛防台风、坍塌等事故进行预防和控制，同时保证对突发事故或事件的快速响应与处理，避免重大事故的发生。

（2）应急响应指挥领导小组

根据本项目部的实际情况，由公司或项目部组织策划成立应急响应领导小组，对可能发生的事故、火灾、台风、暴雨、坍塌等突发险情或事件编制应急预案，并准备相应的应急救援物资，定期组织实施应急响应演练；同时，应急响应领导小组应承担突发事件的现场处理、应急救援和紧急救护等职责与责任。

（3）应急响应流程

险情或事故一旦发生，应急响应领导小组应立即启动应急预案，各事故处理小组根据分工实施应急处置和救援方案，同时向公司上级领导及职能部门汇报事故基本情况，通知建设、设计、监理、监测及公安、消防、地下管线等单位主管领导或联系人，在上级和有关单位人员到达之前保护事故现场，待有关领导和专家到达现场后，即请专家现场踏勘了解现场，分析原因，研究制订抢救与修补方案，抢救与修补方案确定后，组织实施加固修补措施，直至险情排除。

2）应急救援预案

应急救援预案，简称应急预案。根据工程项目的实际情况，分部分项工程的危险源识别与分析的结果，确定一般危险源和重大危险源，针对重大危险源制定安全技术措施（方

案），消除、隔离、减弱重大危险源，使之不发生重大事故。对可能引发重大伤亡事故或重大财产损失的险情或事故，应采取应急响应救援的，须制订应急预案，成立应急响应领导小组及实施小组，并根据预案要求定期组织应急演练。

3）应急响应领导小组及组织机构

应急响应领导小组

总指挥：项目经理

副总指挥：项目副经理

成员：项目工程师、安全员、技术员、质量员、各班组长等

下设：现场抢救组、医疗救治组、后勤服务组、安全保障组和义务消防队等五个应急救援实施组，负责应急起动后的应急救援工作。

2. 应急预案的范围及主要内容

1）应急预案范围

根据工程项目的实际情况和分部分项工程的重大危险源分析，一般来说，针对基坑坍塌、基坑周边环境破坏、火灾、高处坠落、物体打击、塔吊倒塌、触电、爆炸、狂风暴雨、台风防汛、食物中毒等险情或事故时，需制订应急预案。

基坑坍塌、基坑周边环境破坏方面的险情或监测数据超过报警值的有：

（1）基坑降水引起的管涌、流砂甚至坑底隆起。

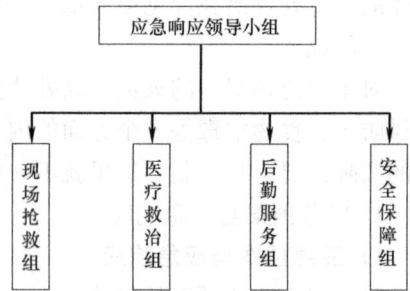

附图 3-1　应急响应组织机构图

（2）基坑降水引起坑外地下管线开裂沉降、地面不均匀沉降、周边建（构）筑物沉降倾斜。

（3）支护结构施工质量问题引起的围护墙出现渗漏水引起变形过大，甚至基坑坍塌。

（4）基坑土方开挖引起支护结构的受力变化与变形过大，甚至基坑坍塌。

（5）基坑土方开挖引起周边建（构）筑物倾斜、地下管线及地面不均匀沉降、开裂、塌陷。

（6）基坑周边堆载超载引起支护结构变形过大或周边建（构）筑物倾斜、地下管线及地面不均匀沉降而产生险情等。

2）应急预案的主要内容

（1）潜在的事故、险情、事故类型及特征分析。

（2）应急响应领导小组和各应急救援组的成员的职责分工与权限及通信联系电话。

（3）应急救援技术措施或方案。

（4）各有关单位及联系人通信联系电话。

① 公司领导及相关职能部门的通信联系电话。

② 相关建设各方，包括建设、设计、勘察、监测等单位负责人及有关联系人通信联系电话。

③ 消防、公安、急救医疗、电力、自来水、煤气（天然气）、通信电缆等单位应急电话等。

（5）应急准备物资、设备、器材的配置、选择、使用方法和调用程序。

（6）组织抢险急救、现场保护、人员撤离或疏散等活动的具体安排。

（7）重要的安全记录文件资料与设备的保护。

3）应急救援物资的准备

（1）照明器材：手电筒、应急灯、36V 以下安全线路、灯具。

（2）通信器材：电话、手机、对讲机、报警器。

（3）应急材料：麻袋或编织袋、水玻璃、夹板、H 形钢、槽钢、沙包、普通水泥、快干水泥、黄砂等。

（4）应急医疗救治用消炎、止血、止泻等药品、纱布、绷带、听筒、担架等急救用品器材。

（5）应急器材与设备：灭火器、水泵、帆布水管、电缆、发电机、柴油等。

3. 应急终止

应急救援指挥组应根据救援处置进展情况，在确定没有被困人员、伤亡人员已转移和事故现场已稳定的情况下，由应急救援组组长（应急救援总指挥）宣布应急状态终止。

4. 后期处置

（1）善后处理

由善后处理组按照职责工作内容进行妥善处理。

（2）调查、总结

由事故调查组按照职责工作内容进行调查处理，并写出书面总结材料上报。

5. 宣传教育

根据公司的相关要求，进行有计划、有针对性地开展预防重大事故有关知识的宣传教育，提高预防事故的意识和防范能力，积极组织应急预案培训，使参加救援的人员熟悉掌握应急预案中应承担的责任和救援工作程序，提高防范能力和应急反应能力。

6. 演练

应急救援预案每年演练 1～2 次，通过演练（分为桌面演练、现场功能演练、全面演练三种）检查应急救援人员对应急预案、程序的了解程度，及时发现应急救援程序和应急准备中的不足，增强应急救援小组及人员之间的配合和协调能力，确保应急救援预案一旦启动，能及时有序地展开救援。

参 考 文 献

1. 建筑施工安全技术统一规范 GB 50870—2013 [S]. 北京：中国建筑工业出版社，2013.

2. 建筑地基基础工程施工规范 GB 51005—2015 [S]. 北京：中国建筑工业出版社，2015.

3. 职业健康安全管理体系 要求 GB/T 28001—2011 [S]. 北京：中国建筑工业出版社，2015.

4. 建筑深基坑工程施工安全技术规范 JGJ 311—2013 北京：中国建筑工业出版社，2013.

5. 建筑边坡工程技术规范 GB 50330—2013 [S]. 北京：中国建筑工业出版社，2013.

6. 刘国彬，王卫东. 基坑工程手册（第二版）[M]. 北京：中国建筑工业出版社，2009.

7. 龚晓南，地基处理手册（第三版）[M]. 北京：中国建筑工业出版社，2008.

8. 王自力，周同和. 建筑深基坑工程施工安全技术规范理解与应用 [M]. 北京：中国建筑工业出版社，2015.

9. 建筑基坑支护技术规程 JGJ 120—2012 [S]. 北京：中国建筑工业出版社，2012.

10. 施工现场临时用电安全技术规范 JGJ 46—2005 [S]. 北京：中国建筑工业出版社，2012.